MÉMOIRES

DU

GÉNÉRAL BARON DE MARBOT

> .....J'engage le colonel Marbot à continuer à écrire pour la défense de la gloire des armées françaises et à en confondre les calomniateurs et les apostats. (TESTAMENT DE NAPOLÉON.)

L'auteur et les éditeurs déclarent réserver leurs droits de traduction et de reproduction à l'étranger.

Ce volume a été déposé au ministère de l'intérieur (section de la librairie) en octobre 1891.

DU MÊME AUTEUR :

Mémoires du général baron de Marbot.

I. *Gênes, Austerlitz, Eylau.* 4ᵉ édit. Un vol. in-8°, avec portrait en héliogravure. Prix.................................. 7 fr. 50

II. *Madrid, Essling, Torrès-Védras.* 4ᵉ édit. Un vol. in-8°, avec portrait. Prix.................................. 7 fr. 50

PARIS. TYP. DE E. PLON, NOURRIT ET Cⁱᵉ, RUE GARANCIÈRE, 8.

SOUVENIRS DES CAMPAGNES DU G.^{AL} B.^{ON} DE MARBOT
(appartiennent au Vte de BOISLECOMTE)

E. PLON, NOURRIT et Cie Edit.

MÉMOIRES

DU GÉNÉRAL

B^{on} DE MARBOT

III

POLOTSK — LA BÉRÉSINA — LEIPZIG
WATERLOO

*Ouvrage accompagné d'une héliogravure
et de fac-simile d'autographes*

QUATRIÈME ÉDITION

PARIS

LIBRAIRIE PLON

E. PLON, NOURRIT et Cie, IMPRIMEURS-ÉDITEURS

RUE GARANCIÈRE, 10

1891

Tous droits réservés

MÉMOIRES
DU
GÉNÉRAL BARON DE MARBOT

CHAPITRE PREMIER

Mon mariage. — Adieux à Masséna.

Mon frère et les autres aides de camp de Masséna ne tardèrent pas à quitter l'Espagne et vinrent nous rejoindre à Paris, où je restai tout l'été et l'automne suivant. J'allais chaque mois passer quelques jours au château de Bonneuil, chez M. et Mme Desbrières. Pendant mon absence, cette excellente famille avait eu les meilleurs procédés pour ma mère. Mon retour accrut l'affection que j'avais depuis longtemps pour leur fille, et bientôt il me fut permis d'aspirer à sa main. Le mariage fut convenu, et j'eus même un moment l'espoir d'obtenir le grade de colonel avant la célébration de cet acte important.

Il était d'étiquette que l'Empereur signât au contrat de mariage de tous les colonels de ses armées, mais il n'accordait que fort rarement cette faveur aux officiers des grades inférieurs; encore fallait-il qu'ils fissent connaître au ministre de la guerre les motifs qui les portaient à solliciter cette distinction. Je fondai ma demande sur ce que l'Empereur, quand je le vis, la veille de la bataille de Marengo, m'avait dit, en me parlant de mon père, récemment mort à la suite de blessures reçues au siège de Gênes : « Si tu te com- « portes bien et marches sur ses traces, ce sera moi « qui te servirai de père!... » J'ajouterai que, depuis ce jour, j'avais reçu huit blessures et avais la conscience d'avoir toujours rempli mon devoir.

Le ministre Clarke, homme fort rude et qui repoussait presque toujours les demandes de ce genre, convint que la mienne méritait d'être prise en considération et me promit de la présenter à Sa Majesté. Il tint parole, car, peu de jours après, je reçus l'ordre de me rendre auprès de l'Empereur, au château de Compiègne, et d'y amener le notaire, porteur du contrat de mariage; c'était le bon M. Mailand, avec lequel je partis en poste. A notre arrivée, l'Empereur était à la chasse à courre, non qu'il aimât beaucoup cet exercice, mais il pensait avec raison qu'il devait imiter les anciens rois de France. La signature fut donc remise au lendemain. Le notaire, qu'on attendait à Paris, était désolé de ce retard; mais qu'y faire?...

Le jour suivant, nous fûmes introduits auprès de l'Empereur, que nous trouvâmes dans les appartements où, vingt ans plus tard, j'ai si souvent fait le service d'aide de camp auprès des princes de la maison d'Orléans. Mon contrat fut signé dans le salon où le fut depuis celui du roi des Belges avec la princesse Louise, fille aînée de Louis-Philippe, roi des Français.

Dans ces courtes entrevues, Napoléon était habituellement très affable. Il adressa quelques questions au notaire, me demanda si ma prétendue était jolie, quelle était sa dot, etc., etc., et me dit en me congédiant :
« Qu'il voulait aussi que j'eusse une bonne position,

« et que, sous peu, il récompenserait mes bons ser-
« vices... » Pour le coup, je me crus colonel! Cet
espoir s'accrut encore lorsque, en sortant du cabinet
impérial, je fus accosté par le général Mouton, comte
de Lobau, dont je reçus l'assurance confidentielle que
l'Empereur avait inscrit mon nom sur la liste des officiers supérieurs auxquels il voulait donner des régiments. Cette assertion me fut d'autant plus agréable
que le comte de Lobau, aide de camp de Napoléon,
était chargé, sous la direction du ministre de la guerre,
du travail relatif à l'avancement militaire. Je revins
donc à Paris, le cœur rempli de joie et d'espérance!..
Je me mariai le 11 novembre suivant.

Ce n'est pas à vous, mes chers enfants, que je ferai
l'éloge de l'excellente femme que j'épousai : je ne peux
mieux la louer qu'en lui appliquant la maxime de l'un
de nos plus célèbres philosophes : « La meilleure de
toutes les femmes est celle dont on parle le moins! »

J'étais heureux au sein de ma famille, et j'attendais
chaque jour mon brevet de colonel, lorsque, peu de temps
après mon mariage, je fus informé par le ministre de
la guerre que je venais d'être placé comme *chef d'escadrons* dans le 1ᵉʳ régiment de chasseurs à cheval, alors
en garnison au fond de l'Allemagne!... Je fus atterré de
ce coup, car il me paraissait bien pénible d'aller encore
servir comme simple chef d'escadrons, grade dans lequel
j'avais reçu trois blessures et fait les campagnes de
Wagram et de Portugal. Je ne pouvais comprendre le
motif de cette disgrâce, après ce qui m'avait été dit par
l'Empereur et le comte de Lobau. Celui-ci me donna
bientôt le mot de l'énigme.

Masséna, ainsi que je l'ai déjà dit, avait, à son entrée
en Portugal, quatorze aides de camp, dont six officiers
supérieurs. Deux d'entre eux, MM. Pelet et Casabianca,

furent faits colonels pendant la campagne; ils étaient plus anciens que moi et avaient bien rempli leur devoir. Leur avancement semblait, du reste, assurer le mien, puisque je devenais le premier chef d'escadrons de l'état-major. Celui qui avait le cinquième rang était M. Barain, officier d'artillerie, que j'avais trouvé capitaine aide de camp de Masséna à mon entrée dans son état-major. M. Barain, ayant perdu une main à Wagram, avait été nommé chef d'escadrons : c'était justice. Mais l'Empereur, en lui donnant ce nouveau grade, l'avait désigné pour le service des arsenaux, qu'on peut très bien faire avec un bras de moins. Masséna s'attendait également à voir M. Barain s'éloigner de lui; néanmoins, celui-ci insista pour l'accompagner en Portugal, bien qu'il fût dans l'impossibilité de remplir aucune mission dans un pays aussi difficile. Personne ne pensait donc qu'on lui donnerait de l'avancement.

Or, il se trouvait que Barain était neveu de M. François de Nantes, directeur des Droits réunis, qui venait d'assurer de nombreuses places à des membres de la famille de Masséna. M. François de Nantes demanda, en retour, la faveur d'une proposition au grade de colonel pour son neveu Barain. Le maréchal, forcé de choisir entre Barain et moi, opta pour mon camarade. J'ai su, par le comte de Lobau, que l'Empereur avait hésité à signer, mais qu'il céda enfin aux instances de l'intègre directeur des Droits réunis, venu pour appuyer la seule demande de faveur qu'il eût encore faite pour sa famille. Ainsi mon camarade fut nommé colonel.

Je me suis peut-être trop appesanti sur cette malheureuse affaire, mais, pour juger de mon désappointement, il faut se reporter à cette époque et se rappeler que l'importance des chefs de corps était telle, dans les armées impériales, qu'on a vu plusieurs colonels refuser le grade de général et demander comme faveur spéciale la permission de rester à la tête de leur régiment. Masséna m'adressa la lettre suivante, seule récompense de trois campagnes faites et de trois blessures reçues auprès de lui :

« Paris, 24 novembre 1811.

« Je vous envoie, mon cher Marbot, l'ordre de service
« que je reçois pour vous. J'avais demandé de l'avan-
« cement pour vous, ainsi que vous le savez, et j'ai le
« double regret de voir que vous ne l'avez pas obtenu
« et de vous perdre. Vos services sont bien appréciés
« par moi, et ils doivent être, pour vous, indépendants
« des récompenses auxquelles ils vous donnaient droit
« de prétendre. Ils vous acquerront toujours l'estime
« de ceux sous les ordres desquels vous vous trouverez.
« Croyez, mon cher Marbot, à celle que vous m'avez
« inspirée, ainsi qu'à mes regrets et au sincère attache-
« ment que je vous ai voué.

« Masséna. »

Je ne pensais pas revoir Masséna, quand Mme la maréchale m'écrivit que, désirant connaître ma femme, elle nous invitait l'un et l'autre à dîner. Je n'avais jamais eu qu'à me louer de la maréchale, surtout à Antibes, sa patrie, où je la rencontrai au retour du siège de Gênes. J'acceptai donc. Masséna vint à moi, m'exprima de nouveau ses regrets, et me proposa de demander ma nomination au grade d'officier de la Légion d'honneur. Je répondis que, puisqu'il n'avait pu rien faire pour moi pendant que j'étais dans son état-major, blessé sous ses yeux, je ne voulais pas lui créer de nouveaux embarras, et que je n'attendais d'avancement que de moi-même ; puis je me perdis dans la foule des invités...

Ce fut ma dernière rencontre avec ce maréchal, bien que je continuasse à visiter sa femme et son fils, tous deux excellents pour moi.

Je crois devoir vous donner ici quelques détails sur la vie de Masséna, dont la biographie, ainsi que celle de la plupart des hommes célèbres, a été écrite d'une façon fort inexacte.

CHAPITRE II

Biographie de Masséna. — Existence aventureuse et campagne d'Italie. — Zurich. — Gênes. — 1805. — Abus des licences. — Ses dernières campagnes. — Sa fin.

André Masséna naquit le 6 mai 1758 à la Turbie, bourgade du petit État de Monaco. Son aïeul paternel, tanneur estimé, eut trois fils : Jules, père du maréchal, Augustin et Marcel. Les deux premiers allèrent s'établir à Nice, où ils installèrent une fabrique de savon. Marcel prit du service en France dans le régiment de Royal-Italien. Jules Masséna étant mort en laissant très peu de fortune et cinq enfants, trois d'entre eux, au nombre desquels se trouvait le jeune André, furent recueillis par leur oncle Augustin, qui, se bornant à leur enseigner à lire et à écrire, les employait à faire du savon.

André, dont le caractère ardent et aventureux ne pouvait se plier à la vie monotone et laborieuse d'une fabrique, abandonna, dès l'âge de treize ans, la maison de son oncle et alla s'embarquer clandestinement comme mousse sur un vaisseau marchand, en compagnie d'un de ses cousins nommé Bavastro, qui devint, pendant les guerres de l'Empire, le plus célèbre corsaire de la Méditerranée. Quant à André, après avoir navigué deux ans et fait même un voyage en Amérique, les fatigues et les mauvais traitements qu'il eut à subir dans la marine l'en dégoûtèrent, et le 18 août 1775, il s'enrôla comme simple fantassin dans le régiment de Royal-

Italien sous les auspices de son oncle Marcel, qui était devenu sergent-major et obtint bientôt l'épaulette. Ce Marcel Masséna, que j'ai connu en 1800 commandant de la place d'Antibes, était un homme grave et capable, fort estimé de son colonel, M. Chauvet d'Arlon, qui, voulant bien étendre sa protection sur André, lui fit apprendre passablement l'orthographe et la langue française, et, malgré quelques incartades, il l'éleva en quelques années au grade d'adjudant sous-officier. Il lui avait même fait espérer une sous-lieutenance de maréchaussée, lorsque, lassé d'attendre, André prit congé à l'expiration de son engagement.

Rentré dans la vie civile, sans aucune fortune, André rejoignit son cousin Bavastro, et profitant du voisinage des frontières de France, de Piémont, de l'État de Gênes et de la mer, ils firent sur une grande échelle le commerce interlope, c'est-à-dire la *contrebande,* tant sur les côtes qu'à travers les montagnes du littoral, dont Masséna apprit ainsi à connaître parfaitement tous les passages. Cette circonstance lui devint plus tard d'une très grande utilité, lorsqu'il eut à commander des troupes dans ces contrées. Endurci par le rude métier de contrebandier, obligé d'épier sans cesse les démarches des douaniers sans laisser pénétrer les siennes, Masséna acquit, à son insu, l'intelligence de la guerre, ainsi que la vigilance et l'activité sans lesquelles on ne peut être un bon officier. Ayant ainsi amassé quelques capitaux, il épousa une Française, Mlle Lamarre, fille d'un chirurgien d'Antibes, et se fixa dans cette ville, où il faisait un petit commerce d'huile d'olive et de fruits secs de Provence, lorsque survint la révolution de 1789.

Dominé par son goût pour les armes, Masséna quitta sa femme et son magasin pour s'enrôler dans le 1er bataillon des volontaires du Var. Ses connaissances théoriques et pratiques des exercices militaires le firent nommer capitaine adjudant-major, et peu de temps après major. La guerre éclata bientôt; le courage et l'activité de Masséna l'élevèrent rapidement aux grades de colonel et de général de brigade. Il eut le commandement du camp dit des *Mille fourches,* dont faisait partie la compagnie du 4ᵉ d'artillerie commandée par le capitaine Napoléon Bonaparte, sous les ordres duquel il devait servir plus tard en Italie. Masséna, chargé de conduire une colonne au siège de Toulon, s'y distingua en s'emparant des forts Lartigues et Sainte-Catherine, ce qui lui valut le grade de général de division. La ville prise, il ramena ses troupes à l'armée d'Italie, où il se fit remarquer dans tous les engagements qui eurent lieu entre le littoral de la Méditerranée et le Piémont, pays qu'il connaissait si bien. Intelligent, d'une activité dévorante et d'un courage à toute épreuve, Masséna, après plusieurs années de succès, avait déjà rendu son nom célèbre, lorsqu'une faute grave faillit briser totalement sa carrière.

On était au début de la campagne de 1796; le général Bonaparte venait de prendre le commandement en chef de l'armée, ce qui plaçait sous ses ordres Masséna, sous lequel il avait jadis servi. Masséna, qui menait alors l'avant-garde, ayant battu auprès de Cairo un corps autrichien, apprit que les chefs ennemis avaient abandonné dans l'auberge d'un village voisin les apprêts d'un joyeux souper; il forma donc avec quelques officiers le projet de profiter de cette aubaine et laissa sa division campée sur le sommet d'une montagne assez élevée.

Cependant, les Autrichiens, remis de leur terreur, revinrent à la charge et fondirent au point du jour sur le camp français. Nos soldats, surpris, se défendirent néanmoins avec courage ; mais leur général n'étant pas là pour les diriger, ils furent acculés à l'extrémité du plateau sur lequel ils avaient passé la nuit, et la division, attaquée par des ennemis infiniment supérieurs en nombre, allait certainement subir une grande défaite, lorsque Masséna, après s'être fait jour à coups de sabre parmi les tirailleurs autrichiens, accourt par un sentier depuis longtemps connu de lui et apparaît devant ses troupes, qui, dans leur indignation, le reçoivent avec des huées bien méritées !... Le général, sans trop s'émouvoir, reprend le commandement et met sa division en marche pour rejoindre l'armée. On s'aperçoit alors qu'un bataillon, posté la veille sur un mamelon isolé, ne peut en descendre par un chemin praticable sans faire un très long détour qui l'exposerait à défiler sous le feu de l'ennemi !... Masséna, gravissant la montée rapide sur ses genoux et sur ses mains, se dirige seul vers ce bataillon, le joint, harangue les hommes et les assure qu'il les sortira de ce mauvais pas s'ils veulent l'imiter. Faisant alors remettre les baïonnettes dans le fourreau, il s'assoit sur la neige à l'extrémité de la pente, et, se poussant ensuite en avant avec les mains, il glisse jusqu'au bas de la vallée... Tous nos soldats, riant aux éclats, font de même, et, en un clin d'œil, le bataillon entier se trouva réuni hors de la portée des Autrichiens stupéfaits !... Cette manière de descendre, qui ressemble beaucoup à ce que les paysans et les guides de Suisse appellent la *ramasse*, n'avait certainement jamais été pratiquée par un corps de troupes de ligne. Le fait, tout extraordinaire qu'il paraisse, n'en est pas moins exact, car non seulement il m'a été certifié par les généraux Roguet père, Soulés, Albert et autres officiers faisant alors partie de la division Masséna, mais, me trouvant neuf ans plus tard au château de la Houssaye, lorsque le maréchal Augereau y reçut l'Empereur et tous les maréchaux, je les entendis plaisanter Masséna sur le nouveau moyen de retraite dont il avait usé en cette circonstance.

Il paraît que le jour où Masséna s'était servi de ce bizarre expédient, souvent employé par lui lorsqu'il était contrebandier, le général Bonaparte, nouvellement placé à la tête de l'armée, comprenant que, arrivé très jeune au commandement en chef, il devait par cela même se montrer sévère envers les officiers qui manquaient à leur devoir, ordonna de traduire Masséna devant un conseil de guerre, sous l'inculpation d'avoir *abandonné son poste*, ce qui entraînait la peine de mort ou tout au moins sa destitution !... Mais au moment où ce général allait être arrêté, commença la célèbre bataille de Montenotte, dans laquelle les divisions Masséna et Augereau firent deux mille prisonniers, prirent quatre drapeaux, enlevèrent cinq pièces de canon et mirent l'armée autrichienne dans une déroute complète !... Après ces immenses résultats, auxquels Masséna avait si grandement contribué, il ne pouvait plus être question de le traduire devant des juges. Sa faute fut donc oubliée, et il put poursuivre sa glorieuse carrière.

On le vit se distinguer à Lodi, Milan, Vérone, Arcole, enfin partout où il combattit, mais principalement à la bataille de Rivoli, et ses succès lui firent donner par le général Bonaparte le glorieux surnom *d'enfant chéri de la victoire !*... Les préliminaires de la paix ayant été signés à Léoben, Masséna, qui avait pris une si grande part à nos victoires, reçut la mission d'en porter le traité au gouvernement. Paris l'accueillit avec les marques de la plus vive admiration, et partout le peuple se pressait sur son passage, chacun voulant contempler les traits de ce fameux guerrier. Mais bientôt cet éclatant triomphe de Masséna fut obscurci par son amour exagéré de l'argent, qui fut toujours son défaut dominant.

Le général Duphot, ambassadeur de France à Rome, avait été assassiné dans cette ville. Une partie de l'armée d'Italie, sous le commandement de Berthier, fut chargée d'aller en tirer vengeance; mais ce général, bientôt rappelé par Bonaparte qui voulait l'emmener en Égypte, céda la place à Masséna dans le commandement de l'armée de Rome. Peu de temps après l'arrivée de ce général, qu'on accusait déjà de s'être procuré beaucoup d'argent durant les campagnes faites les années précédentes en Italie, l'armée se plaignit d'être en proie à la misère, sans vêtements et presque sans pain, tandis que les administrateurs, prélevant de nombreux millions sur les États du Pape, vivaient dans le luxe et l'abondance. L'armée se révolta et envoya une députation de cent officiers demander compte à Masséna de l'emploi de cet argent. Soit que le général ne pût en justifier, soit qu'il se refusât à le faire par esprit de discipline, Masséna ne consentit pas à se disculper, et les troupes ayant persisté dans leur demande, il se vit forcé de quitter Rome et d'abandonner le commandement de l'armée. Dès son retour en France, il publia un mémoire justificatif, qui fut mal accueilli par le public, ainsi que par la plupart de ses camarades auxquels il l'adressa; mais il fut surtout peiné de ce que le général Bonaparte partît pour l'Égypte sans répondre à la lettre qu'il lui avait écrite à ce sujet.

Cependant, une nouvelle coalition, où entraient la Russie, l'Autriche et l'Angleterre, ayant bientôt déclaré la guerre à la France, les hostilités recommencèrent. En de telles circonstances, Masséna, quoiqu'il se fût mal disculpé des accusations portées contre lui, ne pouvait rester dans l'oubli; aussi le Directoire, voulant utiliser ses talents militaires, s'empressa-t-il de lui confier le commandement de l'armée française chargée de défendre la Suisse. Masséna y obtint d'abord de grands avantages; mais ayant attaqué avec trop de précipitation le dangereux défilé de Feldkirch, dans le Vorarlberg, il fut repoussé avec perte par les Autrichiens. A cette époque, notre armée du Rhin, commandée par Jourdan, venait d'être battue à Stockach par le prince Charles, et celle que nous avions en Italie, vaincue à Novi par les Russes aux ordres du célèbre Souvarow, avait perdu son général en chef Joubert, mort sur le champ de bataille. Les Autrichiens, prêts à passer le Rhin, menaçaient l'Alsace et la Lorraine; l'Italie était au pouvoir des Russes que Souvarow conduisait en Suisse en franchissant le Saint-Gothard. La France, sur le point d'être envahie en même temps par ses frontières du Rhin et des Alpes, n'avait plus d'espoir qu'en Masséna. Elle ne fut point trompée dans son attente.

En vain, le Directoire, impatient, et Bernadotte, son turbulent ministre de la guerre, expédient courrier sur courrier pour prescrire à Masséna de livrer bataille : celui-ci, comprenant que la défaite de son armée serait une calamité irréparable pour son pays, ne se laisse point ébranler par les menaces réitérées de *destitution*, et, imitant la sage prudence de Fabius et de Catinat, il ne veut frapper qu'à coup sûr et décisif, en profitant de l'instant où les circonstances lui donneront une supériorité momentanée sur les ennemis. Ce moment arriva enfin. L'inhabile général Korsakow, ancien favori de Catherine II, s'étant imprudemment avancé vers Zurich, à la tête de 50,000 Russes et Bavarois, pour y attendre son général en chef Souvarow, qui venait d'Italie avec 55,000 hommes, Masséna, s'élançant comme un lion sur Korsakow, avant l'arrivée de Souvarow, le surprend dans son camp de Zurich, bat, disperse ses troupes et les rejette jusqu'au Rhin, après leur avoir fait éprouver des pertes immenses! Puis, se retournant vers Souvarow, que l'héroïque résistance du général Molitor avait arrêté pendant trois jours aux défilés du Saint-Gothard, Masséna défait le maréchal russe comme il avait vaincu son lieutenant Korsakow.

Les résultats de ces divers engagements furent 30,000 ennemis tués ou prisonniers, quinze drapeaux et soixante bouches à feu enlevés, l'indépendance de la Suisse affermie et la France délivrée d'une invasion imminente! Ce fut le moment où la gloire de Masséna fut la plus belle et la plus pure ; aussi le Corps législatif proclama-t-il trois fois que son armée et lui avaient bien mérité de la patrie!...

Cependant, les peuples étrangers se préparaient à de nouvelles attaques contre la France, dont le gouvernement et la nation, divisés par les factions, s'accusaient réciproquement des désordres de l'intérieur, ainsi que des revers des armées du Rhin et d'Italie. Le Directoire avili chancelait sous le mépris public, et chacun avouait que cet état de choses ne pouvait durer, lorsque le général Bonaparte, récemment arrivé d'Égypte, accomplit, au 18 brumaire de l'an VIII, le coup d'État prévu depuis deux ans et se plaça à la tête d'un nouveau gouvernement avec le titre de premier Consul. Masséna, homme nul en politique, ne prit aucune part à cette révolution, et bien que peu dévoué au nouvel ordre de choses, il accepta par patriotisme le commandement des débris de l'armée d'Italie que la mort du général en chef Championnet avait momentanément placée sous les ordres de mon père, le plus ancien des généraux divisionnaires.

L'incurie du Directoire avait été si grande qu'à son arrivée à Nice Masséna trouva l'armée dans la plus profonde misère. Des corps entiers rentraient avec leurs armes en France pour demander du pain et des vêtements!... J'ai déjà fait connaître les efforts tentés par le général en chef pour remettre les troupes sur un bon pied, malgré la pénurie qui régnait alors dans la rivière de Gênes, où il s'était jeté avec l'aile droite de son armée lorsque les forces supérieures des Autrichiens l'eurent séparé du centre et de la gauche. Je ne reviens donc pas sur ce que vous connaissez déjà, et me bornerai à dire que Masséna se couvrit d'une gloire immortelle par son courage physique et moral, son activité, sa prévoyance et son intelligence de la guerre. Il garantit de nouveau la France d'une invasion, en donnant au premier Consul, par la ténacité de la défense, le temps de réunir à Dijon l'armée de réserve, à la tête de laquelle Bonaparte traversa les Alpes et vint battre les Autrichiens dans les plaines de Marengo.

Après cette victoire, le premier Consul, retournant en France, crut ne pouvoir confier le commandement de l'armée à un homme plus illustre que Masséna; mais au bout de quelques mois, des griefs semblables à ceux dont s'était plainte jadis l'armée de Rome se produisirent contre lui. Les réclamations s'élevèrent de toutes parts; des impôts nouveaux s'ajoutèrent aux anciens, des réquisitions nombreuses furent frappées sous divers prétextes, et cependant les troupes n'étaient pas payées! Le premier Consul, instruit de cet état de choses, retira brusquement et sans explication le commandement de l'armée à Masséna, qui, rentré dans la vie privée, manifesta son mécontentement en refusant de voter le consulat à vie. Il s'abstint aussi de paraître à la nouvelle Cour; mais le premier Consul ne lui en donna pas moins une arme d'honneur, sur laquelle étaient inscrites les victoires remportées par lui et celles auxquelles il avait contribué.

Quand Bonaparte saisit la couronne impériale et récompensa les généraux qui avaient rendu le plus de services à la patrie, il comprit Masséna dans la première liste des maréchaux et le nomma grand cordon de la Légion d'honneur et chef de la quatorzième cohorte de cet ordre qu'il venait de créer. Ces hautes dignités et les émoluments énormes qui y furent attachés ayant détruit l'opposition faite par Masséna depuis qu'on lui avait retiré le commandement de l'armée d'Italie, il vota pour l'Empire, se rendit aux Tuileries et assista aux cérémonies du sacre et du couronnement.

Une troisième coalition ayant menacé la France en 1805, l'Empereur confia à Masséna le soin de défendre avec 40,000 hommes la haute Italie contre les attaques de l'archiduc Charles d'Autriche qui en avait 80,000. Cette tâche offrait de grandes difficultés; cependant, non seulement Masséna préserva la Lombardie, mais attaquant les ennemis, il les poussa au delà du Tagliamento et pénétra jusque dans la Carniole, où, forçant le prince Charles à s'arrêter tous les jours pour lui faire face, il retarda tellement sa marche que le généralissime autrichien ne put arriver à temps pour sauver Vienne, ni pour se joindre à l'armée russe que l'Empereur battit à Austerlitz. Néanmoins, celui-ci ne parut pas apprécier beaucoup les services rendus par Masséna dans cette campagne; il lui reprochait de n'avoir pas agi avec sa vigueur habituelle, ce qui n'empêcha pas qu'après le traité de Presbourg, il le chargea d'aller conquérir le royaume de Naples, sur le trône duquel il voulait placer le prince Joseph, son frère. En un mois, les Français occupèrent tout le pays, excepté la place forte de Gaëte, dont Masséna s'empara cependant après un siège soutenu avec vigueur. Mais pendant qu'on dirigeait les attaques contre cette ville, il éprouva un bien vif chagrin dont il ne se consola jamais. Une somme énorme que Masséna prétendait lui appartenir fut confisquée par l'Empereur ! Ce fait curieux mérite d'être raconté.

Napoléon, persuadé que le meilleur moyen de contraindre les Anglais à demander la paix était de ruiner leur commerce, en s'opposant à l'introduction de leurs marchandises sur le continent, les faisait saisir et brûler dans tous les pays soumis à son autorité, c'est-à-dire dans plus de la moitié de l'Europe. Mais l'amour de l'or est bien puissant et le commerce bien subtil !... On avait donc imaginé une manière de faire la contrebande *à coup sûr*. Pour cela, des négociants anglais avec lesquels on était d'accord envoyaient un ou plusieurs navires remplis de marchandises se faire prendre par un de nos corsaires, qui les conduisait dans un des nombreux ports occupés par nos troupes, depuis la Poméranie suédoise jusqu'au bout du royaume de Naples. Ce premier acte accompli, il restait à débarquer les colis et à les introduire, en évitant la confiscation; mais on y avait paré d'avance. L'immense étendue de côtes des pays conquis ne permettant pas de les faire exactement surveiller par des douaniers, ce service était fait par des soldats placés sous les ordres des généraux chargés du commandement du royaume ou de la province occupés par nos troupes. Il suffisait donc d'une autorisation donnée par l'un d'eux pour faire passer les ballots de marchandises; puis les négociants traitaient avec le *protecteur*. On appelait cela une *licence*.

L'origine de ce nouveau genre de commerce remontait à 1806, époque à laquelle Bernadotte occupait Hambourg et une partie du Danemark. Ce maréchal gagna de la sorte des sommes considérables, et lorsqu'il voulait donner une marque de satisfaction à quelqu'un, il lui accordait une *licence*, que celui-ci vendait à des négociants. Cet usage s'étendit peu à peu sur tout le littoral de l'Allemagne, de l'Espagne, et principalement de l'Italie. Il pénétra même jusqu'à la cour de l'Empereur, dont les dames et les chambellans se faisaient donner des *licences* par les ministres. On s'en cachait vis-à-vis de Napoléon, mais il le savait ou s'en doutait. Cependant, pour ne pas rompre trop brusquement les habitudes des pays conquis, il tolérait cet abus hors de l'ancienne France, pourvu que l'exécution s'en fît avec mystère; mais chose étonnante chez ce grand homme, dès qu'il apprenait que quelqu'un avait poussé trop loin les gains illicites produits par les *licences,* il lui faisait *rendre gorge!* Ainsi, l'Empereur ayant été informé que le commissaire ordonnateur Michaux, chef de l'administration de l'armée de Bernadotte, avait perdu en une seule soirée 300,000 francs dans une maison de jeu de Paris, il lui fit écrire par un aide de camp que la caisse des Invalides ayant besoin d'argent, il lui ordonnait d'y verser 300,000 francs, ce que Michaux s'empressa de faire, tant il avait gagné sur les licences!...

Vous pensez bien que Masséna n'avait pas été le dernier à vendre des *licences*. D'accord avec le général Solignac, son chef d'état-major, il en inonda tous les ports du royaume de Naples. L'Empereur, informé que Masséna avait déposé la somme de *trois millions* chez un banquier de Livourne, qui avait reçu en même temps 600,000 francs du général Solignac, fit écrire au maréchal pour l'engager à lui *prêter* un million et demanda 200,000 fr. au chef d'état-major. C'était juste le tiers de ce que chacun d'eux avait gagné sur les *licences.* Vous voyez que l'Empereur ne les *écorchait* pas trop. Mais à la vue de ce mandat d'une nouvelle forme, Masséna, rugissant comme si on lui arrachait les entrailles, répond à Napoléon que, étant le plus *pauvre* des maréchaux, chargé d'une nombreuse famille et criblé de dettes, il regrette vivement de ne pouvoir rien lui envoyer !...

Le général Solignac fait une réponse analogue, et tous deux se félicitaient d'avoir ainsi trompé l'Empereur, lorsque, pendant le siège de Gaëte, on voit arriver en courrier le fils du banquier de Livourne, annonçant que l'inspecteur du trésor français, escorté du commissaire de police et de plusieurs gendarmes, s'étant présenté chez son père, s'est fait remettre le livre de caisse sur lequel il a donné quittance des trois millions six cent mille francs versés par le maréchal et le général Solignac, en ajoutant que cette somme, *appartenant à l'armée,* était un dépôt confié à ces deux personnages et dont l'Empereur ordonnait la remise sur-le-champ, soit en espèces, soit en effets de commerce négociables, annulant les reçus donnés à Masséna et à Solignac ! Procès-verbal avait été donné de cette saisie, à laquelle le banquier, qui, du reste, ne perdait rien, n'avait pu s'opposer.

Il est difficile de se faire une idée de la fureur de Masséna en apprenant que sa fortune venait de lui être ravie. Il en tomba malade, mais n'osa adresser aucune réclamation à l'Empereur, qui, se trouvant alors en Pologne, y fit venir Masséna. Après la paix de Tilsitt, le titre de duc de Rivoli et une dotation de 300,000 francs de rente furent la récompense de ses services, mais ne le consolèrent pas de ce qui avait été pris à Livourne, car, malgré sa circonspection habituelle, on l'entendait parfois s'écrier : « Le cruel, pendant que je me battais pour ses intérêts, il a eu le courage de me prendre les petites économies que j'avais placées à Livourne[1] ! »

L'invasion de l'Espagne ayant allumé de nouveau la

---

[1] Le général Lamarque raconte dans ses *Mémoires* comment il eut la désagréable mission d'annoncer à Masséna la confiscation de ses millions. La scène se passe la nuit au palais Acton. (*Note de l'éd.*)

guerre avec l'Autriche, l'Empereur, menacé par ces armements considérables, revint en toute hâte de la Péninsule pour se rendre en Allemagne, où il s'était fait devancer par Masséna. Je vous ai déjà fait connaître la part glorieuse que ce maréchal prit à la campagne de 1809 ; aussi, pour récompenser sa bonne conduite et sa fermeté aux combats d'Essling et de Wagram, l'Empereur le nomma prince d'Essling, en lui accordant une nouvelle dotation de 500,000 francs de rente qu'il cumulait avec celle de 300,000 du duché de Rivoli et 200,000 francs d'appointements comme maréchal et chef d'armée. Le nouveau prince n'en dépensa pas un sou de plus.

Les campagnes de 1810 et 1811, en Espagne et en Portugal, furent les dernières de Masséna. Je viens de les raconter : elles ne furent pas heureuses. Son moral était affaibli ; aussi ces deux campagnes, au lieu d'ajouter à sa gloire, amoindrirent-elles sa réputation de grand général, et l'*enfant chéri de la victoire* éprouva des revers là où il aurait pu et dû vaincre.

Masséna était maigre et sec ; d'une taille au-dessous de la moyenne. Sa figure italienne était remplie d'expression. Les mauvais côtés de son caractère étaient la dissimulation, la rancune, la dureté et l'avarice. Il avait beaucoup d'esprit naturel ; mais sa jeunesse aventureuse et la position infime de sa famille ne l'ayant pas mis en état d'étudier, il manquait totalement de ce qu'on appelle l'*instruction*. La nature l'avait créé général ; son courage et sa ténacité firent le reste. Dans les beaux jours de sa carrière militaire, il avait le coup d'œil juste, la décision prompte, et ne se laissait jamais abattre par les revers. En vieillissant, il poussa la circonspection jusqu'à la timidité, tant il redoutait de compromettre la gloire jadis acquise. Il détestait la lecture; aussi n'avait-il aucune notion de ce qu'on a écrit sur la guerre; il la faisait d'inspiration, et Napoléon l'a bien jugé, lorsqu'en parlant de lui dans ses *Mémoires*, il dit que Masséna arrivait sur le champ de bataille sans savoir ce qu'il ferait : les circonstances le décidaient.

C'est à tort qu'on a voulu représenter Masséna comme étranger à la *flatterie*, disant franchement et un peu brusquement même la vérité à l'Empereur. Sous sa rude écorce, Masséna était un rusé courtisan. En voici un exemple remarquable.

L'Empereur, accompagné de plusieurs maréchaux, parmi lesquels se trouvait Masséna, chassait à tir dans la forêt de Fontainebleau, et Napoléon ajuste un faisan; le coup, mal dirigé, porte sur Masséna, auquel un grain de plomb crève l'œil gauche. L'Empereur, ayant seul tiré au moment de l'accident, en était incontestablement l'auteur involontaire; cependant Masséna, comprenant que, son œil étant perdu, il n'avait aucun intérêt à signaler le maladroit qui venait de le blesser, tandis que l'Empereur lui saurait gré de détourner l'attention de sa personne, accusa le maréchal Berthier d'imprudence, bien que celui-ci n'eût pas encore fait feu! Napoléon, ainsi que tous les assistants, comprit parfaitement la discrète intention du courtisan, et Masséna fut comblé d'attentions par le maître!

Bien que très avare, le vainqueur de Zurich aurait donné la moitié de sa fortune pour être né dans l'ancienne France, plutôt que sur la rive gauche du Var. Rien ne lui déplaisait autant que la terminaison italienne de son nom dont il transformait l'*a* en *e* muet dans sa signature, et lorsqu'il parlait à son fils aîné, il l'appelait toujours Masséne. Cependant le public n'adopta pas ce changement, et le nom de Masséna prévalut, en dépit de celui qui l'avait illustré.

La campagne de Portugal avait tellement affaibli le moral et le physique de Masséna, qu'il fut contraint d'aller chercher le repos et la santé sous le doux climat de Nice. Il y passa toute l'année 1812; mais Napoléon, à son retour de la malheureuse expédition de Russie, s'étant trouvé dans la nécessité d'utiliser tout ce que l'Europe avait de ressources, pensa que le nom de Masséna pourrait encore rendre quelques services, surtout en Provence, et il conféra au maréchal l'emploi de gouverneur de la 8ᵉ division militaire.

Lorsqu'en 1814 les ennemis envahirent la France, Masséna, qui, du reste, avait peu de troupes à sa disposition, ne fit rien pour arrêter leurs progrès, et le 15 avril il se soumit au duc d'Angoulême, qui le nomma commandeur de Saint-Louis, mais ne le créa point pair de France, sous prétexte que, né à l'étranger, il ne s'était pas fait naturaliser!... Comme si les victoires de Rivoli, de Zurich, la défense de Gênes et une série d'actions glorieuses pour la France n'avaient pas autant de valeur que des lettres de grande naturalisation données souvent à prix d'argent à des intrigants étrangers!... L'injure faite à Masséna dans cette circonstance produisit un fort mauvais effet sur l'esprit des populations et de l'armée. Cette mesure fâcheuse fut une des causes qui contribuèrent le plus à irriter la nation contre le gouvernement de Louis XVIII et à amener le retour de l'Empereur.

Celui-ci débarqua près de Cannes le 1ᵉʳ mars 1815 et se mit sur-le-champ en marche vers Paris, à la tête d'un millier de grenadiers de sa garde. L'imprévu et la rapidité de cette invasion surprirent Masséna et le jetèrent dans une grande perplexité. Il essaya néanmoins de résister au torrent, en réunissant quelques régiments de ligne et en mettant en activité les gardes nationales de

Marseille et des environs; mais ayant appris que le duc d'Angoulême avait été forcé de capituler à la Palud et de quitter le royaume, Masséna dépêcha son fils à Louis XVIII pour le prévenir qu'il ne devait plus compter sur lui, et, se ralliant au gouvernement impérial, il fit, le 10 avril, arborer le drapeau tricolore dans toute l'étendue de sa division et enfermer le préfet du Var qui voulait encore résister. Par cette conduite, Masséna ne satisfit aucun parti et s'aliéna les royalistes ainsi que les bonapartistes; aussi l'Empereur s'empressa-t-il de le rappeler à Paris, où il le reçut assez froidement.

Napoléon ayant, peu de temps après, commis la faute énorme d'abdiquer une seconde fois par suite de la perte de la bataille de Waterloo, la Chambre des représentants, qu'il avait eu le tort de réunir en partant pour l'armée, s'empara du pouvoir et nomma un gouvernement provisoire, dont le premier acte fut d'investir Masséna du commandement de la garde nationale de Paris, bien que les infirmités du maréchal le missent hors d'état de l'exercer en personne; mais on voulait un nom capable d'animer l'esprit de la population et de la porter à seconder l'armée dans la défense de la capitale. Les intrigues de Fouché, duc d'Otrante, ayant semé la discorde parmi les membres du gouvernement provisoire, les projets de résistance furent soumis à un conseil militaire, dans lequel Masséna émit l'avis que Paris *ne pouvait résister!...* En conséquence, un armistice fut conclu avec les généraux ennemis, et l'armée française se retira derrière la Loire, où elle fut licenciée.

Lorsque les alliés furent maîtres de la France, Louis XVIII, pour punir Masséna d'avoir abandonné sa cause après le 20 mars, le fit comprendre au nombre des juges du maréchal Ney, espérant que, aveuglé par la haine, il n'hésiterait pas à condamner son infortuné collègue et entacherait ainsi le glorieux nom de Masséna; mais celui-ci se récusa, en alléguant les dissentiments qui avaient existé, en Portugal, entre le maréchal Ney et lui. Puis, voyant ce moyen rejeté, il se joignit à ceux des juges qui votèrent pour le renvoi de Ney devant la Chambre des pairs. Ils espéraient le sauver ainsi, mais ils auraient mieux fait d'avoir le courage politique de le juger et de l'acquitter... Ils ne l'osèrent!... Ce fut une grande faute. Le maréchal Ney, condamné par la pairie, ayant été fusillé; son sang, au lieu de calmer la fureur de la faction royaliste, la rendit implacable. Bientôt elle poursuivit Masséna lui-même.

Les Marseillais, pour lesquels il avait naguère employé son crédit afin d'obtenir la franchise de leur port, le dénoncèrent à la Chambre des députés pour cause de *péculat!*... Cette accusation était mal fondée, car Masséna n'avait commis aucune exaction en Provence; aussi la majorité de la Chambre introuvable, bien que renommée pour sa haine contre les hommes célèbres de l'Empire, repoussa avec mépris la pétition des habitants de Marseille. Ce fut à cette séance que le député Manuel, devenu si célèbre, commença à se faire remarquer par la chaleureuse défense qu'il prononça en faveur de Masséna. Celui-ci, ayant ainsi échappé à la réaction qui, à cette époque, inondait la France, abandonna la scène du monde, sur laquelle il avait joué un rôle si brillant, et vécut désormais dans la retraite, en son château de Rueil, ancienne habitation du cardinal de Richelieu. Masséna termina ainsi, dans la disgrâce et la solitude, sa glorieuse carrière. Il mourut le 4 avril 1817, à l'âge de cinquante-neuf ans.

A son décès, le gouvernement ne lui ayant pas encore envoyé le nouveau bâton de commandement qu'il est d'usage de placer sur le cercueil des maréchaux, le général Reille, gendre de Masséna, fit réclamer cet insigne auprès du général Clarke, duc de Feltre, ministre de la guerre; mais celui-ci, devenu légitimiste des plus forcenés, n'ayant pas répondu à cette juste demande, le général Reille, par un acte de courage fort rare à cette époque, fit savoir à la cour que, si le bâton de maréchal n'était pas envoyé au moment des obsèques de son beau-père, il placerait ostensiblement sur le cercueil celui que l'Empereur avait donné jadis à Masséna; alors le gouvernement se décida à faire remettre cet insigne.

J'ai signalé quelques taches dans la vie de ce guerrier célèbre, mais elles sont couvertes par sa gloire éclatante et les services signalés qu'il rendit à la France; aussi la mémoire de Masséna parviendra à la postérité comme celle d'un des plus grands capitaines de cette époque, si fertile en illustrations militaires.

CHAPITRE III

1812. — L'Empereur m'adjoint au colonel du 23ᵉ de chasseurs à cheval. — Je rejoins mon régiment à Stralsund. — Superbe état de ce corps. — Intrigues du comte de Czernicheff.

Je commençai l'année 1812 à Paris, auprès de ma jeune femme et de nos parents. Mais le bonheur dont je jouissais était troublé par la pensée de mon prochain départ. Je devais aller rejoindre le 1ᵉʳ régiment de chasseurs à cheval, dans lequel j'avais été placé comme simple chef d'escadrons. Les regrets que j'éprouvais de n'avoir pas obtenu le grade de colonel, que je croyais avoir mérité, furent un peu atténués lorsque, ayant été aux Tuileries pour les salutations du jour de l'an, l'Empereur me fit ordonner, par son aide de camp, de me rendre dans son salon particulier. J'y trouvai le général Mouton, comte de Lobau, qui, dans cette affaire, fut, comme toujours, très bienveillant pour moi. Napoléon parut et me dit d'un ton fort affable qu'il avait eu le projet de me donner un régiment; que des considérations particulières l'ayant porté à nommer mon camarade Barain colonel, ce qui, avec Pelet et Casabianca, faisait *trois* colonels pris parmi les aides de camp de Masséna, il ne croyait pas devoir en accorder *quatre* à son seul état-major, mais qu'il ne me perdrait pas de vue. L'Empereur ajouta que, ne pouvant me nommer sur-le-champ titulaire d'un régiment, il allait me charger d'en commander un, le 23ᵉ de chasseurs à

cheval, dont le colonel, M. de La Nougarède, était devenu goutteux au point de ne pouvoir presque plus monter à cheval; « mais, continua l'Empereur, c'est un excel-
« lent officier, qui a vaillamment fait les premières
« campagnes avec moi; je l'aime et l'estime beaucoup,
« et comme il m'a supplié de lui permettre d'essayer
« de faire une nouvelle campagne, je ne veux pas lui
« retirer son régiment. Cependant, j'apprends que ce
« beau corps périclite entre ses mains; je vous envoie
« donc comme coadjuteur de La Nougarède. *Vous tra-*
« *vaillerez pour vous*, car si la santé du colonel actuel
« se rétablit, je le ferai général; dans le cas contraire,
« je le mettrai dans la gendarmerie, et, de quelque
« manière qu'il quitte son régiment, c'est vous qui en
« serez colonel. Je vous répète donc que vous allez
« *travailler pour vous...* »

Cette promesse me rendit l'espérance, et je me préparais à gagner ma nouvelle destination, lorsque le ministre de la guerre prolongea mon congé jusqu'à la fin de mars. Bien que je n'eusse pas demandé cette faveur, elle me fut très agréable.

Le 23e régiment de chasseurs se trouvait alors dans la Poméranie suédoise. J'avais donc une distance énorme à parcourir, et comme je voulais arriver avant l'expiration de mon congé, je quittai Paris le 15 mars, en me séparant à grand regret de ma chère femme. J'avais acheté une bonne calèche, dans laquelle, sur la recommandation du maréchal Mortier, je cédai une place à son neveu, M. Durbach, lieutenant au régiment dans lequel j'allais servir. Mon ancien domestique, Woirland, m'ayant demandé à rester en Espagne, où il comptait faire fortune comme cantinier, je l'avais remplacé, à mon départ de Salamanque, par un Polonais nommé Lorentz Schilkowski. Cet homme, ancien uhlan autrichien, ne manquait pas d'intelligence, mais, comme tous les Polonais, il était ivrogne et, contrairement au caractère des soldats de cette nation, poltron comme un lièvre. Mais Lorentz, outre sa langue natale, parlait un peu le français, parfaitement l'allemand et le russe, et, sous ces derniers rapports, il me fut très précieux pour voyager et faire la guerre dans le Nord.

J'approchais des provinces rhénanes, lorsque, en sortant pendant la nuit du relais de Kaiserslautern, le postillon précipita ma calèche dans une fondrière où elle fut brisée. Personne ne fut blessé; néanmoins, M. Durbach et moi nous dîmes simultanément : « Voilà un bien mau-« vais présage pour des militaires qui seront bientôt en «· face de l'ennemi!... » Cependant, après avoir passé une journée à faire réparer la voiture, nous pûmes nous remettre en route; mais la chute avait tellement maltraité les ressorts et les roues qu'ils cassèrent six fois pendant notre voyage, ce qui nous retarda beaucoup et nous força souvent à faire plusieurs lieues à pied dans la neige. Nous parvînmes enfin sur les bords de la mer Baltique, où le 23ᵉ de chasseurs tenait garnison à Stralsund et Greifswald.

Je trouvai dans le colonel de La Nougarède un excellent homme, instruit, capable, mais que la goutte avait tellement vieilli avant l'âge, qu'il pouvait à peine se tenir à cheval et voyageait constamment en voiture, triste manière d'aller pour le chef d'un régiment de cavalerie légère ! Il me reçut on ne peut mieux, et après m'avoir expliqué sa position et fait connaître les raisons qui, dans l'intérêt de son avenir, le retenaient au régiment, il me communiqua une lettre par laquelle le comte de Lobau l'informait des motifs qui avaient porté l'Empereur à me mettre auprès de lui. M. de La Nougarède, loin d'en être blessé, y voyait au contraire un redoublement des bontés de l'Empereur et l'espoir prochain d'être nommé général, ou chef de légion de gendarmerie. Il comptait, avec mon aide, faire au moins une partie de la campagne et obtenir ce qu'il désirait à la première revue de l'Empereur. Aussi, pour me faire participer à l'autorité du commandement plus que ne le comportait mon grade de premier chef d'escadrons, il réunit tous les officiers, devant lesquels il me délégua provisoirement tous ses pouvoirs, jusqu'à ce qu'il fût complètement rétabli, prescrivant à chacun de m'obéir sans qu'il fût besoin d'en référer à lui, que ses infirmités mettaient si souvent hors d'état de suivre le régiment d'assez près pour le commander en personne. Un ordre du jour fut rédigé en ce sens, et, sauf le grade, je me trouvai par le fait *chef de corps* à dater de ce jour, et le régiment prit bientôt l'habitude de me considérer comme son chef réel.

Depuis l'époque dont je parle, j'ai commandé plusieurs régiments de cavalerie soit comme colonel, soit comme officier général. J'ai été longtemps inspecteur de cette arme, et je déclare que si j'ai vu des corps aussi bien composés que le 23ᵉ de chasseurs, je n'en ai jamais rencontré qui le surpassassent. Ce n'est pas que ce régiment offrît quelques sujets hors ligne et d'un mérite transcendant tels que j'en ai connu un petit nombre dans plusieurs autres corps; mais s'il n'y avait dans le 23ᵉ aucun homme d'une capacité vraiment remarquable, il ne s'en trouvait aucun qui ne fût à la hauteur des fonctions qu'il devait remplir. Ici pas de sommités, mais aussi pas de parties faibles; tout le monde marchait du même pied, tant pour la valeur que pour le zèle. Les officiers, remplis d'intelligence et suffisamment instruits, avaient tous une excellente conduite et vivaient en vrais *frères d'armes.* Il en était de même des sous-officiers, et les cavaliers suivant ce bon exemple, l'accord le plus parfait régnait parmi eux. C'étaient presque tous de vieux soldats d'Austerlitz, Iéna, Friedland, Wagram; aussi la plupart d'entre eux avaient le triple, ou au moins le double *chevron;* ceux qui n'en avaient qu'un étaient en très petit nombre. L'espèce d'hommes était superbe; elle provenait de la Normandie, l'Alsace, la Lorraine et la Franche-Comté, provinces connues pour leur esprit militaire et leur amour pour les chevaux. La taille et la force de ces chasseurs ayant été remarquées par le général Bourcier, chargé de la remonte générale, il avait donné au 23ᵉ de chasseurs des chevaux plus grands et plus corsés que ceux affectés à l'arme; aussi appelait-on ce régiment les *carabiniers* de la cavalerie légère. Un séjour de plusieurs années dans la fertile Allemagne avait mis les hommes et les chevaux dans un parfait état, et le régiment, quand j'en pris le commandement, présentait un effectif de plus de mille combattants bien disciplinés, toujours calmes et silencieux, surtout devant l'ennemi.

Je n'étais pas encore monté. Je me rendis donc de Stralsund dans l'île de Rugen, qui nourrit d'excellents chevaux. J'en achetai plusieurs; j'en fis venir d'autres de Rostock et me formai ainsi une écurie de sept bonnes bêtes, ce qui n'était pas trop, car la guerre avec la Russie paraissait imminente. Déjà, pendant l'été de 1811, je l'avais pressenti en voyant le grand nombre d'anciens soldats que l'Empereur tirait des régiments de la Péninsule pour renforcer sa vieille garde. Le séjour que je venais de faire à Paris avait donné plus de force à mes prévisions. Ce furent d'abord de légers bruits de rupture qui s'évanouissaient promptement au milieu des fêtes et des plaisirs qu'amena l'hiver, mais ils se reproduisaient toujours avec plus d'intensité; ils prirent enfin une grande consistance qui devint une *quasi-certitude*, à la suite d'un événement grave que je dois relater, car il eut un très grand retentissement en Europe.

L'empereur Alexandre avait eu pour compagnon d'enfance un jeune seigneur russe, nommé Czernicheff, qu'il aimait beaucoup et dont, à son avènement au trône, il avait fait son aide de camp. Déjà en 1809, lorsque Alexandre, alors allié de Napoléon, simulait plutôt qu'il ne faisait réellement la guerre à l'Autriche, dont l'empereur des Français venait d'envahir les États, nous avions vu arriver à Vienne le colonel comte de Czernicheff, dont la mission ostensible était d'entretenir de bons rapports entre Napoléon et Alexandre, mais dont le but secret était d'informer son souverain de nos succès et de nos revers, afin que celui-ci pût resserrer ou rompre son alliance avec la France selon les circonstances.

Le favori d'Alexandre fut on ne peut mieux reçu par Napoléon, dont il ne quitta pas la personne dans les revues et les courses qui précédèrent la bataille d'Essling; mais lorsque cette sanglante affaire parut indécise et qu'une grêle de boulets vint tomber au milieu de l'état-major impérial, M. de Czernicheff tourna bride promptement, puis, repassant les ponts du Danube, il alla se mettre à l'abri du péril dans le palais de Schœnbrünn, et, le surlendemain de la bataille, il reprit le chemin de Pétersbourg, pour aller sans doute raconter l'insuccès de notre entreprise !... Napoléon trouva le procédé fort inconvenant, et il sortit de sa bouche des lazzi piquants sur la bravoure du colonel russe. Néanmoins, après la paix conclue avec l'Autriche, M. de Czernicheff vint très fréquemment à Paris, où il passa une partie des années 1810 et 1811. Beau, galant, aimable, fort dissimulé et d'une politesse des plus recherchées, son titre d'aide de camp de l'empereur de Russie le fit bien venir, non seulement à la cour, mais aussi dans les salons de la haute société, où jamais il ne parlait de politique; il paraissait absorbé par les soins qu'il donnait aux dames, près desquelles il passait pour avoir beaucoup de succès. Mais vers la fin de 1811, époque où des bruits de guerre se renouvelèrent, la police de Paris ayant été informée que, tout en feignant de ne s'occuper que de ses plaisirs, M. le colonel russe se livrait à des menées suspectes sous le rapport politique, elle le fit surveiller avec soin, et acquit bientôt la certitude qu'il avait de fréquentes entrevues avec M. X..., employé au ministère de la guerre, spécialement chargé de dresser les états de situation présentés tous les dix jours à l'Empereur sur le personnel et le matériel de toutes les forces de ses armées. Non seulement M. de Czernicheff avait été reconnu se promenant après minuit dans les parties les plus sombres des Champs-Élysées avec l'employé français, mais on l'avait vu souvent se glisser sous des vêtements vulgaires dans le logement de X... et y passer plusieurs heures.

L'intimité d'un personnage aussi haut placé avec un pauvre hère de commis des bureaux de la guerre étant une preuve indubitable que le premier avait soudoyé l'autre pour qu'il lui livrât les secrets de l'État, l'Empereur, indigné de l'abus que le colonel russe avait fait de sa position pour agir contrairement au droit des gens, ordonna d'arrêter M. de Czernicheff; mais celui-ci, prévenu, dit-on, par une femme, sortit à l'instant même de Paris, gagna un relais voisin, et quittant la route de poste directe, de peur d'être rejoint par un courrier, il prit les voies les moins fréquentées et parvint à la frontière du Rhin en évitant Mayence et Cologne, où le télégraphe avait déjà transmis l'ordre de s'emparer de sa personne. Quant au pauvre employé, il fut saisi au moment même où il comptait la somme de 300,000 francs en billets de banque, qu'il avait reçus pour prix de sa trahison ! Forcé par l'évidence de convenir de son crime, il avoua qu'un autre commis de la guerre avait aussi vendu diverses pièces au colonel russe. On arrêta le second coupable, et tous deux furent jugés, condamnés et fusillés ! Ils moururent en maudissant M. de Czernicheff, qu'ils accusaient d'être venu les chercher jusque dans leurs mansardes afin de les séduire par la vue d'un monceau d'or, qu'il augmentait sans cesse lorsqu'il les voyait hésiter. L'Empereur fit publier dans tous les journaux français un article des plus virulents contre M. de Czernicheff, en y ajoutant des observations qui, bien qu'indirectes, durent blesser vivement l'empereur de Russie, car elles rappelaient que les assassins de Paul Ier, son père, n'avaient pas été punis par Alexandre.

Après une telle sortie, il ne fut plus possible de mettre la guerre en question, et, bien qu'elle ne fût pas encore déclarée, on s'y prépara de part et d'autre ouvertement. La conduite de M. de Czernicheff, bien que blâmée hautement par tout le monde, trouva néanmoins, surtout parmi les diplomates, des approbateurs secrets qui fondaient leur opinion sur le fameux adage : « *Salus patriæ, prima lex* », et ils rappelaient à ce sujet une anecdote peu connue, que je tiens du maréchal Lannes, et qui prouverait que, tout en punissant avec raison les Français qui vendaient les secrets de leur patrie aux ennemis, Napoléon faisait corrompre chez les étrangers les employés qui pouvaient lui fournir des renseignements utiles, surtout pour la guerre.

Le maréchal Lannes me raconta donc à Vienne, en 1809, qu'au moment où les hostilités allaient éclater entre la France et l'Autriche, dont l'archiduc Charles devait commander les armées, ce prince fut averti par un avis anonyme qu'un général-major qu'il estimait beaucoup et dont il venait de faire son sous-chef d'état-major, s'était vendu à l'ambassadeur de France, le général Andréossi, avec lequel il avait pendant la nuit de fréquents rendez-vous dans une maison solitaire du vaste faubourg de Léopoldstadt, dont on indiquait le numéro. Le prince Charles avait une telle estime pour le général-major, que, considérant comme une infâme calomnie l'accusation portée contre lui par un inconnu qui n'osait se nommer, il ne prit aucune mesure pour s'assurer de la vérité. Déjà l'ambassadeur de France avait demandé ses passeports et devait quitter Vienne dans quarante-huit heures, lorsqu'un second avis anonyme informa l'archiduc que son sous-chef d'état-major, après avoir travaillé seul dans son cabinet où se trouvaient les états de situation de l'armée, devait avoir la nuit suivante un dernier entretien avec le général Andréossi. L'archiduc, voulant éloigner de son esprit des soupçons qu'il craignait de conserver malgré lui contre un officier qui lui était cher, résolut de constater lui-même son innocence. En conséquence, il prit un habit de ville des plus simples, et, accompagné seulement par son premier aide de camp, il se promena après minuit dans la partie la plus sombre de la ruelle où était la maison indiquée. Après quelques moments d'attente, le prince Charles et son aide de camp aperçurent un homme que, malgré son déguisement, ils reconnurent avec douleur être le sous-chef d'état-major autrichien, auquel un signal fit ouvrir la porte. Peu d'instants après, le général Andréossi fut introduit de la même façon. L'entretien dura plusieurs heures, pendant lesquelles l'archiduc indigné, ne pouvant plus douter de la trahison de son sous-chef d'état-major, resta patiemment devant la maison, et lorsque enfin la porte se rouvrit pour donner passage au général Andréossi et au général-major autrichien qui sortaient ensemble, ils se trouvèrent face à face avec le prince Charles, qui dit tout haut : « Bonsoir, monsieur l'ambassadeur de France ! » Et dédaignant d'adresser des reproches au sous-chef d'état-major, il se borna à diriger sur lui la lumière d'une lanterne sourde !... Mais l'aide de camp, moins circonspect, frappa sur l'épaule de ce misérable en disant : « Voilà cet infâme traître de général *un tel* que l'on dégradera demain !... »

L'ambassadeur Andréossi s'esquiva sans mot dire. Quant au sous-chef d'état-major autrichien, se voyant pris en flagrant délit et connaissant d'avance le sort qui l'attendait, il rentra chez lui et se fit sauter la cervelle d'un coup de pistolet. Cette scène tragique, soigneusement cachée par le gouvernement autrichien, eut peu de retentissement; on annonça que le sous-chef d'état-major était mort d'une attaque d'apoplexie foudroyante; il paraît que l'ambassadeur de France lui avait remis deux millions.

Quant à l'affaire du colonel Czernicheff, elle présenta une bizarrerie remarquable : c'est qu'au moment où Napoléon se plaignait des moyens employés par cet aide de camp de l'empereur Alexandre pour se procurer les états de situation de nos armées, le général Lauriston, ambassadeur à Saint-Pétersbourg, achetait non seulement les renseignements les plus positifs sur le placement et les forces de l'armée russe, mais encore les cuivres gravés qui avaient servi à l'impression de l'immense carte de l'empire moscovite !... Malgré les difficultés énormes que présentait le transport de cette lourde masse de métal, la trahison fut si bien ménagée et si largement payée, que ces cuivres, dérobés dans les archives du gouvernement russe, furent transportés de Saint-Pétersbourg en France sans que leur disparition fût découverte par la police ni par les douanes moscovites! Dès que les cuivres furent arrivés à Paris, le ministère de la guerre, après avoir substitué les caractères français aux caractères russes qui indiquent les noms des lieux et des fleuves, fit imprimer cette belle carte, dont l'Empereur ordonna d'envoyer un exemplaire à tous les généraux et chefs de régiment de cavalerie légère. A ce titre, j'en reçus un que je parvins, non sans peine, à sauver pendant la retraite, car il forme un gros rouleau. La carte contenait toute la Russie, même la Sibérie et le Kamtchatka, ce qui fit beaucoup rire ceux qui la reçurent : bien peu la rapportèrent, je possède la mienne.

CHAPITRE IV

La guerre devient inévitable. — Avertissements donnés à Napoléon. — La Cour impériale à Dresde. — Vice de composition de l'armée et des divers corps.

Le motif le plus puissant qui portât l'Empereur à faire la guerre à la Russie était le désir de la ramener à l'exécution du traité signé à Tilsitt en 1807, traité par lequel l'empereur Alexandre s'était engagé à fermer tous les ports de ses États à l'Angleterre, ce qui n'avait jamais été pratiqué que d'une manière fort imparfaite. Napoléon pensait avec raison qu'il ruinerait les Anglais, peuple essentiellement fabricant et marchand, s'il parvenait à détruire leur négoce avec le continent européen; mais l'exécution de ce projet gigantesque offrait de si grandes difficultés, que l'ancienne France, seule, était vraiment soumise aux restrictions commerciales; encore, les *licences,* dont j'ai parlé plus haut, y faisaient-elles d'énormes brèches. Quant à l'Italie, à l'Allemagne et aux provinces Illyriennes, le système continental, bien qu'établi par décret impérial, n'y était appliqué qu'illusoirement, tant à cause de l'étendue des côtes que par la connivence et le défaut de surveillance de ceux qui administraient ces vastes contrées; aussi l'empereur de Russie répondait-il aux sommations que la France lui faisait d'interdire toute relation commerciale avec l'Angleterre, en signalant cet état d'exception presque général en Europe. Mais la véritable cause du refus qu'opposait Alexandre aux prétentions de Napoléon était la crainte qu'il éprouvait d'être assassiné comme l'avait été l'empereur Paul, son père, auquel on reprochait d'avoir blessé l'amour-propre national en s'alliant à la France, et, en second lieu, d'avoir détruit le commerce russe en déclarant la guerre à l'Angleterre. Or, Alexandre commençait à comprendre qu'il s'était déjà aliéné les esprits par la déférence et l'amitié qu'il avait témoignées à Napoléon dans les entrevues d'Erfurt et de Tilsitt ; et il devait craindre, maintenant, de leur fournir un nouveau grief par la suspension de tout commerce avec l'Angleterre, seul débouché par lequel la noblesse russe pouvait écouler les produits encombrants de ses immenses propriétés et s'assurer ses revenus. La mort de Paul Ier prouvait bien à quels dangers l'empereur de Russie s'exposait en prenant une pareille mesure. Alexandre devait craindre d'autant plus, qu'il voyait encore près de lui les officiers qui avaient entouré son père ; de ceux-là était Benningsen, son chef d'état-major.

Napoléon ne tenait pas assez compte des difficultés de cette situation, en menaçant Alexandre de la guerre s'il n'accédait pas à ses désirs. Cependant, en apprenant les pertes subies et les revers essuyés en Espagne et en Portugal, il semblait hésiter à s'engager dans une guerre dont le résultat lui paraissait fort incertain. Je tiens du général Bertrand que Napoléon a souvent répété à Sainte-Hélène que sa seule pensée fut d'abord d'effrayer l'empereur Alexandre, afin de l'amener à l'exécution du traité : « Nous étions, disait-il, comme deux maîtres
« d'égale force qu'on croit prêts à en venir aux mains,
« mais qui, n'en ayant envie ni l'un ni l'autre, se
« menacent de l'œil et du fer en avançant à petits pas,
« chacun d'eux ayant l'espoir que son adversaire reculera
« par crainte de croiser l'épée !... » Mais la comparaison

de l'Empereur n'était pas exacte, car l'un des deux maîtres d'armes avait derrière lui un précipice sans fond, prêt à l'engloutir au premier pas qu'il ferait en arrière; ainsi placé entre une mort ignominieuse et la nécessité de combattre avec des chances de succès, il devait prendre ce dernier parti. Telle était la situation d'Alexandre, situation encore aggravée par les manœuvres auxquelles l'Anglais Wilson se livrait auprès du général Benningsen et des officiers de son état-major.

L'empereur Napoléon hésitait encore et semblait vouloir écouter les sages avis de Caulaincourt, son ancien ambassadeur à Saint-Pétersbourg. Il voulut même interroger plusieurs officiers français qui avaient habité quelque temps la Russie et en connaissaient la topographie et les ressources. Parmi eux se trouvait le lieutenant-colonel de Ponthon, qui avait été du nombre des officiers du génie que Napoléon, lors du traité de Tilsitt, avait, sur les instances d'Alexandre, autorisés et même invités à passer quelques années au service de la Russie. C'était un homme des plus capables et des plus modestes. Attaché au service topographique de Napoléon, il n'eût pas cru pouvoir émettre spontanément son avis sur les difficultés qu'éprouverait une armée portant la guerre dans l'empire russe; mais lorsque l'Empereur le questionna, de Ponthon, en homme d'honneur, tout dévoué à son pays, crut devoir dire la *vérité* tout entière au chef de l'État, et, sans craindre de lui déplaire, il lui signala tous les obstacles qui s'opposeraient à son entreprise. Les principaux étaient : l'apathie et le défaut de concours des provinces lithuaniennes assujetties depuis de longues années à la Russie; la résistance fanatique des anciens Moscovites; la rareté des vivres et fourrages ; des contrées presque désertes qu'il faudrait traverser; des routes impraticables pour l'artillerie après une pluie de quelques heures; mais il appuya surtout sur les rigueurs de l'hiver et l'impossibilité physique de faire la guerre lorsqu'on aurait atteint l'époque des neiges, qui tombaient souvent dès les premiers jours d'octobre. Enfin, en homme vraiment courageux, au risque de déplaire et de compromettre son avenir, M. de Ponthon se permit de tomber aux genoux de l'Empereur pour le supplier, au nom du bonheur de la France et de sa propre gloire, de ne pas entreprendre cette dangereuse expédition, dont il lui prédit toutes les calamités. L'Empereur, après avoir écouté avec calme le colonel de Ponthon, le congédia sans faire aucune observation. Il fut plusieurs jours rêveur et pensif, et le bruit se répandit que l'expédition était ajournée. Mais bientôt M. Maret, duc de Bassano, ramena l'Empereur à son premier projet, et l'on assura, dans le temps, que le maréchal Davout ne fut point étranger à la résolution que prit Napoléon de porter sa nombreuse armée d'Allemagne sur les rives du Niémen, à l'extrême frontière de l'empire russe, afin de déterminer Alexandre à obéir à ses sommations.

A compter de ce moment, bien que M. de Ponthon fût toujours attaché au cabinet et suivît constamment l'Empereur, celui-ci ne lui adressa plus la parole pendant tout le trajet du Niémen à Moscou, et lorsque, pendant la retraite, Napoléon fut forcé de s'avouer à lui-même que les prévisions de cet estimable officier ne s'étaient que trop vérifiées, il évitait de rencontrer ses regards; néanmoins, il l'éleva au grade de colonel.

Mais ne devançons pas le cours des événements et revenons aux préparatifs que faisait Napoléon pour amener de gré ou de force la Russie aux conditions qu'il voulait lui imposer.

Dès le mois d'avril, les troupes françaises cantonnées en Allemagne, ainsi que celles des divers princes de la

Confédération germanique rangés sous la bannière de Napoléon, s'étaient mises en mouvement, et leur marche vers la Pologne n'était ralentie que par la difficulté de se procurer les moyens de nourrir leurs nombreux chevaux, les herbes et même les blés étant à peine hors de terre, à cette époque, dans les contrées du Nord. Cependant, l'Empereur quitta Paris le 9 mai, et, accompagné de l'Impératrice, il se rendit à Dresde, où l'attendaient son beau-père, l'empereur d'Autriche, et presque tous les princes d'Allemagne, attirés, les uns par l'espoir de voir accroître l'étendue de leurs États, les autres par la crainte de déplaire à l'arbitre de leur destinée. Parmi les rois, le seul absent était le roi de Prusse, parce que, ne faisant pas partie de la Confédération du Rhin, il n'avait pas été appelé à cette réunion et n'osait s'y présenter sans l'autorisation de Napoléon! Il la fit humblement solliciter, et, dès qu'il l'eut obtenue, il s'empressa de venir augmenter la foule des souverains qui s'étaient rendus à Dresde pour faire leur cour au tout-puissant vainqueur de l'Europe.

Les protestations de fidélité et de dévouement qui furent alors prodiguées à Napoléon l'étourdirent au point de lui faire commettre une faute des plus graves dans l'organisation des contingents qui devaient former la grande armée destinée à porter la guerre en Russie. En effet, au lieu d'affaiblir les gouvernements d'Autriche et de Prusse, ses anciens ennemis, en exigeant d'eux qu'ils lui fournissent la plus grande partie de leurs troupes disponibles, que la prudence aurait dû l'engager à faire marcher à l'avant-garde, tant pour épargner le sang français que pour être à même de surveiller ses nouveaux et chancelants alliés, non seulement Napoléon ne demanda que 30,000 hommes à chacune de ces puissances, mais il en forma les deux ailes de son armée!...

Les Autrichiens, sous le prince Schwartzenberg, tinrent la droite en Volhynie; les Prussiens, auxquels il donna pour chef un maréchal français, Macdonald, occupèrent la gauche, vers l'embouchure du Niémen. Le centre était composé des corps français et des contingents de la Confédération du Rhin, dont la fidélité avait été éprouvée par les campagnes d'Austerlitz, d'Iéna et de Wagram.

Le vice de cette organisation frappa beaucoup de bons esprits, qui voyaient avec peine les ailes de la Grande Armée composées d'étrangers restant sur les frontières de leurs pays respectifs et à même de former, en cas de revers, deux armées sur nos derrières, lorsque notre centre, composé de troupes sûres, se serait enfoncé dans l'Empire russe. Ainsi, l'Autriche, qui avait 200,000 soldats sous les armes, n'en mettant que 30,000 à la disposition de Napoléon, en gardait 170,000 prêts à agir contre nous en cas d'insuccès!... La Prusse, bien que moins puissante, avait, outre son contingent, 60,000 hommes en réserve. On s'étonnait donc que l'Empereur tînt si peu compte de ce qu'il laissait derrière lui; mais sa confiance était si grande que le roi de Prusse l'ayant prié de permettre que son fils aîné (le roi actuel)[1] fît la campagne auprès de lui, en qualité d'aide de camp, Napoléon ne voulut pas y consentir. Cependant ce jeune prince eût été un otage précieux, un gage bien sûr de la fidélité de son père.

Pendant que les fêtes se succédaient à Dresde, les troupes de Napoléon sillonnaient le nord de l'Allemagne. Déjà l'armée d'Italie, franchissant les montagnes du Tyrol, se dirigeait sur Varsovie. Les 1er, 2e et 3e corps français, commandés par les maréchaux Davout, Oudinot et Ney, traversaient la Prusse pour marcher sur la

---

[1] Frédéric-Guillaume IV.

Vistule. La Westphalie, la Bavière, la Saxe, Bade, le Wurtemberg, ainsi que les autres confédérés du Rhin, fournissaient leurs contingents, et l'Autriche, ainsi que la Prusse, les avait imités. Mais, chose digne de remarque, tandis que les généraux autrichiens exprimaient leur satisfaction d'unir leurs drapeaux aux nôtres, les officiers subalternes et la troupe ne marchaient qu'à regret contre la Russie. C'était tout le contraire dans le contingent prussien : les généraux et les colonels se trouvaient humiliés d'être dans l'obligation de servir leur vainqueur, tandis que les officiers des rangs inférieurs et les soldats se félicitaient d'avoir l'occasion de combattre à côté des Français, pour prouver que s'ils avaient été battus dans la campagne d'Iéna, ce n'était pas faute de courage, mais parce que leurs chefs les avaient mal dirigés.

Non seulement Napoléon avait encadré sa Grande Armée dans les contingents autrichiens et prussiens, mais il avait affaibli le moral des troupes françaises en les mêlant à des régiments étrangers. Ainsi, le 1er corps, commandé par le maréchal Davout, comptait au 1er juin 67,000 hommes, sur lesquels 58,000 Français; le surplus était composé de Badois, Mecklembourgeois, Hessois, Espagnols et Polonais. Le 2e corps, aux ordres du maréchal Oudinot, se composait de 34,000 Français auxquels on avait joint 1,600 Portugais, 1,800 Croates et 7,000 Suisses.

Le 3e corps, commandé par le maréchal Ney, était formé par 23,000 Français, 3,000 Portugais, 3,000 Illyriens et 14,000 Wurtembergeois. Les 4e et 6e corps, réunis sous les ordres du prince Eugène, étaient formés de 77,000 hommes, sur lesquels 38,000 Français, 1,700 Croates, 1,200 Espagnols, 2,000 Dalmates, 20,000 Italiens et 12,000 Bavarois.

La réserve de cavalerie, commandée par Murat, comptait 44,000 combattants, sur lesquels il y avait 27,000 Français, 1,400 Prussiens, 600 Wurtembergeois. 1,100 Bavarois, 2,000 Saxons, 6,000 Polonais et 3,000 Westphaliens.

Je n'ai pas l'intention de donner ici la nomenclature des forces dont Napoléon disposait au moment de son entrée en Russie; mais j'ai voulu démontrer, par l'examen de l'état de situation de plusieurs corps d'armée, à quel point l'élément français était mêlé aux étrangers, qui, confondus eux-mêmes de la façon la plus hétérogène, sous le rapport du langage, des mœurs, des habitudes et des intérêts, servirent tous fort mal et paralysèrent souvent les efforts des troupes françaises. Ce fut là une des principales causes des revers que nous éprouvâmes.

CHAPITRE V

Revue de l'Empereur. — L'armée sur le Niémen. — Un mot sur les historiens de la campagne de 1812. — Efforts des Anglais pour nous isoler. — Attitude de Bernadotte. — Dispositions de la Pologne.

L'Empereur, ayant quitté Dresde le 29 juillet, se dirigea vers la Pologne par Danzig et la vieille Prusse, que traversaient en ce moment ses troupes, qu'il passait en revue à mesure qu'il les rencontrait.

D'après l'organisation de l'armée, le 23ᵉ de chasseurs à cheval se trouvait embrigadé avec le 24ᵉ de la même arme. Le général Castex eut le commandement de cette brigade qui fit partie du 2ᵉ corps d'armée, placé sous les ordres du maréchal Oudinot. Je connaissais depuis longtemps le général Castex, excellent homme, qui fut parfait pour moi pendant toute la campagne. Le maréchal Oudinot m'avait vu au siège de Gênes, auprès de mon père, ainsi qu'en Autriche, lorsqu'en 1809 j'étais aide de camp du maréchal Lannes; il me traita avec beaucoup de bonté.

Le 20 juin, le 2ᵉ corps reçut l'ordre de s'arrêter à Insterburg pour y être passé en revue par l'Empereur. Ces solennités militaires étaient toujours attendues avec impatience par les individus qui espéraient participer aux faveurs distribuées dans ces réunions par Napoléon. J'étais de ce nombre, et je me croyais d'autant plus certain d'être nommé colonel du régiment que je commandais provisoirement, qu'outre les promesses que l'Empereur m'avait faites à ce sujet, le général Castex et le maréchal Oudinot m'avaient prévenu qu'ils allaient me proposer *officiellement* et qu'ils croyaient que M. de La Nougarède allait être placé comme général à la tête d'un des grands dépôts de remonte qu'on devait établir sur les derrières de l'armée. Mais la fatalité qui, quelques mois avant, avait reculé si souvent la délivrance de mon brevet de chef d'escadrons, me poursuivit de nouveau pour l'obtention de celui de colonel.

Les revues étaient des examens sévères que l'Empereur faisait soutenir aux chefs de ses régiments, surtout à la veille d'une entrée en campagne; car, outre les questions d'usage sur la force numérique en hommes et en chevaux, l'armement, etc., il en adressait, coup sur coup, une foule d'imprévues, auxquelles on n'était pas toujours préparé à répondre. Par exemple :
« Combien avez-vous d'hommes de tel département
« depuis deux ans? Combien de mousquetons provenant
« de Tulle ou de Charleville? Combien avez-vous de
« chevaux normands? Combien de bretons? Combien
« d'allemands? Quelle quantité la compagnie que voilà
« a-t-elle de triples chevrons? Combien de doubles et de
« simples? Quelle est la moyenne de l'âge de tous vos
« soldats? de vos officiers? de vos chevaux? etc... »

Ces questions, toujours faites d'un ton bref des plus impératifs, accompagné d'un regard perçant, décontenançaient bien des colonels, et cependant, malheur à celui qui hésitait à répondre : il était mal noté dans l'esprit de Napoléon! Je m'étais si bien préparé que j'eus réponse à tout, et l'Empereur, après m'avoir complimenté sur la belle tenue du régiment, allait probablement me nommer colonel et élever au grade de général M. de La Nougarède, lorsque celui-ci, les jambes enveloppées de flanelle, s'étant fait hisser à cheval pour suivre de loin les mouvements de son régiment que je commandais à sa place, s'entendant appeler, s'approcha de Napoléon et l'irrita par une demande maladroite en faveur d'un officier, son parent, indigne de tout intérêt. Cette demande souleva une tempête dont j'éprouvai le contre-coup. Napoléon se mit dans une colère des plus violentes, ordonna à la gendarmerie de chasser de l'armée l'officier dont on lui parlait, et, laissant M. de La Nougarède atterré, il s'éloigna au galop. Ainsi La Nougarède ne fut point fait général.

Le maréchal Oudinot ayant suivi l'Empereur pour lui demander ses ordres relativement au 23ᵉ de chasseurs, Sa Majesté répondit : « Que le chef d'escadrons Marbot continue à le commander. » Avant d'obtenir le grade de colonel, je devais recevoir encore une nouvelle et grave blessure !

Pour rendre justice à M. de La Nougarède, je dois dire qu'il m'exprima de la manière la plus loyale les regrets qu'il éprouvait d'être la cause involontaire du retard apporté à mon avancement. La fâcheuse position de cet homme estimable m'inspirait un vif intérêt, car il craignait d'avoir perdu la confiance de l'Empereur et, par suite de ses infirmités, ne pouvait se remettre bien dans l'esprit de Sa Majesté par sa conduite dans les combats qui devaient avoir lieu.

J'avais été assez heureux, le jour de la revue, pour que l'Empereur eût accordé tout l'avancement et toutes les décorations que j'avais demandés pour les officiers, sous-officiers et soldats du 23ᵉ, et, comme la reconnaissance qui résulte de ces faveurs remonte toujours au chef qui les a fait obtenir, l'influence que je commençais à prendre sur le régiment s'en accrut beaucoup et calma les regrets que j'éprouvai de n'avoir pas obtenu le grade dont je remplissais les fonctions.

Je reçus à cette époque une lettre du maréchal Masséna et une autre de Mme la maréchale, me recommandant, le premier, M. Renique; la seconde, son fils Prosper. Je fus très sensible à cette double démarche, et y répondis comme je le devais, en acceptant dans mon régiment ces deux capitaines. Toutefois, Mme la maréchale n'ayant pas persisté dans ses intentions, Prosper Masséna ne vint point en Russie, et il n'aurait pu, du reste, en supporter le rude climat.

L'armée allait bientôt toucher à la frontière de l'empire russe et revoir le Niémen, sur lequel nous nous étions arrêtés en 1807. L'Empereur disposa ses troupes sur la rive gauche de ce fleuve dans l'ordre suivant : d'abord, à l'extrême droite, le corps autrichien du prince de Schwartzenberg, s'appuyant sur la Galicie vers Drogitchin. A la gauche de Schwartzenberg, le roi Jérôme avait rassemblé, entre Bialystok et Grodno, deux corps d'armée considérables. A côté d'eux, le prince Eugène de Beauharnais réunissait, à Prenn, 80,000 hommes. L'Empereur était au centre, en face de Kowno, avec 220,000 combattants, commandés par Murat, Ney, Oudinot, Lefebvre et Bessières. La garde faisait partie de cette immense réunion de troupes. Enfin, à Tilsitt, le maréchal Macdonald, avec 35,000 Prussiens, formait l'aile gauche, ainsi que je l'ai déjà dit. Le Niémen couvrait le front de l'armée russe, forte d'environ 400,000 hommes commandés par l'empereur Alexandre, ou plutôt par Benningsen, son chef d'état-major. Ces forces étaient divisées en trois corps principaux, commandés par les généraux Bagration, Barclay de Tolly et Wittgenstein.

Quatre historiens ont écrit sur la campagne de 1812. Le premier fut Labaume, ingénieur-géographe français, c'est-à-dire appartenant à un corps qui, bien que dépendant du ministère de la guerre, n'allait point au combat et ne suivait les armées que pour lever des plans. Labaume n'avait jamais commandé les troupes et n'avait pas la connaissance pratique de l'art militaire; aussi ses jugements sont-ils presque toujours inexacts, quand ils ne font pas tort à l'armée française. Cependant, l'ouvrage de Labaume ayant paru peu de temps après la paix de 1814 et la rentrée de Louis XVIII, l'esprit de parti et le désir d'avoir des renseignements sur les terribles événements de la récente campagne de Russie lui donnèrent une célébrité d'autant plus grande que personne ne s'occupa de réfuter ce livre, et que le public s'habitua à considérer son contenu comme des vérités incontestables.

La seconde relation publiée sur la campagne de 1812 est du colonel Boutourlin, aide de camp de l'empereur Alexandre. Cet ouvrage, bien qu'écrit par un ennemi, contient des appréciations sages, et si la narration de l'auteur n'est pas exacte sur tous les points, c'est que les documents lui ont manqué, car il est impartial, et il a fait tout ce qui dépendait de lui pour découvrir la vérité; aussi Boutourlin est-il généralement estimé, car il a écrit en homme d'honneur.

Le libelle de Labaume était déjà oublié lorsque, en 1825, par conséquent après le décès de l'Empereur, le général comte de Ségur publia une troisième relation de la campagne de 1812. L'esprit de son ouvrage affligea plus d'un survivant de cette campagne, et nos ennemis l'ont eux-mêmes qualifié de *roman militaire*. M. de Ségur eut cependant un immense succès, tant à cause de la pureté et de l'élégance de son style que par suite de l'accueil que lui firent la cour et le parti ultra-royaliste. Les anciens officiers de l'Empire, se trouvant attaqués, chargèrent le général Gourgaud de répondre à M. de Ségur; il le fit avec succès, mais d'une façon trop acerbe, ce qui occasionna un duel entre lui et M. de Ségur, qui fut blessé. Il faut convenir que si ce dernier se montre peu favorable à Napoléon et à son armée, le général Gourgaud est trop louangeur pour l'Empereur, car il ne veut reconnaître aucune de ses fautes!...

Je n'ai certainement pas l'intention d'écrire une nouvelle relation de la campagne de 1812, mais je crois devoir en rappeler les faits principaux, puisqu'ils font partie essentielle de l'époque à laquelle j'ai vécu, et que plusieurs se rattachent à ce qui m'est advenu; mais, dans cette analyse succincte, je veux éviter les deux excès contraires dans lesquels sont tombés Ségur et Gourgaud. Je ne serai ni détracteur ni flatteur : je serai véridique.

Au moment où les deux puissants empires d'Europe allaient s'entre-choquer, l'Angleterre, alliée naturelle de la Russie, dut faire tous ses efforts pour l'aider à repousser l'invasion que l'empereur des Français allait faire sur son territoire. En prodiguant l'or aux ministres turcs, le cabinet anglais parvint à faire conclure la paix entre le sultan et la Russie, ce qui permettait à celle-ci de rappeler dans ses États l'armée qu'elle avait sur la frontière de Turquie, armée qui joua un rôle immense dans la guerre contre nous. L'Angleterre avait également ménagé la paix entre l'empereur Alexandre et la Suède, alliée naturelle de la France, sur laquelle Napoléon devait d'autant plus compter que Bernadotte venait d'en être nommé prince héréditaire et qu'il gouvernait le pays pour le vieux roi, son père adoptif.

Je vous ai fait connaître précédemment par quel concours de circonstances bizarres Bernadotte fut élevé au rang d'héritier présomptif de la couronne de Suède. Le nouveau prince suédois, après avoir assuré qu'il resterait Français par le cœur, se laissa cependant séduire ou intimider par les Anglais, auxquels il eût été d'ailleurs facile de le renverser. Il sacrifia les véritables intérêts de sa patrie adoptive en se laissant dominer par l'Angleterre et en s'alliant avec la Russie dans une entrevue avec l'empereur Alexandre. Cette rencontre eut lieu à Abo, petite ville de la Finlande. Les Russes venaient de conquérir cette province et promettaient à la Suède de l'en dédommager par la cession de la Norvège qu'on arracherait au Danemark, trop fidèle allié de la France. Ainsi Bernadotte, loin de s'appuyer sur nos armées du Nord pour se faire restituer ses provinces, consacrait, au contraire, ces empiétements en se rangeant parmi les alliés des Russes!

Si Bernadotte eût agi de concert avec nous, la position topographique de la Suède eût merveilleusement servi nos intérêts communs. Cependant, le nouveau prince ne prit pas encore entièrement parti contre nous; il voulait savoir de quel côté serait la victoire et ne se prononça que l'année suivante. Privé de l'appui de la Turquie et de la Suède, sur lesquelles il avait compté pour contenir les armées russes, Napoléon ne pouvait avoir d'autres alliés dans le Nord que les Polonais. Mais ce peuple turbulent, dont les aïeux n'avaient pu s'accorder lorsqu'ils formaient un seul État indépendant, n'offrait aucun appui moral ni physique.

En effet, la Lithuanie et autres provinces qui forment plus du tiers de l'ancienne Pologne, soumises depuis près de quarante ans à la Russie, avaient presque entièrement perdu le souvenir de leur antique constitution et se considéraient comme russes depuis de longues années. La noblesse envoyait ses fils dans les armées du Czar, auquel l'habitude les avait trop attachés pour qu'on pût espérer les voir se joindre aux Français. Il en était de même des autres Polonais, que divers partages avaient jadis séparés de la mère patrie pour les soumettre à l'Autriche et à la Prusse. Ils marchaient bien contre la Russie, mais c'était par obéissance et sous les drapeaux de leurs nouveaux souverains. Ils n'éprouvaient ni amour ni enthousiasme pour l'empereur Napoléon, et craignaient de voir leurs propriétés dévastées par la guerre. Le grand-duché de Varsovie, cédé en 1807 au roi de Saxe par le traité de Tilsitt, était la seule province de l'ancienne Pologne qui eût conservé un reste d'esprit national et se fût un peu attachée à la France. Mais de quelle utilité un si petit État pouvait-il être pour les grandes armées de Napoléon?

Néanmoins celui-ci, plein de confiance dans ses forces comme dans son génie, résolut de franchir le Niémen. En conséquence, le 23 juin, l'Empereur, accompagné du général Haxo et se couvrant du bonnet et du manteau d'un Polonais de sa garde, parcourut les bords du Niémen. Le soir même, à dix heures, il fit commencer le passage de ce fleuve sur plusieurs ponts de bateaux, dont les plus importants avaient été jetés en face de la petite ville russe de Kowno, que nos troupes occupèrent sans éprouver aucune résistance.

CHAPITRE VI

Passage du Niémen. — Entrée dans Wilna. — Je joins l'ennemi.
— Le 23ᵉ de chasseurs à Wilkomir. — Difficultés en Lithuanie.
— Marche en avant.

Le 24, au lever du soleil, nous fûmes témoins d'un spectacle des plus imposants. Sur la hauteur la plus élevée de la rive gauche, on apercevait les tentes de l'Empereur. Autour d'elles, toutes les collines, leurs pentes et leurs vallées étaient garnies d'hommes et de chevaux couverts d'armes étincelantes!... Cette masse, composée de 250,000 combattants, divisés en trois immenses colonnes, s'écoulait dans le plus grand ordre vers les trois ponts établis sur le fleuve, et les différents corps s'avançaient ensuite vers la rive droite dans la direction indiquée à chacun d'eux. Ce même jour, le Niémen était franchi par nos troupes sur d'autres points, vers Grodno, Pilony et Tilsitt.

Le général Gourgaud m'a communiqué un état de situation surchargé de notes écrites de la main de Napoléon, et il résulte de ce document officiel que l'armée comptait au passage du Niémen 325,000 hommes[1] présents, dont 155,400 Français et 170,000 alliés, plus 984 bouches à feu. Le régiment que je commandais faisait partie du 2ᵉ corps, aux ordres du maréchal Oudinot, qui passa le 23 sur le premier pont

[1] M. Thiers parle de 400,000 hommes en chiffres ronds.

de Kowno et se dirigea sur-le-champ vers Ianowo.

La chaleur était étouffante. Elle amena vers la nuit un orage affreux, et une pluie diluvienne inonda les routes et les champs à plus de cinquante lieues à la ronde. L'armée n'y vit cependant pas un funeste présage, comme on s'est plu à le dire, car le soldat considéra la grêle et le tonnerre comme choses fort ordinaires en été. Au surplus, les Russes, bien autrement superstitieux que certains Français, eurent aussi un bien fâcheux pronostic, car, dans la nuit du 23 au 24 juin, l'empereur Alexandre faillit périr dans un bal à Wilna, le plancher d'une salle s'étant enfoncé sous son fauteuil, à l'heure même où la première barque française, portant le premier détachement des troupes de Napoléon, abordait à la rive droite du Niémen, sur le territoire russe. Quoi qu'il en soit, l'orage ayant infiniment refroidi le temps, nos chevaux en souffrirent d'autant plus dans les bivouacs qu'ils mangeaient des herbes mouillées et couchaient sur un terrain fangeux. Aussi l'armée en perdit-elle plusieurs milliers de coliques aiguës.

Au delà de Kowno, coule une très petite rivière appelée la Vilia, dont l'ennemi avait coupé le pont. L'orage venait de gonfler les eaux de cet affluent du Niémen, de sorte que les premiers éclaireurs d'Oudinot se trouvaient arrêtés. L'Empereur survint au moment où j'arrivais moi-même à la tête de mon régiment. Il ordonna aux lanciers polonais de sonder le gué : un homme se noya; je pris son nom, il s'appelait Tzcinski. Si j'insiste sur ce détail, c'est qu'on a infiniment exagéré l'accident qui se produisit au passage de la Vilia par les lanciers polonais.

Cependant, les Russes se retiraient sans attendre l'armée française, qui occupa bientôt Wilna, capitale de la Lithuanie. Il y eut près de cette ville un combat de cavalerie, dans lequel Octave de Ségur, mon ancien camarade de l'état-major de Masséna, fut pris par les Russes à la tête d'un escadron du 8ᵉ de hussards qu'il commandait. Octave était le frère aîné du général comte de Ségur.

Le jour même où l'Empereur entrait dans Wilna, les troupes du maréchal Oudinot rencontrèrent le corps russe de Wittgenstein à Wilkomir, où eut lieu le premier engagement sérieux de cette campagne. Je n'avais jamais servi sous les ordres d'Oudinot. Ce début confirma la haute opinion que j'avais de son courage, mais il m'en donna une plus faible de ses talents militaires.

Un des plus grands défauts des Français, quand ils font la guerre, est de passer sans raison des précautions les plus minutieuses à une confiance sans bornes. Or, comme les Russes nous avaient laissés franchir le Niémen, envahir la Lithuanie et occuper Wilna sans opposer de résistance, il était devenu de bon ton, parmi certains officiers, de dire que les ennemis fuiraient toujours et ne tiendraient nulle part. L'état-major d'Oudinot, et ce maréchal lui-même, émettaient souvent cette opinion et traitaient de *contes* les rapports que faisaient les paysans sur un gros corps de troupes russes placé en avant de la petite ville de Wilkomir. Cette incrédulité fut sur le point de nous devenir fatale; voici comment.

La cavalerie légère, étant les yeux des armées, marche habituellement en avant et sur les flancs. Mon régiment précédait donc les divisions d'infanterie d'une petite lieue, lorsque, arrivés non loin de Wilkomir, sans avoir rencontré un seul poste ennemi, je me trouvai en face d'une forêt d'immenses sapins, au milieu desquels les pelotons à cheval pouvaient aisément circuler, mais dont les hautes branches masquaient au loin la vue.

Craignant une embuscade, j'arrêtai le régiment et lançai à la découverte un seul escadron, commandé par un capitaine fort intelligent, qui revint au bout d'un quart d'heure m'annoncer la présence d'une armée ennemie. Je me porte alors rapidement à l'extrême lisière de la forêt, d'où j'aperçois à une portée de canon la ville de Wilkomir protégée par un ruisseau et par une colline sur laquelle se trouvaient en bataille 25 à 30,000 fantassins ennemis, avec cavalerie et artillerie!...

Vous serez sans doute étonnés que ces troupes n'eussent en avant d'elles ni grand'gardes, ni petits postes, ni éclaireurs; mais c'est l'usage des Russes, lorsqu'ils sont résolus à défendre une bonne position, d'en laisser approcher le plus près possible leur ennemi sans que le feu de leurs tirailleurs le prévienne de la résistance qu'il va éprouver, et c'est seulement lorsque ses masses sont à bonne portée qu'ils les foudroient avec l'artillerie et la mousqueterie, ce qui étonne et ébranle les soldats de leurs adversaires!... Cette méthode, qui offre peut-être quelques avantages, a souvent eu de bons résultats pour les Russes; aussi le général Wittgenstein nous préparait-il une réception de ce genre!...

Le cas me parut si grave que, sans montrer mon régiment, je le fis rentrer dans la forêt et courus de ma personne au-devant du maréchal Oudinot pour le prévenir de l'état des choses. Je le trouvai hors du bois, dans une plaine, où, après avoir mis pied à terre et fait arrêter ses troupes, il déjeunait fort tranquillement au milieu de son état-major. Je m'attendais à ce que mon rapport le tirerait de cette fausse sécurité, mais il me reçut d'un air incrédule, et, me frappant sur l'épaule, il s'écria : « Allons, voilà Marbot qui vient de nous trouver 30,000 hommes à étriller! » Le général Laurencez, gendre et chef d'état-major du maréchal Oudinot, fut le seul à me croire; il avait été jadis aide de camp d'Augereau et me connaissait de longue date. Il prit donc ma défense, en faisant observer que lorsqu'un chef de corps disait : « *J'ai vu* », il devait être cru, et que négliger les avertissements des officiers des troupes légères était s'exposer à de grands revers. Ces observations du chef d'état-major ayant fait réfléchir le maréchal, il commençait à me questionner sur la présence de l'ennemi, présence dont il paraissait douter encore, lorsqu'un capitaine d'état-major, M. Duplessis, arrivant tout essoufflé, vient dire qu'il a parcouru tous les environs, pénétré même dans la forêt, et qu'il n'a pas vu un seul Russe! En entendant ce rapport, le maréchal et son état-major se prirent à rire de mes craintes, ce qui m'affecta vivement. Néanmoins, je me contins, certain que, sous peu, la vérité serait connue.

En effet, le déjeuner terminé, on se remet en marche, et je retourne à mon régiment qui faisait l'avant-garde. Je le dirige encore à travers bois, comme j'avais fait la première fois, car je prévoyais ce qui allait arriver dès que nous déboucherions en face de la position ennemie. Malgré mes observations, Oudinot voulut suivre une très large route tirée au cordeau qui traverse la forêt; mais à peine approchait-il de la lisière, que les ennemis, apercevant le groupe nombreux formé par son état-major, font un feu roulant de leurs canons qui, placés en face de la grande route, l'enfilent de plein front et portent le désordre dans l'escadron doré, naguère si joyeux! Heureusement, les boulets n'atteignirent aucun homme; mais le cheval du maréchal fut tué, ainsi que celui de M. Duplessis et beaucoup d'autres!... J'étais suffisamment vengé; aussi, j'avoue à ma honte que j'eus peine à cacher la satisfaction que j'éprouvais en voyant tous ceux qui avaient ri de mon rapport et traité de fantaisies tout ce que j'avais dit sur la présence de l'ennemi, se disperser en courant sous une grêle de boulets et sauter les fossés à qui mieux mieux, pour chercher un refuge derrière les grands sapins! Le bon général Laurencez, que j'avais engagé à rester dans la forêt, rit beaucoup de cette scène. Je dois au maréchal Oudinot la justice de dire que, à peine remonté à cheval, il vint à moi pour m'exprimer les regrets qu'il éprouvait de ce qui s'était passé pendant le déjeuner, et m'engager à lui donner des renseignements sur la position des Russes et à lui indiquer les passages de la forêt par lesquels il pourrait diriger ses colonnes d'infanterie sans trop les exposer au canon.

Plusieurs officiers du 23ᵉ qui avaient, ainsi que moi, parcouru le bois le matin, furent chargés de conduire les divisions. Celles-ci furent néanmoins reçues à leur débouché par une canonnade terrible, ce qui aurait pu être évité si, averti comme on l'était de la présence des Russes, on eût manœuvré pour tourner un de leurs flancs, au lieu de marcher sans précaution vers leur front. Je fus ainsi contraint, une fois sorti de la forêt, d'attaquer la position par le point le mieux défendu, et de prendre le taureau par les cornes!

Quoi qu'il en soit, nos braves troupes ayant abordé l'ennemi avec une grande résolution, elles le repoussèrent de toutes parts, et, après deux heures de combat, il effectua sa retraite. Elle n'était pas sans dangers pour lui, car, pour l'opérer, il devait passer par la ville et traverser le pont d'un ruisseau fort encaissé. Cette opération, toujours fort difficile quand on doit la faire en combattant, commença d'abord avec ordre; mais notre artillerie légère ayant pris position sur une hauteur qui domine la ville, son feu redoublé porta bientôt le désordre dans les masses ennemies, qui se précipitèrent à la débandade vers le pont. Au lieu de reformer les rangs après l'avoir passé, on les voyait fuir tumultueusement dans les plaines de la rive opposée, où leur retraite se changea bientôt en déroute! Un seul régiment d'infanterie russe, celui de Toula, tenait encore ferme à l'entrée du pont du côté de la ville. Le maréchal Oudinot désirait vivement forcer ce défilé pour aller compléter sa victoire sur les troupes qui fuyaient dans les plaines au delà du ruisseau; mais nos colonnes d'infanterie touchant à peine les faubourgs, il leur fallait au moins un quart d'heure pour arriver devant le pont, et les moments étaient précieux.

Mon régiment, qui avait fait une charge heureuse à l'entrée de la ville, se trouvait réuni sur la promenade, peu éloignée du ruisseau. Le maréchal me fait dire de l'amener au galop, et, à peine arrivé, il m'ordonne de charger sur les bataillons ennemis qui couvrent le pont, de le traverser et de me lancer ensuite dans la plaine à la suite des fuyards. Les militaires expérimentés savent combien il est difficile pour la cavalerie d'enfoncer de braves fantassins résolus à se bien défendre dans les rues d'une ville! Je compris toute l'étendue des périls de la mission qui m'était imposée; il fallait obéir sur-le-champ; je savais d'ailleurs que c'est par les premières impressions de combat qu'un chef de corps se place bien ou mal dans l'esprit de sa troupe. La mienne était composée de braves guerriers. Je les enlève rapidement au galop et fonds à leur tête sur les grenadiers russes, qui nous reçurent en croisant bravement la baïonnette. Ils furent néanmoins enfoncés du premier choc, tant notre élan avait été impétueux! Dès que nous eûmes pénétré dans les rangs ennemis, mes terribles chasseurs, se servant avec dextérité de la pointe de leurs sabres, firent une affreuse boucherie!

Les ennemis se retirèrent sur le tablier du pont, où nous les suivîmes de si près que, arrivés de l'autre côté, ils cherchèrent vainement à se reformer ; ils ne purent y parvenir, nos cavaliers étant mêlés avec eux et tuant tout ce qu'ils pouvaient atteindre. Le colonel russe tomba mort. Alors son régiment, découragé, n'étant plus commandé et voyant accourir les voltigeurs français, qui arrivaient déjà au pont, mit bas les armes ! Je perdis sept hommes tués et eus une vingtaine de blessés. Nous prîmes un drapeau et fîmes 2,000 prisonniers. Après ce combat, je me lançai avec mon monde dans la plaine, où nous prîmes un grand nombre de fuyards, plusieurs canons et beaucoup de chevaux.

Le maréchal Oudinot, qui, du haut de la ville, avait été témoin de l'affaire, vint complimenter le régiment, pour lequel il eut depuis ce jour une prédilection particulière. Il la méritait à tous égards. J'étais fier de commander de tels soldats, et lorsque le maréchal m'annonça qu'il allait demander pour moi le grade de colonel, je craignais que l'Empereur, renonçant à sa première combinaison, ne me donnât le premier régiment vacant. Étrange bizarrerie des choses humaines ! Le beau combat de Wilkomir, où le 23ᵉ s'était couvert de gloire, fut sur le point de devenir plus tard la cause de sa perte, parce que le courage qu'il avait montré dans cette occasion le fit choisir pour une opération matériellement impraticable, dont je parlerai sous peu. Mais revenons à Wilna, où l'Empereur commençait à rencontrer quelques-unes des difficultés qui devaient faire échouer sa gigantesque entreprise.

La première fut d'organiser la Lithuanie, que nous venions de conquérir. Cette organisation devait être faite de manière à nous attacher non seulement les provinces encore occupées par les Russes, mais de plus celles du duché de Posen et de la Galicie que d'anciens traités avaient incorporées à la Prusse et à l'Autriche, alliées de Napoléon, qui avait en ce moment tant d'intérêt à les ménager !

Les seigneurs les plus ardents des diverses parties de la Pologne faisaient proposer à Napoléon de soulever toutes les provinces et de mettre à son service plus de 300,000 hommes, le jour où il déclarerait *officiellement* que tous les partages subis par leur pays étaient annulés et que le royaume de Pologne était *reconstitué !* Mais l'empereur des Français, tout en reconnaissant les avantages qu'il pourrait recueillir de cette levée de boucliers, ne se dissimulait pas qu'elle aurait pour premier résultat de le mettre en guerre avec la Prusse et l'Autriche, qui, plutôt que de se voir arracher d'immenses et belles provinces, joindraient leurs armées à celles des Russes. Mais il craignait surtout l'inconsistance de la nation polonaise, qui, après l'avoir engagé contre les trois plus grandes puissances du Nord, ne tiendrait peut-être pas ses promesses d'aujourd'hui. L'Empereur répondit donc qu'il ne reconnaîtrait le royaume de Pologne que lorsque les populations de ces vastes contrées se seraient montrées dignes d'être indépendantes en se soulevant contre leurs oppresseurs. On tournait ainsi dans un cercle vicieux, Napoléon ne voulant reconnaître la Pologne qu'autant qu'elle se soulèverait, et les Polonais ne voulant agir qu'après la reconstitution de leur nationalité. Au surplus, ce qui prouverait que l'Empereur, en portant la guerre en Russie, n'avait d'autre but que le rétablissement du blocus continental, c'est qu'il n'avait fait conduire sur le Niémen aucun approvisionnement de fusils ni d'habits pour armer et équiper les troupes que les Polonais eussent dû mettre sur pied.

Quoi qu'il en soit, quelques seigneurs influents, voulant forcer la main à Napoléon et l'engager malgré lui, se constituèrent à Varsovie en Diète nationale, à laquelle vinrent se joindre un petit nombre de députés de plusieurs cercles. Le premier acte de cette assemblée ayant été de proclamer *la reconstitution et l'indépendance de l'ancien royaume de Pologne,* le retentissement de cette patriotique déclaration fut immense dans toutes les provinces, qu'elles fussent devenues russes, prussiennes ou autrichiennes. On crut pendant quelques jours à un soulèvement général, qu'eût probablement appuyé Napoléon; mais cette exaltation irréfléchie dura peu chez les Polonais, dont à peine quelques centaines vinrent se joindre à nous. Le refroidissement devint tel que la ville et le cercle de Wilna ne purent fournir que vingt hommes pour la garde d'honneur de Napoléon. Si les Polonais avaient déployé à cette époque la centième partie de l'énergie et de l'enthousiasme dont ils firent preuve lors de l'insurrection de 1830-1831, ils auraient peut-être recouvré leur indépendance et leur liberté. Mais loin de venir en aide aux troupes françaises, ils leur refusaient les choses les plus indispensables, et, dans le cours de cette campagne, nos soldats durent souvent s'emparer de force des vivres et des fourrages, que les habitants et surtout les seigneurs nous cachaient, et livraient cependant à la première réquisition des Russes, leurs persécuteurs. Cette partialité en faveur de nos ennemis révoltait les soldats français, ce qui donna lieu à quelques scènes fâcheuses que M. de Ségur qualifie d'*affreux pillage!* Il n'est cependant pas possible d'empêcher de malheureux soldats harassés de fatigue et auxquels on ne fait aucune distribution, de s'emparer du pain et des bestiaux dont ils ont besoin pour vivre.

La nécessité de maintenir l'ordre dans les provinces occupées par son armée amena, malgré tout, l'Empereur à nommer des préfets et des sous-préfets, choisis parmi les Polonais les plus éclairés; mais leur administration fut illusoire et ne rendit aucun service à l'armée française. La cause principale de l'apathie des Polonais lithuaniens provenait de l'attachement intéressé des grands pour le gouvernement russe, qui assurait leurs droits sur les paysans dont ils craignaient l'affranchissement par les Français, car tous ces nobles polonais, qui parlaient sans cesse de *liberté*, tenaient les paysans dans le plus rude servage!

Quoique l'agglomération des troupes françaises sur leurs frontières eût dû faire pressentir aux Russes le commencement prochain des hostilités, ils n'en avaient pas moins été surpris par le passage du Niémen, qu'ils n'avaient défendu sur aucun point. Leur armée s'était mise en retraite sur la Düna, sur la rive gauche de laquelle ils avaient construit, à Drissa, un immense camp retranché. De toutes parts les divers corps français suivaient les colonnes ennemies. Le prince Murat commandait la cavalerie de l'avant-garde, et chaque soir il atteignait l'arrière-garde des Russes; mais, après avoir soutenu un léger engagement, celle-ci s'éloignait à marches forcées pendant la nuit, sans qu'il fût possible de l'amener à un combat sérieux.

CHAPITRE VII

Division de l'armée russe. — Bagration échappe à Jérôme. — Marche sur la Düna. — Attaque infructueuse de Dünabourg. — Je culbute deux régiments de Wittgenstein sur la Düna. — Nous nous séparons de la Grande Armée. — Composition du 2ᵉ corps.

Dès les premiers jours de notre entrée en Russie, les ennemis avaient commis une faute énorme en permettant à Napoléon de rompre leur ligne, de sorte que la plus grande masse de leurs troupes, conduite par l'empereur Alexandre et le maréchal Barclay, avait été rejetée sur la Düna, tandis que le surplus, commandé par Bagration, se trouvait encore sur le haut Niémen, vers Mir, à quatre-vingts lieues du gros de leur armée. Ainsi coupé, le corps de Bagration chercha à se réunir à l'empereur Alexandre en passant par Minsk; mais Napoléon avait fait garder ce point important par le maréchal Davout, qui repoussa vivement les Russes et les rejeta sur Bobruïsk qu'il savait devoir être gardé par Jérôme Bonaparte, à la tête de deux corps dont l'effectif s'élevait à 60,000 combattants. Bagration allait donc être réduit à mettre bas les armes, lorsqu'il fut sauvé par l'impéritie de Jérôme, qui, ayant mal compris les avis que Davout lui avait adressés et n'acceptant pas d'ailleurs de reconnaître la suprématie qu'une longue expérience et de grands succès donnaient à ce maréchal, voulut agir de son chef et manœuvra si mal que Bagration échappa à ce premier danger. Cependant, Davout, le suivant avec sa ténacité ordinaire, le rejoignit sur la route de Mohilew, et, bien qu'il n'eût en ce moment qu'une division de 12,000 hommes, il attaqua et battit les 36,000 Russes de Bagration, surpris, il est vrai, sur un terrain trop resserré pour qu'ils pussent se déployer et mettre en action toutes leurs forces. Bagration, ainsi repoussé, alla passer le Borysthène, beaucoup plus bas que Mohilew, à Novoï-Bychow, et, désormais à l'abri des attaques de Davout, il put enfin aller rejoindre la grande armée russe à Smolensk.

Dans les marches et contremarches que fit Bagration pour échapper à Davout, il surprit la brigade de cavalerie française commandée par le général Bordesoulle et lui enleva tout le 3ᵉ régiment de chasseurs à cheval, dont mon ami Saint-Mars était colonel.

La prise du corps de Bagration aurait eu un résultat immense pour Napoléon ; aussi sa colère contre le roi Jérôme qui l'avait laissé échapper fut-elle terrible ! Il lui ordonna de quitter sur-le-champ l'armée et de retourner en Westphalie. Cette mesure rigoureuse, mais indispensable, produisit dans l'armée un effet très défavorable au roi Jérôme; cependant, était-il le plus coupable? Son premier tort était d'avoir pensé que sa dignité de *souverain* s'opposait à ce qu'il reçût les avis d'un simple maréchal. Mais l'Empereur, qui savait fort bien que ce jeune prince n'avait de sa vie dirigé un seul bataillon, ni assisté au plus petit combat, n'avait-il pas à se reprocher de lui avoir confié pour son début une armée de 60,000 hommes, et cela dans des circonstances aussi graves?... Le général Junot remplaça le roi Jérôme et ne tarda pas à commettre aussi une faute irréparable.

A cette époque, l'empereur de Russie envoya vers Napoléon le comte de Balachoff, l'un de ses ministres. Ce parlementaire trouva l'empereur des Français encore à Wilna. On n'a jamais bien connu le but de cette entrevue. Quelques personnes crurent qu'il s'agissait d'un armistice, mais elles furent promptement détrompées par le départ de M. de Balachoff, et l'on apprit bientôt que le parti anglais, dont l'influence était immense à la cour et dans l'armée russe, ayant pris ombrage de la mission donnée à M. de Balachoff, et craignant que l'empereur Alexandre ne se laissât aller à traiter avec Napoléon, avait hautement exigé que l'empereur de Russie s'éloignât de l'armée et retournât à Saint-Pétersbourg. Alexandre accéda à ce désir, mais il tint à rappeler également son frère Constantin. Laissés à eux-mêmes et stimulés par l'Anglais Wilson, les généraux russes ne songèrent qu'à donner à la guerre un caractère de férocité qui pût effrayer les Français. Ils prescrivirent donc à leurs troupes de faire le désert derrière elles, en incendiant les habitations et tout ce qu'elles ne pouvaient enlever !

Pendant que du point central de Wilna, Napoléon dirigeait les différents corps de son armée, la rivière de la Düna avait été atteinte le 15 juillet par les colonnes que dirigeaient Murat, Ney, Montbrun, Nansouty et Oudinot. Celui-ci, n'ayant probablement pas bien compris les ordres de l'Empereur, fit une marche excentrique, et, descendant la Düna par sa rive gauche, tandis que le corps de Wittgenstein la remontait sur le bord opposé, il se présenta devant la ville de Dünabourg, vieille place mal fortifiée, dont il espérait enlever le pont, afin de passer le fleuve et d'aller sur la rive droite attaquer en queue Wittgenstein. Mais celui-ci, en s'éloignant de Dünabourg, y avait laissé une forte garnison et une nombreuse artillerie. Mon régiment faisait comme d'habitude l'avant-garde, que le maréchal Oudinot dirigeait en personne ce jour-là.

Dünabourg est située sur la rive droite; nous arrivions par la gauche, qui est gardée par un ouvrage considérable servant de tête au pont de communication situé entre la place et l'avancée que sépare le fleuve, très large en cet endroit. A un quart de lieue des fortifications, qu'Oudinot prétendait n'être pas garnies de canons, je trouvai un bataillon russe, dont la gauche s'appuyait à la rivière et dont le front était couvert par les baraques en planches d'un camp abandonné. Ainsi postés, les ennemis étaient fort difficiles à joindre. Le maréchal m'ordonna cependant de les attaquer. Après avoir laissé à l'intelligence des officiers le soin d'éviter les baraques en passant par les intervalles qui les séparaient, je commande la charge. Mais à peine le régiment a-t-il fait quelques pas en avant au milieu d'une grêle de balles lancées par les fantassins russes, que l'artillerie, dont le maréchal avait nié l'existence, tonne avec impétuosité du haut des fortifications, dont nous étions si près que les boîtes à mitraille passaient au-dessus de nos têtes avant d'avoir le temps d'éclater. Un des rares boulets qui s'y trouvaient mêlés traversa une maison de pêcheur et vint briser la jambe d'un de mes plus braves trompettes qui sonnait la charge à mes côtés!... Je perdis là plusieurs hommes.

Le maréchal Oudinot, qui avait eu le tort grave d'attaquer le camp de baraques ainsi protégé par le canon et la mousqueterie, espéra débusquer les fantassins ennemis en envoyant contre eux un bataillon portugais qui précédait notre infanterie; mais ces étrangers, anciens prisonniers de guerre, qu'on avait enrôlés en France, un peu malgré eux, se portèrent au feu très mollement, et nous restions toujours exposés. Voyant qu'Oudinot se tenait bravement sous les balles ennemies, mais sans donner aucun ordre, je compris que si cet état de choses se prolongeait encore quelques minutes, mon régiment allait être détruit. J'ordonnai donc à mes chasseurs de se disperser et fis sur les fantassins russes une charge en *fourrageurs,* qui eut le double avantage de leur faire lâcher pied et d'éteindre le feu des artilleurs, qui n'osaient plus tirer de crainte d'atteindre leurs tirailleurs mêlés aux Français. Sabrés par mes cavaliers, les défenseurs du camp s'enfuirent dans le plus grand désordre vers la tête du pont. Mais la garnison chargée de la défense de cet ouvrage était composée de soldats de nouvelles levées qui, craignant de nous y voir entrer à leur suite, fermèrent les portes à la hâte, ce qui contraignit les fuyards à s'élancer vers le pont de bateaux pour gagner l'autre rive et chercher un refuge dans la ville même de Dünabourg.

Ce pont n'avait pas de garde-fou, les barques chancelaient, la rivière était large et profonde, et j'apercevais de l'autre côté la garnison de la place sous les armes et cherchant à fermer ses portes! Aller plus avant me paraissait une folie! Pensant donc que le régiment en avait assez fait, je l'avais arrêté, lorsque le maréchal survint en s'écriant : « Brave 23ᵉ, faites comme à Wil-« komir, passez le pont, forcez les portes et emparez-« vous de la ville! » En vain le général Laurencez voulut lui faire sentir que les difficultés étaient ici beaucoup plus grandes, et qu'un régiment de cavalerie ne pouvait attaquer une place forte, si mal gardée qu'elle fût, lorsque, pour y arriver, il fallait passer deux hommes de front sur un mauvais pont de bateaux : le maréchal s'obstina en disant : « Ils profiteront du désordre et de la terreur des ennemis! » Puis il me renouvela l'ordre de marcher sur la ville. J'obéis; mais à peine étais-je sur la première travée du pont avec le premier peloton, à la tête duquel j'avais tenu à honneur de me placer, que la garnison de Dünabourg, étant parvenue à fermer la porte des fortifications donnant sur la rivière, parut au haut des remparts, d'où elle commença à faire feu sur nous!...

La ligne mince sur laquelle nous nous tenions ne permettant pas à ces soldats inexpérimentés de tirer avec justesse, le canon et la mousqueterie nous firent éprouver bien moins de pertes que je ne l'aurais cru. Mais en entendant la place tirer sur nous, les défenseurs de la tête de pont, revenus de leur frayeur, se mirent aussi de la partie. Le maréchal Oudinot, voyant le 23⁰ ainsi placé entre deux feux, à l'entrée du pont vacillant, au delà duquel il ne pouvait avancer, me fit parvenir l'ordre de rétrograder. Les grandes distances que j'avais laissées entre les pelotons permirent alors à ceux-ci de faire demi-tour par cavalier sans trop de désordre. Cependant deux hommes et deux chevaux tombèrent dans le fleuve et se noyèrent. Pour regagner la rive gauche, nous étions obligés de repasser sous les remparts de la tête de pont, où nous fûmes encore assaillis par un feu roulant qui, fort heureusement, était exécuté par des miliciens inhabiles; car si nous avions eu affaire à des soldats bien exercés au tir, le régiment eût été totalement exterminé.

Ce malheureux combat, si imprudemment engagé, me coûta une trentaine d'hommes tués et beaucoup de blessés. On espérait, du moins, que le maréchal s'en tiendrait à cet essai infructueux, d'autant plus que, ainsi que je l'ai déjà dit, les instructions de l'Empereur ne lui prescrivaient pas de prendre Dünabourg; cependant, dès que ses divisions d'infanterie furent arrivées, il fit attaquer derechef la tête de pont, dont les ennemis avaient eu le temps de renforcer la garnison par un bataillon de grenadiers, accouru des cantonnements voisins, au bruit de la canonnade; aussi nos troupes furent-elles repoussées avec des pertes infiniment plus considérables que celles éprouvées par le 23° de chasseurs. L'Empereur, ayant appris cette vaine tentative, en blâma le maréchal Oudinot.

Vous savez que mon régiment était de brigade avec le 24° de chasseurs à cheval. Le général Castex, qui commandait cette brigade, avait, dès le premier jour de notre réunion, établi un ordre admirable dans le service. Chacun des deux régiments, le faisant à son tour pendant vingt-quatre heures, marchait en tête lorsqu'on allait vers l'ennemi, faisait l'arrière-garde dans les retraites, fournissait tous les postes, reconnaissances, grand'gardes et détachements, pendant que l'autre régiment, suivant tranquillement la route, se remettait un peu des fatigues de la veille et se préparait à celles du lendemain, ce qui ne l'empêchait point de venir appuyer le corps de service, si celui-ci était aux prises avec des forces supérieures. Ce système extraréglementaire avait l'immense avantage de ne jamais séparer les soldats de leurs officiers ni de leurs camarades, pour les placer sous les ordres de chefs inconnus et les mêler aux cavaliers de l'autre régiment. Enfin, pendant la nuit, une moitié de la brigade dormait pendant que l'autre veillait sur elle. Cependant, comme il n'y a rien sans inconvénients, il pouvait se faire que le hasard appelât plus souvent un des deux corps à être de service, les jours où surviendraient des engagements sérieux, ainsi que cela venait d'arriver au 23°, tant au combat de Wilkomir qu'à celui de Dünabourg. Cette chance le poursuivit pendant la majeure partie de la campagne; mais il ne s'en plaignit jamais, s'en tira toujours avec honneur, et fut souvent envié par le 24°, qui eut bien moins d'occasions de se faire remarquer.

J'ai déjà dit que pendant qu'Oudinot faisait sa course

sur Dünabourg, les corps de Ney, ainsi que l'immense réserve de cavalerie commandée par Murat, remontaient vers Polotsk par la rive gauche de la Düna, tandis que l'armée russe de Wittgenstein suivait la même direction par la rive droite. Ainsi séparés de l'ennemi par la rivière, nos cavaliers se gardaient mal et plaçaient, chaque soir, selon l'habitude française, leurs bivouacs beaucoup trop près des bords de la Düna. Wittgenstein, s'en étant aperçu, laissa passer l'infanterie de Ney et le gros de la cavalerie de Montbrun, dont la division du général Sébastiani fermait la marche, ayant pour arrière-garde la brigade du général Saint-Geniès, ancien officier de l'armée d'Égypte, homme très brave, mais peu capable. Arrivé au delà de la petite ville de Drouia, le général Saint-Geniès, sur l'ordre de Sébastiani, établit ses régiments au bivouac à deux cents pas de la rivière, qu'on croyait infranchissable sans bateaux. Mais Wittgenstein, ayant connaissance d'un gué très praticable, profita de la nuit pour faire passer le fleuve à une division de cavalerie qui, s'élançant sur le corps français, enleva presque entièrement la brigade Saint-Geniès, fit ce général prisonnier et contraignit Sébastiani à se retirer promptement avec le reste de sa division vers le corps de Montbrun. Après ce rapide coup de main, Wittgenstein rappela ses troupes sur la rive droite et continua à remonter la Düna. Cette affaire fit grand tort à Sébastiani et lui attira les reproches de l'Empereur.

Peu de temps après ce fâcheux événement, Oudinot ayant reçu l'ordre de s'éloigner de Dünabourg et de remonter la Düna pour rejoindre Ney et Montbrun, son corps d'armée prit la route qu'avaient suivie les corps de ces derniers et vint passer devant la ville de Drouia. Le projet du maréchal était de faire camper ses troupes à trois lieues au delà; mais comme il craignait que les ennemis ne profitassent du gué pour jeter sur la rive gauche de nombreux partis destinés à assaillir le grand convoi qu'il traînait après lui, il décida, en s'éloignant avec toute son armée, qu'un régiment de la brigade Castex passerait la nuit sur le terrain où la brigade du général Saint-Geniès avait été surprise, et aurait pour consigne d'observer le gué par lequel les Russes étaient passés pour venir attaquer cette brigade. Mon régiment étant de service ce jour-là, ce fut à lui qu'échut la dangereuse mission de rester seul devant Drouia jusqu'au lendemain matin. Je savais que le gros de l'armée de Wittgenstein avait remonté le fleuve, mais j'aperçus deux forts régiments de cavalerie laissés par lui non loin du gué. C'était plus qu'il n'en aurait fallu pour me battre.

Lors même que j'aurais voulu exécuter à la lettre l'ordre qui me prescrivait d'établir mon bivouac sur l'emplacement qu'avait occupé, deux jours avant, celui de Saint-Geniès, cela m'eût été impossible, le sol étant couvert de plus de deux cents cadavres en putréfaction; mais à cette raison majeure il s'en joignit une autre non moins importante. Ce que j'avais vu et appris sur la guerre m'avait convaincu que le meilleur moyen de défendre une rivière contre les attaques d'un ennemi dont le but ne peut être de s'établir sur la rive qu'on occupe soi-même, est de tenir le gros de sa troupe à certaine distance du fleuve, d'abord pour être prévenu à temps du passage de l'adversaire, et en second lieu parce que celui-ci, n'ayant en vue que de faire un coup de main pour se retirer ensuite lestement, n'ose s'éloigner du rivage par lequel sa retraite est assurée! J'établis donc le régiment à une demi-lieue de la Düna, dans un champ où le terrain formait une légère ondulation.

J'avais laissé seulement quelques vedettes doubles sur le rivage, car je suis convaincu que lorsqu'il ne s'agit que d'*observer*, deux hommes voient tout aussi bien qu'une forte grand'garde. Plusieurs rangées de cavaliers furent placées à la suite les uns des autres entre ces vedettes et notre bivouac, d'où, comme l'araignée au fond de sa toile, je pouvais être rapidement informé, par ces légers cordons, de tout ce qui se passait sur le terrain que je devais garder. Du reste, j'avais interdit les feux, même ceux des pipes, et prescrit le plus grand silence.

Les nuits sont extrêmement courtes en Russie au mois de juillet; cependant, celle-ci me parut bien longue, tant je craignais d'être attaqué dans l'obscurité par des forces supérieures aux miennes. La moitié des hommes étaient en selle, les autres faisaient manger leurs chevaux et se tenaient prêts à monter dessus au premier signal. Tout paraissait tranquille à la rive opposée, lorsque Lorentz, mon domestique polonais, qui parlait parfaitement le russe, vint m'informer qu'il avait entendu une vieille Juive, habitante d'une maison voisine, dire à une autre femme de sa caste : « La lanterne du clocher de Morki est allumée, l'attaque va commencer! » Je fis amener ces femmes devant moi, et, questionnées par Lorentz, elles répondirent que, craignant de voir leur hameau devenir le champ de bataille des deux partis, elles n'avaient pu apercevoir sans alarme briller sur l'église du village de Morki, situé sur la rive opposée, la lumière qui, l'avant-dernière nuit, avait servi de signal aux troupes russes pour traverser le gué de la Düna et fondre sur le camp français!...

Bien que je fusse prêt à tout événement, cet avis me fut très utile. En un instant, le régiment fut à cheval, le sabre à la main, et les vedettes du bord de la rivière, ainsi que les cavaliers placés en cordon dans la plaine, reçurent à voix basse, et de proche en proche, l'ordre de le rejoindre. Deux des plus intrépides sous-officiers, Prud'homme et Graft, accompagnèrent seuls le lieutenant Bertin, que j'envoyai observer les mouvements de l'ennemi. Il revint peu d'instants après m'annoncer qu'une colonne de cavaliers russes traversait le gué, que déjà plusieurs escadrons avaient pris pied sur la rive, mais que, étonnés de ne pas trouver notre camp au lieu qu'avait occupé celui de Saint-Geniès, ils s'étaient arrêtés, craignant sans doute de se trop éloigner du gué, leur unique moyen de retraite; cependant, ils s'y étaient décidés, avançaient au pas et se trouvaient à petite distance de nous!

A l'instant, je fis mettre le feu à une immense meule de foin ainsi qu'à plusieurs granges placées sur la hauteur. La lumière de leurs flammes éclairant toute la contrée, je distinguai parfaitement la colonne ennemie formée des hussards de Grodno. J'avais avec moi un millier de braves cavaliers... nous nous élançons au galop dans la plaine, au cri de « Vive l'Empereur! » et chargeons rapidement sur les Russes, qui, surpris d'une attaque aussi brusque qu'imprévue, tournent bride et, sabrés par mes chasseurs, courent à la débandade vers le gué par lequel ils étaient venus. Ils s'y trouvèrent face à face avec le régiment de dragons qui, formant brigade avec eux, les avait suivis et sortait à peine de la rivière. Ces deux corps s'étant choqués et mêlés, il en résulta un désordre affreux dont mes chasseurs profitèrent, grâce à la lueur de l'incendie, pour tuer un grand nombre d'ennemis et prendre beaucoup de chevaux. Les Russes se précipitant en tumulte dans le gué qu'ils voulaient passer tous à la fois pour éviter les coups de mousqueton que mes chasseurs tiraient du haut du rivage sur cette foule éperdue, il s'en noya un bon nombre. Notre brusque attaque dans la plaine avait tellement étonné les ennemis, qui s'attendaient à nous surprendre endormis, que pas un ne se mit en défense, et tous fuirent sans combattre; aussi j'eus le bonheur de regagner mon bivouac sans avoir à déplorer la mort ni la blessure d'aucun de mes hommes!... Le jour naissant éclaira notre champ de bataille, sur lequel gisaient plusieurs centaines d'ennemis tués ou blessés. Je confiai ceux-ci aux habitants du hameau près duquel j'avais passé la nuit, et me mis en route pour me rallier au corps d'Oudinot, que je rejoignis le soir même. Le maréchal me reçut très bien et complimenta le régiment sur sa belle conduite.

Le 2ᵉ corps, marchant constamment sur la rive gauche de la Düna, parvint en trois jours en face de Polotsk. Nous y apprîmes que l'Empereur avait enfin quitté Wilna, où il était resté vingt jours, et se dirigeait vers Vitepsk, ville assez importante, dont il comptait faire le nouveau centre de ses opérations.

En s'éloignant de Wilna, l'Empereur y avait laissé le duc de Bassano en qualité de gouverneur de la province de Lithuanie, et le général Hogendorf comme chef militaire. Aucun de ces deux fonctionnaires ne convenait pour organiser les derrières d'une armée, car le duc de Bassano, ancien diplomate et secrétaire ponctuel, n'avait aucune connaissance en *administration*, tandis que le Hollandais Hogendorf, parlant très mal notre langue, n'ayant aucune notion de nos usages et règlements militaires, ne pouvait réussir auprès des Français qui passaient à Wilna et de la noblesse du pays. Aussi les richesses qu'offrait la Lithuanie ne furent d'aucun secours pour nos troupes.

Polotsk, ville située sur la rive droite de la Düna,

est composée de maisons en bois et dominée par un immense et superbe collège, alors tenu par des Jésuites, qui presque tous étaient Français. Elle est entourée de fortifications en terre ayant jadis soutenu un siège dans les guerres de Charles XII contre Pierre le Grand. Les corps d'armée de Ney, de Murat et de Montbrun, pour se rendre de Drissa à Witepsk, avaient établi sur la Düna, en face de Polotsk, un pont de bateaux qu'ils laissèrent au corps d'Oudinot, destiné à marcher sur la route de Pétersbourg. Ce fut donc en ce lieu que le 2ᵉ corps prit une autre direction que la Grande Armée, que nous revîmes seulement l'hiver suivant au passage de la Bérésina.

Il faudrait plusieurs volumes pour retracer les manœuvres et les combats de la partie de l'armée qui suivit l'Empereur à Moscou. Je me bornerai donc à indiquer les faits les plus importants, à mesure qu'ils se dérouleront.

Ainsi, le 25 juillet, il y eut près d'Ostrowno une affaire d'avant-garde très favorable à notre infanterie, mais où plusieurs régiments de cavalerie furent trop précipitamment engagés par Murat. Le 16ᵉ de chasseurs fut de ce nombre. Mon frère, qui y servait comme chef d'escadrons, fut pris et conduit bien au delà de Moscou, à Sataroff, sur le Volga. Il y retrouva le colonel Saint-Mars, ainsi qu'Octave de Ségur. Ils s'entr'aidèrent à supporter les ennuis de la captivité, auxquels mon frère était déjà habitué, car il avait passé plusieurs années dans les prisons et sur les pontons des Espagnols. Nos chances de guerre étaient bien différentes : Adolphe, fait trois fois prisonnier, ne fut jamais blessé, tandis que, recevant très souvent des blessures, je ne fus jamais pris.

Pendant que l'Empereur, maître de Wilna, manœuvrait pour amener l'armée russe à une bataille décisive, mais sans pouvoir y parvenir, le corps d'Oudinot, après avoir passé la Düna à Polotsk, s'établit en avant de cette ville, ayant en face de lui les nombreuses troupes du général Wittgenstein, formant l'aile droite de l'ennemi. Avant de rendre compte des événements qui se passèrent sur les rives de la Düna, je crois nécessaire de vous faire connaître la composition du 2ᵉ corps, dont je suivis tous les mouvements.

Le maréchal Oudinot, qui le commandait, n'avait d'abord sous ses ordres que 44,000 hommes répartis en trois divisions d'infanterie, dont les chefs étaient les généraux Legrand, Verdier et Merle, tous trois, et surtout le premier, excellents officiers. On remarquait parmi les généraux de brigade Albert et Maison. La cavalerie se composait d'une superbe division de cuirassiers et de lanciers, commandée par le général Doumerc, officier assez ordinaire, ayant sous ses ordres le brave général de brigade Berckheim. Deux brigades de cavalerie légère faisaient aussi partie du 2ᵉ corps. La première, composée des 23ᵉ et 24ᵉ de chasseurs, était commandée par le général Castex, excellent militaire sous tous les rapports. La seconde, formée par les 7ᵉ et 20ᵉ de chasseurs et le 8ᵉ de lanciers polonais, était aux ordres du général Corbineau, homme brave, mais apathique. Ces deux brigades n'étaient pas réunies en division ; le maréchal les attachait, selon les besoins, soit aux divisions d'infanterie, soit à l'avant-garde ou à l'arrière-garde. Ce système présentait de grands avantages.

Le 24ᵉ de chasseurs, avec lequel mon régiment était de brigade, était on ne peut mieux composé et eût rendu de grands services si la sympathie et l'union eussent existé entre les soldats et leur chef. Malheureusement, le colonel A... se montrait fort dur pour ses subordonnés, qui, de leur côté, étaient assez mal disposés pour lui. Cet état de choses avait décidé le général Castex à marcher et à camper avec le 23ᵉ de chasseurs, et à réunir sa cuisine de campagne à la mienne, bien qu'il eût servi dans le 24ᵉ. Le colonel A..., grand, adroit, toujours parfaitement monté, se montrait généralement bien dans les combats à l'arme blanche, mais passait pour aimer moins les combats de mousqueterie et d'artillerie. Malgré tout, l'Empereur appréciait chez ce chef de corps une qualité qu'il possédait au plus haut degré, car c'était incontestablement le meilleur officier de cavalerie légère de toutes les armées de l'Europe. Jamais on ne vit un tact plus fin, un coup d'œil qui explorât le pays avec autant de justesse; aussi, avant de parcourir une contrée, il devinait les obstacles que les cartes ne signalaient pas, prévoyait les points où devaient aboutir les ruisseaux, les chemins, les moindres sentiers, et il tirait des mouvements de l'ennemi des prévisions qui se réalisaient presque toujours. Sous le rapport de la petite comme de la grande guerre, M. A... était donc un officier des plus remarquables. L'Empereur, qui l'avait fréquemment employé à des reconnaissances dans des campagnes précédentes, l'avait signalé au maréchal Oudinot, qui l'appelait même souvent dans son conseil, d'où il résultait forcément que bien des corvées et de périlleuses missions retombaient sur mon régiment.

CHAPITRE VIII

Affaire de Jakoubowo ou Kliastitsoui. — Je suis blessé.

A peine les divers corps d'armée qui nous avaient précédés à Polotsk s'en furent-ils éloignés, pour aller rejoindre l'Empereur à Witepsk, qu'Oudinot, entassant toutes ses troupes en une seule et immense colonne sur la route de Saint-Pétersbourg, marcha le 29 juillet sur l'armée de Wittgenstein, qu'on savait être postée à dix lieues de nous, entre deux petites villes nommées Sebej et Newel. Nous allâmes ce jour-là coucher sur les rives de la Drissa. Cet affluent de la Düna n'est encore qu'un fort ruisseau devant le relais de Siwotschina, où il est traversé par la grande route de Pétersbourg ; et comme il n'existait pas de pont, le gouvernement russe y avait suppléé en faisant abattre des deux côtés, en pente douce, les hautes berges qui l'encaissent ; et, en pavant le fond du ruisseau sur une largeur égale à celle de la route, on avait établi un gué fort praticable, mais à droite et à gauche duquel les troupes et les chariots ne pouvaient passer, tant le rivage est escarpé. Je crois devoir donner cette explication, parce que trois jours après ce lieu fut le théâtre d'un engagement des plus vifs.

Le lendemain 30, mon régiment étant de service, je pris la tête de l'avant-garde et, suivi de tout le corps d'armée, je traversai le gué de la Drissa. La chaleur était accablante, et dans les blés couverts de poussière qui bordaient la route, on voyait deux larges zones où la paille couchée et écrasée, comme si un rouleau y eût été traîné plusieurs fois, indiquait le passage de fortes colonnes d'infanterie. Tout à coup, auprès du relais de poste de Kliastitsoui, ces indices disparaissaient des bords de la grande route et se reproduisaient à sa gauche sur un large chemin vicinal qui aboutit à Jakoubowo. Il était évident que l'ennemi avait quitté sur ce point la direction de Sebej pour se jeter sur notre flanc gauche. La chose me parut grave! J'arrêtai nos troupes et envoyai prévenir mon général de brigade. Mais le maréchal, qui marchait ordinairement en vue de l'avant-garde, ayant aperçu cette halte, accourut au galop, et, malgré les observations des généraux Castex et Laurencez, il m'ordonna de continuer la marche par la grande route. A peine avais-je fait une lieue, que j'aperçois venant à nous un kibick, ou calèche russe, attelé de deux chevaux de poste!... Je le fais arrêter et vois un officier ennemi qui, assoupi par la chaleur, s'était couché tout de son long dans le fond du kibick. Ce jeune homme, fils du seigneur auquel appartenait le relais de Kliastitsoui que je venais de quitter, était aide-de camp du général Wittgenstein et revenait de Pétersbourg avec la réponse aux dépêches dont son général l'avait chargé pour son gouvernement. Rien ne saurait peindre sa stupéfaction, lorsque, réveillé en sursaut, il se trouva en présence de nos chasseurs à figures rébarbatives et aperçut non loin de là de nombreuses colonnes françaises! Il ne pouvait concevoir comment il n'avait pas rencontré l'armée de Wittgenstein, ou au moins quelques-uns de ses éclaireurs, entre Sebej et le point où nous étions; mais cet étonnement confirmait le général Castex et moi dans la pensée que

Wittgenstein, pour tendre un piège à Oudinot, avait brusquement quitté la route de Pétersbourg pour se jeter sur la gauche et sur l'arrière-garde de l'armée française, qu'il allait attaquer en flanc et en queue! En effet, nous entendîmes bientôt le canon, et peu après la fusillade.

Le maréchal Oudinot, quoique surpris par une attaque aussi imprévue, se tira assez bien du mauvais pas où il s'était engagé. Faisant faire un *à gauche* aux diverses fractions de sa colonne, il se mit en ligne en face de Wittgenstein, dont il repoussa si vigoureusement les premières attaques que le Russe ne crut pas devoir les renouveler ce jour-là, et se retira derrière Jakoubowo. Mais sa cavalerie avait eu un assez beau succès, car elle avait pris sur nos derrières un millier d'hommes et une partie des équipages de l'armée française, entre autres nos forges de campagne. Ce fut une perte immense, dont la cavalerie du 2ᵉ corps se ressentit péniblement pendant toute la campagne. Après cet engagement, les troupes d'Oudinot ayant pris position, la brigade Castex reçut l'ordre de rétrograder jusqu'à Kliastitsoui, afin de garder l'embranchement des deux routes, où l'infanterie du général Maison vint se joindre à nous. L'officier russe, prisonnier dans la propre maison de son père, nous en fit les honneurs avec beaucoup de grâce.

Cependant, un combat sérieux se préparant pour le lendemain, les commandants des deux armées prirent leurs dispositions, et au point du jour les Russes marchèrent sur la maison de poste de Kliastitsoui où s'appuyait la droite des Français. Bien qu'en de telles circonstances les deux régiments fussent employés, néanmoins celui qui était de service se mettait en première ligne. C'était le tour du 24ᵉ de chasseurs. Pour éviter toute hésitation, le brave général Castex vient se placer en tête du régiment, le conduit rapidement sur les bataillons russes, les enfonce et fait 400 prisonniers, en n'éprouvant qu'une perte légère. Castex entra courageusement le premier dans les rangs ennemis ; son cheval fut tué d'un coup de baïonnette, et le général, dans sa chute, eut un pied foulé. Il ne put pendant plusieurs jours diriger la brigade, dont le colonel A... prit le commandement.

Les bataillons russes que le 24ᵉ venait de sabrer avaient été remplacés sur-le-champ par d'autres, qui débouchaient de Jakoubowo et s'avançaient sur nous rapidement. Le maréchal ayant alors envoyé à M. A... l'ordre de les attaquer, celui-ci commanda le *passage de ligne en avant!* ce que j'exécutai aussitôt. Arrivé en première ligne, le 23ᵉ, s'étant remis en bataille, marcha vers l'infanterie russe, qui s'arrêta et nous attendit de pied ferme : c'était le régiment de Tamboff. Dès que nous fûmes à bonne portée, je commandai la *charge!*... Elle fut exécutée avec d'autant plus de résolution et d'ensemble que mes cavaliers, outre leur courage habituel, étaient vivement stimulés par la pensée que leurs camarades du 24ᵉ suivaient des yeux tous leurs mouvements!... Les ennemis commirent la faute énorme, selon moi, de démunir leur ligne de tout son feu à la fois, en nous tirant une *bordée* qui, mal ajustée, ne tua ou blessa que quelques hommes et quelques chevaux : un feu de file eût été bien plus meurtrier. Les Russes voulurent recharger leurs armes, mais nous ne leur en laissâmes pas le temps; nos excellents chevaux, lancés à fond de train, arrivèrent sur eux, et le choc fut si violent qu'une foule d'ennemis furent jetés à terre!... Beaucoup se relevèrent en essayant de se défendre avec la baïonnette contre les coups de pointe de nos chasseurs; mais après avoir essuyé de grandes pertes. ils reculèrent, puis se débandèrent, et un bon nombre furent tués ou pris en fuyant vers un régiment de cavalerie qui arrivait à leur secours. C'étaient les hussards de Grodno.

J'ai remarqué que lorsqu'un corps en a battu un autre, il conserve toujours sa supériorité sur lui. J'en vis ici une nouvelle preuve, car les chasseurs du 23ᵉ s'élancèrent comme sur une proie facile contre les hussards de Grodno qu'ils avaient jadis si bien battus dans le combat de nuit de Drouia, et les hussards, ayant reconnu leurs vainqueurs, s'enfuirent à toutes jambes! Ce régiment fut pendant tout le reste de la campagne en face du 23ᵉ, qui conserva toujours sur lui le même ascendant.

Pendant que les événements que je viens de raconter se passaient à notre aile droite, l'infanterie du centre et de la gauche ayant attaqué les Russes, ceux-ci, battus sur tous les points, abandonnèrent le champ de bataille; et à la tombée de la nuit ils allèrent prendre position à une lieue de là. Notre armée garda celle qu'elle occupait entre Jakoubowo et l'embranchement de Kliastitsoui. La joie fut grande ce soir-là dans les bivouacs de la brigade, car nous étions vainqueurs!... Mon régiment avait pris le drapeau des fantassins de Tamboff, et le 24ᵉ s'était aussi emparé de celui du corps russe qu'il avait enfoncé; mais le contentement qu'il éprouvait se trouvait affaibli par le regret de savoir ses deux chefs d'escadrons blessés. Le premier, M. Monginot, était sous tous les rapports un officier du plus grand mérite; le second, frère du colonel, sans avoir les talents ni l'esprit de son aîné, était un officier des plus intrépides. Ces deux chefs d'escadrons se rétablirent promptement et firent le reste de la campagne.

Lorsqu'un corps cherche à *tourner* son ennemi, il s'expose à être tourné lui-même. C'est ce qui était arrivé à Wittgenstein, car ce général, qui le 29 avait quitté la route de Pétersbourg pour se jeter sur la gauche et sur les derrières de l'armée française, avait compromis par là sa ligne de communication dont Oudinot aurait pu le séparer complètement, si, après l'avoir battu le 30, il l'eût poussé vigoureusement. La situation du général russe était d'autant plus dangereuse que, placé en face d'une armée victorieuse qui lui barrait le chemin de la retraite, il apprit que le maréchal Macdonald, après avoir passé la Düna et pris la place de Dünabourg, avançait sur ses derrières. Pour sortir de ce mauvais pas, Wittgenstein avait habilement employé toute la nuit après le combat pour faire à travers champs un détour qui, par Jakoubowo, ramenait son armée sur la route de Saint-Pétersbourg, au delà du relais de Kliastitsoui. Mais craignant que la droite des Français, postée à peu de distance de ce point, ne vînt fondre sur ses troupes pendant leur marche de flanc, il avait résolu de l'en empêcher en attaquant lui-même notre aile droite avec des forces supérieures, pendant que le gros de l'armée, exécutant son mouvement, regagnerait la route de Saint-Pétersbourg et rouvrirait ses communications avec Sebej.

Le lendemain, 31 juillet, mon régiment prenait le service au lever de l'aurore, lorsqu'on s'aperçut qu'une partie de l'armée ennemie, battue la veille par nous, ayant contourné la pointe de notre aile droite, était en pleine retraite sur Sebej, tandis que le surplus venait nous attaquer à Kliastitsoui. En un clin d'œil, toutes les troupes du maréchal Oudinot furent sous les armes ; mais pendant que les généraux prenaient leurs dispositions de combat, une forte colonne de grenadiers russes, attaquant nos alliés de la légion portugaise, les mit dans un désordre complet; puis elle se dirigeait vers la vaste et forte maison du relais, point important dont elle allait s'emparer, lorsque le maréchal Oudinot, toujours l'un des premiers au feu, accourt vers mon régiment déjà rendu aux avant-postes, et m'ordonne de tâcher d'arrêter, ou du moins de retarder la marche des ennemis jusqu'à l'arrivée de notre infanterie qui s'avançait rapidement. J'enlève mon régiment au galop et fais sonner la charge, en prenant obliquement la ligne ennemie par sa droite, ce qui gêne infiniment le feu de l'infanterie; aussi celui que les grenadiers ennemis firent sur nous fut-il presque nul, et ils allaient être sabrés vigoureusement, car le désordre était déjà parmi eux, lorsque, soit par instinct, soit sur le commandement de leur chef, ils font demi-tour et gagnent en courant un large fossé, qu'en venant ils avaient laissé derrière eux. Tous s'y précipitèrent, et là, couverts jusqu'au menton, ils commencèrent un feu de file des mieux nourris! J'eus tout de suite six à sept hommes tués, une vingtaine de blessés, et reçus une balle au défaut de l'épaule gauche. Mes cavaliers étaient furieux; mais notre rage était impuissante contre des hommes qu'il nous était physiquement impossible de joindre!... Dans ce moment critique, le général Maison, arrivant avec sa brigade d'infanterie, m'envoya l'ordre de passer derrière ses bataillons; puis il attaqua par les deux flancs le fossé, dont les défenseurs furent tous tués ou pris.

Quant à moi, grièvement blessé, je fus conduit auprès du relais. On me descendit de cheval à grand'peine. Le bon docteur Parot, chirurgien-major du régiment, vint me panser; mais à peine cette opération était-elle commencée que nous fûmes obligés de l'interrompre. L'infanterie russe attaquait de nouveau, et une grêle de balles tombait autour de nous! Nous nous éloignâmes donc hors de la portée des fusils. Le docteur trouva ma blessure grave : elle eût été mortelle si les grosses torsades de l'épaulette, que la balle avait dû traverser avant d'atteindre ma personne, n'eussent changé la direction et beaucoup amorti la force du coup. Il avait néanmoins été si rude que le haut de mon corps, poussé violemment en arrière, était allé toucher la croupe de mon cheval; aussi les officiers et chasseurs qui me suivaient me crurent-ils mort, et je serais tombé si mes ordonnances ne m'eussent soutenu. Le pansement fut très douloureux, car la balle s'était incrustée dans les os, au point où le haut du bras se joint à la clavicule. Il fallut, pour l'extraire, élargir la plaie, dont on voit encore la grande cicatrice.

Je vous avouerai que si j'eusse alors été colonel, j'aurais suivi les nombreux blessés du corps d'armée qu'on dirigeait vers Polotsk, et que, passant la Düna, je me serais rendu dans quelque ville de Lithuanie pour m'y faire soigner. Mais je n'étais que simple chef d'escadrons; l'Empereur pouvait en une journée de poste arriver à Witepsk, passer une revue du corps, et il n'accordait rien qu'aux militaires *présents* sous les armes. Cet usage, qui, au premier aspect, paraît cruel, était néanmoins basé sur l'intérêt du service, car il stimulait le zèle des blessés, qui, au lieu de traîner dans les hôpitaux, s'empressaient de rejoindre leurs corps respectifs dès que leurs forces le permettaient. L'effectif de l'armée y gagnait infiniment. A toutes les raisons dites plus haut, se joignaient mes succès devant l'ennemi, mon attachement au régiment, ma récente blessure reçue en combattant dans les rangs; tout m'engageait à ne pas m'éloigner. Je restai donc, malgré les douleurs intolérables que j'éprouvais; puis, après avoir mis mon bras en écharpe tant bien que mal et m'être fait hisser à cheval, je rejoignis mon régiment.

CHAPITRE IX

Défilé des marais de Sebej. — Retraite. — Brillante affaire du gué de Sivotschina. — Mort de Koulnieff. — Retour offensif. — Derniers adieux.

Depuis que j'avais été blessé, l'état des choses était bien changé; nos troupes avaient battu Wittgenstein et fait un grand nombre de prisonniers. Cependant, les Russes étaient parvenus à gagner la route de Saint-Pétersbourg, par laquelle ils effectuaient leur retraite sur Sebej.

Pour se rendre du relais de Kliastitsoui à cette ville, il faut traverser le très vaste marais de Khodanui, au milieu duquel la grande route est élevée sur une digue formée par d'immenses sapins couchés les uns auprès des autres. Un fossé, ou plutôt un canal large et profond, règne des deux côtés de cette digue, et il n'existe aucun autre passage, à moins de se jeter bien loin de la direction de Sebej. Ce défilé a près d'une lieue de long, mais la route en bois qui en assure la viabilité est d'une largeur très considérable. Aussi, dans l'impossibilité de placer des tirailleurs dans le marais, les Russes se retiraient-ils en épaisses colonnes par cette route factice, au delà de laquelle nos cartes indiquaient une plaine. Le maréchal Oudinot, voulant compléter sa victoire, avait résolu de les y suivre. A cet effet, il avait déjà engagé sur la route du marais la division d'infanterie du général Verdier, que devait suivre d'abord la brigade de cavalerie Castex, puis tout le corps d'armée. Mon régiment n'était pas encore entré en ligne lorsque je le rejoignis.

En me voyant me replacer à leur tête malgré ma blessure, officiers, sous-officiers et chasseurs me reçurent par une acclamation générale, qui prouvait l'estime et l'attachement que ces braves gens avaient conçus pour moi; j'en fus profondément touché. Je fus surtout pénétré de reconnaissance pour la satisfaction qu'exprima, en me revoyant, mon camarade, le chef d'escadrons Fontaine. Cet officier, quoique fort brave et très capable, avait si peu d'ambition qu'il était resté dix-huit ans simple capitaine, avait refusé trois fois le grade de chef d'escadrons et ne l'avait accepté que sur l'ordre formel de l'Empereur.

Je repris donc le commandement du 23e, qui pénétra dans le marais à la suite de la division Verdier, sur laquelle les derniers pelotons de la colonne ennemie s'étaient bornés à tirer de loin quelques coups de fusil tant qu'on fut dans le défilé; mais, dès que nos fantassins débouchèrent dans la plaine, ils aperçurent l'armée russe déployée, dont l'artillerie les reçut par un feu terrible. Cependant, malgré leurs pertes, les bataillons français n'en continuèrent pas moins à marcher en avant. Bientôt ils se trouvèrent tous hors du défilé, et ce fut à mon régiment à paraître dans la plaine, à la tête de la brigade. Le colonel A..., qui la commandait provisoirement, n'étant pas là pour nous diriger, je songeai à éloigner le plus possible mon régiment de ce point dangereux et lui fis prendre le galop dès que l'infanterie m'eut fait place. J'eus néanmoins sept ou huit hommes tués et un plus grand nombre de blessés. Le 24e, qui me suivait, souffrit aussi beaucoup. Il en fut de même de la division d'infanterie du général Legrand; mais, dès qu'elle fut formée dans la plaine, le maréchal Oudinot ayant attaqué les lignes ennemies, leur artillerie divisa ses feux sur plusieurs points, et la sortie du défilé serait devenue moins périlleuse pour les autres troupes, si Wittgenstein n'eût en ce moment attaqué avec toutes ses forces celles que nous avions dans la plaine. La supériorité du nombre nous contraignit à céder le terrain avant l'arrivée du reste de notre armée, et nous dûmes battre en retraite vers le défilé de Khodanui. Heureusement, cette voie était fort large, ce qui nous permit d'y marcher facilement par pelotons.

Du moment qu'on quittait la plaine, la cavalerie devenait plus embarrassante qu'utile; ce fut elle que le maréchal fit retirer la première. Elle fut suivie par la division d'infanterie Verdier, dont le général venait d'être très grièvement blessé. La division Legrand fit l'arrière-garde. Sa dernière brigade, commandée par le général Albert, eut à soutenir un combat très vif au moment où ses derniers bataillons étaient sur le point de s'engager dans le marais; mais une fois qu'ils y furent en colonne, le général Albert ayant placé à la queue huit pièces de canon qui, tout en se retirant, faisaient feu sur l'avant-garde ennemie, celle-ci éprouva à son tour de grandes pertes. En effet, ses pièces ne tiraient que fort rarement, parce que, après chaque coup, il fallait qu'elles fissent un premier demi-tour pour continuer la poursuite et un second pour se remettre en batterie, mouvements lents et fort embarrassants dans un défilé. L'artillerie russe nous fit donc peu de mal dans le passage du marais.

La fin du jour approchait lorsque les troupes françaises, sortant du défilé, repassèrent devant Kliastitsoui et se trouvèrent sur les rives de la Drissa, au gué de Sivotschina, qu'elles avaient traversé le matin en poursuivant les Russes, après les avoir battus à Kliastitsoui. Ceux-ci venaient de prendre leur revanche, car, après nous avoir fait perdre sept ou huit cents hommes dans la plaine, au delà du marais, ils nous poussèrent à leur tour l'épée dans les reins!... Pour mettre fin au combat et donner un peu de repos à l'armée, le maréchal Oudinot lui fit traverser le gué de Sivotschina et la mena camper à Biéloé.

La nuit commençait, lorsque les avant-postes laissés en observation sur la Drissa firent savoir que les ennemis passaient ce cours d'eau. Le maréchal Oudinot, s'étant rendu promptement vers ce point, reconnut que huit bataillons russes, ayant sur leur front quatorze bouches à feu en batterie, venaient d'établir leurs bivouacs sur la rive gauche, que nous occupions. Le surplus de leur armée était de l'autre côté de la Drissa, se préparant sans doute à la traverser le lendemain pour venir nous attaquer. Cette avant-garde était commandée par le général Koulnieff, homme fort entreprenant, mais ayant, comme la plupart des officiers russes de cette époque, la mauvaise habitude de boire une trop grande quantité d'eau-de-vie. Il paraît qu'il en avait pris ce soir-là outre mesure, car on ne saurait expliquer autrement la faute énorme qu'il commit en venant, avec huit bataillons seulement, camper à peu de distance d'une armée de 40,000 hommes, et cela dans les conditions les plus défavorables pour lui. En effet, le général russe avait, à deux cents pas derrière sa ligne, la Drissa, qui, à l'exception du gué, était infranchissable, non point à cause du volume de ses eaux, mais parce que les berges, coupées à pic, ont une élévation de 15 à 20 pieds. Koulnieff n'avait ainsi d'autre retraite que par le gué. Or, pouvait-il espérer, en cas de défaite, que ses huit bataillons et quatorze canons s'écouleraient assez promptement par cet unique passage devant les forces considérables de l'armée française, qui pouvait d'un instant à l'autre fondre sur eux du lieu voisin qu'elle occupait, à Biéloé? Non!... Mais il paraît que le général Koulnieff était hors d'état de faire ces réflexions lorsqu'il plaça son camp sur la rive gauche du ruisseau. On doit donc s'étonner que pour l'établissement de son avant-garde, le général en chef Wittgenstein s'en soit rapporté à Koulnieff, dont il devait connaître les habitudes d'intempérance.

Pendant que la tête de colonne des Russes se portait arrogamment à une aussi petite distance de nous, une grande confusion régnait, non parmi les troupes françaises, mais parmi leurs chefs. Le maréchal Oudinot, homme des plus braves, manquait de fixité dans ses résolutions et passait en un instant d'un projet d'attaque à des dispositions de retraite. Les pertes qu'il venait d'éprouver vers la fin de la journée de l'autre côté du grand marais l'ayant jeté dans une grande perplexité, il ne savait comment faire pour exécuter les ordres de l'Empereur, qui lui enjoignaient de refouler Wittgenstein sur la route de Saint-Pétersbourg, au moins jusqu'à Sebej et Newel. Ce fut donc avec grande joie que le maréchal reçut pendant la nuit une dépêche qui lui annonçait la très prochaine arrivée d'un corps de Bavarois commandés par le général Saint-Cyr, que l'Empereur plaçait sous ses ordres. Mais au lieu d'attendre ce puissant renfort dans une bonne position, Oudinot, conseillé par le général d'artillerie Dulauloy, voulait aller recevoir les Bavarois en faisant rétrograder toute son armée jusqu'à Polotsk!... Cette pensée inexplicable trouva une très vive opposition dans la réunion de généraux convoqués par le maréchal. Le brave général Legrand expliqua que, bien que nos succès de la matinée eussent été contre-balancés par les pertes de la soirée, l'armée était cependant on ne peut mieux disposée à marcher à l'ennemi ; que la faire battre en retraite sur Polotsk serait ébranler son moral et la présenter aux Bavarois comme une troupe vaincue venant chercher un refuge auprès d'eux ; enfin que cette pensée seule devait indigner tous les cœurs français. La chaleureuse allocution de Legrand ayant réuni les suffrages de tous les généraux, le maréchal déclara renoncer à son projet de retraite.

Il restait à résoudre une question fort importante. Que fera-t-on dès que le jour paraîtra ? Le général Legrand, avec l'ascendant que lui donnaient son ancienneté, ses beaux services et sa grande habitude de la guerre, proposa de profiter de la faute commise par Koulnieff pour attaquer l'avant-garde russe, si imprudemment placée sans appui sur la rive occupée par nous, et de la rejeter dans la Drissa qu'il avait à dos. Cet avis ayant été adopté par le maréchal et tout le conseil, l'exécution en fut confiée au général Legrand.

Le camp de l'armée d'Oudinot était situé dans une forêt de grands sapins fort espacés entre eux. Au delà, se trouvait une immense clairière. Les lisières du bois prenaient la forme d'un arc dont les deux pointes aboutissaient à la Drissa, qui figurait la corde de cet arc. Le bivouac des huit bataillons russes se trouvait établi très près de la rivière, en face du gué. Quatorze canons étaient en batterie sur le front de bandière.

Le général Legrand, voulant surprendre l'ennemi, prescrivit au général Albert d'envoyer dans chacune des deux parties du bois qui figuraient les côtés de l'arc, un régiment d'infanterie qui, s'avançant vers les extrémités de la corde, devait prendre en flanc le camp ennemi, dès qu'il entendrait la marche d'un régiment de cavalerie ; celui-ci, sortant du bois par le centre de l'arc, devait fondre à toutes jambes sur les bataillons russes et les pousser dans le ravin. La tâche qu'avait à remplir la cavalerie était, comme on le voit, la plus périlleuse, car non seulement elle devait attaquer de *front* la ligne ennemie garnie de 6,000 fusils, mais essuyer le feu de quatorze pièces d'artillerie avant de joindre les ennemis! Il est vrai qu'en agissant par surprise, on espérait trouver les Russes endormis et éprouver peu de résistance.

Vous venez de voir que mon régiment, ayant pris le service le 31 juillet au matin à Kliastitsoui, l'avait fait pendant toute la journée. Il devait par conséquent, selon la règle établie, être relevé par le 24ᵉ le 1ᵉʳ août, à une heure du matin. Ce régiment fut donc commandé pour l'attaque, et le mien devait rester en réserve, car l'espace vide entre le bois et le ruisseau ne pouvait contenir qu'un seul régiment de cavalerie. Le colonel A... se rendit auprès d'Oudinot, et lui fit observer qu'il y avait à craindre que pendant que nous nous préparions à combattre les troupes de Wittgenstein placées devant nous, ce général n'eût dirigé vers notre droite une forte colonne pour passer la Drissa à un gué existant probablement à trois lieues en amont du point où nous étions, gagner nos derrières et enlever nos blessés et nos équipages; qu'il serait donc convenable d'envoyer un régiment de cavalerie observer le gué dont il parlait. Le maréchal adopta cette idée, et le colonel A..., dont le régiment venait de prendre le service, le fit promptement monter à cheval, et, l'emmenant dans l'expédition qu'il avait conçue, laissa au 23ᵉ les risques du combat qui allait s'engager.

Mon brave régiment reçut avec calme l'annonce de la périlleuse mission qui lui était confiée et vit avec plaisir le maréchal et le général Legrand passer sur son front pour présider aux préparatifs de l'attaque importante que nous allions faire.

A cette époque, tous les régiments français, à l'exception des cuirassiers, avaient une compagnie de grenadiers, nommée compagnie d'*élite*, qui tenait habituellement la droite de la ligne. Celle du 23ᵉ était donc ainsi placée, lorsque le général Legrand fit observer au maréchal que les ennemis ayant leur artillerie en avant de leur centre, et les dangers devant être par conséquent beaucoup plus grands sur ce point, il conviendrait de le faire attaquer par la compagnie d'élite, composée des hommes les plus aguerris et des meilleurs chevaux, afin d'éviter une hésitation qui pourrait compromettre le résultat de l'opération. En vain, j'assurai que le régiment, presque entièrement formé d'anciens soldats, était sous tous les rapports moraux et physiques aussi solide sur un point que sur un autre, le maréchal m'ordonna de placer la compagnie d'élite au centre du régiment. J'obéis; puis, ayant réuni les officiers, je leur expliquai à demi-voix ce que nous allions exécuter, et les prévins que pour mieux surprendre les ennemis, je ne ferais aucun commandement préparatoire et me bornerais à celui de *Chargez!* lorsque notre ligne serait à petite portée du canon ennemi. Tout étant bien convenu, le régiment sortit du bivouac dans le plus grand silence aux premières lueurs du crépuscule, et traversa avec assez de facilité le bois dont les grands arbres étaient très espacés; puis nous entrâmes dans la clairière unie au bout de laquelle se trouvait le camp russe. Seul de tout le régiment, je n'avais pas le sabre à la main, car la droite, celle qui restait libre, était employée à tenir les rênes de mon cheval. Vous comprenez ce qu'il y avait de pénible dans cette position pour un officier de cavalerie qui va s'élancer sur les ennemis!... Mais j'avais tenu à marcher avec mon régiment et me plaçai en avant de la compagnie d'élite, ayant auprès de moi son intrépide capitaine, M. Courteau, un des meilleurs officiers de ce corps et celui que j'affectionnais le plus.

Tout était parfaitement tranquille dans le camp des Russes, vers lequel nous avancions au petit pas, sans bruit, et j'avais d'autant plus d'espoir de le surprendre que le général Koulnieff n'ayant fait passer le gué à aucun détachement de cavalerie, nous n'apercevions pas de vedettes et distinguions seulement, à la lueur affaiblie des feux, quelques rares sentinelles d'infanterie, placées si près du camp, qu'entre leur avertissement et notre brusque apparition, il était probable que les Russes ne pourraient se préparer à la défense. Mais tout à coup deux vilains Cosaques, gens rôdeurs et méfiants, paraissent, à cheval, à trente pas de ma ligne, la considèrent un moment, puis s'enfuient vers le camp, où il était évident qu'ils allaient signaler notre arrivée !... Ce contretemps me fut très désagréable, car sans lui nous serions certainement arrivés sur les Russes sans perdre un seul homme. Cependant, comme nous étions découverts et approchions d'ailleurs du point où j'avais résolu d'accélérer la marche, je mis mon cheval au galop. Tout le régiment fit de même, et bientôt je fis entendre le commandement : « Chargez ! »

A ce signal, tous mes intrépides cavaliers s'élancent rapidement avec moi vers le camp, où nous tombons comme la foudre !... Mais l'alarme venait d'y être donnée par les deux Cosaques ! Les artilleurs, couchés auprès de leurs pièces, saisissent leurs lances à feu, et quatorze canons vomissent à la fois la mitraille sur mon régiment ! Trente-sept hommes, dont dix-neuf de la compagnie d'élite, furent tués raides ! Le brave capitaine Courteau fut de ce nombre, ainsi que le lieutenant Lallouette !

Les artilleurs russes essayaient de recharger leurs pièces, lorsqu'ils furent hachés par nos cavaliers! Nous avions peu de blessés, presque tous les coups ayant été mortels. Nous eûmes une quarantaine de chevaux tués. Le mien fut estropié par un biscaïen; il put néanmoins me porter jusque dans le camp, où les fantassins russes, réveillés en sursaut, couraient déjà aux armes. Ces hommes se voyant rudement sabrés par nos chasseurs à cheval qui, d'après mes instructions, s'étaient placés dès l'abord entre eux et les rangées de fusils, fort peu purent saisir les leurs et faire feu sur nous, d'autant moins qu'au bruit de l'artillerie, les deux régiments d'infanterie du général Albert, sortant du bois, s'étaient élancés au pas de course sur les extrémités du camp, où ils passaient au fil de la baïonnette tout ce qui essayait de se défendre. Les Russes en désordre ne pouvant résister à cette triple attaque, une grande partie d'entre eux qui, arrivés la nuit au camp, n'avaient pu distinguer la hauteur des berges de la rivière, voulurent s'échapper dans cette direction et tombèrent de quinze à vingt pieds sur des roches où presque tous furent brisés : il en périt beaucoup!

Le général Koulnieff, à peine réveillé, se réunit cependant à un groupe de 2,000 hommes, dont le tiers tout au plus avait des fusils, et suivant machinalement cette masse désordonnée, il se présenta devant le gué. Mais, en pénétrant dans le camp, j'avais fait occuper ce point important par 500 à 600 cavaliers, dont faisait partie la compagnie d'élite qui, exaspérée par la mort de son capitaine, s'élança en fureur sur les Russes, dont elle fit un très grand massacre!... Le général Koulnieff, que déjà l'ivresse faisait chanceler sur son cheval, ayant attaqué le maréchal des logis *Legendre,* celui-ci lui plongea son sabre dans la gorge et l'étendit mort à ses pieds!... M. de Ségur, dans sa narration de la campagne de 1812, fait tenir au général Koulnieff mourant un discours à l'instar des héros d'Homère. J'étais à quelques pas du sous-officier Legendre lorsqu'il passa son sabre dans la gorge de Koulnieff, et je puis certifier que ce général russe tomba sans proférer un seul mot[1]!... La victoire des fantassins du général Albert et du 23ᵉ fut complète. Les ennemis eurent au moins 2,000 hommes tués ou blessés, et nous leur fîmes près de 4,000 prisonniers ; le surplus périt en tombant sur les rochers aigus. Quelques Russes des plus lestes parvinrent à rejoindre Wittgenstein, qui, en apprenant la sanglante défaite de son avant-garde, se mit en retraite sur Sebej.

Le maréchal Oudinot, enhardi par l'éclatant succès qu'il venait d'obtenir, résolut de poursuivre les Russes et fit, comme la veille, passer l'armée sur la rive droite de la Drissa ; mais pour donner aux régiments d'infanterie de la brigade Albert ainsi qu'au 23ᵉ de chasseurs à cheval le temps de se remettre des fatigues du combat, le maréchal les laissa en observation sur le champ de bataille de Sivotschina.

Je profitai de ce repos pour procéder à une cérémonie dont on s'occupe bien rarement à la guerre. Ce fut de rendre les derniers devoirs à ceux de nos braves camarades qui venaient d'être tués !... Une fosse considérable les reçut tous, rangés selon leurs grades, ayant le capitaine Courteau et son lieutenant sur le front de la ligne ! Puis les quatorze canons russes, si courageusement

---

[1] On lit dans le livre de M. de Ségur : « La mort de Koulnieff fut, dit-on, héroïque ; un boulet lui brisa les deux jambes et l'abattit sur ses propres canons ; alors voyant les Français s'approcher, il arracha ses décorations et, s'indignant contre lui-même de sa témérité, il se condamna à mourir sur le lieu même de sa faute en ordonnant aux siens de l'abandonner. »

enlevés par le 23°, furent placés en avant de cette tombe militaire !

Ce pieux devoir accompli, je voulus faire panser ma blessure de la veille, qui me causait des douleurs affreuses, et fus pour cela m'asseoir à l'écart sous un immense sapin. J'y aperçus un jeune chef de bataillon qui, adossé contre le tronc de l'arbre et soutenu par deux grenadiers, fermait péniblement un petit paquet dont l'adresse était tracée avec du sang !... C'était le sien !... Cet officier, appartenant à la brigade Albert, venait de recevoir, à l'attaque du camp russe, un affreux coup de baïonnette qui lui avait ouvert le bas-ventre, d'où s'échappaient les intestins !... Plusieurs étaient percés, et, quoique le pansement eût été fait, le sang coulait toujours : le coup était mortel !... Le malheureux blessé, qui ne l'ignorait pas, avait voulu, avant de succomber, faire ses adieux à une dame qu'il chérissait ; mais après avoir écrit, il ne savait à qui confier ce précieux dépôt, lorsque le hasard me conduisit auprès de lui. Nous ne nous connaissions que de vue ; néanmoins, pressé par les approches de la mort, il me pria d'une voix presque éteinte de lui rendre deux services ; et, après avoir fait éloigner de quelques pas les grenadiers, il me donna le paquet en disant, les larmes aux yeux : « Il y a un portrait ! » Il me fit promettre de le remettre *secrètement* en mains propres, si j'étais assez heureux pour retourner un jour à Paris ; « du reste, ajouta-t-il, ce n'est pas pressé, car il vaut mieux qu'on ne reçoive ceci que longtemps après que je ne serai plus !... » Je promis de m'acquitter de cette pénible mission, ce que je ne pus exécuter que deux ans plus tard, en 1814 !... Quant à la seconde prière que m'adressa le jeune chef de bataillon, elle fut exaucée deux heures après ! Il lui était pénible de penser que son corps serait déchiré par les loups, dont le pays foisonne, et il désirait que je le fisse placer à côté du capitaine et des cavaliers du 23°, dont il avait vu l'enterrement. Je m'y engageai, et ce malheureux officier étant mort quelque temps après notre pénible entretien, je me conformai à ses derniers vœux!

CHAPITRE X

Nouvelle retraite d'Oudinot. — Marches et contremarches. — Le 23ᵉ de chasseurs est comblé de récompenses. — Retraite sur Polotsk. — Le général Saint-Cyr. — Oudinot, blessé, cède le commandement à Saint-Cyr.

Profondément ému par ce lugubre épisode, je réfléchissais fort tristement, lorsque je fus tiré de mes rêveries par le bruit lointain d'une très vive canonnade. Les deux armées étaient encore aux prises. En effet, le maréchal Oudinot, après avoir passé devant le relais de Kliastitsoui, où j'avais été blessé la veille, ayant joint l'arrière-garde russe à l'entrée du marais dont le débouché nous avait été si funeste vingt-quatre heures avant, s'était obstiné à y refouler l'armée ennemie; mais celle-ci, n'étant pas disposée à passer ce dangereux défilé, avait fait, avec des forces considérables, un retour offensif contre les troupes françaises, qui, après avoir éprouvé d'assez grandes pertes, se retiraient suivies par les Russes. On eût dit qu'Oudinot et Wittgenstein jouaient une partie de barres !... Quand l'un s'avançait, l'autre se retirait pour le poursuivre à son tour s'il battait en retraite !... La nouvelle reculade d'Oudinot nous fut annoncée sur le champ de bataille de Sivotschina par un aide de camp qui apportait au général Albert l'ordre de conduire sa brigade et le 23ᵉ de chasseurs à deux lieues en arrière, dans la direction de Polotsk.

Au moment de partir, je ne voulus pas abandonner les quatorze pièces enlevées le matin par mon régiment, et comme les chevaux avec lesquels l'ennemi les avait amenées étaient tombés en notre pouvoir, on les attela, et nous fîmes conduire l'artillerie à notre prochain bivouac, d'où ce glorieux trophée du courage du 23e fut dirigé la nuit suivante sur Polotsk ; nos quatorze canons ne tardèrent pas à concourir très efficacement à la défense de cette ville.

L'armée d'Oudinot battit en retraite ce même jour jusqu'au gué de Sivotschina qu'elle avait passé le matin en poursuivant Wittgenstein, qui, rendu plus circonspect par le désastre éprouvé le jour même en ce lieu par son avant-garde, n'osa aventurer aucun corps isolé sur la rive occupée par nos troupes. Les deux armées, ainsi séparées par la Drissa, prirent respectivement leurs positions de nuit. Mais le 2 août, Oudinot ayant rapproché ses troupes de Polotsk, les hostilités cessèrent pour quelques jours, tant les deux partis avaient besoin de repos. Nous fûmes rejoints par le bon général Castex ainsi que par le 24e de chasseurs, qui en voulait beaucoup à son colonel de l'avoir éloigné au moment où c'était à lui d'attaquer le camp russe, tandis que dans sa course vers la haute Drissa il n'avait pas vu un seul ennemi, ni trouvé le gué supposé.

Après quelques jours de repos, Wittgenstein porta une partie de ses troupes vers la basse Düna, d'où Macdonald menaçait sa droite. Le maréchal Oudinot ayant suivi dans cette direction l'armée russe, celle-ci fit volte-face vers nous, et pendant huit à dix jours il y eut de nombreuses marches, contremarches et plusieurs engagements partiels, dont il serait trop long et trop pénible de faire l'analyse, d'autant que tout cela n'amena d'autre résultat que de faire tuer des hommes fort inutilement, et de démontrer le peu de décision des chefs des deux armées.

Le plus sérieux des combats livrés pendant cette courte période eut lieu le 13 août, auprès du magnifique couvent de Valensoui, construit sur les bords de la Svolna. Cette petite rivière, dont les berges sont très fangeuses, séparait les Français des Russes, et il était évident que celui des deux généraux qui tenterait le passage de vive force sur un terrain aussi défavorable éprouverait un sanglant échec. Wittgenstein ni Oudinot n'avaient donc pas le projet de franchir la Svolna sur ce point; mais au lieu d'aller chercher ailleurs un champ de bataille sur lequel ils pussent se mesurer, on les vit tous les deux prendre position sur ce cours d'eau comme pour se narguer mutuellement. Bientôt il s'établit d'une rive à l'autre une canonnade des plus vives et parfaitement inutile, puisque les troupes d'aucun parti n'ayant le moyen de joindre leur adversaire, ce déplorable engagement ne pouvait avoir aucun avantage pour personne.

Cependant Wittgenstein, pour ménager ses soldats, s'était borné à poster quelques bataillons de chasseurs à pied dans les saules et les roseaux qui bordent le rivage, et tenait ses troupes hors de la portée des canons français, dont le feu bien nourri atteignait seulement quelques-uns de ses tirailleurs, tandis qu'Oudinot, s'étant obstiné, malgré les sages observations de plusieurs généraux, à rapprocher sa première ligne de la Svolna, éprouva des pertes qu'il aurait pu et dû s'éviter. L'artillerie des Russes n'est pas, à beaucoup près, aussi bonne que la nôtre, mais elle se sert, en campagne, de pièces dites *licornes*, dont la portée dépassait celle des canons français de cette époque. Ce furent ces licornes qui firent les plus grands ravages parmi nos troupes.

Le maréchal Oudinot, persuadé que nos ennemis allaient franchir la rivière, tenait non seulement une division d'infanterie à portée de les repousser, mais il la faisait appuyer par la cavalerie du général Castex, précaution surabondante, car un passage, même celui d'une petite rivière, demande plus de temps qu'il n'en faut aux défenseurs pour accourir au-devant des attaquants. Mon régiment et le 24ᵉ de chasseurs n'en furent pas moins exposés pendant vingt-quatre heures aux boulets des Russes, qui nous tuèrent et estropièrent plusieurs hommes.

Pendant ce combat, où les troupes restèrent très longtemps de pied ferme, on vit arriver l'aide de camp qu'Oudinot avait envoyé à Witepsk porter à l'Empereur le rapport des combats de Kliastitsoui ainsi que de celui de Sivotschina. Napoléon, voulant témoigner en particulier aux troupes qu'il ne les rendait pas responsables du peu de succès de notre marche, venait de combler le 2ᵉ corps de récompenses, tant en avancement qu'en décorations. Après avoir bien traité l'infanterie, Sa Majesté accordait quatre croix de la Légion d'honneur à chacun des régiments de cavalerie. Le major général prince Berthier ajoutait dans sa lettre d'envoi que l'Empereur, pour exprimer au 23ᵉ de chasseurs à cheval la satisfaction qu'il éprouvait pour sa belle conduite à Wilkomir, au pont de Dünabourg, au combat de nuit de Drouia, à Kliastitsoui, et surtout à l'attaque du camp russe de Sivotschina, lui envoyait, en sus des quatre récompenses données aux autres régiments, *quatorze* décorations, une pour chaque canon enlevé par lui à l'avant-garde de Koulnieff!... J'avais donc dix-huit croix à distribuer à mon brave régiment. L'aide de camp n'avait pas apporté les brevets, mais le major général suppléait à cet envoi en chargeant les chefs des régiments de désigner les militaires qui devaient les recevoir et de lui en faire passer l'état.

J'assemblai tous les capitaines et, après m'être éclairé de leur avis, je dressai ma liste et fus la présenter au maréchal Oudinot, en le priant de me permettre de la faire connaître sur-le-champ au régiment : « Comment, ici, sous les boulets !... — Oui, monsieur le maréchal, sous les boulets... Ce sera plus chevaleresque !... »

Le général Laurencez, qui, comme chef d'état-major, avait libellé le rapport des divers combats et fait un très grand éloge du 23ᵉ de chasseurs, ayant été de mon avis, le maréchal consentit à ma demande. Les décorations ne devaient arriver que plus tard, mais j'envoyai chercher aux équipages une pièce de ruban que j'avais dans mon portemanteau, et après y avoir fait couper dix-huit morceaux, j'annonçai au régiment les récompenses qui lui étaient accordées par l'Empereur. Puis, faisant sortir des rangs les élus à tour de rôle, je donnai à chacun un bout de ce ruban rouge, alors si désiré, si bien porté, et dont on a depuis si grandement affaibli le prestige en le prodiguant, en le prostituant même !... Cette distribution faite *en présence de l'ennemi*, au milieu des dangers, produisit un effet immense sur le régiment, dont l'enthousiasme fut au comble lorsque j'appelai le vieux sous-officier Prud'homme, réputé à juste titre le plus intrépide et le plus modeste de tous les guerriers du 23ᵉ de chasseurs. Toujours calme, ce brave, illustré par de nombreuses actions d'éclat, s'approcha d'un air timide et reçut le ruban, au milieu des vives acclamations de tous les escadrons : ce fut un vrai triomphe pour lui !... Je n'oublierai jamais cette scène touchante qui, vous le savez, se passait sous le canon de l'ennemi.

Mais il n'y a point de bonheur complet !... Deux hommes portés sur ma liste comme approchant le plus du mérite de Prud'homme venaient d'être cruellement blessés par des boulets!... Le maréchal des logis *Legendre,* celui qui avait tué le général Koulnieff, avait un bras emporté, et le brigadier *Griffon* une jambe brisée!... On les amputait lorsque je me rendis à l'ambulance pour les décorer!... A la vue du ruban de la Légion d'honneur, ils parurent oublier leurs douleurs et firent éclater la joie la plus vive!... Cependant Legendre ne survécut pas longtemps à sa blessure, mais Griffon se rétablit, fut évacué sur la France, et, plusieurs années après, je le retrouvai à l'hôtel des Invalides.

Le 24ᵉ de chasseurs, qui ne recevait que quatre décorations, tandis que le 23ᵉ en recevait dix-huit, convint que c'était juste, mais n'en manifesta pas moins ses regrets d'avoir été privé de l'honneur de prendre les quatorze canons russes à Sivotschina, eût-il même dû y éprouver les pertes que nous avions subies nous-mêmes. « Nous sommes soldats, disaient-ils, nous devons courir toutes les chances bonnes ou mauvaises! » Ils en voulurent à leur colonel de ce qu'ils appelaient un passe-droit!... Quelle armée que celle dont les soldats réclamaient le privilège de marcher à l'ennemi!...

Vous demandez sans doute quelle fut dans cette distribution de récompenses celle que je reçus moi-même?
— Aucune! parce que l'Empereur, avant de se décider à retirer le commandement du régiment au colonel de La Nougarède en le faisant ou général ou chef d'une légion de gendarmerie, voulait savoir si la santé de cet officier lui permettrait de faire l'un de ces services. En conséquence, le major général enjoignait au maréchal Oudinot de faire examiner M. de La Nougarède par un conseil de santé, dont l'avis fut qu'il ne pourrait jamais monter à cheval. D'après cette décision, le maréchal autorisa M. de La Nougarède à retourner en France, où

il obtint le commandement d'une place de second ordre. Ce malheureux colonel, avant de quitter Polotsk, où ses infirmités l'avaient forcé de se réfugier, m'écrivit une lettre fort touchante par laquelle il faisait ses adieux au 23°, et bien que M. de La Nougarède n'eût jamais combattu à la tête de ce régiment (ce qui attache infiniment les troupes à leur chef), il en fut néanmoins regretté et le méritait à tous égards.

Le régiment restant ainsi sans colonel, le maréchal s'attendait à recevoir bientôt ma promotion à ce grade, et j'avoue franchement que je l'espérais aussi ; mais l'Empereur s'étant éloigné de nous et ayant quitté Witepsk pour marcher sur Smolensk et de là vers Moscou, les travaux de son cabinet furent ralentis par les préoccupations que lui donnaient les opérations militaires, si bien que je ne fus nommé colonel que trois mois plus tard !

Mais revenons sur les bords de la Svolna, dont les Français s'éloignèrent précipitamment, en laissant une partie de leurs blessés dans le couvent de Valensoui.

Parmi ceux que nous parvînmes à emporter, se trouvait M. Casabianca, colonel du 11° régiment d'infanterie légère, qui avait été mon camarade lorsque nous servions l'un et l'autre comme aides de camp auprès de Masséna. M. Casabianca était un officier du plus grand mérite, dont l'avancement eût été fort rapide ; mais, frappé à la tête au moment où il visitait les tirailleurs de son régiment placés sur les bords de la Svolna, il vit sa carrière arrêtée. Il était mourant lorsque je l'aperçus sur un brancard, porté par des sapeurs ! Il me reconnut, et, en me serrant la main, il me dit combien il regrettait de voir notre corps d'armée si médiocrement dirigé. Le soir même, ce malheureux colonel expirai... Ses dernières paroles n'étaient que trop fondées, car notre chef semblait agir sans méthode ni plan. Après un succès, il poursuivait Wittgenstein, sans se préoccuper d'aucun obstacle, et ne parlait de rien moins que de le pousser jusqu'à Saint-Pétersbourg; mais au moindre revers, il battait rapidement en retraite, et voyait des ennemis partout. Ce fut sous cette dernière influence qu'il ramena sous les murs de Polotsk ses troupes, très affectées qu'on les fît reculer ainsi devant les Russes, qu'elles venaient de vaincre dans presque toutes les rencontres.

Le 15 août, jour de la fête de l'Empereur, le 2e corps d'armée arriva fort tristement à Polotsk, où nous trouvâmes le 6e corps formé des deux belles divisions bavaroises du général de Wrède, dont un général français, Gouvion Saint-Cyr, avait le commandement supérieur. L'Empereur envoyait ce renfort de 8 à 10,000 hommes au maréchal Oudinot, qui l'eût reçu avec plus de satisfaction s'il n'eût craint le contrôle de celui qui le conduisait. En effet, Saint-Cyr était un des militaires les plus capables de l'Europe!... Contemporain et émule de Moreau, de Hoche, de Kléber et de Desaix, il avait commandé avec succès une des ailes de l'armée du Rhin, lorsque Oudinot était à peine colonel ou général de brigade. Je n'ai connu personne qui dirigeât mieux ses troupes sur un champ de bataille que ne le faisait Saint-Cyr.

Fils d'un petit propriétaire de Toul, il avait étudié pour être ingénieur civil; mais dégoûté de cet état, il s'était fait comédien à Paris, et ce fut lui qui créa le célèbre rôle de *Robert, chef de brigands*, au théâtre de la Cité, où la révolution de 89 le trouva. Saint-Cyr entra dans un bataillon de volontaires, fit preuve de talents, d'un grand courage, parvint très promptement au grade de général de division et se distingua par de nombreux succès. Il était d'une taille élevée, mais avait plutôt la tournure d'un professeur que d'un militaire, ce qu'il faut peut-être attribuer à l'habitude qu'il avait contractée auprès des généraux de l'armée du Rhin de ne porter ni uniforme, ni épaulettes, mais une simple redingote bleue tout unie.

Il était impossible de voir un homme plus calme ! Les périls les plus grands, les contrariétés, les succès, les défaites, rien ne pouvait l'émouvoir... il était *de glace* devant tous les événements !... On conçoit quel avantage un tel caractère, secondé par le goût pour l'étude et la méditation, donnait à cet officier général. Mais Saint-Cyr avait aussi de sérieux défauts : jaloux de ses camarades, on l'a vu souvent tenir ses troupes au repos tandis que, auprès de lui, d'autres divisions étaient écrasées ; Saint-Cyr marchait alors, et profitant de la lassitude des ennemis, il les battait et paraissait ainsi avoir remporté seul la victoire. En second lieu, si le général Saint-Cyr était un des chefs de l'armée qui savaient le mieux employer les troupes sur le champ de bataille, c'était incontestablement celui qui s'occupait le moins de leur bien-être. Jamais il ne s'informait si les soldats avaient des vivres, des vêtements, des chaussures, et si leurs armes étaient en bon état. Il ne passait aucune revue, ne visitait point les hôpitaux et ne demandait même pas s'il en existait ! Selon lui, les colonels devaient pourvoir à tout cela. En un mot, il voulait qu'on lui amenât sur le champ de bataille des régiments tout *prêts à combattre,* sans qu'il eût à s'occuper des moyens de les tenir en bon état. Cette manière d'agir avait beaucoup nui à Saint-Cyr, et partout où il avait servi, les troupes, tout en rendant justice à ses talents militaires, ne l'avaient point aimé. Tous ses camarades redoutaient de se trouver avec lui, et les divers gouvernements qui s'étaient succédé en France ne l'avaient employé que par nécessité. L'Empereur fit de même, et il avait une telle antipathie pour Saint-Cyr que, lors de la création des maréchaux, il ne le porta pas sur la liste des promotions, bien que ce général eût de meilleurs services et beaucoup plus de talents que la plupart de ceux auxquels Napoléon donna le bâton de commandement. Tel était l'homme que l'Empereur venait de placer sous les ordres d'Oudinot, au grand regret de celui-ci, qui sentait que la supériorité de Saint-Cyr allait l'écraser.

Le 16 août (jour de la naissance d'Alfred, mon fils aîné[1]), l'armée russe, forte de soixante et quelques mille hommes, vint attaquer Oudinot, qui, en comptant le corps bavarois amené par Saint-Cyr, avait sous ses ordres 52,000 combattants. En toute autre circonstance et dans les guerres ordinaires, un engagement entre 112,000 hommes aurait pris le nom de *bataille*, dont la perte ou le gain aurait eu d'immenses résultats; mais en 1812, le chiffre des troupes des armées belligérantes s'élevant à 600,000 ou 700,000 hommes, une collision entre 100,000 guerriers n'était qu'un combat! C'est donc ainsi qu'on désigne l'affaire qui eut lieu sous Polotsk, entre les troupes russes et le corps du maréchal Oudinot.

La ville de Polotsk, bâtie sur la rive droite de la Düna, est entourée de vieux remparts en terre. En avant du front principal de la place, les champs sont divisés par une infinité de petites rigoles entre lesquelles on cultive des légumes. Bien que ces obstacles ne fussent point infranchissables pour l'artillerie et la cavalerie, ils en gênaient cependant la marche. Ces jardins s'étendent à une petite demi-lieue du front de la ville; mais à leur gauche, sur les rives de la Düna, on

---

[1] Le baron Alfred de Marbot, maître des requêtes au Conseil d'État, mort en 1865.

trouve une vaste prairie, unie comme un tapis. C'est par
là que le général russe aurait dû attaquer Polotsk, ce qui
l'aurait rendu maître du faible et unique pont de bateaux
qui nous mettait en communication avec la rive gauche
d'où nous tirions nos munitions de guerre et nos vivres.
Mais Wittgenstein, préférant prendre le taureau par les
cornes, dirigea ses forces principales vers les jardins,
d'où il espérait escalader les remparts, qui ne sont, à
proprement parler, que des talus faciles à gravir, mais
qui ont l'avantage de dominer au loin. L'attaque fut des
plus vives; cependant, nos fantassins défendirent bravement les jardins, pendant que, du haut des remparts,
l'artillerie, parmi laquelle figuraient les quatorze pièces
prises à Sivotschina par le 23e, faisait un affreux ravage
dans les rangs ennemis... Les Russes reculèrent en
désordre pour aller se reformer dans la plaine. Oudinot,
au lieu de conserver sa bonne position, les poursuivit et
fut à son tour repoussé avec perte. Une grande partie
de la journée se passa ainsi, les Russes revenant sans
cesse à la charge et les Français les refoulant toujours
au delà des jardins.

Pendant ces sanglantes allées et venues, que faisait
le général Saint-Cyr? Il suivait silencieusement Oudinot, et lorsque celui-ci lui demandait son avis, il s'in-
clinait en se bornant à répondre : « Monseigneur le
maréchal!... » ce qui semblait dire : Puisqu'on vous a
fait maréchal, vous devez en savoir plus que moi,
simple général; tirez-vous d'affaire comme vous pour-
rez!

Cependant, Wittgenstein ayant déjà essuyé des pertes
énormes, et désespérant d'obtenir la victoire en continuant ses attaques du côté des jardins, finit par où il
aurait dû commencer et fit marcher le gros de ses
troupes vers les prairies qui bordent la Düna. Oudinot

avait jusqu'alors tenu ses pièces de 12 et toute sa cavalerie sur ce point, où elles étaient restées comme étrangères au combat; mais le général d'artillerie Dulauloy, qui craignait pour ses canons, vint proposer au maréchal de faire repasser sur la rive gauche de la rivière non seulement les pièces de gros calibre, mais toute la cavalerie, sous prétexte qu'elles gêneraient les mouvements de l'infanterie. Oudinot ayant demandé à Saint-Cyr ce qu'il en pensait, celui-ci, au lieu de lui donner le bon conseil d'utiliser l'artillerie et la cavalerie sur un terrain où elles pouvaient facilement manœuvrer et appuyer l'infanterie, se contenta de répéter son éternel refrain : « Monseigneur le maréchal! » Finalement, Oudinot, malgré les observations du général Laurencez, son chef d'état-major, prescrivit à l'artillerie ainsi qu'à la cavalerie de se retirer de l'autre côté du fleuve.

Ce mouvement regrettable, qui paraissait annoncer une retraite et l'abandon total de Polotsk et de la rive droite, déplut infiniment aux troupes qu'on éloignait, et affecta le moral de l'infanterie destinée à défendre le côté de la ville qui avoisine les prairies. L'ardeur des Russes s'accrut au contraire, en voyant dix régiments de cavalerie et plusieurs batteries quitter le champ de bataille. Aussi, pour porter le désordre dans cette énorme masse pendant qu'elle s'en allait, ils avancèrent promptement et firent tirer leurs *licornes*, dont les projectiles creux, après avoir produit l'effet de boulets, éclataient comme des obus. Les régiments voisins du mien eurent plusieurs hommes tués ou blessés. Je fus assez heureux pour qu'aucun de mes cavaliers ne fût atteint; je perdis seulement quelques chevaux. Celui que je montais ayant eu la tête brisée, je tombai avec lui, et mon épaule blessée ayant violemment porté sur la terre, j'éprouvai une affreuse douleur! Un peu moins d'inclinaison donnée au canon russe, je recevais le boulet en plein corps, et mon fils était orphelin quelques heures après avoir vu le jour !

Cependant, les ennemis venaient de renouveler le combat, et lorsque, après avoir passé le pont, nous tournâmes la tête pour regarder ce qui se passait sur la rive que nous venions de quitter, nous fûmes témoins d'un spectacle des plus émouvants. L'infanterie française, les Bavarois, les Croates, combattaient bravement et même avec avantage ; mais la légion portugaise et surtout les deux régiments suisses fuyaient devant les Russes, et ne s'arrêtèrent que lorsque, poussés dans la rivière, ils eurent de l'eau jusqu'aux genoux !... Là, contraints de faire face à l'ennemi sous peine de se noyer, ils combattirent enfin, et par un feu de file des mieux nourris, ils obligèrent les Russes à s'éloigner un peu. Le commandant de l'artillerie française, qui venait de passer la Düna avec la cavalerie, saisit avec habileté l'occasion d'être utile en faisant approcher ses pièces de la rive, et tirant par-dessus le fleuve, il foudroya les bataillons ennemis placés à l'autre bord.

Cette puissante diversion arrêtant sur ce point les troupes de Wittgenstein, que les Français, Bavarois et Croates repoussaient sur d'autres, le combat se ralentit et dégénéra en tiraillement une heure avant la fin du jour. Mais le maréchal Oudinot ne pouvait se dissimuler qu'il faudrait le recommencer le lendemain. Aussi, très préoccupé d'une situation dont il ne voyait pas l'issue, et se heurtant au mutisme obstiné de Saint-Cyr, il s'en allait à cheval et au petit pas, suivi par un seul aide de camp, au milieu des tirailleurs de son infanterie, quand les tireurs ennemis, remarquant ce cavalier coiffé d'un chapeau à plumes blanches, en firent leur point de mire et lui envoyèrent une balle dans le bras!

Aussitôt le maréchal, faisant informer Saint-Cyr de sa blessure, lui remit le commandement de l'armée ; lui laissant le soin d'arranger les affaires, il quitta le champ de bataille, traversa le pont, s'arrêta un moment au bivouac de la cavalerie, et, s'éloignant de l'armée, il se rendit sur les derrières, en Lithuanie, pour y faire soigner sa blessure. Nous ne revîmes le maréchal Oudinot que deux mois après.

CHAPITRE XI

Nouvelles dispositions prises par Saint-Cyr. — Attaque et surprise de l'ennemi. — Incidents divers. — Combat de cavalerie. — Retraite de l'ennemi. — Établissement dans Polotsk. — Saint-Cyr est nommé maréchal.

Saint-Cyr prit d'une main habile et ferme les rênes du commandement, et en peu d'heures les choses changèrent totalement de face, tant est grande l'influence d'un homme capable et qui sait inspirer la confiance! Le maréchal Oudinot venait de laisser l'armée dans une situation très alarmante : une partie des troupes acculées à la rivière, les autres disséminées au delà des jardins où elles tiraillaient en désordre; les remparts mal garnis d'artillerie; les rues de la ville encombrées de caissons, de bagages, de cantiniers et de blessés; tout cela pêle-mêle!... Enfin les troupes n'avaient, en cas de revers, d'autre retraite que le pont de bateaux jeté sur la Düna. Ce pont était fort étroit et tellement mauvais que l'eau dépassait de plus de six pouces les planches du tablier. Enfin, la nuit approchait, et l'on craignait que les tirailleries n'amenassent une affaire générale qui pouvait nous devenir funeste, tant il régnait peu d'ordre parmi les régiments des différentes nations.

Le premier acte du général Saint-Cyr fut d'ordonner qu'on fît rentrer les tirailleurs engagés, certain que les ennemis fatigués imiteraient cet exemple, dès qu'on ne les attaquerait plus. En effet, le feu cessa bientôt des deux côtés. Les troupes purent se réunir, prendre quelque repos, et la partie parut remise au lendemain.

Afin d'être à même de l'engager avec des chances favorables, Saint-Cyr profita de la nuit pour se préparer à repousser les ennemis et s'assurer une retraite en cas de revers. Il réunit à cet effet tous les chefs de corps, et après leur avoir exposé franchement les dangers de la situation, dont le plus grave était l'encombrement de la ville et des abords du pont, il ordonna que les colonels, suivis de plusieurs officiers et de patrouilles, parcourraient les rues de Polotsk pour diriger les soldats valides de leurs régiments vers les bivouacs, et tous les blessés, les malades, chevaux de main, cantiniers et charrettes, au delà du pont. Le général Saint-Cyr ajouta qu'au point du jour il visiterait la ville et *suspendrait* de ses fonctions le chef de corps qui n'aurait pas ponctuellement exécuté ses ordres! Aucune excuse ne devait être admise. On s'empressa d'obéir! Les blessés et les malades furent transportés à bras sur la rive gauche, où l'on réunit ce qui n'était pas indispensable pour le combat, enfin tous les *impedimenta* de l'armée. Aussi, les remparts, les rues furent bientôt complètement libres, de même que le pont. On consolida celui-ci, par lequel Saint-Cyr fit repasser sur la rive droite la cavalerie et l'artillerie, qu'il établit dans le bourg le moins voisin de l'ennemi. Enfin, pour se ménager une retraite plus facile, le prudent général en chef fit établir, avec des tonneaux vides recouverts de planches, un second pont, uniquement destiné à l'infanterie. Tous ces préparatifs étant terminés avant le jour, l'armée attendit avec confiance les ennemis. Mais ils restèrent impassibles dans leurs bivouacs établis dans la plaine, sur la lisière d'une vaste forêt qui entoure Polotsk du côté opposé à la rivière.

Le général Saint-Cyr, qui s'était attendu à être attaqué de grand matin, attribuait la tranquillité qui régnait dans le camp des Russes aux pertes énormes qu'ils avaient éprouvées la veille. Elles pouvaient y contribuer; mais la principale cause de la quiétude dans laquelle se trouvait Wittgenstein provenait de ce que, attendant pour la nuit suivante une forte division d'infanterie et plusieurs escadrons de Saint-Pétersbourg, il avait reculé son attaque jusqu'à l'arrivée de ce puissant renfort, afin de nous vaincre le lendemain plus facilement.

Bien que les seigneurs polonais, grands propriétaires des environs de Polotsk, n'osassent prendre ouvertement parti pour les Français, de crainte de se compromettre vis-à-vis des Russes, néanmoins ils nous servaient en secret et nous procuraient facilement des espions. Le général Saint-Cyr, inquiet de ce qui se préparait dans le camp ennemi, ayant engagé l'un de ces nobles à y envoyer un de ses vassaux les plus éclairés, celui-ci fit conduire au bivouac russe plusieurs voitures de fourrage et plaça parmi les charretiers son intendant, habillé en paysan. Cet homme, fort intelligent, apprit en causant avec les soldats de Wittgenstein qu'on attendait de nombreuses troupes. Il fut même témoin de l'arrivée du régiment des Cosaques de la garde, d'un escadron des chevaliers-gardes, et fut informé que plusieurs bataillons seraient rendus au camp vers minuit. Ces renseignements pris, l'intendant fut en rendre compte à son maître, qui s'empressa de prévenir le général en chef de l'armée française.

En apprenant cette nouvelle, Saint-Cyr résolut de battre Wittgenstein avant l'arrivée des renforts attendus. Mais comme il ne voulait pas engager une affaire trop longue, il prévint les généraux et chefs de corps qu'il n'attaquerait qu'à six heures du soir, afin que, la nuit mettant fin au combat, les Russes n'eussent pas le temps de profiter de leur succès si les chances leur étaient favorables. Il est vrai que dans le cas où nous serions vainqueurs, il nous serait impossible de poursuivre les ennemis dans l'obscurité ; mais Saint-Cyr n'en avait pas le projet et désirait pour le moment se borner à leur donner une bonne leçon qui les éloignât de Polotsk. Le général français, voulant agir par *surprise,* prescrivit que la plus parfaite tranquillité régnât dans la ville et sur toute la ligne des avant-postes, ce qui fut exécuté.

La journée nous parut bien longue. Chacun, et même le général en chef, malgré son sang-froid, avait constamment la montre à la main. Ayant remarqué la veille que l'éloignement de la cavalerie française avait permis aux Russes de refouler notre aile gauche jusque dans la Düna, le général Saint-Cyr, un moment avant l'attaque, fit venir en silence tous ses escadrons derrière de vastes magasins, au delà desquels commençaient les prairies. C'est sur ce terrain uni que devait agir la cavalerie pour fondre sur la droite des ennemis et couvrir la gauche de notre infanterie, dont les deux premières divisions devaient attaquer le camp russe, pendant que la troisième soutiendrait la cavalerie et que les deux dernières, formant la réserve, garderaient la ville. Tout était prêt, lorsque, enfin, à six heures du soir, le signal général de l'attaque fut donné par un coup de canon, suivi par la détonation de toute l'artillerie française, qui envoya de nombreux projectiles sur les avant-postes et même sur le camp ennemi.

A l'instant, nos deux premières divisions d'infanterie, précédées par le 26º léger, s'élancent sur les régiments russes placés dans les jardins, tuent ou prennent tous les soldats qu'ils peuvent joindre, et, mettant les autres en fuite, les poursuivent jusqu'au camp, où ils firent un grand nombre de prisonniers et enlevèrent plusieurs canons. La surprise, bien que faite en plein jour, fut si complète, que le général Wittgenstein dînait paisiblement dans un petit château touchant à son camp, lorsque, prévenu que des voltigeurs français étaient dans la cour, il sauta par une fenêtre, et trouvant sous sa main un petit cheval de Cosaque, il l'enfourcha et s'enfuit à toutes jambes vers le gros de ses troupes! Nos voltigeurs s'emparèrent des beaux chevaux, des papiers, des fourgons et des vins du général russe, ainsi que de l'argenterie et du dîner placés sur sa table. Le butin fait dans le camp par d'autres compagnies fut immense.

Au bruit produit par l'attaque si imprévue des Français, la terreur se répandit parmi les ennemis, qui s'enfuirent presque tous sans songer à prendre leurs armes! Le désordre était au comble; personne ne commandait, et cependant l'approche de nos divisions d'infanterie était annoncée par une vive fusillade et le son des tambours qui battaient la charge!... Tout présageait donc un immense succès aux troupes françaises, à la tête desquelles marchait Saint-Cyr, toujours calme!... Mais; à la guerre, un événement imprévu et souvent peu important change l'état des choses!...

Un grand nombre de soldats ennemis avaient gagné en fuyant les derrières du camp. C'était là que bivouaquait l'escadron des chevaliers-gardes, arrivé seulement depuis quelques heures. Cette troupe, composée de jeunes gens d'élite, choisis dans les meilleures familles nobles, était commandée par un major d'un courage éprouvé, dont l'ardeur venait, dit-on, de s'accroître par de copieuses libations. En apprenant ce qui se passe, cet officier monte rapidement à cheval, et, suivi de cent vingt chevaliers cuirassés, il s'élance vers les Français, qu'il ne tarde pas à rencontrer. Le premier de nos bataillons attaqué par lui appartenait au 26° léger. Il résista vigoureusement. Les chevaliers-gardes, repoussés avec perte, cherchaient à se rallier pour faire une seconde charge en ligne, lorsque leur major, impatienté par le temps qu'il faut à des cavaliers désunis pour reprendre leurs rangs, abandonne le bataillon français qu'il n'avait pu enfoncer, et ordonnant aux chevaliers-gardes de le suivre, il les lance à toutes brides en *fourrageurs* au travers du camp! Il le trouva rempli de fantassins portugais, suisses et même bavarois, nos alliés, dont les uns, éparpillés par l'effet même de la victoire, cherchaient à se réunir, tandis que les autres ramassaient le butin abandonné par les Russes.

Les chevaliers-gardes ayant tué ou blessé plusieurs de ces soldats, le désordre se mit dans cette foule, et bientôt une *retirade* tumultueuse se déclara et dégénéra même en terreur panique. Or, en pareil cas, les soldats prennent pour adversaires tous ceux des leurs qui courent pour venir se réunir à eux, et le nombre des ennemis qui les poursuivent paraît immense au milieu d'un nuage de poussière, tandis que, la plupart du temps, il n'est que d'une poignée d'hommes. C'est ce qui arriva ici. Les chevaliers-gardes, dispersés sur un vaste terrain et avançant toujours sans regarder derrière eux, simulaient, aux yeux des fuyards, un corps immense de cavalerie; aussi le désordre s'accrut et gagna un bataillon suisse au milieu duquel le général Saint-Cyr s'était réfugié. Il y fut tellement pressé par la foule que son cheval fut renversé dans un fossé.

Le général, vêtu d'une simple redingote bleue, sans marques distinctives, resta couché par terre et ne fit aucun mouvement à l'approche des chevaliers-gardes, qui, le croyant mort, ou le prenant pour un simple employé d'administration, passèrent outre et continuèrent leur poursuite à travers la plaine. On ne sait où ce désordre se serait arrêté, lorsque l'intrépide et intelligent général Berckheim, accourant à la tête du 4ᵉ régiment de cuirassiers, s'élança sur les chevaliers-gardes, qui, malgré leur courageuse défense, furent presque tous tués ou pris. Leur vaillant major resta au nombre des morts. La charge exécutée par cette poignée d'hommes aurait eu des résultats immenses si elle eût été soutenue, et le beau fait d'armes des chevaliers-gardes prouva de nouveau que les attaques de cavalerie *imprévues* sont celles qui ont le plus de chances de succès.

Le général Saint-Cyr, relevé par nos cuirassiers, fit avancer à l'instant toutes les divisions d'infanterie, avec lesquelles il attaqua les Russes avant qu'ils fussent remis de leur désordre. Le succès ne fut pas un moment indécis; les ennemis furent battus et perdirent beaucoup d'hommes et plusieurs canons.

Pendant que le combat d'infanterie que je viens de raconter se passait en avant de Polotsk, voici ce qui avait lieu à la gauche de notre armée dans les prairies qui longent la Düna. Au moment où le premier coup de canon donna le signal du combat, nos régiments de cavalerie, dont la brigade Castex formait la tête, se portèrent rapidement vers les escadrons ennemis qui, de leur côté, marchaient vers nous.

Un engagement sérieux paraissait imminent. Le bon général Castex me fit alors observer que si, malgré ma blessure, j'avais pu continuer à commander mon régiment aux combats de Sivotschinà et de la Svolna, où il ne s'agissait que de braver le feu de l'infanterie et du canon, il n'en serait pas de même aujourd'hui où, ayant affaire à des cavaliers ennemis, j'allais me trouver compromis dans une charge sans moyen de me défendre, puisque, ne pouvant me servir que d'un seul bras, il me serait impossible de tenir en même temps la bride de mon cheval et mon sabre. En conséquence, il m'engagea à rester momentanément avec la division d'infanterie placée en réserve. Je ne crus pas devoir accepter cette offre bienveillante et exprimai si vivement le désir de ne pas m'éloigner du régiment, que le général se rendit à mes instances; mais il fit placer derrière moi six cavaliers des plus braves, commandés par l'intrépide maréchal des logis Prud'homme. J'avais d'ailleurs à mes côtés les deux adjudants-majors, deux adjudants, un trompette et mon ordonnance Fousse, un des meilleurs soldats du régiment. Ainsi entouré et placé devant le centre d'un escadron, j'étais suffisamment garanti; d'ailleurs, dans un besoin urgent, j'aurais lâché les rênes de mon cheval pour prendre de la main droite la lame de mon sabre, suspendu à mon poignet par la dragonne.

La prairie étant assez large pour contenir deux régiments en bataille, le 23ᵉ et le 24ᵉ marchaient de front. La brigade du général Corbineau, composée de trois régiments, était en seconde ligne, et les cuirassiers suivaient en réserve. Le 24ᵉ, placé à ma gauche, avait devant lui un corps de dragons russes; mon régiment se trouvait en face des Cosaques de la garde, reconnaissables à la couleur rouge de leurs vestes, ainsi qu'à la beauté de leurs chevaux, qui, bien qu'arrivés seulement depuis quelques heures, ne paraissaient nullement fatigués.

Dès que, en avançant au galop, nous fûmes à bonne portée des ennemis, le général Castex ayant commandé la *charge,* toute sa brigade fondit en ligne sur les Russes, et, du premier choc, le 24⁰ enfonça les dragons qui lui étaient opposés... Mon régiment éprouva plus de résistance de la part des Cosaques de la garde, hommes choisis, de forte stature, et armés de lances de 14 pieds de long, qu'ils tenaient d'une main ferme. J'eus quelques chasseurs tués, beaucoup de blessés ; mais enfin mes braves cavaliers ayant pénétré dans cette ligne hérissée de fer, tous les avantages furent pour nous, car la longueur des lances est nuisible dans un combat de cavalerie, quand ceux qui les portent, n'étant plus en bon ordre, sont serrés de près par des adversaires armés de sabres, dont ils peuvent facilement se servir, tandis que les lanciers éprouvent beaucoup de difficulté pour présenter la pointe de leurs perches. Aussi les Cosaques furent-ils obligés de tourner le dos. Mes cavaliers en firent alors un grand massacre et prirent un bon nombre de beaux et excellents chevaux.

Nous allions poursuivre ce succès, lorsque notre attention ayant été attirée vers la droite par un très grand tumulte, nous vîmes la plaine couverte de fuyards : c'était le moment où les chevaliers-gardes exécutaient leur vigoureuse charge. Le général Castex, pensant alors qu'il ne serait pas sage d'avancer encore lorsque notre centre paraissait rétrograder en désordre, fit sonner le ralliement, et notre brigade s'arrêta. Mais à peine avait-elle reformé ses rangs, que les Cosaques de la garde, enhardis par ce qui se passait au centre et désirant se venger de leur première défaite, revinrent à la charge et s'élancèrent en fureur sur mes escadrons, tandis que les hussards de Grodno attaquaient le 24⁰. Les Russes, repoussés sur tous les points par la brigade Castex, ayant fait avancer successivement leur seconde et leur troisième ligne, le général Corbineau accourut à son secours avec les 7ᵉ et 20ᵉ de chasseurs et le 8ᵉ de lanciers. Il y eut alors un grand combat de cavalerie, où chacun des deux partis éprouva des chances diverses!... Déjà nos cuirassiers accouraient pour prendre part à l'affaire, et ceux des Russes avançaient aussi, lorsque Wittgenstein, voyant son infanterie battue et vivement poussée par la nôtre, fit ordonner à sa cavalerie de se retirer; mais elle était beaucoup trop engagée pour que la retraite pût être facilement exécutée.

En effet, les généraux Castex et Corbineau, certains d'être soutenus par nos cuirassiers qui les suivaient de près, lancèrent tour à tour leurs brigades sur les cavaliers russes, qui furent jetés dans le plus grand désordre et subirent des pertes considérables. Arrivé au delà de la forêt où se réunirent nos divisions d'infanterie et de cavalerie toutes victorieuses, le général Saint-Cyr, voyant approcher la nuit, fit cesser la poursuite, et les troupes retournèrent vers Polotsk pour reprendre les bivouacs qu'elles avaient quittés peu d'heures avant.

Pendant le combat tumultueux de la cavalerie des deux partis, ma blessure m'avait causé de bien vives douleurs, surtout lorsque j'étais obligé de mettre mon cheval au galop. L'impossibilité de me défendre moi-même me plaça souvent dans une situation très difficile, dont je n'aurais pu sortir si je n'eusse été entouré par un groupe de braves qui ne me perdirent jamais de vue. Une fois, entre autres, poussé par la foule des combattants sur un peloton de Cosaques de la garde, je fus obligé, pour ma conservation personnelle, de lâcher la bride pour prendre mon sabre en main. Cependant, je n'eus pas besoin de m'en servir, car, en voyant leur commandant en péril, les hommes de tout grade qui m'escortaient, attaquant avec fureur les Cosaques qui déjà m'environnaient, firent mordre la poussière à plusieurs et mirent les autres en fuite. Mon ordonnance Fousse, chasseur d'élite, en tua *trois*, et l'adjudant-major Joly *deux!* Je revins donc sain et sauf de ce grand combat, auquel j'avais désiré me trouver en personne, afin d'imprimer un plus grand élan à mon régiment et lui prouver de nouveau que, tant que je pourrais monter à cheval, je tiendrais à honneur de le commander au moment du danger. Les officiers et la troupe me surent très bon gré de ce dévouement, et l'affection que tous me portaient déjà s'en accrut, ainsi que vous le verrez plus tard, lorsque je parlerai des malheurs de la grande retraite.

Les combats de cavalerie à cavalerie sont infiniment moins meurtriers que ceux contre l'infanterie. D'ailleurs, les cavaliers russes sont généralement maladroits dans le maniement de leurs armes, et leurs chefs, peu capables, ne savent pas toujours employer leurs cavaliers à propos. Aussi, bien que mon régiment se fût trouvé engagé pendant le combat de Polotsk avec les Cosaques de la garde, réputés une des meilleures troupes de l'armée russe, il n'éprouva pas de grandes pertes. J'eus dans cette journée huit ou neuf hommes tués et une trentaine de blessés. Mais au nombre de ces derniers était le chef d'escadrons Fontaine. Cet excellent et brave officier se trouvait au plus épais de la mêlée, lorsque son cheval fut tué. M. Fontaine, dont les pieds étaient embarrassés dans les étriers, cherchait à se dégager à l'aide de quelques chasseurs venus à son secours, lorsqu'un maudit officier de Cosaques, passant au galop au milieu de ce groupe, se penche avec dextérité sur sa selle et porte à Fontaine un terrible coup de sabre qui lui crève l'œil gauche, blesse l'autre et fend l'os du nez!... Mais au moment où l'officier russe, fier de cet exploit, s'éloignait, l'un de nos chasseurs, l'ajustant à six pas avec son pistolet, lui cassa les reins et vengea ainsi son commandant! Aussitôt que cela fut possible, je fis panser M. Fontaine, qui fut transporté à Polotsk, dans le couvent des Jésuites, où j'allai le voir le soir même. J'admirai la résignation de ce courageux militaire, qui, devenu borgne, supportait patiemment les douleurs et les inconvénients qu'entraîne la perte presque totale de la vue. Depuis lors, Fontaine ne put jamais faire de service actif. Ce fut une grande perte pour le 23ᵉ de chasseurs, dans lequel il servait depuis la formation, aimé et considéré de tous; je fus sensible à son malheur. Resté le seul officier supérieur du régiment, je m'efforçai de pourvoir à tous les besoins du service, ce qui était une très grande tâche.

Vous trouverez sans doute que je suis entré dans trop de détails relativement aux divers combats que soutint le 2ᵉ corps d'armée; mais je répéterai ce que je vous ai déjà dit : Je me complais aux souvenirs des grandes guerres auxquelles j'ai pris part, et j'en parle avec plaisir!... Il me semble alors que je suis sur le terrain, entouré de mes braves compagnons qui, presque tous, hélas! ont déjà quitté la vie!... Mais revenons à la campagne de Russie.

Tout autre que le général Saint-Cyr aurait, après d'aussi rudes engagements, passé ses troupes en revue pour les féliciter sur leur courage et s'enquérir de leurs besoins; mais il n'en fut pas ainsi, car à peine le dernier coup de fusil était-il tiré, que Saint-Cyr alla s'enfermer dans le couvent des Jésuites, où il employait tous les jours et une partie des nuits à quoi faire? — *A jouer du violon!* C'était sa passion dominante, dont la nécessité de marcher à l'ennemi pouvait seule le distraire! Les généraux Laurencez et de Wrède, chargés par lui du placement des troupes, envoyèrent deux divisions d'infanterie et les cuirassiers sur la rive gauche de la Düna. La troisième division française et les deux bavaroises restèrent à Polotsk, où elles furent occupées à élever les fortifications d'un vaste camp retranché, devant servir d'appui aux troupes qui, de ce point important, couvraient la gauche et les derrières de la Grande Armée, destinée à marcher sur Smolensk et Moscou. Les brigades de cavalerie légère Castex et Corbineau furent placées à deux lieues en avant du grand camp, sur la rive gauche de la Polota, petite rivière qui va se jeter dans la Düna à Polotsk.

Mon régiment alla bivouaquer auprès d'un village appelé Louchonski. Le colonel du 24ᵉ de chasseurs établit le sien à un quart de lieue en arrière, à l'abri du 23ᵉ. Nous restâmes là deux mois, dont le premier sans faire aucune course lointaine.

En apprenant la victoire remportée par le général Saint-Cyr devant Polotsk, l'Empereur lui envoya le bâton de maréchal de l'empire. Mais au lieu de profiter de cette occasion pour visiter ses troupes, le nouveau maréchal vécut dans une solitude plus profonde encore s'il est possible. Personne ne pouvait pénétrer près du chef de l'armée, ce qui lui valut, de la part des soldats, le sobriquet de *hibou*. En outre, bien que l'immense couvent de Polotsk contînt plus de cent appartements qui eussent été si utiles pour les blessés, il voulut y loger *seul*, croyant faire une très grande concession en permettant qu'on reçût dans les communs des officiers supérieurs *blessés*; encore fallait-il qu'ils n'y séjournassent que quarante-huit heures, après quoi, leurs camarades devaient les transporter en ville. Les caves et les greniers du couvent regorgeaient de provisions amassées par les Jésuites; vins, bière, huile, farine, etc., tout s'y trouvait en abondance; mais le maréchal s'était fait remettre les clefs des magasins, dont rien ne sortait, même pour les hôpitaux !... Ce fut à grand'peine que je parvins à obtenir deux bouteilles de vin pour le commandant Fontaine blessé. Ce qu'il y a de bizarre, c'est que le maréchal Saint-Cyr usait à peine de ces provisions pour lui-même, car il était d'une extrême sobriété, mais aussi d'une fort grande originalité. L'armée le blâma hautement, et ces mêmes provisions, dont le maréchal refusait de distribuer une partie à ses troupes, devinrent, deux mois plus tard, la proie des flammes et des Russes, lorsque les Français furent contraints d'abandonner la ville et le couvent en feu!

CHAPITRE XII

Marche de la Grande Armée. — Prise de Smolensk. — Ney au défilé de Valoutina. — Bataille de la Moskova. — Épisodes divers.

Pendant que les événements que je viens de raconter s'accomplissaient devant Polotsk et sur les rives de la Drissa, l'Empereur était resté à Witepsk, d'où il dirigeait l'ensemble des opérations de ses nombreux corps d'armée. Quelques écrivains militaires ont reproché à Napoléon d'avoir perdu beaucoup de temps, d'abord à Wilna, où il demeura dix-neuf jours, et ensuite à Witepsk, où il en passa dix-sept, et ces écrivains prétendent que ces trente-six jours auraient pu être mieux employés, surtout dans un pays où l'été est fort court et où l'hiver commence à faire sentir ses rigueurs dès la fin de septembre. Ce reproche, qui paraît fondé jusqu'à un certain point, est néanmoins atténué, d'abord par l'espoir qu'avait l'Empereur de voir les Russes demander un accommodement ; en second lieu, par la nécessité de ramener vers un centre commun les divers corps détachés à la poursuite de Bagration ; enfin, parce qu'il était indispensable d'accorder quelque repos aux troupes qui, outre les marches régulières, se trouvaient, chaque soir, forcées d'aller chercher des vivres loin de leurs bivouacs ; car, les Russes brûlant tous les magasins en se retirant, il était impossible de faire des distributions journalières aux soldats français. Cependant, il exista fort longtemps une heureuse exception à ce sujet pour le corps de Davout, parce que ce maréchal, aussi bon administrateur que grand capitaine, avait, bien avant le passage du Niémen, organisé d'immenses convois de petits chariots qui suivaient son armée. Ces chariots remplis de biscuits, de salaisons et de légumes, étaient traînés par des bœufs dont on abattait un certain nombre chaque soir, ce qui, en assurant les vivres de la troupe, contribuait infiniment à maintenir le soldat dans le rang.

L'Empereur quitta Witepsk le 13 août, et, s'éloignant de plus en plus des 2ᵉ et 6ᵉ corps, qu'il laissait à Polotsk sous les ordres de Saint-Cyr, il se porta sur Krasnoë, où une partie de sa Grande Armée se trouvait réunie en présence de l'ennemi. On espérait une bataille; on n'obtint qu'un léger combat contre l'arrière-garde russe, qui fut battue et se retira lestement.

Le 15 août, anniversaire de sa fête, l'Empereur fit défiler devant lui ses troupes, qui le reçurent avec enthousiasme. Le 16, l'armée découvre Smolensk, place forte que les Russes ont surnommée *la Sainte*, parce qu'ils la considèrent comme la clef de Moscou et le palladium de leur empire. D'anciennes prophéties annonçaient de grands malheurs à la Russie le jour où elle laisserait prendre Smolensk. Cette superstition, entretenue avec soin par le gouvernement, date de l'époque où la ville de Smolensk, située sur le Dniéper ou Borysthène, était l'extrême frontière des Moscovites, qui se sont élancés de ce point pour faire d'immenses conquêtes.

Le roi Murat et le maréchal Ney, arrivés les deux premiers devant Smolensk, pensèrent, on ne sait trop pourquoi, que l'ennemi avait abandonné cette place. Les rapports adressés à l'Empereur lui faisant ajouter foi à cette croyance, il prescrivit de faire entrer l'avant-

garde dans la ville. L'impatience de Ney n'attendait que
cet ordre : il s'avance vers la porte avec une faible
escorte de hussards; mais tout à coup un régiment de
Cosaques, masqué par un pli de terrain couvert de broussailles, se précipite sur nos cavaliers, les ramène et
enveloppe le maréchal Ney, qui fut serré de si près
qu'une balle de pistolet, tirée presque à bout portant,
lui déchira le collet de son habit! Heureusement la brigade Domanget accourut et dégagea le maréchal. Enfin,
l'arrivée de l'infanterie du général Razout permit à Ney
d'approcher assez de la ville pour se convaincre que
les Russes étaient dans l'intention de se défendre.

En voyant les remparts armés d'un grand nombre de
bouches à feu, le général d'artillerie Éblé, homme des
plus capables, conseilla à l'Empereur de tourner la place,
en ordonnant au corps polonais du prince Poniatowski
d'aller passer le Dniéper deux lieues au-dessus; mais
Napoléon, adoptant l'avis de Ney, qui assurait que Smolensk serait facilement enlevé, donna l'ordre d'attaquer.
Trois corps d'armée, celui de Davout, de Ney et de
Poniatowski, s'élancèrent alors de divers côtés sur la
place, dont les remparts firent un feu meurtrier, qui
l'était cependant beaucoup moins que celui des batteries
établies par les Russes sur les hauteurs de la rive opposée. Un combat des plus sanglants s'engagea; les boulets, la mitraille et les obus décimaient nos troupes,
sans que notre artillerie parvînt à ébranler les murailles.
Enfin, à l'entrée de la nuit, les ennemis, après avoir vaillamment disputé le terrain pied à pied, furent refoulés
dans Smolensk, qu'ils se préparèrent à abandonner;
mais en se retirant ils allumèrent partout l'incendie.
L'Empereur vit ainsi s'évanouir l'espoir de posséder
une ville qu'on supposait avec raison abondamment
pourvue. Ce ne fut que le lendemain au point du jour

que les Français pénétrèrent dans la place, dont les rues étaient jonchées de cadavres russes et de débris fumants. La prise de Smolensk nous avait coûté 12,000 hommes tués ou blessés!... perte immense qu'on aurait pu éviter en passant le Dniéper en amont, ainsi que l'avait proposé le général Éblé; car, sous peine d'être coupé, le général Barclay de Tolly, chef de l'armée ennemie, eût évacué la place pour se retirer vers Moscou.

Les Russes, après avoir brûlé le pont, s'établirent momentanément sur les hauteurs de la rive droite et se mirent bientôt en retraite sur la route de Moscou. Le maréchal Ney les y poursuivit avec son corps d'armée, renforcé par la division Gudin, détachée du corps du maréchal Davout.

A peu de distance de Smolensk, le maréchal Ney atteignit, à Valoutina, l'armée russe engagée avec tous ses bagages dans un défilé. L'action devint très sérieuse; ce fut une véritable bataille, qui serait devenue très funeste aux ennemis si le général Junot, chef du 8ᵉ corps d'armée, qui avait effectué trop tardivement le passage du Dniéper à Pronditchewo, à deux lieues au-dessus de Smolensk, et s'y était reposé quarante-huit heures, fût accouru au canon de Ney dont il n'était plus qu'à une lieue! Mais, bien qu'averti par Ney, Junot ne bougea pas! En vain l'aide de camp Chabot lui porta au nom de l'Empereur l'ordre d'aller se joindre à Ney; en vain l'officier d'ordonnance Gourgaud vint confirmer le même ordre, Junot resta immobile!...

Cependant, Ney, aux prises avec des forces infiniment supérieures, ayant successivement engagé toutes les troupes de son corps d'armée, prescrivit à la division Gudin de s'emparer des positions formidables occupées par les Russes. Cet ordre fut exécuté avec une rare intrépidité; mais, dès la première attaque, le brave général tomba mortellement blessé. Cependant, conservant toujours son admirable sang-froid, il voulut, avant d'expirer, assurer le succès des troupes qu'il avait si souvent conduites à la victoire, et désigna le général Gérard pour lui succéder dans le commandement, bien que celui-ci fût le moins ancien général de brigade de sa division.

Aussitôt Gérard se mit à la tête de la division, marcha sur l'ennemi, et à dix heures du soir, après avoir perdu 1,800 hommes et en avoir tué 6,000, il resta maître du champ de bataille, dont les Russes se hâtèrent de s'éloigner.

Le lendemain, l'Empereur vint visiter les troupes qui avaient si vaillamment combattu; il les combla de récompenses et nomma Gérard général de division. (Il devint plus tard maréchal de France.) Le général Gudin mourut peu d'heures après.

Si Junot eût voulu prendre part au combat, il pouvait enfermer l'armée russe dans un étroit défilé, où, placée entre deux feux, elle eût été obligée de mettre bas les armes, ce qui aurait amené la fin de la guerre. On regretta donc le roi Jérôme, qui, bien que médiocre général, fût probablement venu au secours de Ney, et l'on s'attendait à voir Junot sévèrement puni. Mais c'était le premier officier que Napoléon eût attaché à sa personne et qui l'avait suivi dans toutes ses campagnes depuis le siège de Toulon, en 93, jusqu'en Russie. L'Empereur l'aimait, il pardonna. Ce fut un malheur, car un exemple devenait nécessaire.

Dès que la prise de Smolensk fut connue par les Russes, un cri de réprobation générale s'éleva contre le général Barclay de Tolly. C'était un *Allemand;* la nation l'accusait de ne pas mettre assez de vigueur dans la conduite de la guerre, et pour défendre l'antique Mos covie, elle demandait un général *moscovite*. L'empereur Alexandre, contraint de céder, conféra le commandement en chef de toutes ses armées au général Koutousoff, homme usé, peu capable, connu pour sa défaite à Austerlitz, mais ayant le mérite, fort grand dans les circonstances actuelles, d'être un Russe de vieille roche, ce qui lui donnait beaucoup d'influence sur les troupes comme sur les masses populaires.

Cependant, l'avant-garde française, poussant toujours l'ennemi devant elle, avait déjà dépassé Dorogobouje, lorsque, le 24 août, l'Empereur se détermina à quitter Smolensk. La chaleur était accablante; on marchait sur un sable mouvant; les vivres manquaient pour une aussi immense réunion d'hommes et de chevaux, car les Russes ne laissaient derrière eux que des villages et des fermes incendiés. Quand l'armée entra dans Wiasma, cette jolie ville était en feu ! Il en fut de même de celle de Ghiat. Plus on approchait de Moscou, moins le pays offrait de ressources. Il périt quelques hommes et surtout beaucoup de chevaux. Peu de jours après, à une chaleur intolérable succédèrent des pluies froides qui durèrent jusqu'au 4 septembre; l'automne approchait. L'armée n'était plus qu'à six lieues de Mojaïsk, seule ville qui restât à prendre avant d'arriver à Moscou, lorsqu'elle s'aperçut que les forces de l'arrière-garde ennemie s'étaient considérablement accrues. Tout indiquait qu'une grande bataille allait enfin avoir lieu.

Le 5, notre avant-garde fut un moment arrêtée par une grosse colonne russe fortement retranchée sur un mamelon garni de douze canons. Le 57ᵉ de ligne, que, dans les campagnes d'Italie, l'Empereur avait surnommé le *terrible*, soutint dignement sa réputation en s'emparant de la redoute et de l'artillerie ennemie. On était déjà sur le terrain où se donna, quarante-huit heures après, la bataille que les Russes nomment *Borodino* et que les Français appellent la *Moskova*.

Le 6, l'Empereur fit annoncer par un ordre du jour qu'il y aurait bataille le lendemain. L'armée attendait avec joie ce grand jour qu'elle espérait devoir mettre un terme à sa misère, car il y avait un mois que les troupes n'avaient reçu aucune distribution, chacun ayant vécu *comme il pouvait*. On employa de part et d'autre la soirée à prendre des dispositions définitives

Du côté des Russes, Bagration commande l'aile gauche, forte de 62,000 hommes ; au centre se trouve l'hetman Platow avec ses Cosaques et 30,000 fantassins de réserve ; la droite, composée de 70,000 hommes, est aux ordres de Barclay de Tolly, qui, après avoir déposé le commandement en chef, en a pris un secondaire. Le vieux Koutousoff est généralissime de toutes ces troupes, dont le chiffre s'élève à 162,000 hommes. L'empereur Napoléon peut à peine opposer aux Russes 140,000 hommes ainsi disposés : le prince Eugène commandait l'aile gauche ; le maréchal Davout, l'aile droite ; le maréchal Ney, le centre ; le roi Murat, la cavalerie ; la garde impériale était en réserve.

La bataille se donna le 7 septembre ; le temps était voilé, et un vent froid soulevait des tourbillons de poussière. L'Empereur, souffrant d'une horrible migraine, descendit vers une espèce de ravin où il passa la plus grande partie de la journée à se promener à pied. De ce point, il ne pouvait découvrir qu'une partie du champ de bataille, et, pour l'apercevoir en entier, il devait gravir un monticule voisin, ce qu'il ne fit que deux fois pendant la bataille. On a reproché à l'Empereur son inaction ; il faut cependant reconnaître que du point central où il se trouvait avec ses réserves, il était à même de recevoir les fréquents rapports de ce qui se passait sur toute la ligne, tandis que s'il eût été d'une aile à l'autre en parcourant un terrain aussi accidenté, les aides de camp porteurs de nouvelles pressantes n'auraient pu l'apercevoir ni su où le trouver. Il ne faut d'ailleurs pas oublier que l'Empereur était malade, et qu'un vent glacial, soufflant avec impétuosité, l'empêchait de se tenir à cheval.

Je n'ai point assisté à la bataille de la Moskova. Je m'abstiendrai donc d'entrer dans aucun détail sur les manœuvres exécutées pendant cette mémorable action. Je me bornerai à dire qu'après des efforts inouïs, les Français obtinrent la victoire sur les Russes, dont la résistance fut des plus opiniâtres ; aussi la bataille de la Moskova passe-t-elle pour une des plus sanglantes du siècle. Les deux armées éprouvèrent des pertes *immenses* qu'on évalue au total à 50,000 morts ou blessés !... Les Français eurent 49 généraux tués ou blessés et 20,000 hommes mis hors de combat. La perte des Russes fut d'un tiers plus considérable. Le général Bagration, le meilleur de leurs officiers, fut tué, et, chose bizarre, il était propriétaire du terrain sur lequel la bataille eut lieu. Douze mille chevaux restèrent dans les champs. Les Français firent très peu de prisonniers, ce qui dénote avec quelle bravoure les vaincus se défendirent.

Pendant l'action, il se passa plusieurs épisodes intéressants. Ainsi, la gauche des Russes, deux fois enfoncée par les efforts inouïs de Murat, Davout et Ney, et se ralliant constamment, revenait pour la troisième fois à la charge, lorsque Murat chargea le général Belliard de supplier l'Empereur d'envoyer une partie de sa garde pour achever la victoire, sans quoi il faudrait une seconde bataille pour vaincre les Russes ! Napoléon était disposé à obtempérer à cette demande; mais le maréchal Bes-

sières, commandant supérieur de la garde, lui ayant dit:
« Je me permettrai de faire observer à Votre Majesté
qu'elle est en ce moment à sept cents lieues de France »,
soit que cette observation déterminât l'Empereur, soit
qu'il ne trouvât pas la bataille assez avancée pour engager sa réserve, il refusa. Deux autres demandes de ce
genre eurent le même sort.

Voici un des faits les plus remarquables de cette
bataille si féconde en actions courageuses. Le front de la
ligne ennemie était couvert par des hauteurs garnies de
redoutes, de redans, et surtout par un fort crénelé armé
de 80 canons. Les Français, après des pertes considérables, s'étaient rendus maîtres de tous ces ouvrages,
mais n'avaient pu se maintenir dans le fort. S'emparer
de nouveau de ce point important était chose très difficile,
même pour l'infanterie. Le général Montbrun, chef du
2ᵉ corps de cavalerie, ayant remarqué, à l'aide de sa
longue-vue, que le fort n'était pas fermé à la *gorge;* que
les troupes russes y entraient par pelotons, et qu'en
tournant la hauteur on pouvait éviter les remparts, les
ravins, les rochers, et conduire les escadrons jusqu'à la
porte, par un terrain en pente douce et praticable pour
les chevaux; le général Montbrun, dis-je, proposa de
pénétrer dans le fort par derrière avec sa cavalerie,
tandis que l'infanterie l'attaquerait par devant. Cette
proposition téméraire ayant été approuvée par Murat
et par l'Empereur, Montbrun fut chargé de l'exécution;
mais, tandis que cet intrépide général prenait ses dispositions pour agir, il fut tué d'un coup de canon : ce fut
une grande perte pour l'armée !... Sa mort ne fit cependant pas renoncer au projet qu'il avait conçu, et l'Empereur envoya le général Caulaincourt, frère du grand
écuyer, pour remplacer Montbrun.

On vit alors une chose inouïe dans les fastes de la

guerre : un fort immense défendu par une nombreuse artillerie et plusieurs bataillons, attaqué et pris par une colonne de cavalerie !... En effet, Caulaincourt, s'élançant avec une division de cuirassiers en tête de laquelle marchait le 5ᵉ régiment de cette arme, commandé par l'intrépide colonel Christophe, culbute tout ce qui défend les approches du fort, arrive à la porte, pénètre dans l'intérieur et tombe mort, frappé d'une balle à la tête !... Le colonel Christophe et ses cavaliers vengèrent leur général en passant une partie de la garnison au fil de leurs sabres. Le fort resta en leur pouvoir, ce qui acheva d'assurer la victoire aux Français.

Aujourd'hui, où la soif de l'avancement est devenue insatiable, on s'étonnerait qu'après un aussi beau fait d'armes un colonel ne reçût pas d'avancement; mais sous l'Empire, l'ambition était plus modérée. Christophe ne devint général que plusieurs années après et ne témoigna aucun mécontentement de ce retard.

Les Polonais, ordinairement si braves, et notamment ceux organisés depuis cinq ans dans le grand-duché de Varsovie sous les ordres du prince Poniatowski, agirent si mollement que l'Empereur leur fit adresser des reproches par son major général. Le général Rapp reçut à la Moskova sa vingt et unième blessure!

Bien que les Russes eussent été battus et forcés de s'éloigner du champ de bataille, leur généralissime Koutousoff eut l'*outrecuidance* d'écrire à l'empereur Alexandre qu'il venait de remporter une grande victoire sur les Français! Cette fausse nouvelle étant arrivée à Saint-Pétersbourg le jour de la fête d'Alexandre, y causa une joie des plus vives !... On chanta le *Te Deum ;* Koutousoff fut proclamé sauveur de la patrie et nommé *feld-maréchal.* Cependant, la vérité fut bientôt connue; l'allégresse se changea en deuil ; mais

Koutousoff était feld-maréchal! C'était ce qu'il voulait. Tout autre que le timide Alexandre eût sévèrement puni ce grossier mensonge du nouveau maréchal : mais on avait besoin de Koutousoff; il resta donc à la tête de l'armée.

CHAPITRE XIII

Mauvaises nouvelles d'Espagne. — Rostopschine. — Incendie de Moscou. — Réveil de l'armée russe. — Fourberie de Koutousoff.

Les Russes se retirant vers Moscou furent rejoints le 8 au matin à Mojaïsk, où s'engagea un assez vif combat de cavalerie dans lequel le général Belliard fut blessé. Napoléon passa trois jours à Mojaïsk, tant pour donner les ordres nécessités par les circonstances, que pour répondre à de nombreuses dépêches arriérées. L'une d'elles, arrivée la veille de la grande bataille, l'avait très vivement affecté et avait beaucoup contribué à le rendre malade, car elle annonçait que notre armée dite de Portugal, commandée par le maréchal Marmont, venait d'éprouver une sanglante défaite aux Arapiles, près de Salamanque, en Espagne.

Marmont était une des erreurs de Napoléon, qui, l'ayant eu pour camarade au collège de Brienne, et plus tard dans l'artillerie, lui portait un grand intérêt; séduit par quelques succès d'école jadis obtenus par Marmont, l'Empereur supposait à ce maréchal des talents militaires que sa conduite à la guerre ne justifia jamais. Marmont avait, en 1811, remplacé Masséna dans le commandement de l'armée de Portugal, en annonçant qu'il battrait Wellington; mais ce fut tout le contraire. Marmont venait d'être vaincu, blessé; son armée, jetée dans le plus grand désordre et obligée d'abandonner plusieurs provinces, aurait éprouvé des pertes encore plus considérables si le général Clausel ne l'eût ralliée.

En apprenant cette catastrophe, l'Empereur dut faire de bien graves réflexions sur l'entreprise qu'il réalisait en ce moment, car, tandis qu'il se préparait à entrer sous peu de jours dans Moscou, à la tête de la plus nombreuse de ses armées, une autre venait d'être battue à mille lieues de là. Il envahissait la Russie et allait perdre l'Espagne!... Le chef d'escadrons Fabvier, aujourd'hui lieutenant général, qui avait porté les dépêches de Marmont, ayant voulu prendre part à la bataille de la Moskova, y fut blessé à l'attaque de la grande redoute. C'était venir chercher une balle de bien loin!...

Le 12 septembre, Napoléon quitta Mojaïsk, et le 15 il entrait dans Moscou. Cette ville immense était déserte. Le général Rostopschine, son gouverneur, en avait fait sortir tous les habitants. Ce Rostopschine, dont on a voulu faire un héros, était un homme barbare qui, pour acquérir de la célébrité, ne reculait devant aucun moyen. Il avait laissé étrangler par la populace un grand nombre de marchands étrangers, et surtout des Français, établis à Moscou, dont le seul crime était d'être *soupçonnés* de faire des vœux pour l'arrivée des troupes de Napoléon. Quelques jours avant la bataille de la Moskova, les Cosaques ayant enlevé une centaine de malades français, le général Koutousoff les envoya, par des chemins détournés, au gouverneur de Moscou, qui, sans pitié pour leurs souffrances et leurs fatigues, les laissa d'abord quarante-huit heures sans manger, et les fit ensuite promener en triomphe dans les rues, où plusieurs de ces malheureux moururent de faim, pendant que des agents de police lisaient au peuple une proclamation de Rostopschine qui, pour l déterminer à prendre les armes, disait que tous les Français étaient aussi débiles et tomberaient facilement sous ses coups.

Cette affreuse promenade terminée, la plupart de ceux de nos soldats qui vivaient encore furent assommés par la populace, sans que Rostopschine fît rien pour les sauver !...

Les troupes russes vaincues n'avaient fait que traverser Moscou, d'où elles s'éloignaient pour aller se reformer à plus de trente lieues de là, vers Kalouga, sur la route d'Asie. Le roi Murat les suivit dans cette nouvelle direction, avec toute sa cavalerie et plusieurs corps d'infanterie. La garde impériale resta dans la ville, et Napoléon fut s'établir au *Kremlin*, antique palais fortifié, résidence habituelle des czars. Tout était tranquille en apparence, lorsque, pendant la nuit du 15 au 16 septembre, les marchands français et allemands, qui s'étaient soustraits aux recherches du gouverneur, vinrent prévenir l'état-major de Napoléon que le feu allait être mis à la ville. Cet avis fut bientôt confirmé par un agent de police russe, qui ne pouvait se résoudre à exécuter les ordres de son chef. On apprit par cet agent que, avant de quitter Moscou, Rostopschine avait fait ouvrir le bagne, les prisons, et rendre la liberté à tous les forçats, en leur faisant distribuer un très grand nombre de torches confectionnées par des ouvriers anglais. Tous ces incendiaires étaient restés cachés dans les palais abandonnés, où ils attendaient le signal[1] !

---

[1] M. de Ségur écrit : « On ne cherche plus à cacher, à Moscou, le sort qu'on lui destine... La nuit, des émissaires vont frapper à toutes les portes; ils annoncent l'incendie... On enlève les pompes; la désolation monte à son comble... Ce jour-là, une scène effrayante termina ce triste drame... Les prisons s'ouvrent : une foule sale et dégoûtante en sort tumultueusement... Dès lors, la grande Moscou n'appartient plus ni aux Russes, ni aux Français, mais à cette foule impure, dont quelques officiers et soldats de police dirigèrent la fureur. On les organisa; on assigna à chacun son poste, et ils se dispersèrent pour que le pillage et l'incendie éclatassent partout à la fois... »

L'Empereur, informé de cet affreux projet, prescrivit sur-le-champ les mesures les plus sévères. De nombreuses patrouilles parcoururent les rues et tuèrent plusieurs brigands pris sur le fait d'incendie; mais c'était trop tard; le feu éclata bientôt sur différents points de la ville et fit des ravages d'autant plus rapides que Rostopschine avait fait enlever toutes les pompes; aussi, en peu de temps, Moscou ne fut plus qu'une grande fournaise ardente. L'Empereur quitta le Kremlin et se réfugia au château de Peterskoë; il ne rentra que trois jours après, lorsque l'incendie commençait à diminuer, faute d'aliments. Je n'entrerai dans aucun détail sur l'incendie de Moscou, dont le récit a été fait par plusieurs témoins oculaires. Je me bornerai à examiner plus tard les effets de cette immense catastrophe.

Napoléon, appréciant mal la situation dans laquelle se trouvait Alexandre, espérait toujours un accommodement, quand enfin, las d'attendre, il prit la détermination de lui écrire lui-même. Cependant, l'armée russe se réorganisait vers Kalouga, d'où ses chefs envoyaient vers Moscou des agents chargés de diriger vers leurs régiments les soldats égarés. On en évalue le nombre à 15,000. Retirés dans les faubourgs, ces hommes circulaient sans défiance au milieu de nos bivouacs, prenaient place aux feux de nos soldats et mangeaient avec eux, et personne n'eut la pensée de les faire prisonniers. Ce fut une grande faute, car, peu à peu, ils rejoignirent l'armée russe, tandis que la nôtre s'affaiblissait journellement par les maladies et les premiers froids. Nos pertes en chevaux étaient surtout immenses, ce qu'on attribuait aux fatigues extraordinaires que le roi Murat avait imposées pendant toute la campagne à la cavalerie dont il était le chef. Murat, se souvenant des brillants succès obtenus en 1806 et 1807 contre les Prussiens, en les poursuivant à outrance, pensait que la cavalerie devait suffire à tout et faire des marches de douze à quinze lieues par jour, sans se préoccuper de la fatigue des chevaux, l'essentiel étant d'arriver sur les ennemis avec quelques têtes de colonnes! Mais le climat, la difficulté de trouver des fourrages, la longue durée de la campagne, et surtout la ténacité des Russes, avaient bien changé les conditions. Aussi la moitié de notre cavalerie était sans chevaux lorsque nous arrivâmes à Moscou, et Murat achevait de détruire le surplus dans la province de Kalouga. Ce prince, fier de sa haute taille, de son courage, et toujours affublé de costumes bizarres mais brillants, avait attiré l'attention des ennemis, et, se complaisant à parlementer avec eux, il échangeait des présents avec les chefs cosaques. Koutousoff profita de ces réunions pour entretenir les Français dans de fausses espérances de paix, que le roi Murat faisait partager à l'Empereur. Mais, un jour, cet ennemi, qui se disait affaibli, se réveille, se glisse entre nos cantonnements, nous enlève plusieurs convois, un escadron de dragons de la garde et un bataillon de marche; aussi Napoléon défendit il désormais, *sous peine de mort*, toute communication avec les Russes non autorisée par lui.

Cependant, Napoléon ne perdait pas tout espoir de conclure la paix. Il envoya, le 4 octobre, le général Lauriston, son aide de camp, au quartier général du maréchal Koutousoff. Ce Russe astucieux montra au général Lauriston une lettre adressée par lui à l'empereur Alexandre pour le presser d'adhérer aux propositions des Français, attendu, disait-il, que l'armée moscovite se trouvait hors d'état de continuer à faire la guerre. Mais à peine l'officier porteur de cette dépêche était-il

parti pour Saint-Pétersbourg, muni par Lauriston d'un passeport qui devait le préserver de l'attaque de ceux de nos partisans qui rôdaient entre les deux armées, que Koutousoff expédia un autre aide de camp vers son empereur. Ce second envoyé n'ayant pas de laissez-passer français fut rencontré par nos patrouilles, et, comme il était de bonne prise d'après les lois de la guerre, il fut arrêté, et ses dépêches furent envoyées à Napoléon. Elles contenaient *tout le contraire* de celles que Koutousoff avait montrées à Lauriston. En effet, le maréchal russe, après avoir supplié son souverain de ne point traiter avec les Français, lui annonçait « que
« l'armée de l'amiral Tchitchakoff, ayant quitté la Vala-
« chie après la paix avec les Turcs, s'avançait sur Minsk
« afin de couper la retraite à Napoléon. Koutousoff instrui-
« sait aussi Alexandre des pourparlers qu'il avait enga-
« gés et qu'il poursuivait habilement avec Murat, à
« dessein d'entretenir la pernicieuse sécurité dans
« laquelle les Français vivaient à Moscou, à une époque
« si avancée de la saison... »

A la vue de cette lettre, Napoléon, comprenant qu'il avait été joué, entra dans une violente colère et forma, dit-on, le projet de marcher sur Saint-Pétersbourg; mais, outre que l'affaiblissement de son armée et les rigueurs de l'hiver s'opposaient à cette vaste expédition, des motifs d'une bien haute importance portaient l'Empereur à se rapprocher de l'Allemagne pour être plus à même de la surveiller et de voir ce qui se passait en France. Une conspiration venait d'éclater à Paris, et les chefs de ce mouvement avaient été les maîtres de la capitale pendant une journée!... Un exalté, le général Malet, avait jeté sur Paris cette étincelle qui aurait pu allumer l'incendie, et s'il ne se fût rencontré un homme perspicace autant qu'énergique, en la personne de l'adjudant-major Laborde, c'en était peut-être fait du gouvernement impérial.

Les esprits n'en furent pas moins frappés de cet événement, et l'on peut concevoir quelle fut la douleur de Napoléon en apprenant le danger qu'avaient couru sa famille et son gouvernement!

CHAPITRE XIV

La retraite est décidée. — Surprise du corps de Sébastiani. — Combat de Malo-Iaroslawetz. — Retour sur Mojaïsk et la Moskova. — Baraguey d'Hilliers met bas les armes. — Je suis nommé colonel. — Retraite héroïque du maréchal Ney.

A Moscou, la situation de Napoléon s'aggravait de jour en jour. Le froid sévissait déjà avec rigueur, et le moral des soldats Français de naissance était seul resté ferme. Mais ces soldats ne formaient que la moitié des troupes que Napoléon avait conduites en Russie. Le surplus était composé d'Allemands, de Suisses, de Croates, de Lombards, de Romains, de Piémontais, d'Espagnols et de Portugais. Tous ces étrangers, restés fidèles tant que l'armée avait eu des succès, commençaient à murmurer, et, séduits par les proclamations en diverses langues dont les agents russes inondaient nos camps, ils désertaient en grand nombre vers l'ennemi, qui promettait de les renvoyer dans leur pays.

Ajoutons à cela que les deux ailes de la Grande Armée, uniquement composées d'Autrichiens et de Prussiens, ne se trouvaient plus en ligne avec le centre, comme au commencement de la campagne, mais étaient sur nos derrières, prêtes à nous barrer le passage au premier ordre de leurs souverains, anciens et irréconciliables ennemis de la France!... La position était des plus critiques, et, bien qu'il dût en coûter beaucoup à l'amour-propre de Napoléon d'avouer au monde entier, en se retirant sans avoir imposé la paix à Alexandre, qu'il avait manqué le but de son expédition, le mot de *retraite* fut enfin prononcé !... Mais ni l'Empereur, ni ses maréchaux, personne enfin n'avait alors la pensée d'abandonner la Russie et de repasser le Niémen ; il ne s'agissait que d'aller prendre ses cantonnements d'hiver dans les moins mauvaises provinces de la Pologne.

L'abandon de Moscou était décidé en principe ; cependant, avant de se résoudre à l'exécuter, Napoléon, conservant encore un dernier espoir d'accommodement, envoya le duc de Vicence (Caulaincourt) vers le maréchal russe Koutousoff, qui ne fit aucune réponse !...

Pendant ces lenteurs, notre armée fondait de jour en jour, et, dans une confiance aveugle, nos avant-postes restaient aventurés dans la province de Kalouga, sur des positions difficiles, quant tout à coup l'événement le plus imprévu vint dessiller les yeux des plus incrédules et anéantir les illusions que l'Empereur conservait encore de conclure la paix !

Le général Sébastiani, que nous avons vu se laisser surprendre à Drouïa, venait de remplacer le général Montbrun dans le commandement du 2ᵉ corps de cavalerie, et, quoique près de l'ennemi, il passait ses journées en pantoufles, lisant des vers italiens et ne faisant aucune reconnaissance. Koutousoff, profitant de cette négligence, se porte, le 18 octobre, sur le corps d'armée de Sébastiani, l'investit de toutes parts, l'accable par le nombre et le contraint d'abandonner une partie de son artillerie !... Les trois divisions de cavalerie de Sébastiani, séparées du surplus des troupes de Murat, ne parvinrent à le rejoindre qu'en renversant plusieurs bataillons ennemis, qui cherchèrent vainement à s'opposer à leur passage. Dans ce combat sanglant, Sébastiani fit preuve de valeur, car il était très brave, mais on peut le signaler pour sa médiocrité comme général. Vous en verrez une nouvelle preuve lorsque nous en serons à la campagne de 1813.

En même temps que le maréchal Koutousoff surprenait Sébastiani, il faisait attaquer Murat sur toute la ligne. Ce prince fut blessé légèrement. L'Empereur, ayant appris le jour même cette mauvaise affaire, ainsi que l'arrivée au camp ennemi d'un renfort de dix mille cavaliers de l'armée russe de Valachie, que les Autrichiens, nos alliés, avaient laissés passer, l'Empereur, dis-je, donna l'ordre de départ pour le lendemain.

Le 19 octobre au matin, l'Empereur quitta Moscou, où il était entré le 15 septembre. Sa Majesté, la vieille garde et le gros de l'armée prirent la route de Kalouga; le maréchal Mortier et deux divisions de la jeune garde restèrent en ville pendant vingt-quatre heures de plus, afin d'en achever la ruine et de faire sauter le Kremlin. Ils devaient ensuite fermer la marche.

L'armée traînait après elle plus de quarante mille voitures qui encombraient les défilés. On en fit l'observation à l'Empereur, qui répondit que chacune de ces voitures sauverait deux blessés, nourrirait plusieurs hommes, et qu'on s'en débarrasserait insensiblement. Ce système philanthropique pourrait, ce me semble, être combattu, car la nécessité d'alléger la marche d'une armée en retraite paraît devoir passer avant toutes les autres considérations.

Pendant le séjour des Français à Moscou, le roi Murat et les corps de cavalerie avaient occupé une partie de la province de Kalouga, sans cependant s'être emparés de la ville de ce nom, dont les environs sont très fertiles. L'Empereur, voulant éviter de passer sur le champ de bataille de la Moskova, ainsi que par la route de Mojaïsk, dont l'armée avait épuisé les ressources en venant à Moscou, prit la direction de Kalouga, d'où il comptait gagner Smolensk par des contrées fertiles et, pour ainsi dire, neuves. Mais, au bout de quelques jours de marche, nos troupes, dont l'effectif, après la jonction du roi Murat, s'élevait encore à plus de 100,000 hommes, se trouvèrent en présence de l'armée russe qui occupait la petite ville de Malo-Iaroslawetz. La position de l'ennemi était des plus fortes ; cependant l'Empereur la fait attaquer par le prince Eugène à la tête du corps italien et des divisions françaises Morand et Gérard. Aucun obstacle n'arrêtant l'impétuosité de nos troupes, elles s'emparèrent de la ville après un combat long et meurtrier, qui nous coûta 4,000 hommes tués ou blessés. Le général Delzons, officier d'un grand mérite, resta parmi les morts.

Le lendemain, 24 octobre, l'Empereur, étonné de la vive résistance qu'il avait éprouvée, et sachant que toute l'armée russe lui barrait le passage, arrête la marche de ses troupes et passe trois jours à réfléchir au parti qu'il doit prendre.

Pendant une des reconnaissances qu'il faisait sur le front des ennemis, Napoléon fut sur le point d'être enlevé par eux !... Le brouillard était épais... Tout à coup les cris de Hourra! hourra! se font entendre ; de nombreux Cosaques sortent d'un bois voisin de la route, qu'ils traversent à vingt pas de l'Empereur en renversant et pointant tout ce qu'ils rencontrent sur leur passage. Mais le général Rapp, s'élançant à la tête de deux escadrons de chasseurs et de grenadiers à cheval de la garde, qui suivaient constamment l'Empereur, sabre et met en fuite les ennemis. Ce fut dans ce combat que M. Le Couteulx, mon ancien camarade à l'état-major de Lannes, devenu aide de camp du prince Berthier, s'étant armé de la lance d'un Cosaque tué par lui, commit l'imprudence de revenir en brandissant cette arme, imprudence d'autant plus grave que Le Couteulx était revêtu d'une pelisse et d'un bonnet fourré, sous lesquels on ne pouvait rien distinguer de l'uniforme français. Aussi, un grenadier à cheval de la garde le prit pour un officier de Cosaques, et, le voyant se diriger vers l'Empereur, il le poursuivit et lui passa son énorme sabre au travers du corps!... Malgré cette affreuse blessure, M. Le Couteulx, placé dans une des voitures de l'Empereur, supporta le froid, les fatigues de la retraite, et parvint à regagner la France.

Les reconnaissances faites par Napoléon l'ayant convaincu de l'impossibilité de continuer sa marche vers Kalouga, à moins de livrer une sanglante bataille aux nombreuses troupes de Koutousoff, Sa Majesté se décida à aller passer par Mojaïsk pour gagner Smolensk. L'armée quitta donc un pays fertile pour reprendre une route dévastée, déjà parcourue au mois de septembre au milieu des incendies et jalonnée de cadavres!... Le mouvement que fit l'Empereur, le reportant après *dix* jours de fatigues à *douze* lieues seulement de Moscou, donna aux soldats beaucoup d'inquiétudes pour l'avenir. Le temps devint affreux; le maréchal Mortier rejoignit l'Empereur après avoir fait sauter le Kremlin.

L'armée revit Mojaïsk et le champ de bataille de la Moskova!... La terre, sillonnée par les boulets, était couverte de débris de casques, de cuirasses, de roues, d'armes, de lambeaux d'uniformes et de trente mille cadavres à demi dévorés par les loups!... Les troupes et l'Empereur passèrent rapidement, en jetant un triste regard sur cet immense tombeau!

M. de Ségur, dans la première édition de son ouvrage sur la campagne de Russie, dit qu'en repassant sur le champ de bataille de la Moskova, on aperçut un malheureux Français qui, ayant eu les deux jambes brisées dans le combat, s'était blotti dans le corps d'un cheval ouvert par un obus, et y avait passé cinquante jours, *se nourrissant et pansant ses blessures avec la chair putréfiée des morts!...* On fit observer à M. de Ségur que cet homme eût été asphyxié par les gaz délétères, et qu'il eût, d'autre part, préféré couvrir ses plaies avec de la terre fraîche et même avec de l'herbe, plutôt que d'augmenter la putréfaction en y mettant de la chair pourrie!... Je ne fais cette observation que pour mettre en garde contre les exagérations d'un livre qui eut d'autant plus de succès qu'il est très bien écrit.

Après Wiasma, l'armée fut assaillie par des flots de neige et un vent glacial qui ralentirent sa marche. Un grand nombre de voitures furent abandonnées, et quelques milliers d'hommes et de chevaux périrent de froid sur la route. La chair de ces derniers servit de nourriture aux soldats et même aux officiers. L'arrière-garde passa successivement du commandement de Davout à celui du prince Eugène et définitivement sous celui du maréchal Ney, qui conserva cette pénible mission tout le reste de la campagne.

Le 1ᵉʳ novembre, on parvint à Smolensk. Napoléon avait fait réunir dans cette ville une grande quantité de vivres, de vêtements et de chaussures; mais les administrateurs qui en étaient chargés, ne pouvant connaître l'état de désorganisation dans lequel l'armée était tombée, ayant exigé des bons de distribution et toutes les formalités des temps ordinaires, ces lenteurs exaspérèrent les soldats, qui, mourant de faim et de froid, enfoncèrent les portes des magasins et s'emparèrent tumultueusement de ce qu'ils contenaient, de sorte que beaucoup d'hommes eurent trop, plusieurs pas assez, d'autres *rien!*

Tant que les troupes avaient marché en ordre, le mélange des diverses nations n'avait donné lieu qu'à de légers inconvénients; mais dès que la misère et la fatigue eurent fait rompre les rangs, la discipline fut perdue. Comment aurait-elle pu subsister dans un immense rassemblement d'individus *isolés*, manquant de tout, marchant pour leur compte et ne se comprenant pas?... Car dans cette masse désordonnée régnait vraiment la *confusion des langues!*... Quelques régiments, et principalement ceux de la garde, résistaient encore. Presque tous les cavaliers des régiments de ligne, ayant perdu leurs chevaux, furent réunis en bataillons, et ceux de leurs officiers qui étaient encore montés formèrent les escadrons *sacrés* dont le commandement fut confié aux généraux Latour-Maubourg, Grouchy et Sébastiani, qui y remplissaient les fonctions de simples capitaines, tandis que des généraux de brigade et des colonels faisaient celles de maréchaux des logis et de brigadiers. Cette organisation suffirait seule pour faire connaître à quelle extrémité l'armée était réduite!

Dans cette position critique, l'Empereur avait compté sur une forte division de troupes de toutes armes que le général Baraguey d'Hilliers devait conduire à Smolensk; mais en approchant de la ville, on apprit que ce général avait mis bas les armes devant une colonne russe, en spécifiant que lui seul ne serait pas fait prisonnier de guerre, et qu'il lui serait permis d'aller joindre l'armée française afin de rendre compte de sa conduite. Mais l'Empereur ne voulut pas voir Baraguey d'Hilliers, auquel il fit donner l'ordre de se rendre en France et d'y garder les arrêts jusqu'à ce qu'un conseil de guerre l'eût jugé. Baraguey d'Hilliers prévint ce jugement en mourant de désespoir à Berlin.

Ce général avait été l'une des erreurs de Napoléon,

qu'il séduisit lors du camp de Boulogne, en lui promettant de dresser les dragons à servir tour à tour comme fantassins et cavaliers. Mais l'essai de ce système ayant été fait en 1805 pendant la campagne d'Autriche, les vieux dragons qu'on avait mis à pied, et que Baraguey d'Hilliers commandait en personne, furent battus à Wertingen sous les yeux de l'Empereur. On leur rendit des chevaux, ils furent encore défaits, et pendant plusieurs années les corps de cette arme se ressentirent du désordre que Baraguey avait jeté parmi eux. L'auteur de ce système bâtard, tombé en disgrâce, avait espéré se relever en demandant à venir en Russie, où il acheva de se perdre aux yeux de l'Empereur par sa capitulation sans combat et en violant le décret qui prescrit au chef d'un corps réduit à mettre bas les armes de suivre le sort de ses troupes, et lui défend de solliciter des ennemis des conditions favorables à lui seul.

Après avoir passé plusieurs jours à Smolensk afin de réunir les troupes restées en arrière, l'Empereur se rendit le 15 à Krasnoë où, malgré ses graves préoccupations (car on se battait non loin de la ville), il expédia un officier vers le 2ᵉ corps d'armée resté sur la Düna et devenu désormais son seul espoir de salut.

Les régiments dont se composait ce corps avaient éprouvé moins de fatigues et de privations que ceux qui avaient fait partie de l'expédition de Moscou ; mais aussi, par compensation, ils avaient bien plus souvent combattu les ennemis. Napoléon, voulant les en récompenser en nommant à tous les emplois vacants, se fit apporter les propositions d'avancement relatives au 2ᵉ corps. Il y en avait plusieurs en ma faveur, dont l'une ne demandait pour moi que le grade de major (lieutenant-colonel). Ce fut celle que le secrétaire présenta. Je tiens du général Grundler, qui, ayant reçu l'ordre de porter ces dépêches, se trouvait dans le cabinet de l'Empereur au moment où il achevait son travail, que Napoléon, au moment de signer, raya de sa main le mot *major* pour y substituer celui de *colonel,* en disant : « C'est une ancienne dette que j'acquitte. » Je fus donc enfin colonel du 23ᵉ de chasseurs, le 15 novembre; mais je ne l'appris que quelque temps après.

La retraite continuait péniblement, et les ennemis, dont les forces augmentaient sans cesse, coupèrent de l'armée le corps du prince Eugène, ainsi que ceux de Davout et de Ney. Les deux premiers parvinrent à grand'peine à se faire jour les armes à la main et à rejoindre l'Empereur, dont l'esprit était douloureusement préoccupé par l'absence du corps de Ney, car il fut plusieurs jours sans en recevoir aucune nouvelle.

Le 19 novembre, Napoléon parvint à Orscha. Il s'était écoulé un mois depuis qu'il avait quitté Moscou, et il restait encore cent vingt lieues à faire pour parvenir au Niémen. Le froid était intense.

Tandis que de sombres inquiétudes agitaient l'Empereur sur le sort de l'arrière-garde et de son intrépide chef, le maréchal Ney, celui-ci exécutait un des plus beaux faits d'armes dont il soit fait mention dans les annales militaires. Parti le 17 au matin de Smolensk, après en avoir fait sauter les remparts, le maréchal, à peine en marche, fut assailli par des myriades d'ennemis qui l'attaquèrent sur les deux flancs, en tête et en queue!... Ney, les repoussant constamment, marcha au milieu d'eux pendant trois jours; mais enfin il se trouva arrêté au dangereux défilé du ravin de Krasnoë, au delà duquel on découvrait de fortes masses de troupes russes et une formidable artillerie, qui commença un feu vif et soutenu. Sans s'étonner de cet obstacle imprévu, le maréchal prend l'audacieuse résolution de forcer le passage et ordonne au 48⁰ de ligne (commandé par le colonel Pelet, ancien aide de camp de Masséna) de charger vivement à la baïonnette. A la voix de Ney, les soldats français, bien que harassés de fatigue, exténués de besoin et engourdis par le froid, s'élancent sur les batteries russes et les enlèvent. Les ennemis les reprennent, et nos troupes les en chassent de nouveau. Mais enfin il fallut céder à la supériorité du nombre. Le 48⁰, accablé par la mitraille, fut en très grande partie détruit, car sur six cent cinquante hommes qui étaient entrés dans le ravin, une centaine seulement le repassèrent. Le colonel Pelet, grièvement blessé, était de ce nombre.

La nuit survint, et tout espoir de rejoindre l'Empereur et l'armée paraissait perdu pour le corps d'arrière-garde; mais Ney a confiance en ses troupes et surtout en lui-même. Par son ordre, de nombreuses lignes de feux sont allumées afin de retenir les ennemis dans leur camp, dans la crainte d'une nouvelle attaque le lendemain. Le maréchal a résolu de mettre le Dniéper entre lui et les Russes, et de confier sa destinée et celle de ses troupes à la fragilité des glaces de ce fleuve. Il était seulement indécis sur le chemin qu'il devait prendre pour gagner le plus tôt possible le Dniéper, lorsqu'un colonel russe venant de Krasnoë se présente comme *parlementaire* et somme Ney de mettre bas les armes!... L'indignation du maréchal éclate à la pensée d'une telle humiliation, et comme l'officier ennemi n'était porteur d'aucun ordre écrit, Ney lui déclare qu'il ne le considère pas comme parlementaire, mais bien comme un *espion;* qu'il va donc le faire passer au fil des baïonnettes s'il ne le guide vers le point le plus rapproché du Dniéper!... Le colonel russe fut contraint d'obéir.

Ney donne à l'instant l'ordre de quitter en silence le camp, dans lequel il abandonne artillerie, caissons, bagages et les blessés hors d'état de le suivre; puis, favorisé par l'obscurité, il gagne, après quatre heures de marche, les rives du Dniéper. Ce fleuve était gelé, mais cependant pas assez fortement pour être praticable sur tous les points, car il existait un grand nombre de crevasses et des parties où la glace était si mince qu'elle s'enfonçait lorsque plusieurs hommes y passaient à la fois. Le maréchal fit donc défiler ses soldats un à un. Le passage du fleuve ainsi opéré, les troupes du maréchal Ney se croyaient en sûreté, quand au jour naissant elles aperçurent un bivouac considérable de Cosaques. L'hetman Platow y commandait, et comme il avait, selon son habitude, passé la nuit à boire, il dormait en ce moment. Or, la discipline est si forte dans l'armée russe que personne n'oserait éveiller son chef ni faire prendre les armes sans son ordre. Les débris du corps de Ney côtoyèrent donc à une lieue le camp de l'hetman sans être attaqués. On ne vit les Cosaques de Platow que le lendemain.

Le maréchal Ney marcha durant trois jours en combattant sans cesse le long des bords sinueux du Dniéper qui devaient le conduire à Orscha, et le 20 il aperçut enfin cette ville où il espérait trouver l'Empereur et l'armée; mais il est encore séparé d'Orscha par une vaste plaine, occupée par un corps nombreux d'infanterie ennemie, qui s'avance sur lui pendant que les Cosaques se préparent à l'attaquer par derrière. Prenant une bonne position défensive, il envoie successivement plusieurs officiers pour s'assurer que les Français occupent encore Orscha, sans quoi il eût été impossible de continuer la résistance. Un des officiers atteint Orscha, où le quartier général se trouvait encore. En apprenant le retour du maréchal Ney, l'Empereur manifesta une joie des plus vives, et pour le dégager de la situation périlleuse où il se trouvait, il envoya au-devant de lui le prince Eugène et le maréchal Mortier, qui repoussèrent les ennemis et ramenèrent à Orscha le maréchal Ney avec ce qui restait des braves placés sous ses ordres. Cette retraite fit le plus grand honneur au maréchal Ney.

Le lendemain, l'Empereur continua sa retraite par Kokanow, Toloczin et Bobr, où il trouva les troupes du maréchal Victor arrivées depuis peu d'Allemagne et entra en communication avec le 2ᵉ corps, dont Saint-Cyr venait de rendre le commandement au maréchal Oudinot.

CHAPITRE XV

Situation du 2ᵉ corps. — Démoralisation des Bavarois. — Mission auprès du comte Lubenski.

Comme il est important d'indiquer les causes qui avaient réuni le 2ᵉ corps au surplus de l'armée dont il s'était séparé dès le commencement de la campagne, je dois reprendre l'abrégé de son historique depuis le mois d'août, lorsque, après avoir battu les Russes devant Polotsk, le maréchal Saint-Cyr fit établir auprès de cette place un immense camp retranché gardé par une partie de ses troupes et distribua le surplus sur les deux rives de la Düna. La cavalerie légère couvrait les cantonnements, et, ainsi que je l'ai déjà dit, la brigade Castex, à laquelle mon régiment était attaché, fut placée à Louchonski, sur la petite rivière de la Polota, d'où nous étions à même de surveiller les grandes routes venant de Sébej et de Newel.

L'armée de Wittgenstein, après sa défaite, s'était retirée en arrière de ces villes, de sorte qu'il existait entre les Russes et les Français un espace de plus de vingt-cinq lieues, non occupé à poste fixe, mais où chacun des deux partis envoyait des reconnaissances de cavalerie, ce qui donnait lieu à de petits combats peu importants. Du reste, comme les environs de Polotsk étaient suffisamment garnis de fourrages et de grains encore sur pied, et qu'il était facile de comprendre que nous y ferions un long séjour, les soldats français se mirent à faucher et à battre les blés, qu'on écrasait ensuite dans de petits moulins à bras, dont chaque maison de paysan est garnie.

Ce travail me paraissant trop lent, je fis réparer à grand'peine deux moulins à eau situés sur la Polota, auprès de Louchonski, et dès ce moment le pain fut assuré pour mon régiment. Quant à la viande, les bois voisins étaient remplis de bétail abandonné; mais comme il fallait y faire une traque chaque jour pour avoir la provision, je résolus d'imiter ce que j'avais vu pratiquer à l'armée de Portugal et de former un troupeau régimentaire. En peu de temps, je parvins à réunir 7 à 800 bêtes à cornes, que je confiai à la garde de quelques chasseurs démontés, auxquels je donnai les chevaux du pays, trop petits pour entrer dans les rangs. Ce troupeau, que j'augmentai par de fréquentes excursions, exista plusieurs mois, ce qui me permit de donner au régiment de la viande *à discrétion* et entretenait la bonne santé de ma troupe, qui me sut gré des soins que je prenais d'elle. J'étendis ma prévoyance sur les chevaux, pour lesquels on construisit de grands hangars, recouverts en paille et placés derrière les baraques des soldats, de sorte que notre bivouac était presque aussi confortable qu'un camp établi en pleine paix. Les autres chefs de corps firent des établissements analogues, mais aucun ne forma de troupeaux: leurs soldats vivaient au jour le jour.

Pendant que tous les régiments français, croates, suisses et portugais s'occupaient sans relâche du soin d'améliorer leur situation, les Bavarois seuls ne faisaient rien pour se soustraire à la misère et aux maladies!... En vain le général comte de Wrède cherchait-il à les stimuler en leur montrant avec quelle activité les soldats français construisaient les baraques, moisson-

naient, battaient le blé, le transformaient en farine,
bâtissaient des fours et faisaient du pain, les malheureux Bavarois, totalement démoralisés depuis qu'ils ne
recevaient plus de distributions *régulières*, admiraient les
travaux intelligents de nos troupes sans essayer de les
imiter; aussi mouraient-ils comme des mouches, et il
n'en serait pas resté un seul si le maréchal Saint-Cyr,
sortant momentanément de sa nonchalance habituelle,
n'eût engagé les colonels des autres divisions à fournir
quotidiennement du pain aux Bavarois. La cavalerie
légère, placée plus avant dans les campagnes et près des
forêts, leur envoyait des vaches.

Cependant, ces Allemands, si mous lorsqu'il fallait
travailler, étaient fort braves devant l'ennemi; mais dès
que le péril cessait, ils retombaient dans leur complète
apathie. La nostalgie, ou maladie du pays, s'emparait
d'eux; ils se traînaient vers Polotsk, et, gagnant les
hôpitaux établis par les soins de leurs chefs, ils demandaient la *chambre où l'on meurt,* s'étendaient sur la paille
et ne se relevaient plus! Un très grand nombre périrent de la sorte, et les choses en vinrent au point que le
général de Wrède se vit obligé de placer dans son four-
gon les drapeaux de plusieurs bataillons qui n'avaient
plus assez d'hommes pour les garder. Cependant, on
était au mois de septembre, le froid ne se faisait pas
encore sentir; le temps était, au contraire, fort doux;
aussi les autres troupes étaient en bon état et vécurent
gaiement en attendant les événements futurs.

Les cavaliers de mon régiment se faisaient surtout
remarquer par leur bonne santé, ce que j'attribuais
d'abord à la quantité de pain et de viande que je leur
donnais, et surtout à l'eau-de-vie que j'étais parvenu à
me procurer en abondance, par suite d'une convention
conclue avec les Jésuites de Polotsk. Ces bons Pères,

tous Français, avaient à Louchonski une grande ferme dans laquelle se trouvait une distillerie d'eau-de-vie de grain ; mais, à l'approche de la guerre, les ouvriers s'étant enfuis vers le monastère en y apportant les alambics et tous les ustensiles, la fabrication avait cessé, ce qui privait les religieux d'une partie de leur revenu. Cependant, l'agglomération de l'armée autour de la ville avait rendu les alcools si rares et si chers, que les cantiniers faisaient plusieurs jours de marche pour aller en chercher jusqu'à Wilna. Il me vint donc en pensée de faire avec les Jésuites un traité par lequel je devais protéger leurs distillateurs, faire ramasser et battre par mes soldats le blé nécessaire, à condition que mon régiment aurait chaque jour une partie de l'eau-de-vie qui en proviendrait. Ma proposition ayant été acceptée, les moines eurent de grands bénéfices en faisant vendre de l'alcool au camp, et j'eus l'immense avantage d'en faire distribuer trois fois par jour à mes soldats, qui depuis qu'ils avaient passé le Niémen ne buvaient que de l'eau.

Je sais qu'au premier aspect ces détails sont oiseux, mais je les rappelle avec plaisir parce que les soins que je pris de mes hommes sauvèrent la vie à beaucoup d'entre eux et maintinrent l'effectif du 23e de chasseurs fort au-dessus de celui des autres régiments de cavalerie du corps d'armée, ce qui me valut de la part de l'Empereur un témoignage de satisfaction dont je parlerai plus loin.

Parmi les précautions que je pris, il en est encore deux qui sauvèrent la vie à beaucoup de mes cavaliers. La première fut de les contraindre, dès le 15 septembre, à se munir tous d'une de ces redingotes en peau de mouton avec toison qu'on trouvait en quantité dans les habitations des villages abandonnés. Les soldats sont de grands enfants, dont il faut prendre soin pour ainsi dire malgré eux. Les miens prétendirent d'abord que ces grandes pelisses étaient inutiles et surchargeaient leurs chevaux ; mais dès le mois d'octobre ils les placèrent avec plaisir sous leurs manteaux, et, lorsque les grands froids furent venus, ils me remercièrent de les avoir forcés à les garder.

La seconde des précautions que je crus devoir prendre fut d'envoyer sur les derrières de l'armée tous les chasseurs démontés par le feu ennemi ou dont les chevaux étaient morts de fatigue. Un ordre du jour du major général prescrivait d'envoyer tous ces hommes sur Lepel, en Lithuanie, où ils devaient recevoir des chevaux qu'on attendait de Varsovie. Je me préparais à exécuter cet ordre, lorsque, ayant appris que le dépôt de Lepel était encombré de cavaliers à pied, manquant de tout et n'ayant rien à faire, car il n'arrivait pas un seul cheval de remonte, je pris sur moi d'envoyer tous mes hommes démontés directement à Varsovie, sous le commandement du capitaine Poitevin, qui avait été blessé. Je savais très bien que ce que je faisais était contraire aux règlements ; mais dans une armée *immense*, transportée aussi loin et placée dans des conditions aussi extraordinaires, il était physiquement impossible que l'état-major et l'administration pussent pourvoir aux besoins des troupes. Il fallait donc qu'un chef de corps pût prendre bien des choses sous sa responsabilité ; aussi, le général Castex, qui ne pouvait me donner une autorisation officielle, m'ayant promis de fermer les yeux sur ce qui se passait, je continuai à agir de la sorte tant que cela fut possible, si bien qu'insensiblement le nombre de chasseurs démontés envoyés par moi à Varsovie s'éleva à 250. Après la campagne, je les retrouvai sur la Vistule, tous habillés de neuf, bien équipés et ayant d'excellents chevaux, ce qui fut un très bon renfort pour le régiment. Les hommes démontés appartenant à d'autres corps et réunis à Lepel, au nombre de plus de 9,000, ayant été surpris par la grande retraite des troupes revenant de Moscou, furent presque tous faits prisonniers ou périrent de froid sur les routes! Il eût été cependant si facile de les diriger pendant l'été et l'automne sur Varsovie, dont le dépôt de remonte avait beaucoup de chevaux et manquait de cavaliers.

Je passai à Louchonski un grand mois dans le repos, ce qui avança la guérison de la blessure que j'avais reçue en juillet à Jakoubowo. Nous étions bien, dans ce camp, sous le rapport matériel, mais fort inquiets de ce qui se passait vers Moscou, et n'avions que très rarement des nouvelles de France. Je reçus enfin une lettre, par laquelle ma chère Angélique m'annonçait qu'elle venait de donner le jour à un garçon. Ma joie, quoique bien vive, fut mêlée de tristesse, car j'étais bien loin de ma famille, et, sans prévoir tous les dangers auxquels je serais exposé avant peu, je ne me dissimulais pas que de grands obstacles s'opposeraient à notre réunion.

Vers le milieu de septembre, le maréchal Saint-Cyr me donna une mission fort délicate. Elle avait un double but : d'abord, aller reconnaître ce que faisaient les ennemis dans les environs de Newel, et revenir ensuite par les rives du lac Ozérichtchi, afin de m'aboucher avec le comte Lubenski, le plus grand seigneur du pays et l'un des rares Polonais disposés à tout entreprendre pour secouer le joug des Russes. L'Empereur, qui, tout en hésitant à proclamer le rétablissement de l'ancienne Pologne, voulait organiser en départements les parties déjà conquises, avait éprouvé beaucoup de refus de la part des seigneurs auxquels il s'était proposé d'en confier l'administration ; mais, d'après les assurances qui lui furent données sur le patriotisme du comte Lubenski, Sa Majesté venait de le nommer préfet de Witepsk. Ce seigneur vivant retiré dans une terre située au delà des cercles occupés par les Français, il était difficile de lui faire parvenir sa nomination et d'assurer son arrivée. Napoléon avait donc ordonné d'envoyer un parti de cavalerie légère vers le comte Lubenski.

Chargé de remplir cette mission, avec trois cents hommes de mon régiment, je choisis les cavaliers les plus braves, les mieux montés, et, après les avoir pourvus de pain, de viandes cuites, d'eau-de-vie et de tout ce qui était nécessaire, je quittai, le 14 septembre, le camp de Louchonski, où je laissai la brigade Castex et le surplus de nos escadrons. J'emmenai avec moi Lorentz, qui devait me servir d'interprète.

La vie de partisan est périlleuse et très fatigante. Éviter les grandes routes, nous cacher le jour dans les forêts sans oser y faire du feu, prendre dans un hameau des vivres et des fourrages, que nous allions consommer à quelques lieues de là, afin de donner le change aux espions ennemis ; marcher toute la nuit, en se dirigeant quelquefois vers un point différent de celui où l'on doit aller ; être sans cesse sur le *qui-vive,* telle fut la vie que je menai lorsque, lancé avec trois cents hommes seulement dans une contrée immense et inconnue pour moi, je dus m'éloigner de l'armée française et me rapprocher de celle des Russes, dont je pouvais rencontrer de nombreux détachements. Ma situation était fort difficile ; mais j'avais confiance dans ma destinée, ainsi que dans la valeur des cavaliers dont j'étais suivi. J'avançais donc résolument, en côtoyant à deux ou trois lieues au large la route qui, de Polotsk, se rend à Newel par Tomtschino, Krasnopoli et Petschski.

Je ne vous ferai pas le récit détaillé des événements peu intéressants qui nous survinrent; il vous suffira de savoir que, grâce aux bons avis que nous donnaient les paysans, antagonistes déclarés des Russes, nous fîmes le tour de la ville de Newel en évitant tous les postes ennemis, et que, après huit jours, ou plutôt huit nuits de marche, nous parvînmes au lac Ozérichtchi, sur les rives duquel est situé le magnifique château qui appartenait alors au comte Lubenski.

Je n'oublierai jamais la scène qui se passa à notre arrivée dans cet antique et vaste manoir. La lune éclairait une superbe soirée d'automne. La famille du comte était réunie pour célébrer l'anniversaire de sa naissance et se réjouir de la victoire remportée par Napoléon à la Moskova, lorsque des domestiques accourant annoncer que le château est cerné par des soldats à cheval qui, après avoir placé des postes et des sentinelles, pénétraient déjà dans les cours, on pensa que c'était la police russe qui venait arrêter le maître du logis. Celui-ci, homme des plus courageux, attendait avec calme qu'on le conduisît dans les prisons de Saint-Pétersbourg, quand un de ses fils, que la curiosité avait porté à ouvrir une fenêtre, vient dire : « Ces cavaliers parlent français! »

A ces mots, le comte Lubenski, suivi de sa nombreuse famille et d'une foule de serviteurs, se précipitant hors du château, les réunit sur un immense péristyle, dont je montais alors les degrés, et, s'avançant vers moi les bras tendus, il s'écria d'un ton tragique : « Sois le bien-
« venu, généreux Gaulois, qui apportes la liberté dans
« ma patrie si longtemps opprimée!... Viens, que je te
« presse sur mon cœur, guerrier du grand Napoléon,
« libérateur de la Pologne!... » Non seulement le comte m'embrassa, mais il voulut que la comtesse, ses filles et ses fils fissent de même. Puis l'aumônier, les précep-

teurs, les institutrices vinrent me baiser la main, et toute la domesticité posa ses lèvres sur mon genou!... Bien que fort étonné des honneurs de divers degrés qu'on me rendait, je les reçus avec toute la gravité dont j'étais capable, et je croyais la scène terminée, lorsque, sur un mot du comte, chacun se prosternant se mit en prière.

Entré au château, je remis à M. Lubenski sa nomination de préfet de Witepsk, revêtue de la signature de l'empereur des Français, et lui demandai s'il acceptait : « Oui, s'écria-t-il avec force, et je suis prêt à vous « suivre!... » La comtesse montra le même enthousiasme, et il fut convenu que le comte, accompagné de son fils aîné et de deux serviteurs, partirait avec moi. J'accordai une heure pour faire les préparatifs du voyage. Il n'est pas besoin de dire qu'elle fut employée à donner un bon souper à mon détachement, qui fut obligé de le manger à cheval, tant je craignais d'être surpris. Les adieux faits, nous allâmes coucher à quatre lieues de là, dans une forêt où nous restâmes cachés tout le jour suivant. La nuit d'après, nous continuâmes notre marche; mais, pour dépister les partis ennemis, qui auraient pu être surpris de la présence d'un détachement français dans ces parages, je me gardai bien de reprendre les chemins que j'avais suivis en venant, et, passant par Lombrowka, Swino et Takarena, tantôt par des sentiers, tantôt à travers champs, je parvins, au bout de cinq jours, à Polotsk. Je me félicitai d'autant plus d'avoir changé de route en revenant, que j'appris plus tard, par des marchands de Newel, que les Russes avaient envoyé un régiment de dragons et 600 Cosaques m'attendre aux sources de la Drissa, vers Krasnopoli.

Après avoir rendu compte de ma mission au maréchal Saint-Cyr et lui avoir présenté M. Lubenski, je regagnai le bivouac de Louchonski, où je retrouvai le général

Castex et la partie de mon régiment que j'y avais laissée. Mon expédition avait duré treize jours, pendant lesquels nous avions éprouvé bien des fatigues, quelques privations ; mais je ramenais mon monde en bon état. Nous n'avions pas combattu, car les petits groupes d'ennemis que nous avions aperçus s'étaient tous enfuis en nous voyant.

Le trajet que le comte Lubenski avait fait avec nous m'avait mis à même de le juger et de l'apprécier. C'était un homme fort instruit, capable, aimant son pays par-dessus tout, mais dont l'exaltation faussait quelquefois le jugement lorsqu'il s'agissait de choisir les moyens de reconstituer la Pologne. Néanmoins, si tous ses compatriotes avaient partagé son ardeur et eussent pris les armes à l'arrivée des Français, la Pologne eût peut-être recouvré son indépendance en 1812; mais, à peu d'exceptions près, ils restèrent tous dans la plus profonde apathie.

En s'éloignant de Polotsk, le comte alla prendre possession de sa préfecture. Il ne la garda pas longtemps, car un mois s'était à peine écoulé que l'armée française, après avoir quitté Moscou, traversait la province de Witepsk en effectuant sa retraite. Forcé, par ce fatal événement, d'abandonner sa préfecture et de se soustraire à la vengeance des Russes, le comte Lubenski se réfugia dans la Galicie, en Pologne autrichienne, où il possédait de très grands biens. Il y vécut en paix jusqu'en 1830, époque à laquelle il revint dans la Pologne russe, lorsqu'elle prit les armes contre le Czar. J'ignore quelle a été la destinée du comte Lubenski pendant et après ce soulèvement. Plusieurs de ses compatriotes m'ont assuré qu'il s'était de nouveau retiré sur ses terres de Galicie. C'était un grand patriote et un excellent homme.

Peu de jours après notre retour à Louchonski, je fus grandement surpris en voyant arriver de France un détachement de trente cavaliers de mon régiment. Ils venaient de Mons et avaient par conséquent traversé la Belgique, les provinces rhénanes, toute l'Allemagne, une partie de la Prusse, de la Pologne, et parcouru plus de 400 lieues sous le commandement d'un simple sous-officier. Cependant, pas un homme n'était resté en arrière et pas un cheval n'était blessé !... Cela suffirait pour démontrer le zèle et le bon esprit dont le 23ᵉ de chasseurs était animé.

CHAPITRE XVI

Défection des Autrichiens. — Défense de Polotsk. — Wittgenstein prisonnier nous échappe. — Nouveaux combats. — Évacuation de la ville. — Les Bavarois nous abandonnent. — Jonction avec le corps de Victor. — Le marais de Ghorodié.

Vers le 12 octobre, le 2e corps d'armée, qui, depuis le 18 août, vivait dans l'abondance et la tranquillité à Polotsk et dans les environs, dut se préparer à courir derechef la chance des combats. Nous apprîmes que l'amiral Tchitchakoff, commandant en chef de l'armée russe de Valachie, après avoir fait la paix avec les Turcs par l'intermédiaire des Anglais, se dirigeait vers Mohilew, afin de se porter sur les derrières de l'empereur Napoléon, qui, n'ayant pas encore quitté Moscou, se berçait toujours de l'espoir de conclure un traité avec Alexandre. On s'étonnait que le prince Schwartzenberg, chargé avec trente mille Autrichiens, nos alliés, de surveiller le corps russe de Valachie, eût laissé passer Tchitchakoff; mais le fait n'était pas moins réel. Non seulement les Autrichiens n'avaient pas barré le chemin aux Russes, ainsi qu'ils le pouvaient; mais, au lieu de les suivre en queue, ils étaient restés fort tranquilles dans leurs cantonnements de Volhynie.

Napoléon avait trop compté sur la bonne foi des ministres et des généraux de son beau-père l'empereur d'Autriche, en leur confiant le soin de couvrir l'aile droite de la Grande Armée. En vain le général de Ségur cherche à pallier les torts du gouvernement autrichien et du prince Schwartzenberg, commandant de ses armées ; il y eut trahison flagrante de leur part, et l'histoire flétrira leur conduite !

Pendant qu'à notre droite les Autrichiens livraient passage au corps russe venant de Turquie, les Prussiens, dont on avait si imprudemment formé notre aile gauche, se préparaient à pactiser aussi avec les ennemis, et cela presque ouvertement, sans se cacher du maréchal Macdonald, que l'Empereur avait mis à leur tête pour les maintenir dans la fidélité. Dès que ces étrangers apprirent que l'occupation de Moscou n'avait pas amené la paix, ils prévirent les désastres de l'armée française, et toute leur haine contre nous se réveilla. Ils ne se mirent point encore en rébellion complète, mais le maréchal Macdonald était fort mal obéi, et les Prussiens, cantonnés près de Riga, pouvaient d'un moment à l'autre se réunir aux troupes russes de Wittgenstein pour accabler le 2e corps français campé sous Polotsk.

On comprend combien la situation du maréchal Saint-Cyr devenait difficile. Elle ne put cependant l'émouvoir, et, toujours impassible, il donna avec calme et clarté les ordres pour une défense opiniâtre. Toute l'infanterie fut réunie dans la ville et le camp retranché : plusieurs ponts furent ajoutés à ceux qui unissaient déjà les deux rives de la Düna. On plaça les malades et les non-combattants au vieux Polotsk, ainsi qu'à Ekimania, postes fortifiés situés sur la rive gauche. Le maréchal, ne pensant pas avoir assez de troupes pour disputer la plaine à Wittgenstein qui venait de recevoir de très puissants renforts de Saint-Pétersbourg, crut ne devoir garder que cinq escadrons, et il en prit un dans chaque régiment de cavalerie légère. Le surplus passa sur la rive opposée.

Le 16 octobre, les éclaireurs ennemis se montrèrent

devant Polotsk, dont l'aspect dut leur paraître bien changé, tant à cause de l'immense camp retranché nouvellement établi, que par les nombreuses fortifications dont la plaine était couverte. La plus grande et la plus forte était une redoute surnommée *la Bavaroise*. Tous ceux des malheureux soldats du général de Wrède qui avaient survécu à la maladie du pays demandèrent à défendre cette redoute, ce qu'ils firent avec beaucoup de valeur.

Le combat commença le 17 et dura toute la journée, sans que le maréchal Saint-Cyr pût être forcé dans sa position. Le général Wittgenstein, furieux, attribuant cet échec à ce que ses officiers n'avaient pas assez reconnu le fort et le faible de nos ouvrages défensifs, voulut les examiner lui-même et s'en approcha très courageusement; mais cet acte de dévouement faillit lui coûter la vie, car le commandant Curély, l'un des plus braves et des meilleurs officiers de l'armée française, ayant aperçu le général russe, s'élance sur lui à la tête de l'escadron fourni par le 20ᵉ de chasseurs, sabre une partie de son escorte, et poussant jusqu'à Wittgenstein, auquel il met la pointe sur la gorge, il le force à rendre son épée !

Après l'importante capture du général en chef ennemi, le commandant Curély aurait dû se retirer promptement entre deux redoutes et conduire son prisonnier dans le camp retranché; mais Curély était trop ardent, et, voyant que l'escorte du général russe revenait à la charge pour le délivrer, il crut l'honneur français engagé à ce qu'il conservât son prisonnier, *malgré* tous les efforts des ennemis !... Wittgenstein se trouva donc pendant quelques minutes au milieu d'un groupe de combattants qui se disputaient sa personne ; mais le cheval de Curély ayant été tué, plusieurs de nos chasseurs mirent pied à terre pour relever leur chef, et Wittgenstein, profitant de la confusion produite par cet événement, s'enfuit au grand galop, en ordonnant aux siens de le suivre !...

Cet épisode, bientôt connu de toute l'armée, donna lieu à une controverse des plus vives. Les uns prétendaient que la modération dont Curély avait fait preuve en ne portant aucun coup au général Wittgenstein devait cesser du moment où les Russes, revenus au combat, étaient sur le point de délivrer leur général, et ils soutenaient que Curély aurait dû lui passer alors son sabre au travers du corps. Mais d'autres disaient que, du moment où Curély avait reçu le général ennemi *à merci*, il n'avait plus le droit de le tuer. Il peut y avoir du vrai dans ce dernier raisonnement; cependant, pour qu'il fût complètement exact, il faudrait que, à l'exemple des anciens chevaliers, le général Wittgenstein se fût constitué prisonnier, *secouru* ou *non secouru;* mais il paraît qu'il n'avait pas pris cet engagement, ou bien qu'il y manqua, puisqu'il s'évada dès qu'il en vit la possibilité. En avait-il le droit? C'est une question très difficile à résoudre. Il en est de même de celle relative au droit qu'aurait eu Curély de tuer Wittgenstein pendant qu'on cherchait à le reprendre. Quoi qu'il en soit, lorsque, plus tard, on présenta le commandant Curély à l'Empereur pendant le passage de la Bérésina, où le général Wittgenstein nous fit éprouver de si grandes pertes, Napoléon dit au chef d'escadrons : « Ce malheur ne fût probablement pas arrivé « si, usant de votre droit, vous eussiez tué Wittgenstein « sur le champ de bataille de Polotsk, au moment où les « Russes cherchaient à l'arracher de vos mains... » Malgré ce reproche, mérité ou non, Curély devint colonel peu de temps après et officier général en 1814.

Mais revenons à Polotsk, dont les ennemis, repoussés le 17 octobre, renouvelèrent l'attaque le 18, avec des forces tellement supérieures que, après avoir éprouvé des pertes immenses, Wittgenstein s'empara du camp retranché. Mais Saint-Cyr, se mettant à la tête des divisions Legrand et Maison, l'en chassa à coups de baïonnette. Sept fois les Russes revinrent avec acharnement à la charge, et sept fois les Français et les Croates les repoussèrent, et restèrent enfin maîtres de toutes les positions.

Le maréchal Saint-Cyr, quoique blessé, n'en continua pas moins à diriger les troupes. Ses efforts furent couronnés d'un plein succès, car les ennemis, abandonnant le champ de bataille, se retirèrent dans la forêt voisine. 50,000 Russes venaient d'être battus par 15,000 hommes. La joie régnait dans le camp français. Mais le 19 au matin, on apprit que le général Steinghel, à la tête de 14,000 Russes, venait de traverser la Düna devant Disna et remontait la rive gauche pour tourner Polotsk, s'emparer des ponts et enfermer l'armée de Saint-Cyr entre les troupes qu'il amenait et celles de Wittgenstein. En effet, on vit bientôt l'avant-garde de Steinghel paraître devant Natcha, se dirigeant vers Ekimania, où se trouvaient la division de cuirassiers et les régiments de cavalerie légère dont le maréchal n'avait gardé qu'un escadron à Polotsk.

En un clin d'œil, nous fûmes tous à cheval et repoussâmes les ennemis, qui auraient cependant fini par prendre le dessus, car il leur arrivait de puissants renforts, et nous n'avions pas d'infanterie, lorsque le maréchal Saint-Cyr en envoya trois régiments, détachés des divisions qui gardaient Polotsk. Dès lors, Steinghel, qui n'avait plus que quelques efforts à faire pour arriver aux ponts, s'arrêta tout court, tandis que sur l'autre rive Wittgenstein gardait aussi l'immobilité. Il semblait que les deux généraux russes, après avoir combiné un plan d'attaque très bien conçu, n'osaient en achever l'exécution, chacun d'eux s'en reposant sur l'autre du soin de vaincre les Français.

Cependant la position de ces derniers devenait horriblement critique, car, sur la rive droite, ils étaient acculés par l'armée de Wittgenstein, triple de la leur, contre une ville entièrement construite en bois et une rivière considérable, n'ayant d'autre moyen de retraite que les ponts, dont les troupes de Steinghel menaçaient de s'emparer par la rive gauche.

Tous les généraux pressent alors Saint-Cyr d'ordonner l'évacuation de Polotsk; mais il veut gagner la nuit, parce qu'il sent que les 50,000 Russes placés devant lui n'attendent que son premier mouvement rétrograde pour s'élancer sur son armée affaiblie et porter le désordre dans ses rangs. Il resta donc immobile, et, profitant de l'inconcevable inaction des généraux ennemis, il attendit le coucher du soleil, dont heureusement le moment fut avancé par un brouillard fort épais, qui déroba les trois armées à la vue les unes des autres. Le maréchal saisit cet instant favorable pour exécuter sa retraite.

Déjà sa nombreuse artillerie et quelques escadrons restés sur la rive droite avaient traversé les ponts en silence, et l'infanterie allait suivre en dérobant sa marche à l'ennemi, lorsque, sur le point de partir, les soldats de la division Legrand, ne voulant pas abandonner aux Russes leurs baraques intactes, y mirent le feu. Les deux autres divisions, pensant que c'était un signal convenu, firent de même, et en un instant toute la ligne fut embrasée. Cet immense incendie ayant annoncé aux Russes notre mouvement rétrograde, toutes leurs batteries éclatèrent, et leurs obus mirent le feu aux faubourgs ainsi qu'à la ville, sur laquelle leurs colonnes se précipitèrent. Mais les Français, et principalement la division

Maison, la défendirent pied à pied, car, à la lueur de l'incendie, on se voyait comme en plein jour.

Polotsk brûla complètement : les pertes des deux partis furent considérables; néanmoins la retraite de nos troupes s'effectua avec ordre : on emmena nos blessés transportables ; les autres, ainsi qu'un grand nombre de Russes, périrent dans les flammes.

Il paraît que le désaccord le plus complet régnait entre les chefs de l'armée ennemie, car pendant cette nuit de combat Steinghel resta fort tranquille dans son camp et ne seconda pas plus l'attaque de Wittgenstein que celui-ci n'avait secondé la sienne le jour précédent[1]. Ce fut seulement quand Saint-Cyr, après avoir évacué la place, se fut mis hors des atteintes de Wittgenstein, en brûlant les ponts de la Düna, que Steinghel commença le 20 au matin à prendre des dispositions pour nous attaquer ; mais les troupes françaises étant alors toutes réunies sur la rive gauche, Saint-Cyr les porta contre Steinghel, qui fut culbuté avec perte de plus de 2,000 hommes tués ou pris.

Dans ces rudes engagements de quatre jours et une nuit, les Russes eurent six généraux et 10,000 hommes tués ou blessés. La perte des Français et de leurs alliés ne fut que de 5,000 hommes hors de combat, différence énorme, qu'il faut attribuer à la supériorité du feu de nos troupes, surtout à celui de l'artillerie. Mais l'avantage que nous avions eu sous le rapport des pertes était en partie compensé, car les blessures que le maréchal Saint-Cyr avait reçues allaient priver l'armée du chef

---

[1] Si nous en croyons les Mémoires de Tchitchakoff, le funeste désaccord qui régnait trop souvent parmi les lieutenants de Napoléon existait également parmi ceux d'Alexandre. C'est à ce désaccord que les débris de la Grande Armée auraient dû en partie leur salut lors du passage de la Bérésina. (*Note de l'éditeur.*)

en qui elle avait une entière confiance. Il fallait le remplacer. Le comte de Wrède, alléguant son rang de général en chef des corps bavarois, prétendit avoir le commandement sur les généraux de division français; mais ceux-ci refusant d'obéir à un étranger, le maréchal Saint-Cyr, quoique très souffrant, consentit à garder quelque temps encore la direction des deux corps d'armée et ordonna la retraite vers Oula, afin de se rapprocher de Smoliany et couvrir ainsi le flanc de la route d'Orscha à Borisoff, par laquelle l'Empereur revenait de Moscou.

Cette retraite fut si bien ordonnée, que Wittgenstein et Steinghel, qui, après avoir réparé les ponts de la Düna, nous suivaient en queue avec 50,000 hommes, n'osèrent nous attaquer, bien que nous n'eussions que 12,000 combattants, et ils n'avancèrent que de quinze lieues en huit jours. Quant au comte de Wrède, dont l'orgueil blessé ne voulait plus se plier à l'obéissance, il marchait à volonté avec un millier de Bavarois qui lui restaient et une brigade de cavalerie française, qu'il avait emmenée par subterfuge, en disant au général Corbineau qu'il en avait reçu l'ordre, ce qui n'était pas! La présomption du comte de Wrède ne tarda pas à être punie; il fut attaqué et battu par une division russe. Il se retira alors sans autorisation sur Wilna, d'où il gagna le Niémen. La brigade Corbineau, refusant de le suivre, revint joindre l'armée française, pour laquelle son retour fut un grand bonheur, ainsi que vous le verrez lorsque je parlerai du passage de la Bérésina.

Cependant, par ordre de l'Empereur, le maréchal Victor, duc de Bellune, à la tête du 9° corps d'armée fort de 25,000 hommes de troupes, dont la moitié appartenait à la Confédération du Rhin, accourait de Smolensk pour se joindre à Saint-Cyr et rejeter Wittgenstein au delà de la Düna. Ce projet eût certainement été suivi d'un prompt effet, si Saint-Cyr eût eu le commandement supérieur ; mais Victor étant le plus ancien des deux maréchaux, Saint-Cyr ne voulut pas servir sous ses ordres, et, la veille de leur réunion, qui eut lieu le 31 octobre devant Smoliany, il déclara ne pouvoir continuer la campagne, remit la direction du 2ᵉ corps au général Legrand et s'éloigna pour retourner en France. Saint-Cyr fut regretté des troupes, qui, tout en n'aimant pas sa personne, rendaient justice à son courage et à ses rares talents militaires. Il ne manquait à Saint-Cyr, pour être un chef d'armée complet, que d'avoir moins d'égoïsme et de savoir gagner l'attachement des soldats et des officiers en s'occupant de leurs besoins : mais il n'y a pas d'homme sans défaut.

Le maréchal Victor avait à peine réuni sous son commandement les 2ᵉ et 9ᵉ corps d'armée, que la fortune lui offrit l'occasion de remporter une victoire éclatante. En effet, Wittgenstein, ignorant cette jonction et se fiant à sa supériorité, vint attaquer nos postes en s'adossant imprudemment à des défilés très difficiles. Il ne fallait qu'un effort simultané des deux corps pour le détruire, car nos troupes, maintenant aussi nombreuses que les siennes, étaient animées du meilleur esprit et désiraient vivement le combat ; mais Victor, se méfiant sans doute de lui-même, sur un terrain qu'il voyait pour la première fois, profita de la nuit pour se retirer, gagna Sienno et cantonna les deux corps d'armée dans les environs. Les Russes s'éloignèrent aussi, en laissant seulement quelques Cosaques pour nous observer. Cet état de choses, qui dura toute la première quinzaine de novembre, fut très favorable à nos troupes, car elles vécurent largement, la contrée offrant beaucoup de ressources.

Le 23ᵉ de chasseurs, posté à Zapolé, couvrait un des

flancs des deux corps réunis, lorsque le maréchal Victor, informé qu'une nombreuse armée ennemie se trouvait à Vonisokoï-Ghorodié, prescrivit au général Castex de faire reconnaître ce point par un des régiments de sa brigade. C'était au mien à marcher. Nous partîmes à la tombée du jour et arrivâmes sans encombre à Ghorodié, village situé dans un bas-fond, sur un très vaste marais desséché. Tout y était fort tranquille, et les paysans que je fis interroger par Lorentz n'avaient pas vu un soldat russe depuis un mois. Je me mis donc en disposition de revenir à Zapolé, mais le retour ne fut pas aussi calme que l'avait été notre marche en avant.

Bien qu'il n'y eût pas de brouillard, la nuit était fort obscure; je craignais d'égarer le régiment sur les nombreuses digues des marais que je devais traverser de nouveau. Je pris donc pour guide celui des habitants de Ghorodié qui m'avait paru le moins stupide. Ma colonne cheminait en très bon ordre depuis une demi-heure, lorsque tout à coup j'aperçois des feux de bivouac sur les collines qui dominent les marais!... J'arrête ma troupe et fais dire à l'avant-garde d'envoyer en reconnaissance deux sous-officiers intelligents qui devront observer, en tâchant de n'être pas aperçus. Ces hommes reviennent promptement me dire qu'un corps très nombreux nous barre le passage, tandis qu'un autre s'établit sur nos derrières! Je tourne la tête, et, voyant des milliers de feux entre moi et Ghorodié que je venais de quitter, il me parut évident que j'avais donné sans le savoir au milieu d'un corps d'armée qui se préparait à bivouaquer en ce lieu!... Le nombre des feux augmentait sans cesse; la plaine ainsi que les coteaux en furent bientôt couverts et offraient l'aspect d'un camp de 50,000 hommes, au centre duquel je me trouvais avec moins de 700 cavaliers!... La partie n'était pas égale; mais comment éviter le péril qui nous menaçait? Il n'y avait qu'un seul moyen, c'était de nous lancer au galop et en silence par la digue principale que nous occupions, de fondre sur les ennemis surpris par cette attaque imprévue, de nous ouvrir un passage le sabre à la main, et, une fois éloignés de la clarté des feux du camp, l'obscurité nous permettrait de nous retirer sans être poursuivis!... Ce plan bien arrêté, j'envoie des officiers tout le long de la colonne pour en prévenir la troupe, certain que chacun approuverait mon projet et me suivrait avec résolution!... J'avouerai néanmoins que je n'étais pas sans inquiétude, car l'infanterie ennemie pouvait prendre les armes au premier cri d'un factionnaire et me tuer beaucoup de monde pendant que mon régiment défilerait devant elle.

J'étais dans ces anxiétés, lorsque le paysan qui nous guidait part d'un grand éclat de rire, et Lorentz en fait autant... En vain je questionne celui-ci, il rit toujours, et, ne sachant pas assez bien le français pour expliquer le cas extraordinaire qui se présentait, il me montre son manteau, sur lequel venait de se poser un des nombreux *feux follets* que nous avions pris pour des feux de bivouac... Ce phénomène était produit par les émanations des marais, condensées par une petite gelée, après une journée d'automne dont le soleil avait été très chaud. En peu de temps, tout le régiment fut couvert de ces feux, gros comme des œufs, ce qui amusa beaucoup les soldats. Ainsi remis d'une des plus vives alarmes que j'aie jamais éprouvées, je regagnai Zapolé.

CHAPITRE XVII

Oudinot nous rejoint et se sépare de Victor. — Grave situation de l'armée. — Abandon et reprise de Borisoff. — Incendie du pont de la Bérésina. — Nous faisons un immense butin à Borisoff.

Au bout de quelques jours, il m'échut une nouvelle mission, dans laquelle nous n'eûmes plus à braver les feux follets, mais bien ceux des mousquetons des dragons russes. Un jour que le général Castex s'était rendu à Sienno, auprès du maréchal Victor, et que, le 24° de chasseurs étant en expédition, mon régiment se trouvait à Zapolé, je vois arriver deux paysans et reconnais dans l'un M. de Bourgoing, capitaine aide de camp d'Oudinot. Ce maréchal, qui s'était rendu à Wilna après avoir été blessé à Polotsk, le 18 août, ayant appris que Saint-Cyr, blessé à son tour le 18 octobre, venait de quitter l'armée, avait résolu de rejoindre le 2° corps et d'en reprendre le commandement.

Oudinot, sachant que ses troupes étaient dans les environs de Sienno, se dirigeait vers cette ville, lorsque, arrivé à Rasna, il fut prévenu, par un prêtre polonais, qu'un parti de dragons russes et de Cosaques rôdait auprès de là; mais comme le maréchal apprit en même temps qu'il y avait de la cavalerie française à Zapolé, il résolut d'écrire au commandant de ce poste pour lui demander une forte escorte, et expédia sa lettre par M. de Bourgoing, qui, pour plus de sûreté, se déguisa en paysan. Bien lui en prit, car à peine était-il à une lieue qu'il fut rencontré par un fort détachement de cavaliers ennemis qui, le prenant pour un habitant de la contrée, ne firent pas attention à lui. Peu de moments après, M. de Bourgoing, entendant plusieurs coups de feu, pressa sa marche et parvint à Zapolé.

Dès qu'il m'eut informé de la position critique dans laquelle se trouvait le maréchal, je partis au trot, avec tout mon régiment, pour lui porter un prompt secours. Il était temps que nous arrivassions, car, bien que le maréchal se fût barricadé dans une maison en pierres où, ayant réuni à ses aides de camp une douzaine de soldats français qui rejoignaient l'armée, il se défendait vaillamment, il allait néanmoins être forcé par les dragons russes, lorsque nous apparûmes. En nous voyant, les ennemis remontèrent à cheval et prirent la fuite. Mes cavaliers les poursuivirent à outrance, en tuèrent une vingtaine et firent quelques prisonniers : j'eus deux hommes blessés. Le maréchal Oudinot, heureux d'avoir échappé aux mains des Russes, nous exprima sa reconnaissance, et mon régiment l'escorta jusqu'à ce que, arrivé dans les cantonnements français, il fût hors de danger.

A l'époque dont je parle, tous les maréchaux de l'Empire paraissaient résolus à ne pas reconnaître entre eux les droits de *l'ancienneté,* car aucun ne voulait servir sous un de ses camarades, quelle que fût la gravité des circonstances. Aussi, dès qu'Oudinot eut repris le commandement du 2⁸ corps d'armée, Victor, plutôt que de rester sous ses ordres pour combattre Wittgenstein, se sépara de lui et se dirigea vers Kokhanow avec ses 25,000 hommes. Le maréchal Oudinot, resté seul, promena ses troupes pendant quelques jours dans diverses parties de la province, et alla enfin établir son quartier général à Tschéréia, ayant son avant-garde à Loukoulm.

Ce fut pendant un petit combat, soutenu en avant de cette ville par la brigade Castex, que me parvint enfin ma nomination au grade de *colonel*. Si vous considérez que j'avais reçu, comme chef d'escadrons, une blessure à Znaïm, en Moravie, deux à Miranda de Corvo, en Portugal, une à Jakoubowo, fait quatre campagnes dans le même grade, et que, enfin, je commandais un régiment depuis l'entrée des Français en Russie, vous penserez peut-être que j'avais bien acquis mes nouvelles épaulettes. Je n'en fus pas moins reconnaissant envers l'Empereur, surtout en apprenant qu'il me maintenait au 23⁰ de chasseurs que j'affectionnais beaucoup, et dont j'avais la certitude d'être aussi aimé qu'estimé. En effet, la joie fut grande dans tous les rangs, et les braves que j'avais si souvent menés au combat vinrent tous, soldats comme officiers, m'exprimer la satisfaction qu'ils éprouvaient de me conserver pour leur chef. Le bon général Castex, qui m'avait toujours traité comme un frère, voulut me faire reconnaître lui-même à la tête du régiment. Enfin, le colonel du 24⁰ lui-même, bien que nous fussions peu liés, crut devoir venir me féliciter à la tête de son corps d'officiers, dont j'avais su acquérir la considération.

Cependant la situation de l'armée française s'aggravait chaque jour. Le feld-maréchal Schwartzenberg, commandant en chef du corps autrichien dont Napoléon avait formé l'aile droite de son armée, venait, par la trahison la plus infâme, de laisser passer devant lui les troupes russes de Tchitchakoff, qui s'étaient emparées de Minsk, d'où elles menaçaient nos derrières. L'Empereur dut alors vivement regretter d'avoir confié le commandement de la Lithuanie au général hollandais Hogendorf, son aide de camp, qui, n'ayant jamais fait la guerre, ne sut rien entreprendre pour sauver Minsk, où il pouvait facilement réunir les 30,000 hommes des divisions Durutte, Loison et Dombrowski, mises à sa disposition. La prise de Minsk était un événement grave auquel l'Empereur attacha néanmoins peu d'importance, parce qu'il comptait passer la Bérésina à Borisoff, dont le pont était couvert par une forteresse en très bon état gardée par un régiment polonais. La confiance de Napoléon était si grande à ce sujet que, pour alléger la marche de son armée, il avait fait brûler à Orscha tous ses équipages de pont. Ce fut un bien grand malheur, car ces pontons nous eussent assuré le prompt passage de la Bérésina, qu'il nous fallut acheter au prix de tant de sang!

Malgré sa sécurité relativement à ce passage, Napoléon, en apprenant l'occupation de Minsk par les Russes, manda au maréchal Oudinot de quitter Tschéréia pour se rendre à marches forcées sur Borisoff; mais nous y arrivâmes trop tard, parce que le général Bronikowski, chargé de la défense du fort[1], se voyant entouré par de nombreux ennemis, crut faire un acte méritoire en sauvant la garnison, et au lieu d'opposer une vive résistance, qui eût donné au corps d'Oudinot le temps d'arriver à son secours, le général polonais abandonna la place, puis il passa avec toute sa garnison sur la rive gauche, par le pont, et prit la route d'Orscha pour venir rejoindre le corps d'Oudinot, qu'il rencontra devant Natscha. Le maréchal le reçut fort mal et lui ordonna de revenir avec nous vers Borisoff.

Non seulement cette ville, le pont de la Bérésina et la forteresse qui le domine étaient déjà au pouvoir de Tchit-

---

[1] La tête de pont sur la rive droite.

Le comte de Rochechouart, alors aide de camp de l'empereur Alexandre, donne dans ses *Mémoires* de nombreux détails sur toute l'affaire de Borisoff, à laquelle il prit une grande part. (*Note de l'éditeur.*)

chakoff, mais ce général, que ses succès rendaient impatient de combattre les troupes françaises, s'était porté le 23 novembre au-devant d'elles avec les principales forces de son armée, dont le général Lambert, le meilleur de ses lieutenants, faisait l'avant-garde avec une forte division de cavalerie. Le terrain étant uni, le maréchal Oudinot fit marcher en tête de son infanterie la division de cuirassiers, précédée par la brigade de cavalerie légère Castex.

Ce fut à trois lieues de Borisoff, dans la plaine de Lochnitza, que l'avant-garde russe, marchant en sens contraire des Français, vint se heurter contre nos cuirassiers, qui, ayant fort peu combattu pendant le cours de cette campagne, avaient sollicité l'honneur d'être placés en première ligne. A l'aspect de ces beaux régiments, encore nombreux, bien montés, et sur les cuirasses desquels étincelaient les rayons du soleil, la cavalerie russe s'arrêta tout court ; puis, reprenant courage, elle se reportait en avant, lorsque nos cuirassiers, chargeant avec furie, la renversèrent et lui tuèrent ou prirent un millier d'hommes. Tchitchakoff, à qui l'on avait assuré que l'armée de Napoléon n'était plus qu'une masse sans ordre et sans armes, ne s'était pas attendu à une vigueur pareille; aussi s'empressa-t-il de battre en retraite vers Borisoff.

On sait qu'après avoir fourni une charge, les grands chevaux de la grosse cavalerie, et surtout ceux des cuirassiers, ne peuvent longtemps continuer à galoper. Ce furent donc le 23ᵉ et le 24ᵉ de chasseurs qui reçurent l'ordre de poursuivre les ennemis, tandis que les cuirassiers venaient en seconde ligne à une allure modérée.

Non seulement Tchitchakoff avait commis la faute de se porter au-devant du corps d'Oudinot, mais il y avait encore ajouté celle de se faire suivre par tous les équipages de son armée, dont le nombre de voitures s'élevait à plus de quinze cents!... Aussi le désordre fut-il si grand dans la retraite précipitée des Russes vers Borisoff, que les deux régiments de la brigade Castex virent souvent leur marche entravée par les chariots que les ennemis avaient abandonnés. Cet embarras devint encore plus considérable dès que nous pénétrâmes dans la ville, dont les rues étaient encombrées de bagages et de chevaux de trait, entre lesquels se faufilaient les soldats russes qui, après avoir jeté leurs armes, cherchaient à rejoindre leurs troupes. Cependant nous parvînmes au centre de la ville, mais ce ne fut qu'après avoir perdu un temps précieux, dont les ennemis profitèrent pour traverser la rivière[1].

L'ordre du maréchal était de gagner le pont de la Bérésina et de tâcher de le passer en même temps que les fuyards russes; mais, pour cela, il aurait fallu savoir où se trouvait ce pont, et aucun de nous ne connaissait la ville. Mes cavaliers m'amenèrent enfin un Juif que je questionnai en allemand; mais, soit que le drôle ne comprît pas cette langue ou feignît de ne pas la comprendre, nous n'en pûmes tirer aucun renseignement. J'aurais donné beaucoup pour avoir auprès de moi Lorentz, mon domestique polonais qui me servait habituellement d'interprète; mais le poltron était resté en arrière dès le commencement du combat. Il fallait pourtant sortir de l'impasse dans laquelle la brigade se trouvait engagée. Nous fîmes donc parcourir les rues de la ville par plusieurs pelotons, qui aperçurent enfin la Bérésina.

[1] Les Mémoires de Tchitchakoff confirment pleinement tous ces détails.

Cette rivière n'étant pas encore assez gelée pour qu'on pût la traverser sur la glace, il fallait donc la franchir en passant sur le pont; mais pour l'enlever il aurait fallu de l'infanterie, et la nôtre se trouvait encore à trois lieues de Borisoff. Pour y suppléer, le maréchal Oudinot, qui arriva sur ces entrefaites, ordonna au général Castex de faire mettre pied à terre aux trois quarts des cavaliers des deux régiments, qui, armés de mousquetons et formant un petit bataillon, iraient attaquer le pont. Nous nous empressâmes d'obéir, et, laissant les chevaux dans les rues voisines à la garde de quelques hommes, nous nous dirigeâmes vers la rivière sous la conduite du général Castex, qui, dans cette périlleuse entreprise, voulut marcher à la tête de sa brigade.

La déconfiture que venait d'éprouver l'avant-garde russe ayant porté la consternation dans l'armée de Tchitchakoff, le plus grand désordre régnait sur la rive occupée par elle, où nous voyions des masses de fuyards s'éloigner dans la campagne. Aussi, bien qu'il m'eût paru d'abord fort difficile que des cavaliers à pied et sans baïonnettes pussent forcer le passage d'un pont et s'y maintenir, je commençai à espérer un bon résultat, car l'ennemi ne nous opposait que quelques rares tirailleurs. J'avais donc prescrit aux pelotons qui devaient arriver les premiers sur la rive droite de s'emparer des maisons voisines du pont, afin que, maîtres des deux extrémités, nous pussions le défendre jusqu'à l'arrivée de notre infanterie, et assurer ainsi à l'armée française le passage de la Bérésina. Mais tout à coup les canons de la forteresse grondent et couvrent le tablier du pont d'une grêle de mitraille qui, portant le désordre dans notre faible bataillon, le force à reculer momentanément. Un groupe de sapeurs russes, munis de torches, profite de cet instant pour mettre le feu au pont; mais comme la présence de ces sapeurs empêchait l'artillerie ennemie de tirer, nous nous élançons sur eux!... La plupart sont tués ou jetés dans la rivière, et déjà nos chasseurs avaient éteint l'incendie à peine allumé, lorsqu'un bataillon de grenadiers, accourant au pas de charge, nous force à coups de baïonnette à évacuer le pont, qui bientôt, couvert de torches enflammées, devint un immense brasier dont la chaleur intense contraignit les deux partis à s'éloigner!

Dès ce moment, les Français durent renoncer à l'espoir de passer la Bérésina sur ce point, et *leur retraite fut coupée!...* Cette immense calamité nous devint fatale et contribua infiniment à changer la face de l'Europe en ébranlant le trône de Napoléon!

Le maréchal Oudinot, ayant reconnu l'impossibilité de forcer le passage de la rivière devant Borisoff, jugea qu'il serait dangereux de laisser encombrer cette ville par les troupes de son armée. Il leur envoya donc l'ordre de camper entre Lochnitza et Némonitza. La brigade Castex resta seule dans Borisoff, avec défense de communiquer avec les autres corps, auxquels on voulait cacher aussi longtemps que possible la fatale nouvelle de l'embrasement du pont, qu'ils n'apprirent que quarante-huit heures plus tard.

D'après les usages de la guerre, les bagages de l'ennemi appartiennent aux capteurs. Le général Castex autorisa donc les chasseurs de mon régiment et ceux du 24ᵉ à s'emparer du butin contenu dans les 1,500 voitures, fourgons et chariots que les Russes avaient abandonnés en fuyant au delà du pont. Le butin fut *immense!* Mais comme il y en avait cent fois plus que la brigade n'aurait pu en porter, je réunis tous les hommes de mon régiment, et leur fis comprendre qu'ayant à faire une longue retraite, pendant laquelle il me serait probablement impossible de continuer les distributions de viande que je leur avais fait faire pendant toute la campagne, je les engageais à s'attacher principalement à se munir de *vivres,* et j'ajoutai qu'ils devaient songer aussi à se garantir du froid et ne pas oublier que des chevaux surchargés ne duraient pas longtemps; qu'il ne fallait donc pas accabler les leurs sous le poids d'une quantité de choses inutiles à la guerre; qu'au surplus, je passerais une revue, et que tout ce qui ne serait pas *vivres, chaussures* et *vêtements* serait impitoyablement rejeté. Le général Castex, afin de prévenir toute discussion, avait fait planter des jalons qui divisaient en deux portions l'immense quantité de voitures prises. Chaque régiment avait son quartier.

Le corps d'armée d'Oudinot environnant trois côtés de la ville, dont le quatrième, couvert par la Bérésina, était en outre observé par divers postes, nos soldats pouvaient se livrer avec sécurité à l'examen du contenu des voitures et chariots russes. Aussitôt le signal donné, l'investigation commença. Il paraît que les officiers du corps de Tchitchakoff se traitaient bien, car jamais on ne vit dans les équipages d'une armée une telle profusion de jambons, pâtés, cervelas, poissons, viandes fumées et vins de toutes sortes, plus une immense quantité de biscuits de mer, riz, fromage, etc., etc. Nos soldats profitèrent aussi des nombreuses fourrures, ainsi que des fortes chaussures trouvées dans les fourgons russes, dont la capture sauva ainsi la vie à bien des hommes. Les conducteurs ennemis s'étant enfuis sans avoir eu le temps d'emmener leurs chevaux, qui étaient presque tous bons, nous choisîmes les meilleurs pour remplacer ceux dont nos cavaliers se plaignaient. Les officiers en prirent aussi pour porter les vivres dont chacun venait de faire si ample provision.

La brigade passa encore la journée du 24 dans Borisoff, et comme, malgré les précautions prises la veille, la nouvelle de la rupture du pont avait pénétré dans les bivouacs du 2ᵉ corps, le maréchal Oudinot, voulant que toutes ses troupes profitassent des denrées contenues dans les voitures des ennemis, consentit à laisser entrer successivement en ville des détachements de tous les régiments, qui faisaient place à d'autres, dès qu'ils avaient opéré leur chargement. Nonobstant la grande quantité de vivres et d'objets de tout genre enlevés par les troupes d'Oudinot, il en restait encore beaucoup dont s'emparèrent, le jour suivant, les nombreux soldats débandés qui revenaient de Moscou.

Cependant, les chefs, ainsi que les officiers capables d'apprécier la fâcheuse position de l'armée, étaient dans de vives anxiétés. En effet, nous avions devant nous la Bérésina, dont les troupes de Tchitchakoff garnissaient la rive opposée; nos flancs étaient débordés par Wittgenstein, et Koutousoff nous suivait en queue!... Enfin, excepté les débris de la garde, les corps d'Oudinot et de Victor, réduits à quelques milliers de combattants, le surplus de cette *Grande Armée*, naguère si belle, se composait de malades et de soldats sans armes, que la misère privait de leur ancienne énergie. Tout paraissait conspirer contre nous; car si, grâce à l'abaissement de la température, le corps de Ney avait pu, quelques jours avant, échapper aux ennemis en traversant le Dniéper sur la glace, nous trouvions la Bérésina dégelée, malgré un froid excessif, et nous n'avions pas de pontons pour établir un passage!

Le 25, l'Empereur entra dans Borisoff, où le maréchal Oudinot l'attendait avec les 6,000 hommes qui lui restaient Napoléon, ainsi que les maréchaux et officiers de sa suite, furent étonnés du bon ordre qui régnait dans le

2ᵉ corps, dont la tenue contrastait singulièrement avec celle des misérables bandes qu'il ramenait de Moscou. Nos troupes étaient certainement beaucoup moins belles qu'en garnison, mais chaque soldat avait conservé ses armes et était prêt à s'en servir courageusement. L'Empereur, frappé de leur air martial, réunit tous les colonels et les chargea d'exprimer sa satisfaction à leurs régiments pour la belle conduite qu'ils avaient tenue dans les nombreux et sanglants combats livrés dans la province de Polotsk.

CHAPITRE XVIII

La brigade Corbineau rejoint le 2ᵉ corps. — Fausse démonstration en aval de Borisoff et passage de la Bérésina.

Vous devez vous souvenir que, quand le général bavarois comte de Wrède s'éloigna sans autorisation du 2ᵉ corps, il avait emmené la brigade de cavalerie Corbineau, en trompant ce général, auquel il assura avoir reçu des ordres à cet effet, ce qui n'était pas. Eh bien, cette supercherie eut pour résultat de sauver l'Empereur et les débris de sa Grande Armée!

En effet, Corbineau, entraîné malgré lui dans une direction opposée à celle du 2ᵉ corps dont il faisait partie, avait suivi le général de Wrède jusqu'à Gloubokoé; mais là, il avait déclaré qu'il n'irait pas plus loin, à moins que le général bavarois ne lui montrât l'ordre qu'il prétendait avoir de garder sa brigade auprès de lui. Le comte de Wrède n'ayant pu satisfaire à cette demande, le général Corbineau se sépara de lui, gagna vers Dockchtsoui les sources de la Bérésina; puis, longeant sa rive droite, il espérait atteindre Borisoff, y passer la rivière sur le pont et, prenant la route d'Orscha, aller au-devant du corps d'Oudinot, qu'il supposait être dans les environs de Bobr.

On a reproché à l'Empereur, qui avait plusieurs milliers de Polonais du duché de Varsovie à son service, de n'en avoir pas, dès le commencement de la campagne, placé quelques-uns comme interprètes auprès de chaque officier général et même de chaque colonel, car cette sage mesure aurait fait éviter bien des erreurs et rendu le service infiniment plus exact. On en eut la preuve dans la périlleuse course de plusieurs jours que la brigade Corbineau fut obligée de faire dans un pays nouveau pour elle, dont aucun Français ne connaissait la langue; car fort heureusement, parmi les trois régiments commandés par ce général, se trouvait le 8e de lanciers polonais, dont les officiers tiraient des habitants tous les renseignements nécessaires. Cet avantage immense servit merveilleusement Corbineau.

En effet, comme il était parvenu à une demi-journée de Borisoff, des paysans ayant informé ses lanciers polonais que l'armée russe de Tchitchakoff occupait cette ville, Corbineau désespérait de parvenir à traverser la Bérésina, lorsque ces mêmes paysans, l'engageant à rétrograder, conduisirent sa colonne en face de Studianka, petit village situé non loin de Weselowo, à quatre lieues en amont de Borisoff, et devant lequel se trouvait un gué. Les trois régiments de cavalerie de Corbineau le traversèrent sans pertes, et ce général, se dirigeant ensuite à travers champs, en évitant habilement d'approcher de Borisoff, de même que des troupes de Wittgenstein, établies à Roghatka, passa entre-deux et rejoignit enfin le maréchal Oudinot, le 23 au soir, près de Natscha.

La marche hardie que venait de faire Corbineau fut glorieuse pour lui et on ne peut plus heureuse pour l'armée, car l'Empereur, ayant reconnu l'impossibilité physique de rétablir promptement le pont de Borisoff, résolut, après en avoir conféré avec Corbineau, d'aller traverser la Bérésina à Studianka. Mais comme Tchitchakoff, informé du passage de la brigade Corbineau sur ce point, venait d'envoyer une forte division et beaucoup d'artillerie en face de Studianka, Napoléon employa pour tromper l'ennemi une ruse de guerre qui, bien que fort ancienne, réussit presque toujours. Il feignit de n'avoir pas de projet sur Studianka et de vouloir profiter de deux autres gués situés au-dessous de Borisoff, dont le moins défavorable est devant le village de Oukoloda. A cet effet, on dirigea ostensiblement vers ce lieu un des bataillons encore armés, qu'on fit suivre de plusieurs milliers de traînards, que les ennemis durent prendre pour une forte division d'infanterie. A la suite de cette colonne marchaient de nombreux fourgons, quelques bouches à feu et la division de cuirassiers. Arrivées à Oukoloda, ces troupes tirèrent le canon et firent tout ce qu'il fallait pour simuler la construction d'un pont.

Tchitchakoff, prévenu de ces préparatifs et ne doutant pas que le projet de Napoléon ne fût de franchir la rivière sur ce point pour gagner la route de Minsk qui l'avoisine, se hâta non seulement d'envoyer par la rive droite toute la garnison de Borisoff en face d'Oukoloda, mais, par suite d'une aberration d'esprit inqualifiable, le général russe, qui avait assez de forces pour garder en même temps le bas et le haut de la rivière, fit encore descendre vers Oukoloda toutes les troupes placées la veille par lui en amont de Borisoff, entre Zembin et la Bérésina. Or, c'est précisément en face de Zembin qu'est situé le village de Weselowo, dont le hameau de Studianka est une dépendance. Les ennemis abandonnaient donc le point sur lequel l'Empereur voulait jeter son pont, et couraient inutilement à la défense d'un gué situé à six lieues *au-dessous* de celui que nous allions franchir.

A la faute qu'il commit d'agglomérer ainsi toute son armée en aval de la ville de Borisoff, Tchitchakoff en ajouta une qu'un sergent n'eût pas commise et que son gouvernement ne lui a jamais pardonnée. Zembin est bâti sur un vaste marais, que traverse la route de Wilna par Kamen. La chaussée de cette route présente vingt-deux ponts en bois que le général russe, avant de s'éloigner, pouvait, en un moment, faire réduire en cendres, car ils étaient environnés d'une grande quantité de meules de joncs secs. Dans le cas où Tchitchakoff eût pris cette sage précaution, l'armée française devait être perdue sans retour, et il ne lui eût servi de rien de passer la rivière, puisqu'elle eût été arrêtée par le profond marais dont Zembin est entouré; mais, ainsi que je viens de le dire, le général russe nous abandonna les ponts intacts et descendit stupidement la Bérésina avec tout son monde, ne laissant qu'une cinquantaine de Cosaques en observation en face de Weselowo.

Pendant que les Russes, trompés par les démonstrations de l'Empereur, s'éloignaient du véritable point d'attaque, Napoléon donnait ses ordres. Le maréchal Oudinot et son corps d'armée doivent se rendre la nuit à Studianka, pour y faciliter l'établissement de deux ponts, passer ensuite sur la rive droite et se former entre Zembin et la rivière. Le duc de Bellune, partant de Natscha, doit faire l'arrière-garde, pousser devant lui tous les traînards, tâcher de défendre Borisoff pendant quelques heures, se rendre ensuite à Studianka et y passer les ponts. Tels furent les ordres de l'Empereur, dont les événements empêchèrent la stricte exécution.

Le 25 au soir, la brigade Corbineau, dont le chef connaissait si bien les environs de Studianka, se dirigea vers ce lieu en remontant la rive gauche de la Bérésina. La brigade Castex et quelques bataillons légers marchaient à sa suite; puis venait le gros du 2ᵉ corps. Nous quittâmes à regret la ville de Borisoff, où nous avions passé si heureusement deux journées. Il semblait que nous eussions un triste pressentiment des maux qui nous étaient réservés.

Le 26 novembre, au point du jour, nous étions à Studianka, et l'on n'apercevait, à la rive opposée, aucun préparatif de défense, de sorte que si l'Empereur eût conservé l'équipage de ponts qu'il avait fait brûler quelques jours avant à Orscha, l'armée eût pu franchir la Bérésina sur-le-champ. Cette rivière, à laquelle certaines imaginations ont donné des dimensions gigantesques, est tout au plus large comme la rue Royale, à Paris, devant le ministère de la marine. Quant à sa profondeur, il suffira de dire que les trois régiments de cavalerie de la brigade Corbineau l'avaient traversée à gué, sans accident, soixante-douze heures avant, et la franchirent de nouveau le jour dont je parle. Leurs chevaux ne perdirent point pied ou n'eurent à nager que pendant deux ou trois toises. Le passage n'offrait en ce moment que de légers inconvénients pour la cavalerie, les chariots et l'artillerie. Le premier consistait en ce que les cavaliers et conducteurs avaient de l'eau jusqu'aux genoux, ce qui, néanmoins, était supportable, puisque malheureusement le froid n'était pas assez vif pour geler la rivière, qui charriait à peine quelques rares glaçons : mieux eût valu pour nous qu'elle fût prise à plusieurs degrés. Le second inconvénient résultait encore du peu de froid qu'il faisait, car une prairie marécageuse, qui bordait la rive opposée, était si fangeuse, que les chevaux de selle y passaient avec peine et que les chariots enfonçaient jusqu'à la moitié des roues.

L'esprit de corps est certainement fort louable, mais il faut savoir le modérer, et même l'oublier, dans les circonstances difficiles. C'est ce que ne surent pas faire, devant la Bérésina, les chefs de l'artillerie et du génie, car chacun de ces deux corps éleva la prétention de construire *seul* les ponts, de sorte qu'ils se contrecarraient mutuellement, et rien n'avançait, lorsque l'Empereur, étant arrivé le 26, vers midi, termina le différend en ordonnant qu'un des deux ponts serait établi par l'artillerie et l'autre par le génie. On arracha à l'instant les poutres et les voliges des masures du village, et les sapeurs, ainsi que les artilleurs, se mirent à l'ouvrage.

Ces braves soldats donnèrent alors une preuve de dévouement dont on ne leur a pas assez tenu compte. On les vit se jeter tout nus dans les eaux froides de la Bérésina et y travailler constamment pendant six ou sept heures, bien qu'on n'eût pas une seule goutte d'eau-de-vie à leur donner et qu'ils ne dussent avoir pour lits, la nuit suivante, qu'un champ couvert de neige!... Aussi presque tous périrent-ils lorsque les grandes gelées arrivèrent.

Pendant qu'on travaillait à la construction des ponts et que mon régiment, ainsi que toutes les troupes du 2ᵉ corps, attendaient sur la rive gauche l'ordre de traverser la rivière, l'Empereur, se promenant à grands pas, allait d'un régiment à l'autre, parlant aux soldats comme aux officiers. Murat l'accompagnait. Ce guerrier si brave, si entreprenant, et qui avait accompli de si beaux faits d'armes lorsque les Français victorieux se portaient sur Moscou, le fier Murat s'était pour ainsi dire éclipsé depuis qu'on avait quitté cette ville, et il n'avait, pendant la retraite, pris part à aucun combat. On l'avait vu suivre l'Empereur en silence, comme s'il eût été étranger à ce qui se passait dans l'armée. Il parut néanmoins sortir de sa torpeur en présence de la Bérésina et des seules troupes qui, s'étant maintenues en ordre, constituaient en ce moment le dernier espoir de salut.

Comme Murat aimait beaucoup la cavalerie et que,

des nombreux escadrons qui avaient passé le Niémen, il ne restait plus que ceux du corps d'Oudinot, il dirigea les pas de l'Empereur de leur côté. Napoléon s'extasia sur le bel état de conservation de cette troupe en général et de mon régiment en particulier, car il était à lui seul plus fort que plusieurs brigades. En effet, j'avais encore plus de 500 hommes à cheval, tandis que les autres colonels du corps d'armée n'en comptaient guère que 200! Aussi, je reçus de l'Empereur de très flatteuses félicitations, auxquelles mes officiers et mes soldats eurent une large part.

Ce fut en ce moment que j'eus le bonheur de voir venir à moi Jean Dupont, le domestique de mon frère, ce serviteur dévoué dont le zèle, le courage et la fidélité furent à toute épreuve. Resté seul, après que son maître eut été fait prisonnier dès le début de la campagne, Jean suivit à Moscou le 16e de chasseurs, fit toute la retraite en soignant et nourrissant les trois chevaux de mon frère Adolphe, et il n'en voulut pas vendre un seul, malgré les offres les plus séduisantes. Ce brave garçon vint me joindre après cinq mois de fatigues et de misères, rapportant tous les effets de mon frère; mais en me les montrant, il me dit, les larmes aux yeux, qu'ayant usé sa chaussure et se voyant réduit à marcher pieds nus sur la glace, il s'était permis de prendre une paire de bottes de son maître. Je gardai à mon service cet homme estimable, qui me fut d'une bien grande utilité, lorsque, quelque temps après, je fus blessé derechef au milieu des plus horribles jours de la grande retraite.

Mais revenons au passage de la Bérésina. Non seulement tous nos chevaux traversèrent cette rivière facilement, mais nos cantiniers la franchirent avec leurs charrettes, ce qui me fit penser qu'il serait possible, après avoir dételé plusieurs des nombreux chariots qui suivaient l'armée, de les fixer dans la rivière les uns à la suite des autres, afin de former divers passages pour les fantassins, ce qui faciliterait infiniment l'écoulement des masses d'hommes isolés qui le lendemain se presseraient à l'entrée des ponts. Cette idée me parut si heureuse que, bien que mouillé jusqu'à la ceinture, je repassai le gué pour la communiquer aux généraux de l'état-major impérial. Mon projet fut trouvé bon, mais personne ne bougea pour aller en parler à l'Empereur. Enfin, le général Lauriston, l'un de ses aides de camp, me dit : « Je « vous charge de faire exécuter cette passerelle dont « vous venez de si bien expliquer l'utilité. » Je répondis à cette proposition, vraiment inacceptable, que n'ayant à ma disposition ni sapeurs, ni fantassins, ni outils, ni pieux, ni cordages, et ne devant pas d'ailleurs abandonner mon régiment, qui, placé sur la rive droite, pouvait être attaqué d'un moment à l'autre, je me bornais à lui donner un avis que je croyais bon et retournais à mon poste !... Cela dit, je me remis à l'eau et rejoignis le 23ᵉ.

Cependant, les sapeurs du génie et les artilleurs ayant enfin terminé les deux ponts de chevalets, on fit passer l'infanterie et l'artillerie du corps d'Oudinot, qui, dès leur arrivée sur la rive droite, allèrent placer leurs bivouacs dans un grand bois situé à une demi-lieue, au delà du hameau de Zawniski, où la cavalerie reçut ordre d'aller les rejoindre. Nous observions ainsi Stakowo[1] et Dominki, où aboutit la grande route de Minsk, par laquelle le général Tchitchakoff avait emmené toutes ses troupes vers la basse Bérésina, et qu'il devait reprendre nécessairement pour se reporter sur nous en apprenant que nous avions franchi la rivière auprès de Zembin.

Le 27 au soir, l'Empereur passa les ponts avec sa

---

[1] Ou Stakof.

garde et vint s'établir à Zawniski, où la cavalerie reçut l'ordre d'aller les rejoindre. Les ennemis n'y avaient pas paru.

On a beaucoup parlé des désastres qui eurent lieu sur la Bérésina; mais ce que personne n'a dit encore, c'est qu'on eût pu en éviter la plus grande partie, si l'état-major général, comprenant mieux ses devoirs, eût profité de la nuit du 27 au 28 pour faire traverser les ponts aux bagages et surtout à ces milliers de traînards qui le lendemain obstruèrent le passage. En effet, après avoir bien établi mon régiment au bivouac de Zawniski, je m'aperçus de l'absence d'un cheval de bât qui, portant la petite caisse et les pièces de comptabilité des escadrons de guerre, n'avait pu être risqué dans le gué. Je pensais donc que le conducteur et les cavaliers qui l'escortaient avaient attendu que les ponts fussent établis. Ils l'étaient depuis plusieurs heures, et cependant ces hommes ne paraissaient pas! Alors, inquiet sur eux aussi bien que sur le dépôt précieux qui leur était confié, je veux aller en personne favoriser leur passage, car je croyais les ponts encombrés. Je m'y rends donc au galop, et quel est mon étonnement de les trouver *complètement déserts!...* Personne n'y passait en ce moment, tandis qu'à cent pas de là et par un beau clair de lune j'apercevais plus de 50,000 traînards ou soldats isolés de leurs régiments, qu'on surnommait *rôtisseurs.* Ces hommes, tranquillement assis devant des feux immenses, préparaient des grillades de chair de cheval, sans se douter qu'ils étaient devant une rivière dont le passage coûterait le lendemain la vie à un grand nombre d'entre eux, tandis qu'en quelques minutes ils pouvaient la franchir sans obstacles dès à présent, et achever les préparatifs de leur souper sur l'autre rive. Du reste, pas un officier de la maison impériale, pas un aide de camp de l'état-major de l'armée ni d'aucun maréchal n'était là pour prévenir ces malheureux et les pousser au besoin vers les ponts!

Ce fut dans ce camp désordonné que je vis pour la première fois des militaires revenant de Moscou. Mon âme en fut navrée!... Tous les grades étaient confondus : plus d'armes, plus de tenue militaire! Des soldats, des officiers et même des généraux couverts de haillons et n'ayant pour chaussures que des lambeaux de cuir ou de drap mal réunis au moyen de ficelles!... Une cohue immense dans laquelle étaient pêle-mêle des milliers d'hommes de nations diverses, parlant bruyamment toutes les langues du continent européen, sans pouvoir se comprendre mutuellement!

Cependant, si l'on eût pris dans le corps d'Oudinot ou dans la garde quelques-uns des bataillons encore en ordre, ils eussent facilement poussé cette masse au delà des ponts, puisque, en retournant vers Zawniski, et n'ayant avec moi que quelques ordonnances, je parvins, tant par la persuasion que par la force, à faire passer deux ou trois mille de ces malheureux sur la rive droite. Mais un autre devoir me rappelant vers mon régiment, je dus aller le rejoindre.

En vain, en passant devant l'état-major général et celui du maréchal Oudinot, je signalai la vacuité des ponts et la facilité qu'il y aurait à faire traverser les hommes sans armes au moment où l'ennemi ne faisait aucune entreprise; on ne me répondit que par des mots évasifs, chacun s'en rapportant à son collègue du soin de diriger cette opération[1].

Revenu au bivouac de mon régiment, je fus heureuse-

---

[1] Dans une curieuse et dramatique relation illustrée de la campagne de Russie, publiée à Stuttgard en 1843, Faber du Faur signale cette vacuité des ponts dans la nuit du 27 au 28 novembre, et même dans celle du 28 au 29. (*Note de l'éditeur.*)

ment surpris d'y trouver le brigadier et les huit chasseurs qui, pendant la campagne, avaient eu la garde de notre troupeau. Ces braves gens se désolaient de ce que la foule des *rôtisseurs*, s'étant jetée sur leurs bœufs, les avait tous dépecés et mangés sous leurs yeux, sans qu'ils pussent s'y opposer. Le régiment se consola de cette perte, car chaque cavalier avait pris à Borisoff pour *vingt-cinq jours* de vivres.

Le zèle de mon adjudant, M. Verdier, l'ayant poussé à retourner au delà des ponts pour tâcher de découvrir les chasseurs gardiens de notre comptabilité, ce brave militaire s'égara dans la foule, ne put repasser la rivière, fut fait prisonnier dans la bagarre du lendemain, et je ne le revis que deux ans après.

CHAPITRE XIX

Perte de la division Partouneaux. — Combat de Zawniski près Brillowa. — M. de Noailles. — Passage des ponts et catastrophe de la Bérésina. — Le 2ᵉ corps protège la retraite. — Je suis blessé à Plechtchénitsoui.

Nous voici arrivés au moment le plus terrible de la fatale campagne de Russie... au passage de la Bérésina, qui eut lieu principalement le 28 novembre...

A l'aube de ce jour néfaste, la position des armées belligérantes était celle-ci: A la rive gauche, le corps du maréchal Victor, après avoir évacué Borisoff pendant la nuit, s'était rendu à Studianka avec le 9ᵉ corps, en poussant devant lui une masse de traînards. Ce maréchal avait laissé, pour faire son arrière-garde, la division d'infanterie du général Partouneaux, qui, ayant ordre de n'évacuer la ville que deux heures après lui, aurait dû faire partir à la suite du corps d'armée plusieurs petits détachements qui, unis au corps principal par une chaîne d'éclaireurs, eussent ainsi jalonné la direction. Ce général aurait dû, en outre, envoyer jusqu'à Studianka un aide de camp chargé de reconnaître les chemins et de revenir ensuite au-devant de la division; mais Partouneaux, négligeant toutes ces précautions, se borna à se mettre en marche à l'heure prescrite. Il rencontra deux routes qui se bifurquaient, et il ne connaissait ni l'une ni l'autre; mais comme il ne pouvait ignorer (puisqu'il venait de Borisoff) que la Bérésina était à sa gauche, il aurait dû en conclure que pour aller à Studianka, situé sur ce cours d'eau, c'était la route de *gauche* qu'il fallait prendre !... Il fit tout le contraire, et, suivant machinalement quelques voltigeurs qui le précédaient, il s'engagea sur la route de droite et alla donner au milieu du nombreux corps russe du général Wittgenstein !

Bientôt environnée de toutes parts, la division Partouneaux fut contrainte de mettre bas les armes[1], tandis qu'un simple chef de bataillon qui commandait son arrière-garde, ayant eu le bon esprit de prendre la route de gauche, par cela seul qu'elle le rapprochait de la rivière, rejoignit le maréchal Victor auprès de Studianka. La surprise de ce maréchal fut grande en voyant arriver ce bataillon au lieu de la division Partouneaux, dont il faisait l'arrière-garde ! Mais l'étonnement du maréchal se changea bientôt en stupéfaction lorsqu'il fut attaqué par les Russes de Wittgenstein, qu'il croyait tenus en échec par la division Partouneaux ! Victor ne put dès lors douter que ce général et tous ses régiments ne fussent prisonniers.

Mais de nouveaux malheurs l'attendaient, car le maréchal russe Koutousoff, qui, depuis Borisoff, avait suivi Partouneaux en queue avec de nombreuses troupes, ayant appris sa capitulation, pressa sa marche et vint se joindre à Wittgenstein pour accabler le maréchal Victor. Celui-ci, dont le corps d'armée était réduit à 10,000 hommes, opposa une résistance des plus vives. Ses troupes (même les Allemands qui en faisaient partie) combattirent avec un courage vraiment héroïque et d'autant plus remarquable que, attaquées par deux armées à la fois et étant acculées à la Bérésina, leurs

---

[1] Le général Partouneaux se défendit d'ailleurs héroïquement ; sa division était réduite à quelques centaines de combattants lorsqu'elle dut se rendre. (Voy. THIERS, *Histoire du Consulat et de l'Empire.*)

mouvements se trouvaient en outre gênés par une grande quantité de chariots conduits sans ordre par des hommes isolés, qui cherchaient tumultueusement à gagner la rivière!... Cependant le maréchal Victor contint Koutousoff et Wittgenstein toute la journée.

Pendant que ce désordre et ce combat avaient lieu à Studianka, les ennemis, qui prétendaient s'emparer des deux extrémités des ponts, attaquaient sur la rive droite le corps d'Oudinot, placé en avant de Zawniski. A cet effet, les 30,000 Russes de Tchitchakoff, débouchant de Stakowo, s'avancèrent à grands cris contre le 2° corps, qui ne comptait plus dans ses rangs que 8,000 combattants. Mais comme nos soldats, n'ayant pas été en contact avec ceux qui revenaient de Moscou, n'avaient aucune idée du désordre qui régnait parmi ces malheureux, le moral du corps d'Oudinot était resté excellent, et Tchitchakoff fut vigoureusement repoussé, sous les yeux mêmes de l'Empereur, qui arrivait en ce moment avec une réserve de 3,000 fantassins et 1,000 cavaliers de la vieille et de la jeune garde. Les Russes renouvelèrent leur attaque et enfoncèrent les Polonais de la légion de la Vistule. Le maréchal Oudinot fut grièvement blessé, et Napoléon envoya Ney pour le remplacer. Le général Condras, un de nos bons officiers d'infanterie, fut tué; le vaillant général Legrand reçut une blessure dangereuse.

L'action se passait dans un bois de sapins de dimensions colossales. L'artillerie ennemie ne pouvait donc apercevoir nos troupes que fort imparfaitement; aussi tirait-elle à toute volée sans que ses boulets nous atteignissent; mais, en passant au-dessus de nos têtes, ils brisaient beaucoup de branches plus grosses que le corps d'un homme, et qui tuèrent ou blessèrent dans leur chute bon nombre de nos gens et de nos chevaux. Comme les arbres étaient très espacés, les cavaliers pouvaient circuler entre eux, quoique avec difficulté. Cependant, le maréchal Ney, voyant approcher une forte colonne russe, lança contre elle ce qui nous restait de notre division de cuirassiers. Cette charge, faite dans des conditions aussi extraordinaires, fut néanmoins l'une des plus brillantes que j'aie vues !... Le brave colonel Dubois, à la tête du 7ᵉ de cuirassiers, coupa en deux la colonne ennemie, à laquelle il fit 2,000 prisonniers. Les Russes, ainsi mis en désordre, furent poursuivis par toute la cavalerie légère et repoussés avec d'énormes pertes jusqu'à Stakowo [1].

Je reformais les rangs de mon régiment, qui avait pris part à cet engagement, lorsque je vis arriver à moi M. Alfred de Noailles, avec lequel j'étais lié. Il revenait de porter un ordre du prince Berthier dont il était aide de camp ; mais, au lieu de retourner vers ce maréchal après avoir rempli sa mission, il dit, en s'éloignant de moi, qu'il allait jusqu'aux premières maisons de Stakowo *pour voir* ce que faisaient les ennemis. Cette curiosité lui devint fatale, car, en approchant du village, il fut entouré par un groupe de Cosaques qui, après l'avoir jeté à bas de son cheval et pris au collet, l'entraînèrent en le frappant ! J'envoyai sur-le-champ un escadron à son secours, mais cet effort resta infructueux, car une vive fusillade partie des maisons empêcha nos cavaliers de pénétrer dans le village : depuis ce jour, on n'entendit plus parler de M. de Noailles !... Les superbes fourrures et l'uniforme

---

[1] Tchitchakoff a rendu justice à la vigueur de notre cavalerie dans cette affaire. Du reste, ses Mémoires (publiés en 1862) et ceux du comte de Rochechouart confirment de point en point les détails donnés sur ces événements : la prise et la perte de Borisoff par les Russes ; leur mouvement intempestif sur Beresino inférieur ; le combat de Zawniski près Brillowa et Stakowo ; la fatale rupture des ponts et la retraite de nos troupes par les marais gelés de Zembin. (*Note de l'éditeur.*)

couvert d'or qu'il portait ayant tenté la cupidité des Cosaques, il fut probablement massacré par ces barbares. La famille de M. de Noailles, informée que j'étais le dernier Français avec lequel il eût causé, me fit demander des renseignements sur sa disparition ; je ne pus donner que ceux susmentionnés. Alfred de Noailles était un excellent officier et un bon camarade.

Mais cette digression m'a éloigné de Tchitchakoff, qui, battu par le maréchal Ney, n'osa plus venir nous attaquer ni sortir de Stakowo de toute la journée.

Après vous avoir fait connaître sommairement la position des armées sur les deux rives de la Bérésina, je dois vous dire en peu de mots ce qui se passait sur le fleuve pendant le combat. Les masses d'hommes *isolés* qui avaient eu deux nuits et deux jours pour traverser les ponts et qui, par apathie, n'en avaient pas profité, parce que personne ne les y contraignit, voulurent tous passer à la fois, lorsque les boulets de Wittgenstein vinrent tomber au milieu d'eux. Cette multitude immense d'hommes, de chevaux et de chariots s'entassa complètement à l'entrée des ponts, qu'elle obstruait sans pouvoir les gagner !... Un très grand nombre, ayant manqué cette entrée, furent poussés par la foule dans la Bérésina, où presque tous se noyèrent!

Pour comble de malheur, un des ponts s'écroula sous le poids des pièces et des lourds caissons qui les suivaient! Tout se porta alors vers le second pont, où le désordre était déjà si grand que les hommes les plus vigoureux ne pouvaient résister à la pression. Un grand nombre furent étouffés! En voyant l'impossibilité de traverser les ponts ainsi encombrés, beaucoup de conducteurs de voitures poussèrent leurs chevaux dans la rivière ; mais ce mode de passage, qui eût été fort utile si on l'eût exécuté avec ordre deux jours auparavant, devint fatal à presque tous ceux qui l'entreprirent, parce que, poussant leurs chariots tumultueusement, ils s'entre-choquaient et se renversaient les uns les autres! Cependant, plusieurs parvinrent à la rive opposée ; mais comme on n'avait pas préparé de sortie en abattant les talus des berges, ainsi que l'état-major aurait dû le faire, peu de voitures parvinrent à les gravir, et il périt encore là bien du monde!

Dans la nuit du 28 au 29, le canon des Russes vint augmenter ces horreurs en foudroyant les malheureux qui s'efforçaient de franchir la rivière. Enfin, à neuf heures du soir, il y eut un surcroît de désolation, lorsque le maréchal Victor commença sa retraite et que ses divisions se présentèrent en ordre devant le pont, qu'elles ne purent gagner qu'en refoulant par la force tout ce qui obstruait le passage!... Mais jetons un voile sur ces horribles scènes!...

Le 29, au point du jour, on mit le feu à toutes les voitures restant encore sur la rive gauche, et lorsque enfin le général Eblé vit les Russes s'approcher du pont, il le fit aussi incendier! Quelques milliers de malheureux restés devant Studianka tombèrent aux mains de Wittgenstein. Ainsi se termina le plus horrible épisode de la campagne de Russie! Cet événement eût été bien moins funeste si l'on eût su et voulu employer le temps que nous avaient laissé les Russes depuis notre arrivée devant la Bérésina. L'armée perdit dans ce passage 20 à 25,000 hommes.

Ce grand obstacle franchi, la masse des hommes isolés échappés à cet affreux désastre était encore immense. On la fit évacuer sur Zembin. L'Empereur et la garde suivirent. Venaient ensuite les débris de quelques régiments, et enfin le 2ᵉ corps, dont la brigade Castex faisait l'extrême arrière-garde.

J'ai déjà dit que la route de Zembin, la seule voie qui nous restât, traverse un immense marais au moyen d'un très grand nombre de ponts que Tchitchakoff avait négligé de brûler lorsque, plusieurs jours avant, il occupait cette position. Nous ne commîmes pas une pareille faute, car, après le passage de l'armée, le 24° de chasseurs et mon régiment y mirent aisément le feu, avec des joncs secs entassés dans le voisinage.

En ordonnant de brûler les ponts de Zembin, l'Empereur avait espéré se débarrasser pour longtemps de la poursuite des Russes ; mais il était écrit que toutes les chances nous seraient contraires !... En effet, la gelée, qui à cette époque de l'année aurait dû transformer en un chemin facile les eaux de la Bérésina, leur avait laissé presque toute leur fluidité quand nous devions les traverser; mais à peine les eûmes-nous franchies, qu'un froid rigoureux vint les geler au point de les rendre assez solides pour porter du canon !... Et comme il en fut de même de celles du marais de Zembin, l'incendie des ponts ne nous fut d'aucune utilité[1]. Les trois armées russes que nous avions laissées derrière nous purent, sans obstacle, se mettre à notre poursuite ; mais, fort heureusement, elle fut peu vigoureuse. D'ailleurs, le maréchal Ney, qui commandait l'arrière-garde française, ayant réuni tout ce qui était encore en état de combattre, faisait de fréquents retours offensifs sur les ennemis lorsqu'ils osaient approcher de trop près.

Depuis que le maréchal Oudinot et le général Legrand avaient été blessés, le général Maison commandait le 2° corps, qui, se trouvant, malgré ses grandes pertes, le plus nombreux de toute l'armée, était habituellement chargé de repousser les Russes. Nous les maintînmes au loin pendant les journées du 30 novembre et du 1ᵉʳ décembre; mais, le 2, ils nous serrèrent tellement avec des

---

[1] Tchitchakoff a trouvé dans ce fait une excuse à sa négligence.

forces considérables qu'il en résulta un combat très sérieux dans lequel je reçus une blessure d'autant plus dangereuse qu'il y avait ce jour-là 25 degrés de froid!.. Je devrais peut-être me borner à vous dire que je fus frappé d'un coup de lance, sans entrer dans aucun détail, car ils sont si horribles que je frémis encore lorsque j'y pense!... Mais enfin je vous ai promis le récit de ma vie tout entière. Voici donc ce qui m'advint au combat de Plechtchénitsoui.

Pour vous mettre plus à même de bien comprendre mon récit et les sentiments qui m'agitèrent pendant l'action, je dois vous dire d'abord qu'un banquier hollandais, nommé Van Berchem, dont j'avais été l'intime ami au collège de Sorèze, m'avait envoyé au commencement de la campagne son fils unique, qui, devenu Français par la réunion de son pays à l'Empire, s'était engagé dans le 23°, bien qu'il eût à peine seize ans!... Ce jeune homme, rempli de bonnes qualités, avait beaucoup d'intelligence; je l'avais pris pour secrétaire, et il marchait toujours à quinze pas derrière moi avec mes ordonnances. Il était ainsi placé le jour dont je parle, lorsqu'en traversant une vaste plaine, le 2° corps, dont mon régiment formait l'extrême arrière-garde, vit accourir vers lui une énorme masse de cavalerie russe qui, en un moment, le déborda et l'attaqua de toutes parts. Le général Maison prit de si bonnes dispositions que nos carrés d'infanterie repoussèrent toutes les charges de la cavalerie régulière des ennemis.

Ceux-ci ayant alors fait participer au combat une nuée de Cosaques qui venaient insolemment piquer les officiers français devant leurs troupes, le maréchal Ney ordonna au général Maison de les faire chasser, en lançant sur eux tout ce qui restait de la division de cuirassiers, ainsi que des brigades Corbineau et Castex. Mon régiment, encore nombreux, se trouva devant un *pulk* de Cosaques de la mer Noire, coiffés de hauts bonnets d'astrakan et beaucoup mieux vêtus et montés que ne le sont ordinairement les Cosaques. Nous fondîmes sur eux, et, selon la coutume de ces gens-là, qui ne se battent jamais en ligne, les Cosaques firent demi-tour et s'enfuirent au galop; mais, étrangers à la localité, ils se dirigèrent vers un obstacle bien rare dans ces vastes plaines : un immense et profond ravin, que la parfaite régularité du sol empêchait d'apercevoir de loin, les arrêta tout court!... Se voyant dans l'impossibilité de le franchir avec leurs chevaux et obligés de faire face à mon régiment qui allait les rejoindre, les Cosaques se retournent, et, se serrant les uns contre les autres, ils nous présentent bravement leurs lances!

Le terrain, couvert de verglas, était fort glissant, et nos chevaux, très fatigués, ne pouvaient galoper sans tomber. Il n'y eut donc pas de *choc,* et ma ligne arriva seulement au trot sur la masse ennemie qui restait immobile. Nos sabres touchaient les lances; mais celles-ci ayant treize à quatorze pieds de long, il nous était impossible d'atteindre nos adversaires, qui n'osaient reculer, de crainte de tomber dans le précipice, ni avancer pour venir affronter nos sabres! On s'observait donc mutuellement, lorsqu'en moins de temps qu'il n'en faut pour le raconter, se passa la scène suivante.

Pressé d'en finir avec les ennemis, je criai à mes cavaliers qu'il fallait saisir quelques lances de la main gauche, les détourner, pousser en avant, et pénétrer au milieu de cette foule d'hommes, où nos armes courtes nous donneraient un avantage immense sur leurs longues perches. Pour être mieux obéi, je voulus donner l'exemple, et, écartant quelques lances, je parvins en effet à pénétrer dans les premiers rangs ennemis!... Mes adjudants-majors, mes ordonnances me suivirent, et tout le régiment fit bientôt de même. Il en résulta une mêlée générale. Mais au moment où elle s'engageait, un vieux Cosaque à barbe blanche, qui, placé aux rangs inférieurs, se trouvait séparé de moi par d'autres combattants, se penche, et, dirigeant adroitement sa lance entre les chevaux de ses camarades, il me frappe de son fer aigu, qui passe, d'outre en outre, sous la rotule de mon genou droit!...

En me sentant blessé, je poussai vers cet homme pour me venger de la douleur affreuse que j'éprouvais, lorsque je vis devant moi deux beaux jeunes gens de dix-huit à vingt ans, portant un brillant costume couvert de riches broderies : c'étaient les fils du chef du *pulk*. Un homme âgé, espèce de mentor, les accompagnait, mais n'avait pas le sabre à la main. Le plus jeune de ses élèves ne se servait pas du sien, mais l'aîné fondit bravement sur moi et m'attaqua avec fureur!... Je le trouvai si peu formé, si faible, que, me bornant à le désarmer, je le pris par le bras, le poussai derrière moi et ordonnai à Van Berchem de le garder. Mais à peine avais-je accompli cet acte d'humanité, que je sentis un corps dur se poser sur ma joue gauche... une double détonation éclate à mes oreilles, et le collet de mon manteau est traversé par une balle!... Je me retourne vivement, et que vois-je?... Le jeune officier cosaque qui, tenant une paire de pistolets doubles dont il venait de tirer traîtreusement un coup sur moi par derrière, *brûlait la cervelle* au malheureux Van Berchem!!!...

Transporté de fureur, je m'élance alors sur cet enragé, qui déjà m'ajustait avec le second pistolet!... Mais son regard ayant rencontré le mien qui devait être terrible, il en fut comme *fasciné* et s'écria en très bon français : « Ah! grand Dieu! je vois la mort dans vos yeux!... Je vois la mort dans vos yeux!!! — Eh bien, scélérat, tu vois juste!!!... » En effet, il tomba!...

Le sang appelle le sang! La vue du jeune Van Berchem étendu à mes pieds, ce que je venais de faire, l'animation du combat et peut-être aussi l'affreuse douleur que me causait ma blessure, tout cela réuni me jetant dans un état de surexcitation fébrile, je cours vers le plus jeune des officiers cosaques, je le saisis à la gorge, et déjà mon sabre était levé, lorsque le vieux gouverneur, cherchant à garantir son élève, penche le haut du corps sur l'encolure de mon cheval, de manière à m'empêcher de remuer le bras, et s'écrie d'un ton suppliant : « Au nom de votre mère, grâce, grâce pour celui-ci, il n'a rien fait!... »

En entendant invoquer un nom vénéré, mon esprit, exalté par tout ce qui m'entourait, fut frappé d'*hallucination*, au point que je crus voir une main blanche, si connue de moi, se poser sur la poitrine du jeune homme que j'allais percer, et il me sembla entendre la voix de ma mère prononcer les mots : « Grâce! grâce! » Mon sabre s'abaissa! Je fis conduire le jeune homme et son gouverneur sur les derrières.

Mon émotion était si grande après ce qui venait de se passer, que je n'aurais pu donner aucun ordre au régiment, si le combat eût encore duré quelque temps; mais il fut bientôt terminé. Un grand nombre de Cosaques avaient été tués, et les autres, abandonnant leurs chevaux, s'étaient laissés glisser dans les profondeurs du ravin, où la plupart périrent dans les énormes tas de neige que les vents y avaient amoncelés. Les ennemis furent aussi repoussés sur tous les autres points. (Mes états de service portent ma blessure comme reçue le 4 décembre; elle le fut en réalité le 2, jour du combat de Plechtchénitsoui.)

Dans la soirée qui suivit cette affaire, je questionnai

mon prisonnier et son gouverneur. J'appris que les deux jeunes gens étaient fils d'un chef puissant qui, ayant perdu une jambe à la bataille d'Austerlitz, avait voué aux Français une haine si vive que, ne pouvant plus les combattre, il avait envoyé ses deux fils pour leur faire la guerre. Je prévis que le froid et le chagrin feraient bientôt périr le seul qui lui restât. J'en eus pitié et lui rendis la liberté, ainsi qu'à son vénérable mentor. Celui-ci, en prenant congé de moi, me dit ces mots expressifs : « En pensant à son fils aîné, la mère de mes
« deux élèves vous maudira; mais en revoyant le second,
« elle vous bénira, ainsi que votre mère, en considération
« de laquelle vous avez épargné le seul enfant qui lui
« reste! »

Cependant, la vigueur avec laquelle les troupes russes avaient été repoussées dans la dernière action ayant calmé leur ardeur, nous fûmes deux jours sans les revoir, ce qui assura notre retraite jusqu'à Malodeczno; mais si les ennemis nous laissaient un moment de trêve, le froid nous faisait une guerre des plus rudes, car le thermomètre descendit à 27 degrés! Les hommes et les chevaux tombaient à chaque pas, et beaucoup pour ne plus se relever. Je n'en restai pas moins avec les débris de mon régiment, au milieu duquel je bivouaquai sur la neige chaque nuit : où aurais-je pu aller pour être moins mal? Mes braves officiers et soldats, considérant leur colonel comme un *drapeau vivant*, tenaient à me conserver et m'entouraient de tous les soins que comportait notre affreuse situation. La blessure que j'avais reçue au genou m'empêchant de me tenir à califourchon, j'étais obligé de placer ma jambe sur l'encolure du cheval et de garder l'immobilité, ce qui me glaçait. Aussi mes douleurs devinrent-elles intolérables; mais que faire?

La route était parsemée de morts et de mourants, la

marche lente et silencieuse. Ce qui restait d'infanterie de la garde formait un petit carré dans lequel marchait la voiture de l'Empereur. Il avait à ses côtés le roi Murat.

Le 5 décembre, après avoir dicté son vingt-neuvième bulletin, qui jeta toute la France dans la stupeur, Napoléon quitta l'armée à Smorgoni, pour se rendre à Paris. Il faillit être enlevé à Ochmiana par un parti de Cosaques. Le départ de l'Empereur produisit un effet immense sur l'esprit des troupes. Les uns le blâmaient en le qualifiant d'*abandon;* les autres l'approuvaient comme le seul moyen de préserver la France de la guerre civile et de l'invasion de nos prétendus alliés, dont la plupart, n'attendant qu'une circonstance favorable pour se déclarer contre nous, n'oseraient bouger, en apprenant que Napoléon, rentré dans ses États, y organisait de nombreux régiments. Je partageais cette dernière opinion, dont les faits prouvèrent la justesse.

CHAPITRE XX

Intensité du froid. — Brigandage armé. — Arrivée à Wilna. — Le défilé de Ponari. — Retraite en traîneaux. — Arrivée à Kowno. — Passage de la Vistule.

L'Empereur, en s'éloignant, confia le commandement des débris de l'armée à Murat, qui, dans cette circonstance, se montra au-dessous de sa tâche. Il faut convenir aussi qu'elle était on ne peut plus difficile. Le froid paralysait les facultés morales et physiques de chacun; la désorganisation était partout. Le maréchal Victor refusa de relever le 2⁰ corps, qui faisait l'arrière-garde depuis la Bérésina, et le maréchal Ney eut beaucoup de peine à l'y contraindre. Chaque matin, on laissait des milliers de morts dans les bivouacs qu'on quittait. Je m'applaudis alors d'avoir, au mois de septembre, forcé mes cavaliers à se munir de redingotes en peau de mouton : cette précaution sauva la vie à beaucoup d'entre eux. Il en fut de même des provisions de bouche que nous avions faites à Borisoff, car, sans cela, il aurait fallu disputer à la multitude affamée des cadavres de chevaux.

Je dirai à ce sujet que M. de Ségur exagère lorsqu'il dit que, pour assouvir leur faim, on vit des malheureux réduits à manger de la *chair humaine* [1]! La route était

---

[1] « Des malheureux se précipitèrent dans ces brasiers... leurs « compagnons affamés les regardaient sans effroi... il y en eut

suffisamment garnie de chevaux pour que personne ne songeât à se faire anthropophage. Au surplus, on serait dans une grande erreur si l'on croyait que les vivres manquaient totalement dans la contrée, car ils ne faisaient défaut que dans les localités situées sur la route même, parce que ses environs avaient été épuisés lorsque l'armée se rendait à Moscou; mais comme elle n'avait fait que passer comme un torrent, sans s'étendre sur les flancs, et que depuis cette époque la moisson avait été faite, le pays s'était un peu remis, et il suffisait d'aller à une ou deux lieues sur les côtés pour retrouver une certaine abondance. Il est vrai que les détachements encore en bon ordre pouvaient seuls faire de telles excursions sans être enlevés par des partis de Cosaques qui rôdaient autour de nous.

Je me concertai donc avec plusieurs colonels pour organiser des *maraudes armées* qui revenaient toujours non seulement avec du pain et quelques pièces de bétail, mais avec des traîneaux chargés de viandes salées, de farine et d'avoine prises dans les villages que les paysans n'avaient pas abandonnés. Cela prouve que si le duc de Bassano et le général Hogendorf, auxquels l'Empereur avait confié, au mois de juin, l'administration de la Lithuanie, avaient rempli leur devoir pendant le long espace de temps qu'ils passèrent à Wilna, ils auraient pu facilement créer de grands magasins; mais ils s'étaient surtout attachés à approvisionner la ville, sans s'occuper des troupes.

Le 6 décembre, l'intensité du froid s'accrut infiniment, car le thermomètre descendit à près de 30 degrés; aussi cette journée fut-elle encore plus funeste que les précé-

---

« même qui attirèrent à eux ces corps défigurés et grillés... et il
« est trop vrai qu'ils osèrent porter à leur bouche cette révoltante
« nourriture ! » (DE SÉGUR, *Histoire de Napoléon*.)

dentes, surtout pour les troupes qui n'avaient pas été habituées peu à peu à l'intempérie du climat. De ce nombre était la division Gratien, qui, forte de 12,000 conscrits, avait quitté Wilna le 4 pour venir au-devant de nous. La brusque transition de casernes bien chaudes avec le bivouac de 29 degrés et demi de froid fit périr en quarante-huit heures presque tous ces malheureux! La rigueur de la saison produisit des effets encore plus terribles sur 200 cavaliers napolitains de la garde du roi Murat. Ils venaient aussi à notre rencontre après avoir séjourné longtemps à Wilna; mais ils moururent *tous* dès la première nuit qu'ils passèrent sur la neige!

Ce qui restait d'Allemands, d'Italiens, d'Espagnols, de Croates et autres étrangers que nous avions conduits en Russie, sauvèrent leur vie par un moyen qui répugnait aux Français : ils *désertaient,* gagnaient les villages à proximité de la route et attendaient, en se chauffant dans les maisons, l'arrivée des ennemis, qui, souvent, n'avait lieu que quelques jours après, car, chose étonnante, les soldats russes, habitués à passer l'hiver dans des habitations bien calfeutrées et garnies de poêles toujours allumés, sont infiniment plus sensibles au froid que ceux des autres contrées de l'Europe; aussi l'armée ennemie éprouvait-elle de grandes pertes, ce qui explique la lenteur de la poursuite.

Nous ne comprenions pas comment Koutousoff et ses généraux se bornaient à nous suivre en queue avec une faible avant-garde, au lieu de se jeter sur nos flancs, de les déborder et d'aller nous couper toute retraite en gagnant la tête de nos colonnes. Mais cette manœuvre, qui eût consommé notre perte, leur devint impossible, parce que la plupart de leurs soldats périssaient, ainsi que les nôtres, sur les routes et dans les bivouacs, car l'intensité du froid était si grande qu'on distinguait une sorte de fumée sortant des oreilles et des yeux. Cette vapeur, se condensant au contact de l'air, retombait bruyamment sur nos poitrines comme auraient pu le faire des poignées de grains de millet. Il fallait s'arrêter souvent pour débarrasser les chevaux des énormes glaçons que leur haleine formait en se gelant sur le mors des brides.

Cependant quelques milliers de Cosaques, attirés par l'espoir du pillage, supportaient encore l'intempérie de la saison et côtoyaient nos colonnes, dont ils avaient même l'audace d'attaquer les points où ils apercevaient des bagages; mais il suffisait de quelques coups de fusil pour les éloigner. Enfin, pour jeter facilement le trouble parmi nous sans courir aucun danger, car nous avions été réduits, faute d'attelages, à abandonner toute notre artillerie, les Cosaques placèrent sur des traîneaux de petits canons légers, avec lesquels ils tiraient sur nos troupes jusqu'à ce que, voyant un détachement armé s'avancer vers eux, ils se sauvassent à toutes jambes. Ces attaques partielles, qui, en réalité, faisaient peu de mal aux Français, ne laissaient pas que d'être fort désagréables par leur continuelle répétition. Beaucoup de malades et de blessés ayant été pris et dépouillés par ces coureurs, dont quelques-uns firent un immense butin, le désir de s'enrichir aussi nous attira de nouveaux ennemis, sortant des rangs de nos alliés : ce furent les Polonais.

Le maréchal de Saxe, fils d'un de leurs rois, a dit avec raison que « les Polonais sont les plus grands « pillards du monde et ne respecteraient même pas le « bien de leurs pères ». Jugez si ceux qui étaient dans nos rangs respectaient celui de leurs alliés. Aussi, dans les marches et dans les bivouacs, ils volaient tout ce qu'ils voyaient; mais comme on se méfiait d'eux et que les larcins isolés devinrent fort difficiles, ils résolurent de travailler *en grand*. Pour cela, ils s'organisèrent en bandes, jetèrent leurs casques, se coiffèrent de bonnets de paysans, et, se glissant hors des bivouacs dès que la nuit était close, ils se réunissaient sur un point donné, et, revenant ensuite vers nos camps en poussant le cri de guerre des Cosaques : « Hourra! hourra! » ils portaient ainsi la terreur dans l'esprit des hommes faibles, dont beaucoup fuyaient en abandonnant effets, voitures et vivres. Alors les prétendus Cosaques, après avoir tout pillé, s'éloignaient et rentraient avant le jour dans la colonne française, où ils reprenaient le titre de Polonais, sauf à redevenir *Cosaques* la nuit suivante.

Cet affreux brigandage ayant été signalé, plusieurs généraux et colonels résolurent de le punir. Le général Maison fit faire si bonne garde dans les bivouacs du 2° corps, qu'une belle nuit nos postes surprirent une cinquantaine de Polonais au moment où, s'apprêtant à jouer le rôle de *faux Cosaques*, ils allaient faire leur *hourra* de pillage!... Se voyant cernés de toutes parts, ces bandits eurent l'impudence de dire qu'ils avaient voulu faire une *plaisanterie!*... Mais comme ce n'était ni le lieu ni le moment de rire, le général Maison les fit *tous fusiller* sur-le-champ! On fut quelque temps sans voir des voleurs de cette espèce; mais ils reparurent plus tard.

Nous arrivâmes le 9 décembre à Wilna, où il existait quelques magasins; mais le duc de Bassano et le général Hogendorf s'étaient retirés vers le Niémen, et personne ne donnait d'ordre... Aussi, là comme à Smolensk, les administrateurs exigeaient, pour délivrer des vivres et des vêtements, qu'on leur remît des *reçus* réguliers, ce qui était impossible à cause de la désorganisation de presque tous les régiments. On perdit donc un temps précieux. Le général Maison fit enfoncer plusieurs magasins, et ses troupes eurent quelques vivres et des effets d'habillement, mais le surplus fut pris le lendemain par les Russes. Les soldats des autres corps se répandirent en ville dans l'espoir d'être reçus par les habitants; mais ceux-ci, qui, six mois avant, appelaient les Français de leurs vœux, fermèrent leurs maisons dès qu'ils les virent dans le malheur! Les Juifs seuls reçurent ceux qui avaient de quoi payer cette hospitalité passagère.

Repoussés des magasins ainsi que des habitations particulières, l'immense majorité des hommes affamés se porta vers les hôpitaux, qui furent bientôt encombrés outre mesure, bien qu'il ne s'y trouvât pas assez de vivres pour tous ces malheureux; mais ils étaient du moins à l'abri des grands froids!... Cet avantage précaire détermina cependant plus de 20,000 malades et blessés, parmi lesquels se trouvaient deux cents officiers et huit généraux, à ne pas aller plus loin! Leurs forces morales et physiques étaient épuisées.

Le lieutenant Hernoux, l'un des plus vigoureux et des plus braves officiers de mon régiment, était tellement consterné de ce qu'il voyait depuis quelques jours, qu'il se coucha sur la neige, et rien ne pouvant le déterminer à se lever, il y mourut!... Plusieurs militaires de tous grades se brûlèrent la cervelle pour mettre un terme à leurs misères !

Dans la nuit du 9 au 10 décembre et par 30 degrés de froid, quelques Cosaques étant venus tirailler aux portes de Wilna, bien des gens crurent que c'était l'armée entière de Koutousoff, et, dans leur épouvante, ils s'éloignèrent précipitamment de la ville. J'ai le regret d'être obligé de dire que le roi Murat fut de ce nombre : il partit sans donner aucun ordre; mais le maréchal Ney resta. Il organisa la retraite le mieux qu'il put, et nous quittâmes Wilna le 10 au matin, en y abandonnant, outre un très grand nombre d'hommes, un parc d'artillerie et une partie du trésor de l'armée.

A peine étions-nous hors de Wilna que les infâmes Juifs, se ruant sur les Français qu'ils avaient reçus dans leurs maisons pour leur soutirer le peu d'argent qu'ils avaient, les dépouillèrent de leurs vêtements et les jetèrent *tout nus* par les fenêtres!... Quelques officiers de l'avant-garde russe qui entraient à ce moment furent tellement indignés de cette atrocité qu'ils firent tuer beaucoup de Juifs.

Au milieu de ce tumulte, le maréchal Ney avait poussé vers la route de Kowno tout ce qu'il pouvait mettre en mouvement; mais à peine avait-il fait une lieue, qu'il rencontra la hauteur de Ponari. Ce monticule, qu'en toute autre circonstance la colonne eût franchi sans y faire attention, devint un obstacle immense, parce que la glace qui le couvrait avait rendu la route tellement glissante que les chevaux de trait étaient hors d'état de monter les chariots et les fourgons!... Ce qui restait du trésor allait donc tomber aux mains des Cosaques, lorsque le maréchal Ney ordonna d'ouvrir les caissons et de laisser les soldats français puiser dans les coffres. Cette sage mesure, dont M. de Ségur n'a probablement pas connu le motif, l'a porté à dire que les troupes pillèrent le trésor impérial. Dans le *Spectateur militaire* de l'époque, j'ai également relevé cette phrase de M. de Ségur :
« Après le départ de l'Empereur, la plupart des colonels
« de l'armée, qu'on avait admirés jusque-là marchant
« encore, avec quatre ou cinq officiers ou soldats,
« autour de leur aigle... ne prirent plus d'ordres que
« d'eux-mêmes... Il y eut des hommes qui firent deux
« cents lieues sans tourner la tête! » J'ai prouvé que le

maréchal Ney, ayant vu tomber dans un combat le colonel et le chef de bataillon d'un régiment qui ne comptait plus que soixante hommes, comprit que de telles pertes s'opposeraient à la réorganisation de l'armée et ordonna qu'on ne gardât devant l'ennemi que le nombre d'officiers supérieurs proportionné à celui de la troupe.

Plusieurs jours avant notre arrivée à Wilna, l'intensité du froid ayant fait périr beaucoup de chevaux de mon régiment et empêchant de monter ceux qui nous restaient encore, tous mes cavaliers marchaient à pied. J'aurais bien voulu pouvoir les imiter; mais ma blessure s'y opposant, je fis prendre un traîneau auquel on attela un de mes chevaux. La vue de ce nouveau véhicule m'inspira l'idée de sauver par ce moyen mes malades devenus nombreux, et comme en Russie il n'y a pas de si pauvre habitation dans laquelle on ne trouve un traîneau, j'en eus bientôt une centaine, dont chacun, traîné par un cheval de troupe, sauvait deux hommes. Cette manière d'aller parut si commode au général Castex, qu'il m'autorisa à placer tous les autres cavaliers en traîneaux. M. le chef d'escadron Monginot, devenu colonel du 24ᵉ de chasseurs depuis que M. A... avait été nommé général, ayant reçu la même autorisation, tout ce qui restait de notre brigade attela ses chevaux et forma une caravane qui marchait avec le plus grand ordre.

Vous croyez, sans doute, qu'en marchant ainsi nous paralysions nos moyens de défense; mais détrompez-vous, car sur la glace nous étions bien plus forts avec des traîneaux qui passent partout et dont les brancards soutiennent les chevaux, que si nous fussions restés en selle sur des montures tombant à chaque pas!

La route étant couverte de fusils abandonnés, nos chasseurs en prirent chacun deux et firent aussi ample provision de cartouches, de sorte que lorsque les Cosaques se hasardaient à nous approcher, ils étaient reçus par une mousqueterie des plus vives, qui les éloignait promptement. D'ailleurs, nos cavaliers combattaient à pied au besoin ; puis, le soir, nous formions avec les traîneaux un immense carré, au milieu duquel nous établissions nos feux. Le maréchal Ney et le général Maison venaient souvent passer la nuit en ce lieu, où il y avait sécurité, puisque l'ennemi ne nous suivait qu'avec des Cosaques. Ce fut sans doute la première fois qu'on vit faire l'arrière-garde en traîneaux ; mais la gelée rendait tout autre moyen impraticable, et celui-ci nous réussit.

Nous continuâmes donc à couvrir la retraite jusqu'au 13 décembre, où nous revîmes enfin le Niémen et Kowno, dernière ville de Russie. C'était par ce même lieu que, cinq mois plus tôt, nous étions entrés dans l'empire des Czars. Combien les circonstances étaient changées depuis !... Quelles pertes immenses l'armée française avait éprouvées !

A son entrée dans Kowno avec l'arrière-garde, le maréchal Ney trouva pour toute garnison un faible bataillon de 400 Allemands, qu'il joignit aux quelques troupes qui lui restaient, afin de défendre la place le plus longtemps possible et de donner ainsi aux malades et blessés la facilité de s'écouler vers la Prusse. En apprenant l'arrivée de Ney, le roi Murat s'éloigna pour gagner Gumbinnen.

Le 14, les Cosaques de Platow, suivis de deux bataillons d'infanterie russe, placés ainsi que plusieurs canons sur des traîneaux, parurent devant Kowno, qu'ils attaquèrent sur plusieurs points. Mais le maréchal Ney, secondé par le général Gérard, les repoussa et se maintint dans la ville jusqu'à la nuit. Alors, il nous fit traverser le Niémen sur la glace et quitta le dernier le territoire russe !

Nous étions en Prusse, en pays allié!... Le maréchal Ney, accablé de fatigue, malade, et considérant d'ailleurs la campagne comme terminée, nous quitta aussitôt et se rendit à Gumbinnen, où se réunissaient tous les maréchaux. Dès ce moment, l'armée n'eut plus de chef, et les débris de chaque régiment marchèrent isolément en avançant sur le territoire prussien. Les Russes, en guerre avec ce pays, auraient eu le droit de nous y suivre; mais satisfaits d'avoir reconquis leur territoire, et ne sachant d'ailleurs s'ils devaient se présenter en Prusse comme alliés ou ennemis, ils voulurent attendre les ordres de leur gouvernement et s'arrêtèrent sur le Niémen. Nous profitâmes de leur hésitation pour nous diriger vers les villes de la Vieille-Prusse.

Les Allemands sont généralement humains; beaucoup d'entre eux avaient des parents et des amis dans les régiments qui avaient suivi les Français à Moscou. Ils nous reçurent donc assez bien, et j'avoue qu'après avoir couché pendant cinq mois à la belle étoile, ce fut avec délices que je me vis logé dans une chambre chaude et placé dans un bon lit! Mais cette brusque transition d'un bivouac glacial à un bien-être depuis si longtemps oublié me rendit gravement malade. Presque toute l'armée éprouva les mêmes effets : nous perdîmes beaucoup de monde, entre autres les généraux Éblé et Lariboisière, chefs de l'artillerie.

Malgré la réception convenable qu'ils nous firent, les Prussiens, se rappelant leur défaite d'Iéna et la manière dont Napoléon les avait traités en 1807, en démembrant une partie de leur royaume, nous haïssaient secrètement et nous auraient désarmés et arrêtés au premier signal donné par leur roi. Déjà le général York, chef du nombreux corps prussien dont l'Empereur avait si imprudemment formé l'aile gauche de la Grande Armée, le général York, cantonné entre Tilsitt et Riga, venait de pactiser avec les Russes et de renvoyer le maréchal Macdonald, que, par un reste de pudeur, il n'osa cependant pas faire arrêter. Les Prussiens de toute classe applaudirent à la trahison du général York, et comme les provinces que traversaient en ce moment les soldats français malades et sans armes étaient garnies de troupes prussiennes, il est probable que les habitants auraient cherché à s'emparer de nous, s'ils n'avaient craint pour leur roi qui était à Berlin, au milieu d'une armée française commandée par le maréchal Augereau. Cette crainte et le désaveu que le roi de Prusse (le plus honnête homme de son royaume) infligea au général York, en le faisant juger et condamner à mort pour crime de haute trahison, ayant empêché un soulèvement général contre les Français, nous en profitâmes pour nous éloigner et pour gagner les rives de la Vistule.

Mon régiment la traversa auprès de la forteresse de Graudenz, au point même où nous l'avions passée en nous rendant en Russie; mais le trajet fut cette fois très périlleux, car le dégel s'étant déjà fait sentir à quelques lieues en amont, la glace était recouverte d'un grand pied d'eau, et l'on entendait d'affreux craquements, présage d'une débâcle générale. Ajoutez à cela que ce fut au milieu d'une nuit obscure que je reçus l'ordre de passer le fleuve *à l'instant même*, car le général venait d'être informé que le roi de Prusse ayant quitté Berlin pour se réfugier en Silésie, au centre d'une armée considérable, les populations commençaient à s'agiter, et il était à craindre qu'elles ne se soulevassent contre nous, dès que la débâcle nous empêcherait de traverser la Vistule. Il fallait donc absolument affronter le danger. Il était immense, car le fleuve est très considérable devant Graudenz, et il existait dans la glace de larges et nombreuses crevasses qu'on n'apercevait que fort difficilement à la lueur des feux allumés sur les deux rives.

Comme il ne fallait pas songer à faire ce trajet avec nos traîneaux, nous les abandonnâmes : on prit les chevaux en main, et, précédés de quelques hommes armés de perches qui signalaient les crevasses, nous commençâmes cette périlleuse traversée. Nous étions jusqu'à mi-jambes dans l'eau à demi gelée, ce qui aggrava la position des blessés et des malades; mais la douleur physique n'était rien auprès des craintes que nous inspiraient les craquements des glaçons, menaçant à chaque instant de s'enfoncer sous nos pieds! Le domestique d'un de mes officiers tomba dans une crevasse et ne reparut plus! Enfin, nous arrivâmes à la rive opposée, où nous passâmes la nuit à nous réchauffer dans des huttes de pêcheurs, et le lendemain nous fûmes témoins d'un dégel complet de la Vistule, de sorte que si nous eussions retardé notre passage de quelques heures, nous étions faits prisonniers!...

Du lieu où nous avions franchi la Vistule, mon régiment se rendit dans la petite ville de Sweld, où il avait déjà cantonné avant la guerre : ce fut là que je commençai l'année 1813. Celle qui venait de finir avait été certainement la plus pénible de ma vie!

CHAPITRE XXI

Causes de nos désastres. — Manque d'interprètes. — Confiance aveugle dans la fidélité de nos alliés. — Considérations sur l'incendie de Moscou. — Chiffre de nos pertes. — Témoignage flatteur accordé par l'Empereur au 23e de chasseurs.

Jetons maintenant un coup d'œil rapide sur les causes qui firent manquer la campagne de Russie.

La principale fut incontestablement l'erreur dans laquelle tomba Napoléon, lorsqu'il crut pouvoir faire la guerre dans le nord de l'Europe avant de terminer celle qu'il soutenait depuis longtemps en Espagne, où ses armées venaient d'essuyer de grands revers, à l'époque où il se préparait à aller attaquer les Russes chez eux. Les troupes vraiment *françaises,* ainsi disséminées au nord et au midi, se trouvant insuffisantes partout, Napoléon crut y suppléer en joignant à leurs bataillons ceux de ses alliés. C'était affaiblir un vin généreux en y mêlant de l'eau bourbeuse!... En effet, les divisions françaises furent moins bonnes; les troupes des alliés restèrent toujours médiocres, et ce furent elles qui, pendant la retraite, portèrent le désordre dans la Grande Armée.

Une cause non moins fatale de nos revers fut la mauvaise organisation, ou plutôt le manque total d'organisation des pays conquis. Car, au lieu d'imiter ce que nous avions fait pendant les campagnes d'Austerlitz, Iéna et Friedland, en établissant dans les pays dont l'armée s'éloignait de petits corps de troupes qui, échelonnés d'étapes en étapes, communiquaient régulièrement entre eux pour assurer la tranquillité de nos derrières, l'arrivée des munitions, des hommes isolés, et le départ des convois de blessés, on avait imprudemment poussé toutes les forces disponibles vers Moscou, si bien que, de cette ville au Niémen, il n'y avait, si on en excepte Wilna et Smolensk, pas une seule garnison, pas un magasin, pas un hôpital! Deux cents lieues de pays étaient ainsi livrées à quelques partis de Cosaques errants. Il résulta de cet abandon que les malades rétablis ne pouvaient rejoindre l'armée, et que, faute de convois d'évacuation, on fut obligé de laisser pendant près de deux mois tous les blessés de la Moskova dans le couvent de Kolotskoï. Ils s'y trouvaient encore au moment de la retraite; presque tous furent pris, et ceux qui, comptant sur leurs forces, voulurent suivre l'armée périrent de fatigue et de froid sur les grandes routes! Enfin les troupes en retraite n'avaient pas de subsistances assurées dans des contrées qui produisent d'immenses quantités de blé.

Le défaut de petites garnisons sur nos derrières fut encore cause que sur plus de 100,000 prisonniers faits par les Français dans le cours de la campagne, *pas un,* mais à la lettre *pas un seul,* ne sortit de Russie, parce qu'on n'avait pas organisé sur les derrières des détachements pour les conduire en se les passant de main en main. Aussi, tous ces prisonniers s'échappaient facilement et retournaient vers l'armée russe, qui récupérait par ce moyen une partie de ses pertes, tandis que les nôtres s'aggravaient chaque jour.

Le manque d'interprètes contribua aussi à nos désastres beaucoup plus qu'on ne le pense; en effet, quels renseignements obtenir dans un pays inconnu, quand on ne peut échanger une seule parole avec les habitants?... Ainsi, lorsque sur les bords de la Bérésina le général Partouneaux se trompa de chemin, quittant celui de Studianka pour se diriger vers le camp de Wittgenstein, Partouneaux avait avec lui un paysan de Borisoff, qui, ne sachant pas un mot de français, tâchait de lui faire comprendre par des signes expressifs que ce camp était russe; mais, faute d'interprète, on ne s'entendit pas, et nous perdîmes une belle division de 7 à 8,000 hommes !

Dans une circonstance à peu près semblable, le 3⁰ de lanciers, surpris au mois d'octobre, malgré les avis incompris de son guide, avait perdu 200 hommes. Cependant, l'Empereur avait dans son armée plusieurs corps de cavalerie polonaise, dont presque tous les officiers et beaucoup de sous-officiers parlaient très bien le russe; mais on les laissa dans leurs régiments respectifs, tandis qu'on aurait dû en prendre quelques-uns dans chaque corps pour les placer auprès de tous les généraux et colonels, où ils auraient rendu de très grands services. J'insiste sur ce point, parce que l'armée française étant celle où les langues étrangères sont le moins connues, il en est souvent résulté de très grands inconvénients pour elle, ce qui néanmoins ne nous a pas corrigés de l'insouciance que nous apportons dans cette partie si essentielle à la guerre.

J'ai déjà fait observer combien fut grande la faute que l'on commit en formant les deux ailes de la Grande Armée avec les contingents de la Prusse et de l'Autriche. L'Empereur dut vivement s'en repentir, d'abord en apprenant que les Autrichiens avaient laissé passer l'armée russe de Tchitchakoff, qui venait nous couper le chemin de la retraite sur les bords de la Bérésina, et en second lieu lorsqu'il connut la trahison du général.

York, chef du corps prussien. Mais les regrets de Napoléon durent être encore bien plus amers pendant et après la retraite, car si dès le commencement de la campagne il eût composé les deux ailes de la Grande Armée de troupes françaises, en amenant à Moscou les Prussiens et les Autrichiens, ceux-ci, ayant éprouvé leur part de misères et de pertes, auraient été au retour aussi affaiblis que tous les autres corps, tandis que Napoléon aurait retrouvé intactes les troupes françaises laissées par lui aux deux ailes! J'irai même plus loin, car je pense que l'Empereur, afin d'affaiblir la Prusse et l'Autriche, aurait dû *exiger* d'elles des contingents triples et quadruples de ceux qu'elles lui envoyèrent!... On a dit, après l'événement, que ces deux États n'auraient pas adhéré à cette demande; je pense tout le contraire, car le roi de Prusse venant à Dresde *supplier* Napoléon de vouloir bien agréer son fils pour aide de camp n'aurait osé rien lui refuser; et l'Autriche, dans l'espoir de recouvrer quelques-unes des riches provinces que l'empereur des Français lui avait arrachées, aurait de son côté fait tout pour lui complaire!... La trop grande confiance que Napoléon eut en 1812 dans la Prusse et l'Autriche le perdit!...

On a prétendu, et l'on répétera longtemps, que l'incendie de Moscou, dont on a fait honneur à la courageuse résolution du gouvernement russe et du général Rostopschine, fut la principale cause de la non-réussite de notre campagne de 1812. Cette assertion me paraît contestable. D'abord, la destruction de Moscou ne fut pas tellement complète qu'il n'y restât assez de maisons, de palais, d'églises et de casernes, pour établir toute l'armée, ainsi que le prouve un état que j'ai vu entre les mains de mon ami le général Gourgaud, alors premier officier d'ordonnance de l'Empereur. Ce ne fut donc pas le défaut de *logements* qui contraignit les Français à quitter Moscou. Bien des gens pensent que ce fut la crainte de manquer de vivres; mais c'est encore une erreur, car les rapports faits à l'Empereur par M. le comte Daru, intendant général de l'armée, prouvent que, même après l'incendie, il existait dans cette ville immense plus de provisions qu'il n'en aurait fallu pour nourrir l'armée pendant six mois! Ce ne fut donc pas la crainte de la *disette* qui détermina l'Empereur à faire retraite, et sous ce rapport le gouvernement n'aurait pas atteint le but qu'il se proposait, s'il l'avait eu toutefois. Ce but était tout autre.

En effet, la cour voulait porter un coup mortel à la vieille aristocratie des boyards en détruisant la ville, centre de leur constante opposition; le gouvernement russe, tout despotique qu'il est, a beaucoup à compter avec la haute noblesse, dont plusieurs empereurs ont payé de leur vie le mécontentement. Les plus puissants et les plus riches membres de cette noblesse faisant de Moscou le foyer perpétuel de leurs intrigues, le gouvernement, de plus en plus inquiet de l'accroissement de cette ville, trouva dans l'invasion française une occasion de la détruire. Le général Rostopschine, un des auteurs du projet, fut chargé de l'exécution, dont il voulut plus tard rejeter l'odieux sur les Français[1]; mais l'aristocratie ne s'y trompa pas; elle accusa si hautement le gouvernement et montra un tel mécontentement de l'incendie inutile de ses palais, que l'empereur Alexandre, pour éviter une catastrophe personnelle, fut obligé non seulement de permettre la reconstruction de Moscou, mais de bannir Rostopschine, qui, malgré ses protestations

---

[1] Dans sa brochure publiée en 1823, Rostopschine insiste particulièrement sur les causes accidentelles de l'incendie.

de patriotisme, vint mourir à Paris, haï par la noblesse russe.

Mais quels que fussent les motifs de l'incendie de Moscou, je pense que sa conservation aurait été plus nuisible qu'utile aux Français, car pour dominer une cité immense, habitée par plus de 300,000 individus, toujours prêts à se révolter, il aurait fallu affaiblir l'armée, pour placer à Moscou une garnison de 50,000 hommes qui, au moment de la retraite, auraient été assaillis par la populace, tandis que l'incendie ayant éloigné presque tous les habitants, quelques patrouilles suffirent pour maintenir la tranquillité.

La seule influence qu'ait eue Moscou sur les événements de 1812 provint de ce que Napoléon, ne voulant pas comprendre qu'Alexandre ne pouvait lui demander la paix, sous peine d'être mis à mort par ses sujets, pensait que s'éloigner de cette capitale avant d'avoir conclu un traité avec les Russes serait avouer l'impuissance dans laquelle il était de s'y maintenir. L'empereur des Français s'obstina donc à rester le plus longtemps possible à Moscou, où il perdit plus d'un mois à attendre inutilement des propositions de paix. Ce retard nous devint fatal, puisqu'il permit à l'hiver de se prononcer avant que l'armée française pût aller se cantonner en Pologne. Mais lors même que Moscou aurait été conservé intact, cela n'eût rien changé aux événements; la catastrophe provint de ce que la retraite ne fut pas préparée d'avance et exécutée en temps opportun. Il était cependant facile de prévoir qu'il ferait très grand froid en Russie pendant l'hiver!... Mais, je le répète, l'espérance de conclure la paix séduisit Napoléon et fut la seule cause de son long séjour à Moscou.

Les pertes de la Grande Armée pendant la campagne furent immenses; on les a cependant beaucoup exa-

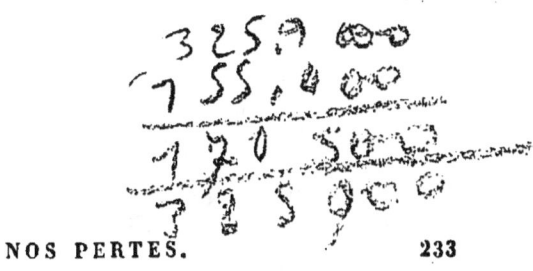

gérées. J'ai déjà dit que j'avais vu entre les mains du général Gourgaud un état de situation surchargé de notes écrites de la main de Napoléon, et qu'il résultait de ce document *officiel* que le nombre d'hommes qui passèrent le Niémen fut de 325,900, dont 155,400 Français et 170,500 alliés. A notre retour, les contingents prussiens et autrichiens passèrent en masse à l'ennemi, et presque tous les autres alliés avaient déserté individuellement pendant la retraite. Ce n'est donc qu'en établissant une balance entre l'effectif des Français à leur entrée en campagne et ce qu'il était à leur second passage du Niémen, qu'on peut faire un premier calcul approximatif de leurs pertes.

Or il résulte des états de situation produits en février 1813 que 60,000 Français avaient repassé le Niémen; il en manquait donc 95,000. Sur ce nombre, 30,000 des prisonniers faits par les Russes rentrèrent dans leur patrie après la paix de 1814. La perte totale des Français regnicoles fut donc, pendant la campagne de Russie, de 65,000 morts[1].

La perte éprouvée par mon régiment fut dans des proportions relativement beaucoup moindres. En effet, à l'ouverture de la campagne, le 23e de chasseurs comptait dans ses rangs 1,018 hommes. Pendant son séjour au camp de Polotsk, il en reçut 30, ce qui portait à 1,048 le nombre de cavaliers de ce corps entrés en Russie. Sur ce nombre, j'eus 109 hommes tués, 77 faits prisonniers, 63 estropiés et 104 égarés. Le déficit ne fut donc que de 355 hommes; de sorte que, après la rentrée des cavaliers que j'avais dirigés sur Varsovie après la cam-

---

[1] M. Thiers établit comme il suit le compte de nos pertes. Selon lui, 420,000 hommes passèrent le Niémen, et ce chiffre fut porté à 533,000 par des renforts successifs : 300,000 auraient péri, tant Français qu'alliés. (*Note de l'éditeur.*)

pagne, le régiment qui, des bords de la Vistule, avait été envoyé au delà de l'Elbe, dans la principauté de Dessau, put réunir en février 1813 un total de 693 hommes à cheval, ayant tous fait la campagne de Russie.

En voyant ce chiffre, l'Empereur, qui de Paris surveillait la réorganisation de son armée, pensa qu'il y avait erreur, et renvoya la *situation*, en me faisant ordonner d'en faire produire une plus exacte, et comme la seconde fut conforme à la première, l'Empereur ordonna au général Sébastiani d'aller inspecter mon régiment et de lui faire dresser un état *nominatif* des hommes présents. Cette opération ayant détruit tous les doutes et confirmé ce que j'avais avancé, je reçus peu de jours après du major général une lettre des plus flatteuses pour les officiers et sous-officiers, et surtout pour moi. Elle portait que « l'Empereur chargeait le
« prince Berthier de nous exprimer la satisfaction de Sa
« Majesté, pour les soins que nous avions donnés à la
« conservation des hommes placés sous nos ordres; que
« l'Empereur, sachant que le 23ᵉ de chasseurs n'avait
« pas été jusqu'à Moscou, ne fondait pas la comparaison
« sur les pertes essuyées par les régiments qui avaient
« poussé jusque-là, mais qu'il l'établissait entre ceux du
« 2ᵉ corps d'armée, qui, s'étant trouvés dans les mêmes
« conditions, auraient dû ne faire qu'à peu près les
« mêmes pertes; que néanmoins le 23ᵉ de chasseurs,
« bien qu'il eût plus souffert du feu de l'ennemi que les
« autres, était celui de tous qui avait ramené le plus
« d'hommes, ce que Sa Majesté attribuait au zèle du
« colonel, des officiers et sous-officiers, ainsi qu'au bon
« esprit des soldats! »

Après avoir mis à l'ordre et fait lire cette lettre devant tous les escadrons, je comptais la garder comme un titre glorieux pour ma famille, mais j'en fus empêché par un scrupule que vous approuverez sans doute. Il me parut peu convenable de priver le régiment d'une pièce qui, portant les marques de la satisfaction impériale pour *tous*, appartenait à *tous*. J'envoyai donc la lettre du major général aux archives du régiment. Je me suis bien souvent repenti de cet acte de délicatesse, car un an s'était à peine écoulé, que le gouvernement de Louis XVIII ayant été substitué en 1814 à celui de l'Empereur, le 23° de chasseurs fut incorporé au 3° de même arme. Les archives de ces deux corps furent d'abord réunies, mal conservées, puis, au grand licenciement de l'armée en 1815, elles se perdirent dans l'immense gouffre du bureau de la guerre. En vain, après la révolution de 1830, j'ai fait rechercher la lettre du major général, si flatteuse pour mon ancien régiment et pour moi, je n'ai pu parvenir à la retrouver.

CHAPITRE XXII

1813. Fâcheuse situation générale. — Incurie de l'administration. — Observations sur la conservation des places fortes. — État de la France. — Levées forcées et illégales. — Je rejoins mon dépôt Mons.

L'année 1813 commença pour la France sous de bien fâcheux auspices ; car à peine les glorieux débris de notre armée revenant de Russie eurent-ils franchi la Vistule et commencé à se réorganiser, que la trahison du général prussien York et des troupes qu'il commandait nous contraignit à nous retirer derrière l'Oder, et bientôt à abandonner Berlin et toute la Prusse soulevée contre nous, à l'aide des corps que Napoléon avait eu l'imprudence d'y laisser. Les Russes hâtèrent autant que possible leur marche et vinrent se joindre aux Prussiens, dont le Roi déclara alors la guerre à l'empereur des Français.

Napoléon n'avait dans le nord de l'Allemagne que deux divisions, commandées, il est vrai, par le maréchal Augereau, mais presque entièrement composées de conscrits. Quant aux Français qui venaient de faire la campagne de Russie, dès qu'ils furent bien nourris et qu'ils cessèrent de coucher sur la neige, ils recouvrèrent leurs forces, et l'on aurait pu les opposer aux ennemis. Mais nos cavaliers étaient presque tous à pied ; très peu de fantassins avaient conservé leurs fusils ; nous n'avions plus d'artillerie ; la plupart des soldats manquaient de chaussures, et leurs habits tombaient en lambeaux ! Le gouvernement français avait cependant employé une partie de l'année 1812 à faire confectionner une grande quantité d'effets de tous genres; mais, par suite de la négligence de l'administration de la guerre, alors dirigée par M. Lacuée, comte de Cessac, aucun régiment ne reçut les vêtements qui lui étaient destinés. La conduite de nos administrateurs en cette circonstance mérite d'être signalée. Voici comment les choses se passaient.

Dès que le dépôt d'un régiment avait confectionné à grands frais les nombreux effets destinés à ses bataillons ou escadrons de guerre, l'administration traitait avec une maison de roulage pour les transporter jusqu'à Mayence, qui faisait alors partie de l'Empire. Les colis, traversant la France, ne couraient donc aucun danger jusqu'aux bords du Rhin; cependant, par ordre de M. de Cessac, un détachement devait les accompagner jusqu'à Mayence, où l'on renvoyait les rouliers français, ainsi que l'escorte, pour livrer les caisses à des entrepreneurs étrangers, chargés de les diriger sur Magdebourg, Berlin et la Vistule, sans qu'aucun agent français eût à surveiller ces expéditions; aussi se faisaient-elles avec tant de mauvaise foi et une si grande lenteur que les ballots contenant les effets d'habillement et les chaussures mettaient six à huit mois pour parcourir le trajet de Mayence à la Vistule, ce qui aurait pu être fait en quarante jours.

Mais ce qui n'avait été qu'un grave inconvénient lorsque les armées françaises occupaient paisiblement l'Allemagne et la Pologne devint une *calamité* après la campagne de Russie. Plus de deux cents bateaux chargés d'effets destinés à nos régiments étaient retenus par les glaces sur le canal de Bromberg, auprès de Nackel, lorsqu'en janvier 1813 nous passâmes sur ce point. Mais comme il ne se trouvait pas sur cet immense convoi *un seul* agent de l'administration française pour nous prévenir, et que les bateliers, tous Prussiens, se considéraient déjà comme nos ennemis, pas un ne parla, et nous passâmes outre, croyant que ces barques portaient des marchandises. Cependant, le lendemain, les Prussiens prirent pour plus de douze millions d'effets d'habillement, linge et chaussures, qui, destinés à nos malheureux soldats, servirent à vêtir plusieurs régiments que la Prusse leva contre nous. Le froid, qui sévissait de nouveau, fit périr quelques milliers de Français de plus, mais on n'en vanta pas moins notre habile administration!

Le peu de régularité qui régna dans la marche de l'armée française pendant qu'elle traversait la Prusse provint d'abord de l'incurie de Murat, qui avait pris le commandement après le départ de l'Empereur, et plus tard de la faiblesse du prince Eugène de Beauharnais, vice-roi d'Italie. Aussi était-il temps de repasser l'Elbe pour entrer sur le territoire de la Confédération du Rhin. Mais avant de se résoudre à éloigner ses troupes de la Pologne et de la Prusse, l'Empereur, voulant s'y ménager des moyens de retours offensifs, avait ordonné de laisser de fortes garnisons dans les places qui assurent le passage de la Vistule, de l'Oder et de l'Elbe, telles que Praga, Modlin, Thorn, Danzig, Stettin, Custrin, Glogau, Dresde, Magdebourg, Torgau, Wittemberg et Hambourg.

Cette grave décision de Napoléon peut être envisagée sous deux points de vue bien différents; aussi a-t-elle été louée par des militaires éclairés, tandis que d'autres, non moins instruits, l'ont fortement blâmée.

Les premiers disaient que la nécessité de donner enfin

du repos et un refuge aux nombreux malades et blessés que son armée ramenait de Russie força l'Empereur de garder les places fortes dont l'occupation assurait, du reste, aux Français la conservation d'un immense matériel de guerre et de grands approvisionnements de vivres. Ils ajoutaient que ces forteresses embarrasseraient les mouvements des ennemis, qui, forcés de les bloquer, affaibliraient ainsi le nombre des troupes actives qu'ils pourraient employer contre nous; enfin, que si les renforts que Napoléon faisait venir de France et d'Allemagne le mettaient à même de gagner une bataille, les places fortes conservées par lui faciliteraient aux Français une nouvelle conquête de la Prusse, ce qui nous reporterait bientôt au delà de la Vistule et contraindrait les Russes à retourner dans leur pays.

On répondit à cela que Napoléon affaiblissait son armée en la morcelant sur tant de points éloignés, dont les garnisons ne pouvaient se prêter mutuellement aucun secours; qu'il ne fallait pas compromettre le salut de la France pour sauver quelques milliers de malades et de blessés, dont un très petit nombre pourrait servir de nouveau. En effet, ils périrent presque tous dans les hôpitaux. On disait encore que les régiments italiens, polonais et allemands de la Confédération du Rhin, joints par l'Empereur aux garnisons françaises pour ne pas trop diminuer ses troupes, serviraient mal. Effectivement, presque tous les soldats étrangers combattirent très mollement et finirent par passer à l'ennemi. On ajoutait enfin que l'occupation des places fortes gênerait fort peu les armées russes et prussiennes, qui, après les avoir bloquées par un corps d'observation, continueraient leur marche vers la France : ce fut en effet ce qui arriva.

Chacune de ces deux opinions présente, en thèse

générale, des avantages et des inconvénients. Cependant, dans les conditions où se trouvait l'armée française, je crois devoir me ranger à l'avis de ceux qui proposaient d'abandonner les places, car puisque, de l'aveu même de leurs contradicteurs, ces places ne pouvaient nous être utiles qu'autant que nous battrions complètement les armées russes et prussiennes, c'était une raison de plus pour chercher à augmenter nos *forces disponibles,* au lieu de les disséminer à l'infini!...

Et qu'on ne dise pas que les ennemis n'ayant plus, dès lors, de blocus à faire, auraient aussi accru le nombre de leurs bataillons disponibles, ce qui aurait rétabli la proportion, car on tomberait dans une très grande erreur!... En effet, l'ennemi aurait toujours été obligé de laisser de fortes garnisons dans les places abandonnées par nous, tandis que nous eussions pu disposer de la *totalité* des troupes que nous y laissâmes, et qui furent ainsi paralysées. J'ajouterai que la défense inutile de ces nombreuses forteresses priva notre armée active de beaucoup de généraux expérimentés, entre autres du maréchal Davout, qui, à lui seul, valait plusieurs divisions. Je conçois d'ailleurs qu'on renonce à se servir, en campagne, de quelques brigades, lorsqu'il s'agit de leur confier la garde des places d'où dépend le salut de son pays, telles que sont les villes de Metz, de Lille, de Strasbourg pour la France, car alors c'est, pour ainsi dire, le *corps* de la patrie qu'on défend. Au contraire, les forteresses placées sur la Vistule, l'Oder et l'Elbe, à deux et trois cents lieues de France, n'avaient pas une importance *positive,* mais seulement une importance *conditionnelle,* c'est-à-dire subordonnée aux succès de nos armées actives. Ces succès n'ayant pas eu lieu, les quatre-vingt et quelques mille hommes de garnison que l'Empereur avait laissés en 1812 dans ces places furent obligés de *mettre bas les armes!*...

La situation de la France, dès les premiers mois de 1813, était des plus critiques, car, au midi, nos armées d'Espagne avaient éprouvé de très grands revers par suite de l'affaiblissement de nos forces dans la Péninsule, d'où l'on tirait sans cesse quelques régiments, tandis que les Anglais ne cessèrent d'envoyer des troupes à Wellington; aussi ce général avait-il fait une brillante campagne dans le courant de 1812. Il nous avait repris Ciudad-Rodrigo, Badajoz, le fort de Salamanque, avait gagné la bataille des Arapiles, occupé Madrid, et il menaçait les Pyrénées.

Au nord, les soldats nombreux et aguerris que Napoléon avait conduits en Russie avaient presque tous péri dans les combats ou succombé de misère. L'armée prussienne, encore intacte, venait de se joindre aux Russes. Les Autrichiens étaient sur le point d'imiter cet exemple. Enfin, les souverains et surtout les peuples de la Confédération germanique, excités par l'Angleterre, chancelaient dans leur alliance avec la France. Le Prussien baron de Stein, homme de moyens et fort entreprenant, saisit cette occasion pour publier divers pamphlets, dans lesquels il appelait tous les Allemands à secouer le joug de Napoléon et à reconquérir leur liberté. Cet appel fut d'autant mieux écouté que le passage, le séjour et l'entretien des troupes françaises qui, depuis 1806, avaient occupé l'Allemagne, lui avaient occasionné des pertes immenses auxquelles s'était jointe la confiscation des marchandises anglaises, par suite du blocus continental établi par Napoléon. La Confédération du Rhin lui aurait donc échappé, si les souverains des divers États dont elle se composait eussent dès lors pris la résolution de céder aux vœux de leurs sujets; mais aucun d'eux n'osa bouger, tant était grande l'habitude de l'obéissance à l'empereur des Français, ainsi que la crainte de le voir bientôt arriver à la tête de forces considérables, qu'il organisait promptement et dirigeait sans cesse sur l'Espagne.

La majeure partie de la nation française avait encore une très grande confiance dans Napoléon. Les gens instruits le blâmaient sans doute d'avoir, l'année précédente, poussé son armée jusqu'à Moscou et surtout d'y avoir attendu l'hiver; mais les masses populaires, habituées à considérer l'Empereur comme *infaillible,* et n'ayant d'ailleurs aucune notion sur les événements et sur les pertes éprouvées par nos troupes en Russie, voyaient seulement la gloire que la prise de Moscou faisait rejaillir sur nos armes; aussi y eut-il beaucoup d'élan pour donner à l'Empereur les moyens de ramener la victoire autour de ses aigles. Chaque département, chaque ville firent des dons patriotiques en chevaux; mais de nombreuses levées de conscrits et d'argent attiédirent bientôt cet enthousiasme. Cependant, au total, la nation s'exécuta d'assez bonne grâce, et les bataillons ainsi que les escadrons sortaient pour ainsi dire de terre comme par enchantement. Chose étonnante! après les nombreuses levées d'hommes qui avaient été faites en France depuis vingt ans, jamais le recrutement n'avait produit une aussi forte et une aussi belle espèce de soldats. Cela provenait de plusieurs causes.

D'abord, chacun des cent huit départements alors existants avait depuis plusieurs années une compagnie d'infanterie dite *départementale,* sorte de garde prétorienne de MM. les préfets, qui s'étaient complu à la former des hommes les mieux constitués. Ceux-ci, ne quittant jamais les principales villes du département où ils étaient fort bien casernés, nourris et vêtus, et où ils faisaient très peu de service, avaient eu le temps d'acquérir toutes leurs forces corporelles, car la plupart menaient cette vie depuis six à sept ans, et comme on les exerçait régulièrement au maniement des armes, à la marche et aux manœuvres, il ne leur manquait que le *baptême du feu* pour être des troupes parfaites. Ces compagnies étaient, selon l'importance du département, de 150, 200 et 250 hommes. L'Empereur les envoya *toutes* à l'armée, où elles furent fondues dans des régiments de ligne.

En second lieu, on appela au service une très grande quantité de conscrits des années précédentes, dont les uns par protection, les autres par ruse ou maladies passagères, avaient obtenu d'être placés à la queue des dépôts, c'est-à-dire de rester chez eux jusqu'à nouvel ordre. L'âge les avait rendus presque tous forts et vigoureux.

Ces mesures étaient légales ; mais ce qui ne l'était pas, ce fut le rappel des individus qui, ayant déjà tiré à la conscription et s'étant trouvés libérés par le sort, n'en étaient pas moins contraints à prendre les armes, s'ils avaient moins de trente ans. Cette levée produisit une grande quantité d'hommes propres à supporter les fatigues de la guerre. Il y eut bien à ce sujet quelques murmures, principalement dans le Midi, la Vendée et la Bretagne ; cependant, l'immense majorité du contingent marcha, tant était grande l'habitude de l'obéissance !... Mais cette abnégation des populations entraîna le gouvernement dans une mesure encore plus illégale, et d'autant plus dangereuse qu'elle frappait la classe supérieure ; car, après avoir fait marcher les hommes que le sort avait exemptés, on força ceux qui s'étaient fait remplacer (ainsi que la loi les y autorisait) à prendre néanmoins les armes, bien que plusieurs familles se fussent gênées et même ruinées pour conserver leurs fils, car les remplaçants coûtaient alors 12, 15, 18 et jusqu'à 20,000 francs, qu'il fallait payer *comptant*. Il y eut même des jeunes gens qui, s'étant fait remplacer jusqu'à *trois fois*, n'en furent pas moins obligés de partir, et l'on en vit qui servaient dans la même compagnie que l'individu payé par eux pour les substituer !... Cette iniquité provenait des conseils de Clarke, ministre de la guerre, et de Savary, ministre de la police, qui persuadèrent à l'Empereur que, pour prévenir pendant la guerre tout mouvement hostile au gouvernement, il fallait éloigner de l'intérieur les fils des familles influentes et les envoyer à l'armée pour servir en quelque sorte d'otages !... Mais afin d'atténuer un peu aux yeux de la classe aisée l'odieux de cette mesure, l'Empereur créa, sous la dénomination de *gardes d'honneur*, quatre régiments de cavalerie légère spécialement destinés à recevoir les jeunes gens bien élevés. Ces corps, auxquels on donna un brillant uniforme de hussards, eurent des officiers généraux pour colonels.

A ces levées plus ou moins légales, l'Empereur ajouta le produit d'une conscription anticipée et de nombreux et excellents bataillons formés avec les matelots, ouvriers ou artilleurs de la marine militaire, tous hommes faits, instruits au maniement des armes, et qui, ennuyés de la vie monotone des ports, désiraient ardemment depuis longtemps aller acquérir de la gloire auprès de leurs camarades de l'armée de terre. Ils devinrent bientôt d'excellents et redoutables fantassins. Le nombre de ces marins s'élevait à plus de 30,000. Enfin l'Empereur, obligé d'employer tous les moyens pour reconstituer l'armée, dont une grande partie avait péri dans les glaces de la Russie, affaiblit encore ses armées d'Espagne, en y prenant non seulement quelques milliers d'hommes pour compléter sa garde, mais plusieurs brigades et divisions entières, composées de vieux soldats habitués aux fatigues et aux dangers.

De leur côté, les Russes, et surtout les Prussiens, se préparaient à la guerre. L'infatigable baron de Stein parcourait les provinces en prêchant la croisade contre les Français, et en organisant son *Tugenbund* ou ligue de la vertu, dont les adeptes juraient de prendre les armes pour la liberté de l'Allemagne. Cette société, qui nous suscita de si nombreux ennemis, agissait ouvertement dans la Prusse déjà en guerre avec Napoléon, et s'insinuait dans les États et les armées de la Confédération du Rhin, malgré quelques souverains et de l'aveu tacite de plusieurs autres, si bien que presque toute l'Allemagne en secret était notre ennemie, et les contingents qu'elle joignait à nos forces militaires se préparaient à nous trahir à la première occasion, ainsi que les événements le prouvèrent bientôt. Ces événements n'auraient pas tardé à se produire, si la mollesse et la lenteur naturelles aux Allemands ne les eussent empêchés d'agir beaucoup plus tôt qu'ils ne le firent, car les débris de l'armée française, qui avaient repassé l'Elbe à la fin de 1812, restèrent paisiblement cantonnés sur la rive gauche de ce fleuve pendant les quatre premiers mois de 1813, sans que les Russes et les Prussiens, postés en face, osassent les attaquer!... Ils ne se croyaient pas assez forts, bien que la Prusse eût mis sur pied sa landwehr, composée de tous les hommes valides, et que Bernadotte, oubliant qu'il était né Français, nous eût déclaré la guerre et eût joint les troupes suédoises à celles des ennemis de sa véritable patrie!...

Pendant le séjour que nous fîmes sur la rive gauche de l'Elbe, bien que l'armée française reçût continuellement des renforts, sa cavalerie était encore peu nombreuse, si l'on en excepte quelques régiments dont le mien faisait partie; aussi lui avait-on assigné comme cantonnements plusieurs communes et les deux petites villes de Brenha et de Landsberg, situées dans un excellent pays, non loin de Magdebourg. J'éprouvai là un bien vif chagrin. L'Empereur, voulant activer l'organisation des nouvelles levées, et pensant que la présence des chefs de corps serait pour cela momentanément fort utile aux dépôts de leurs régiments, décida que tous les colonels se rendraient en France, excepté ceux qui auraient encore un certain nombre d'hommes présents sous les armes. Le chiffre fixé pour la cavalerie était de quatre cents; j'en avais plus de six cents à cheval!... Je fus donc forcé de rester, lorsque j'aurais été si heureux d'embrasser ma femme et l'enfant qu'elle m'avait donné pendant mon absence!...

A la peine que je ressentais, se joignit encore une grande contrariété. Le bon général Castex, dont j'avais eu tant à me louer pendant la campagne de Russie, nous quitta pour entrer dans les grenadiers à cheval de la garde. Sa brigade et celle du général Corbineau, qui venait d'être nommé aide de camp de l'Empereur, furent réunies sous les ordres du général Exelmans. Le général Wathiez devait remplacer le général Castex, et le général Maurin, Corbineau; mais comme ces trois généraux s'étaient rendus en France après la campagne de Russie et que j'étais le seul colonel présent, le général Sébastiani, au corps duquel la nouvelle division allait être attachée, m'en donna le commandement, ce qui ajoutait aux obligations que j'avais à remplir dans mon régiment un surcroît de charges, puisque je devais, par un temps affreux, visiter souvent les cantonnements des trois autres. La blessure que j'avais reçue au genou, bien que cicatrisée, me faisait encore souffrir, et je ne sais vraiment comment j'aurais pu continuer ce service jusqu'à la fin de l'hiver, lorsqu'au bout d'un mois le général Wathiez, ayant rejoint l'armée, prit le commandement de la division.

Peu de jours après, sans que je l'eusse demandé, je reçus l'ordre de me rendre en France, afin d'organiser le très grand nombre de recrues et de chevaux envoyés au dépôt de mon régiment. Ce dépôt se trouvait dans le département de Jemmapes, à Mons en Belgique, qui faisait alors partie de l'Empire. Je me mis en route sur-le-champ. Mon voyage fut rapide, et comme je compris que, autorisé à venir en France pour affaires de *service*, il ne serait pas convenable de solliciter le plus petit congé pour aller à Paris, j'acceptai l'offre que me fit Mme Desbrières, ma belle-mère, de conduire à Mons ma femme et mon fils. Après une année de séparation et tant de dangers courus, je revis ma chère femme avec un bien grand plaisir et embrassai pour la première fois notre petit Alfred, âgé de huit mois. Ce jour fut un des plus beaux de ma vie! Vous comprendrez surtout la joie que j'éprouvai en embrassant mon enfant et en me rappelant qu'il avait été sur le point de devenir orphelin le jour même de sa naissance!...

Je passai au dépôt la fin d'avril, ainsi que les mois de mai et de juin, dans de très grandes occupations. Les recrues envoyées au 23ᵉ étaient fort nombreuses, les hommes superbes et de race belliqueuse, car ils provenaient presque tous des environs de Mons, ancienne province du Hainaut, d'où l'Autriche tirait ses meilleurs cavaliers, principalement les célèbres dragons de La Tour, lorsque les Pays-Bas lui appartenaient. Les habitants de cette contrée aiment et soignent bien les chevaux. Ceux que le pays produit étant un peu trop forts pour des chasseurs, j'obtins l'autorisation d'en faire acheter dans les Ardennes, d'où nous tirâmes une assez belle remonte.

J'avais trouvé au dépôt quelques bons officiers et sous-officiers. Plusieurs de ceux qui avaient fait la campagne de Russie s'y étaient rendus pour se rétablir de leurs blessures ou de maladies; enfin le ministre m'avait envoyé quelques jeunes sous-lieutenants sortant de l'École de cavalerie et de Saint-Cyr. Avec de tels éléments, je formai promptement divers escadrons qui n'étaient sans doute pas parfaits, mais dont les hommes pouvaient figurer sans inconvénient parmi les vieux cavaliers revenant de Russie que j'avais laissés sur l'Elbe et avec lesquels ils devaient être fondus à leur arrivée. Dès qu'un escadron était prêt, il partait pour l'armée.

CHAPITRE XXIII

Reprise des hostilités sur l'Elbe. — Batailles de Lutzen et de Bautzen. — Armistice. — Je rejoins mon régiment. — État de l'armée. — Malaise général. — Napoléon devait traiter. — Force des armées en présence.

Pendant que je m'occupais activement à reconstituer mon régiment et que tous les colonels, principalement ceux de cavalerie, étaient retenus en France par les mêmes soins, les hostilités recommencèrent sur l'Elbe, que les alliés avaient franchi.

L'Empereur, ayant quitté Paris, se trouvait le 25 avril à Naumbourg en Saxe, à la tête de 170,000 hommes, dont un tiers seulement étaient Français, une partie des troupes récemment dirigées sur l'Allemagne n'étant point encore arrivées sur le théâtre de la guerre. Les deux autres tiers de l'armée de Napoléon étaient formés des contingents de la Confédération du Rhin, dont la plupart étaient fort mal disposés à combattre pour lui. Le général Wittgenstein, auquel notre désastre de la Bérésina avait donné quelque célébrité, bien que les éléments nous eussent fait beaucoup plus de mal que ses combinaisons, commandait en chef les troupes russes et prussiennes réunies, fortes de 300,000 hommes, qui se présentèrent le 28 avril devant l'armée de Napoléon, aux environs de Leipzig.

Il y eut le 1ᵉʳ mai un vif engagement à Poserna, dans la plaine déjà célèbre par la mort de Gustave-Adolphe.

Le maréchal Bessières y fut tué d'un coup de canon. L'Empereur le regretta plus que l'armée, qui n'avait pas oublié que les conseils donnés par ce maréchal, le soir de la bataille de la Moskova, avaient empêché Napoléon de compléter la victoire en faisant combattre sa garde, ce qui eût changé la face des événements et amené la destruction complète des troupes russes.

Le lendemain de la mort du maréchal Bessières, et pendant que Napoléon continuait sa marche sur Leipzig, il fut attaqué à l'improviste et en flanc par les Russo-Prussiens, qui avaient passé la rivière de l'Elster avant le jour. Dans cette bataille, qui prit le nom de Lutzen, l'action fut des plus vives; les troupes nouvellement arrivées de France combattirent avec la plus grande valeur. Les régiments de marine se firent particulièrement remarquer. Les ennemis, battus de toutes parts, se retirèrent vers l'Elbe; mais les Français, n'ayant presque pas de cavalerie, ne purent faire que peu de prisonniers, et leur victoire fut incomplète. Néanmoins, elle produisit un très grand effet moral dans toute l'Europe, et surtout en France, car ce premier succès prouvait que nos troupes avaient conservé toute leur supériorité, et que les glaces de la Russie avaient pu seules les vaincre en 1812.

L'empereur Alexandre et le roi de Prusse, qui, après avoir assisté à Lutzen à la défaite de leurs armées, s'étaient rendus à Dresde, furent obligés d'en sortir à l'approche de Napoléon victorieux, qui prit, le 8, possession de cette ville, où son allié le roi de Saxe vint bientôt le rejoindre. Après un court séjour à Dresde, les Français y passèrent l'Elbe et suivirent les Prusso-Russes, dont ils joignirent et battirent l'arrière-garde à Bischofswerda.

L'empereur Alexandre, mécontent de Wittgenstein,

avait pris lui-même le commandement des armées alliées; mais ayant été défait à son tour par Napoléon au combat de Wurtchen, il reconnut probablement son insuffisance pour la direction des troupes, car bientôt il renonça à les conduire.

Les Russo-Prussiens s'étant arrêtés et retranchés à Bautzen, l'empereur des Français fit tourner leur position par le maréchal Ney, et remporta le 21 mai une victoire que le manque de cavalerie rendit encore incomplète; mais les ennemis eurent 18,000 hommes hors de combat, et s'enfuirent dans le plus grand désordre.

Le 22, les Français, s'étant mis à la poursuite des Russes, atteignirent leur arrière-garde en avant du défilé de Reichenbach. Le peu de cavalerie qu'avait Napoléon était commandé par le général Latour-Maubourg, militaire des plus distingués, qui la mena avec tant de vigueur que les ennemis furent enfoncés et abandonnèrent le champ de bataille après de grandes pertes. Celles des Français, bien que peu nombreuses, leur furent très sensibles. Le général de cavalerie Bruyère, excellent officier, eut les deux jambes emportées et mourut de cette affreuse blessure. Mais l'événement le plus funeste de cette journée fut produit par un boulet qui, après avoir tué le général Kirgener (beau-frère du maréchal Lannes), blessa mortellement le maréchal Duroc, grand maréchal du palais, homme aimé de tout le monde, le plus ancien et le meilleur ami de Napoléon. Duroc ayant survécu quelques heures à sa blessure, l'Empereur se rendit auprès de lui et donna les preuves d'une grande sensibilité. Son désespoir fut des plus touchants. Les témoins de cette scène déchirante remarquèrent que, obligé de quitter son ami pour reprendre la direction de l'armée, Napoléon, en s'éloignant de Duroc, baigné de ses larmes, lui donna rendez-vous dans « *un monde m[.]·[:]lleur* » !

Cependant l'armée française, poursuivant ses succès, était parvenue en Silésie, et occupa le 1ᵉʳ juin Breslau, sa capitale. Alors, frappés de terreur, les alliés, surtout les Prussiens, reconnurent ce qu'il y avait de critique dans leur position, et se sentant, malgré leur jactance, incapables d'arrêter seuls les Français, ils voulurent gagner du temps, dans l'espoir que l'Autriche, mettant un terme à ses hésitations, joindrait enfin ses armes aux leurs. Les Prusso-Russes envoyèrent donc des parlementaires chargés de solliciter un *armistice* qui, sous la médiation de l'Autriche, allait, disait-on, amener la conclusion d'un traité de paix. L'empereur Napoléon ayant cru devoir accorder cet armistice, il fut signé le 4 juin, pour durer jusqu'au 10 août.

Pendant que Napoléon marchait de succès en succès, le maréchal Oudinot se fit battre à Luckau et perdit 1,100 hommes. L'Empereur espérait que, pendant l'armistice, les nombreux renforts qu'il attendait de France et surtout la cavalerie, dont il avait si vivement regretté l'absence, le rejoindraient et pourraient participer à une nouvelle campagne, si elle devenait indispensable. Cependant, malgré cet avantage, plusieurs généraux regrettaient que l'Empereur n'eût pas poursuivi ses succès. Ils disaient que si l'armistice nous donnait le temps de faire arriver nos réserves sur le théâtre de la guerre, il laissait aussi la même faculté aux Russo-Prussiens, qui, outre les Suédois déjà en marche pour venir défendre leur cause, avaient l'espoir de voir se joindre à eux les Autrichiens. Ces derniers n'étaient pas prêts en ce moment, mais ils allaient avoir plus de deux mois pour organiser et mettre en mouvement leurs nombreuses troupes.

En apprenant à Mons les victoires de Lutzen et de Bautzen, je fus peiné de n'y avoir pas particiré; mais les regrets que j'éprouvai furent atténués quand j'eus acquis la certitude que mon régiment ne s'y était pas trouvé; en effet, il était alors en avant de Magdebourg, sur la route de Berlin. M. Lacour, ancien aide de camp du général Castex, avait été vers la fin de 1812 nommé chef d'escadron au 23° de chasseurs, qu'il commandait en mon absence. C'était un officier très brave, qui s'était fait lui-même une demi-éducation avec des livres, ce qui lui donnait des prétentions peu en rapport avec l'habit militaire; en outre, son peu d'entente du commandement exposa le régiment à des pertes qu'on aurait pu éviter et dont je parlerai plus loin. Pendant mon séjour au dépôt, je reçus comme second chef d'escadrons M. Pozac, brillant officier sous tous les rapports, auquel sa valeur avait fait obtenir un sabre d'honneur à la bataille de Marengo.

Vers la fin de juin, tous les colonels envoyés en France pour organiser de nouvelles forces, ayant rempli cette tâche, reçurent l'ordre de retourner en poste à l'armée, bien que les hostilités dussent encore être suspendues pendant quelque temps. Je fus donc contraint de me séparer de ma famille, auprès de laquelle je venais de passer des jours si heureux; mais l'honneur et le devoir parlaient, il fallait obéir!

Je repris la route d'Allemagne et me rendis d'abord à Dresde, où l'Empereur avait convoqué tous les colonels, afin de les questionner sur la composition des détachements dirigés par eux sur l'armée. J'appris à ce sujet une chose qui me navra le cœur!... J'avais organisé dans mon dépôt quatre superbes escadrons de 150 hommes chacun. Les deux premiers (heureusement les plus beaux et les meilleurs) avaient rejoint le régiment; le troisième m'avait été enlevé par décision imperiale, pour se rendre à Hambourg, où il fut incorporé dans le 28⁰ de chasseurs, un des plus faibles régiments de l'armée. Cet ordre étant régulier, je m'y soumis sans murmurer. Mais il n'en fut pas de même lorsque je fus informé que le 4⁰ escadron, que j'avais fait partir de Mons, ayant été vu à son passage à Cassel par Jérôme, roi de Westphalie, ce prince l'avait trouvé si beau que, de son autorité privée, il l'avait incorporé dans sa garde!... Je sus que l'Empereur, très irrité de ce que son frère s'était permis de s'emparer ainsi d'un détachement de ses troupes, lui avait ordonné de se remettre sur-le-champ en route, et j'espérais qu'il me serait rendu; mais le roi Jérôme fit agir quelques aides de camp de l'Empereur, qui représentèrent à Sa Majesté que la garde du roi de Westphalie étant uniquement composée d'Allemands peu sûrs, il serait convenable de lui laisser un escadron français sur lequel il pût compter; qu'en second lieu, le Roi venait de donner à grands frais à cet escadron le brillant uniforme des hussards de sa garde; enfin que même en perdant un escadron, le 23⁰ de chasseurs serait encore un des plus forts régiments de la cavalerie française. Quoi qu'il en soit, l'incorporation de mon escadron dans la garde westphalienne fut ainsi maintenue, malgré mes vives réclamations. Je ne pouvais me consoler de cette perte et trouvais souverainement injuste de me voir ainsi dépouillé du fruit de mes peines et de mes travaux.

Je rejoignis mon régiment non loin de l'Oder, dans le pays de Sagan, où il était cantonné près de la petite ville de Freistadt, ainsi que la division Exelmans dont il faisait partie. M. Wathiez, mon nouveau général de brigade, avait été mon capitaine au 25⁰ de chasseurs. Il fut toujours très bien pour moi. Nous allâmes loger dans un charmant et confortable château, nommé Herzogwaldau, placé au centre de plusieurs villages occupés par mes cavaliers.

Pendant notre séjour en ce lieu, il se passa un épisode fort bizarre. Un chasseur nommé Tantz, le seul mauvais sujet qu'il y eût au régiment, s'étant fortement grisé, osa menacer un officier qui le faisait conduire à la salle de police. Mis en jugement, cet homme fut condamné à mort et la sentence ratifiée. Or quand la garde, commandée par l'adjudant Boivin, alla chercher Tantz pour le conduire au lieu où il devait être fusillé, elle le trouva complètement nu dans la prison, sous prétexte qu'il faisait trop chaud. L'adjudant, très brave militaire, mais dont l'intelligence n'égalait pas le courage, au lieu de faire habiller le condamné, se borna à lui faire endosser un manteau; mais, arrivé sur le pont-levis des larges fossés du château, Tantz jette le manteau à la figure des hommes de garde, s'élance dans l'eau, la traverse à la nage, gagne la campagne et và joindre les ennemis de l'autre côté de l'Oder. On n'entendit plus parler de lui!... Je cassai l'adjudant pour avoir manqué de surveillance, mais il reconquit bientôt ses épaulettes par un trait de courage que je rapporterai sous peu.

Les escadrons que je venais de joindre au régiment portaient sa force numérique à 993 hommes, dont près de 700 avaient fait la campagne de Russie. Les soldats nouvellement arrivés étaient fortement constitués et presque tous tirés de la légion départementale de Jemmapes, ce qui avait beaucoup facilité leur instruction comme cavaliers. J'incorporai mes nouveaux escadrons dans les anciens. De part et d'autre on se préparait à la lutte, mais les ennemis avaient utilisé leur temps à nous susciter un puissant adversaire, en décidant l'Autriche à marcher contre nous !...

L'empereur Napoléon, que de nombreuses victoires avaient habitué à ne pas compter avec ses ennemis, se crut de nouveau invincible en se voyant en Allemagne à la tête de 300,000 hommes, et il n'examina pas assez les forces dont se composaient les éléments qu'il allait opposer à l'Europe *entière,* coalisée contre lui.

L'armée française venait, ainsi que je l'ai déjà dit, de recevoir une très forte espèce d'hommes; aussi, jamais elle n'avait été aussi belle! Mais comme, à l'exception de quelques régiments, la plupart de ces nouveaux soldats n'avaient point encore combattu, et que les désastres de la campagne de Russie avaient jeté dans les corps une perturbation dont les effets se faisaient encore sentir, nos superbes troupes formaient une armée plus propre à montrer pour obtenir la paix, qu'à faire en ce moment la guerre; aussi presque tous les généraux et colonels qui voyaient les régiments de près étaient-ils d'avis qu'il leur fallait quelques années de paix.

Si de l'armée française on passait à l'examen de celle de ses alliés, on ne trouvait que mollesse, mauvaise volonté et désir d'avoir l'occasion de trahir la France !... Tout devait donc porter Napoléon à traiter avec ses adversaires, et pour cela il aurait dû se rattacher d'abord son beau-père l'empereur d'Autriche, en lui restituant la Dalmatie, l'Istrie, le Tyrol et une partie des autres provinces qu'il lui avait arrachées en 1805 et 1809. Quelques concessions de ce genre, faites à la Prusse, auraient calmé les alliés qui, à ce qu'il paraît, offraient à Napoléon de lui rendre les colonies enlevées à la France et de lui garantir toutes les provinces en deçà du Rhin et des Alpes, de même que la haute Italie; mais il devait abandonner l'Espagne, la Pologne, Naples et la Westphalie.

Ces propositions étaient convenables ; cependant, après en avoir conféré avec les diplomates étrangers envoyés pour traiter avec lui, Napoléon rudoya M. de Metternich, le principal d'entre eux, et les renvoya tous sans rien céder. On assure même qu'en les voyant sortir du palais de Dresde, il ajouta : « Comme nous allons les battre!... » L'Empereur paraissait oublier que les armées ennemies étaient près de *trois fois* plus nombreuses que celles qu'il pouvait leur opposer. En effet, il n'avait pas plus de 320,000 hommes en Allemagne, tandis que les alliés pouvaient mettre en ligne près de 800,000 combattants !

La fête de l'Empereur tombait au 15 août, mais il ordonna de l'avancer, parce que l'armistice finissait le 10. Les réjouissances de la Saint-Napoléon eurent donc lieu dans les cantonnements. Ce fut la *dernière fois* que l'armée française célébra le jour de la naissance de son empereur ! Il y eut fort peu d'enthousiasme, car les officiers les moins clairvoyants comprenaient que nous étions à la veille de grandes catastrophes, et les préoccupations des chefs se reflétaient sur l'esprit des subalternes. Cependant, chacun se préparait à bien faire son devoir, mais avec peu d'espoir de succès, tant était grande l'infériorité numérique de notre armée, comparée aux troupes innombrables des ennemis, et déjà parmi nos alliés de la Confédération du Rhin, le général saxon Thielmann avait déserté avec sa brigade pour se joindre aux Prussiens, après avoir tenté de leur livrer la forteresse de Torgau. Il régnait donc dans l'esprit de nos troupes un grand malaise et peu de confiance.

Ce fut en ce moment qu'on apprit le retour en Europe du célèbre général Moreau, qui, condamné au bannissement en 1804, à la suite de la conspiration de Pichegru et de Cadoudal, s'était retiré en Amérique. La haine que Moreau portait à Napoléon lui faisant oublier ce qu'il devait à sa patrie, il flétrit ses lauriers en allant se ranger parmi les ennemis de la France! Mais ce nouveau Coriolan subit bientôt la peine que méritait cette conduite infâme!...

Cependant, un immense demi-cercle se formait autour de l'armée française. Un corps de 40,000 Russes était en Mecklembourg; Bernadotte, prince royal de Suède, occupait Berlin et les environs avec une armée de 120,000 hommes, composée de Suédois, Russes et Prussiens. Les deux grandes armées russe et prussienne, fortes de 220,000 hommes, dont 35,000 de cavalerie, cantonnaient en Silésie, entre Schweidnitz et l'Oder; 40,000 Autrichiens étaient postés à Lintz, et la grande armée autrichienne, dont le nombre s'élevait à 140,000 hommes, était réunie à Prague; enfin, derrière et à peu de distance de cette première ligne composée de 560,000 combattants, d'immenses réserves étaient prêtes à marcher.

L'empereur Napoléon avait ainsi distribué ses troupes : 70,000 hommes, concentrés auprès de Dahmen en Prusse, devaient agir contre Bernadotte; le maréchal Ney, avec 100,000 hommes, gardait une partie de la Silésie. Un corps de 70,000 hommes se trouvait aux environs de Zittau. Le maréchal Saint-Cyr, avec 16,000 hommes, occupait le camp de Pirna et couvrait Dresde. Enfin, la garde impériale, forte de 20 à 25,000 hommes, était autour de cette capitale, prête à se porter où besoin serait. En ajoutant à ces forces les garnisons laissées dans les places, les troupes de Napoléon étaient infiniment moins nombreuses que celles des ennemis. Cette énumération ne comprend pas les armées laissées en Espagne et en Italie.

CHAPITRE XXIV

Du choix des chefs de corps. — Rupture de l'armistice. — Trahison de Jomini. — Combats en Silésie sur le Bober. — Épisodes divers. — Douloureux échec.

L'empereur des Français avait divisé son armée en quatorze corps, dits d'infanterie, bien qu'ils eussent chacun une division ou au moins une brigade de cavalerie légère. Les généraux en chef furent : pour le premier corps, Vandamme; pour le 2e, le maréchal Victor; 3e, maréchal Ney; 4e, général Bertrand; 5e, général Lauriston; 6e, maréchal Marmont; 7e, général Reynier; 8e, prince Poniatowski; 9e, maréchal Augereau ; 10e (enfermé dans Danzig), le général Rapp; 11e, maréchal Macdonald; 12e, maréchal Oudinot; 13e, maréchal Davout; 14e, maréchal Saint-Cyr; enfin la garde, sous les ordres directs de l'Empereur. La cavalerie était divisée en cinq corps ainsi commandés, savoir : le 1er, par le général Latour-Maubourg; 2e, général Sébastiani; 3e, général Arrighi; 4e, général Kellermann; 5e, général Milhau. La cavalerie de la garde était sous les ordres du général Nansouty.

Si l'armée applaudit à quelques-uns de ces choix, tels que ceux de Davout, Ney, Augereau, Reynier et Saint-Cyr, elle regrettait de voir des commandements importants : à Oudinot, qui avait commis plus d'une erreur dans la campagne de Russie ; à Marmont, qui par trop de précipitation venait de perdre la bataille des Arapiles; à Sébastiani, qui semblait au-dessous d'une telle tâche;

enfin, elle se plaignit que pour une campagne qui devait décider du sort de la France, l'Empereur *essayât* les talents stratégiques de Lauriston et de Bertrand. Le premier était un bon artilleur; le second, un excellent ingénieur; mais n'ayant ni l'un ni l'autre dirigé des troupes sur le terrain, ils étaient par conséquent dans l'impossibilité formelle de mener un corps d'armée.

Napoléon, se rappelant que lorsqu'il fut nommé général en chef de l'armée d'Italie, il n'avait encore commandé que quelques bataillons, ce qui ne l'empêcha pas de conduire une armée dès son début, crut probablement que Lauriston et Bertrand pourraient faire de même ; mais les hommes universels comme Napoléon sont fort rares, et il ne pouvait espérer en rencontrer de tels dans ces nouveaux chefs de corps. C'est ainsi que l'affection personnelle qu'il vouait à ces généraux l'entraîna dans l'erreur qu'il avait déjà commise en confiant une armée à l'artilleur Marmont.

En vain on discutera sur ce point; l'histoire des guerres passées nous prouve que pour être général en chef, les théories ne suffisent pas, et que, à *très peu*, mais *très peu d'exceptions près*, il faut avoir servi dans les régiments d'infanterie ou de cavalerie et y avoir commandé comme *colonel* pour être à même de bien diriger des masses de troupes, car c'est un apprentissage que très peu d'hommes peuvent bien faire comme officiers généraux, surtout comme chefs d'armée. Jamais Louis XIV ne confia en rase campagne le commandement d'un corps de troupes au maréchal de Vauban, qui était cependant un des hommes les plus capables de son siècle, et, si on le lui eût offert, il est à présumer que Vauban l'eût refusé, pour s'en tenir à sa spécialité, l'attaque et la défense des places. Marmont, Bertrand et Lauriston n'eurent pas la même modestie, et l'affection que Napoléon leur portait l'empêcha d'écouter aucune des observations qu'on lui fît à ce sujet.

Le roi Murat, qui s'était rendu à Naples après la campagne de Russie, rejoignit l'Empereur à Dresde. Les coalisés, c'est-à-dire les Autrichiens, Russes et Prussiens, ouvrirent la campagne par un manque de bonne foi indigne des nations civilisées. Bien que, aux termes de la dernière convention, les hostilités ne dussent commencer que le 16 août, ils attaquèrent nos avant-postes le 14 et mirent la plus grande partie de leurs troupes en marche, par suite de la trahison de Jomini.

Jusqu'à ce jour, on n'avait vu que deux généraux saxons, Thielmann et Langueneau, s'avilir au point de passer à l'ennemi ; mais l'uniforme de général français était encore exempt d'une telle tache. Ce fut un Suisse, le général Jomini, qui la lui imprima. Ce malheureux était simple commis, au traitement de 1,200 francs, dans les bureaux du ministère de la République helvétique, en 1800, lorsque le général Ney fut envoyé à Berne par le premier Consul pour s'entendre avec le gouvernement de la Suisse sur les moyens de défense de cet État, alors notre allié. Les fonctions du commis Jomini, spécialement chargé de la tenue des registres de situation de la République helvétique, l'ayant mis en rapport avec le général Ney, celui-ci fut à même d'apprécier ses moyens, qui étaient grands, et, cédant à ses vives sollicitations, il le fit admettre comme lieutenant et bientôt comme capitaine dans un régiment suisse qu'on formait pour le service de la France. Le général Ney, prenant de plus en plus son protégé en affection, le fit faire *officier français,* le choisit pour aide de camp, et lui donna le moyen de publier les ouvrages qu'il écrivait sur l'art de la guerre, ouvrages qui, bien que trop vantés, ne manquent certainement pas de mérite.

Grâce à cette haute protection, Jomini devint promptement colonel, général de brigade, et se trouvait chef d'état-major du maréchal Ney lors de la reprise des hostilités, en 1813. Séduit alors par les brillantes promesses des Russes et oubliant ce qu'il devait au maréchal Ney, à l'Empereur, ainsi qu'à la France, sa patrie adoptive, il déserta en emportant les états de situation de l'armée, ainsi que toutes les notes relatives au plan de campagne qui allait s'ouvrir, et, de crainte que, en apprenant sa fuite, Napoléon ne modifiât ses projets, il insista auprès des alliés pour qu'ils commençassent les hostilités deux jours avant celui fixé pour la rupture de l'armistice. L'empereur Alexandre, au grand étonnement de l'Europe, récompensa la trahison de Jomini en le nommant son aide de camp, ce qui choqua tellement la délicatesse de l'empereur d'Autriche qué, dînant un jour chez Alexandre et apercevant Jomini au nombre des convives, il s'écria tout haut : « Je sais que les sou-
« verains sont quelquefois dans la nécessité de se servir
« de déserteurs, mais je ne conçois pas qu'ils les reçoi-
« vent dans leur état-major et même à leur table!... »

La trahison de Jomini, chef d'état-major du maréchal Ney, ayant fait tomber aux mains des alliés les ordres de marche dictés par Napoléon, fut pour celui-ci un coup des plus funestes, car plusieurs de ses corps d'armée furent attaqués pendant leur mouvement de concentration et obligés de céder à l'ennemi des positions importantes, faute de temps pour en préparer la défense.

Cependant, l'Empereur, dont le projet était de se porter en Bohême, trouvant partout les ennemis prévenus et sur leurs gardes dans cette direction, résolut de marcher sur l'armée prussienne de Silésie et d'y faire reprendre l'offensive par les corps français, qui avaient

COMBATS EN SILÉSIE.

été forcés de se retirer devant Blücher. En conséquence, Napoléon se rendit, le 20 août, à Löwenberg, où il attaqua une masse considérable de coalisés, composée de Prussiens, Russes et Autrichiens. Divers combats eurent lieu, les 21, 22 et 23, dans les environs de Goldenberg, Graditzberg et Bunslau. Les ennemis perdirent 7,000 hommes, tués ou pris, et se retirèrent derrière la Katzbach.

Pendant un des nombreux engagements qui eurent lieu durant ces trois jours, la brigade Wathiez, qui poursuivait les ennemis, fut arrêtée tout à coup par un large et bourbeux ruisseau, affluent du Bober. Il n'existait d'autre passage que deux ponts en bois, situés à un demi-quart de lieue l'un de l'autre, et que l'artillerie russe couvrait de boulets. Le 24ᵉ de chasseurs, qui était passé sous le commandement du brave colonel Schneit, ayant reçu l'ordre d'attaquer le pont de gauche, s'y porta avec son intrépidité habituelle; mais il n'en fut pas de même du 11ᵉ régiment de hussards hollandais, qui, nouvellement admis dans la brigade, avait pour mission d'enlever le pont de droite. En vain son colonel, M. Liégeard, bon et brave officier, le seul Français qu'il y eût dans ce corps, exhorta ses cavaliers à le suivre; pas un ne bougeait, tant ils étaient dominés par la peur. Mais comme mon régiment, placé par son tour de service en seconde ligne, recevait presque autant de boulets que le 11ᵉ de hussards, je courus sur le front de ce corps pour aider le colonel à décider ses cavaliers à fondre sur l'artillerie ennemie, ce qui était le seul moyen d'en faire cesser le feu, mais voyant mes efforts infructueux, et prévoyant que la lâcheté des Hollandais ferait perdre beaucoup de monde à mon régiment, je le fis passer devant eux et allais le lancer, lorsque je vis le pont de gauche s'écrouler sous le premier peloton du 24°, dont plusieurs hommes et chevaux furent noyés. Les Russes, en se retirant, avaient préparé cet événement, en faisant scier avec une telle habileté les principales poutres destinées à soutenir le tablier que, à moins d'être prévenu, on ne pouvait s'en apercevoir.

A la vue de ce funeste accident, je craignis que les ennemis eussent tendu un piège semblable sur le pont vers lequel je dirigeais la tête de ma colonne ; j'arrêtai un moment sa marche afin de faire examiner le passage. Cette inspection était très difficile, car non seulement c'était le pont vers lequel les ennemis braquaient leur artillerie, mais la fusillade d'un de leurs bataillons le couvrait de balles! J'allais donc demander un homme de bonne volonté pour cette périlleuse entreprise, et j'avais la certitude d'en trouver, lorsque l'adjudant Boivin, que j'avais cassé naguère pour avoir, faute de surveillance, laissé évader le chasseur condamné à mort, mit pied à terre et vint à moi en disant « qu'il ne serait pas juste « qu'un de ses camarades fût tué en allant reconnaître « le passage, et qu'il me priait de lui permettre de « remplir cette mission, afin de réparer sa faute ». Cette noble détermination me plut, et je répondis : « Allez, monsieur, et vous retrouverez votre épaulette « au bout du pont!... »

Boivin, s'avançant alors avec calme, au milieu des boulets et des balles, examine le tablier du pont, descend au-dessous et revient me donner l'assurance que tout est solide et que le régiment peut passer!... Je lui rendis son grade; il reprit son cheval, et, se plaçant en tête de l'escadron qui allait franchir le pont, il marcha le premier sur les Russes, qui n'attendirent pas notre attaque et se retirèrent promptement. L'Empereur ayant, le mois suivant, passé la revue du régiment et fait plusieurs promotions, je fis nommer M. Boivin sous-lieutenant.

Notre nouveau général, M. Wathiez, sut acquérir, dans ces divers combats, l'estime et l'affection des troupes. Quant au général Exelmans, commandant de la division, nous ne le connaissions encore que par la voix publique de l'armée qui nous avait informés de sa brillante valeur; mais elle le signalait aussi pour manquer souvent d'esprit de suite dans le commandement. Nous en eûmes la preuve dans le fait suivant, qui signala la reprise des hostilités.

Au moment où la division exécutait une retraite que mon régiment devait couvrir, le général Exelmans, sous prétexte de tendre un *piège* à l'avant-garde prussienne, m'ordonne de mettre à sa disposition ma compagnie d'élite et mes 25 plus habiles tirailleurs, dont il confie le commandement au chef d'escadrons Lacour; puis il place ces 150 hommes au milieu d'une plaine entourée de bois, et après avoir défendu de bouger sans son ordre, il s'en va et les oublie complètement!... Les ennemis arrivent, et, voyant le détachement ainsi abandonné, ils s'arrêtent, de crainte qu'on ne l'ait mis là afin de les attirer dans une embuscade. Pour s'en assurer, ils font glisser isolément quelques hommes à droite et à gauche dans les bois, et, n'entendant aucun coup de feu, ils en augmentent insensiblement le nombre, au point d'environner entièrement nos cavaliers! En vain quelques officiers font observer au commandant Lacour que cette marche enveloppante a pour but de lui couper la retraite; Lacour, très brave militaire, mais n'ayant aucune initiative, s'en tient à la lettre de l'ordre qu'il avait reçu, sans penser que le général Exelmans l'a peut-être oublié, qu'il serait bon de l'envoyer prévenir et de faire tout au moins reconnaître le terrain par lequel il pourra se retirer. On lui a dit de rester *là,* il y restera, dussent ses hommes y être pris ou périr.

Pendant que le chef d'escadrons Lacour exécutait sa consigne plutôt en simple sergent qu'en officier supérieur, la division s'éloignait!... Le général Wathiez et moi, ne voyant pas revenir le détachement, et ne sachant où trouver Exelmans qui galopait à travers champs, avions de sinistres pressentiments. Je demande alors et obtiens du général Wathiez de retourner vers le commandant Lacour. Je pars au grand galop avec un escadron, et j'arrive pour être témoin d'un spectacle affreux, surtout pour un chef de corps qui aime ses soldats !

Les ennemis, après avoir débordé les deux flancs et même les derrières de notre détachement, l'avaient fait charger de front par des forces infiniment supérieures, si bien que 700 à 800 lanciers prussiens entouraient nos 150 hommes, qui, pour comble de malheur, n'avaient pour toute retraite qu'une mauvaise passerelle en planches, posée sur le ruisseau très encaissé d'un moulin voisin!... Nos cavaliers ne pouvaient marcher que *par un* dans cet étroit défilé. Il y eut donc encombrement, et ma compagnie d'élite perdit plusieurs hommes. Un grand nombre de chasseurs, apercevant alors une immense cour, pensèrent qu'elle avait issue sur le ruisseau, et, dans l'espoir de trouver un pont, ils s'engagèrent dans ce passage, où tout le détachement les suivit. Le ruisseau longeait en effet la cour, mais il formait en cet endroit la retenue du moulin, dont les berges étaient soutenues par de larges dalles glissantes, ce qui en rendait l'accès extrêmement difficile pour les chevaux et donnait un avantage immense aux ennemis, qui, pour assurer la capture de tous les Français entrés dans cette vaste cour, en avaient fermé les portes.

Ce fut en ce moment critique que je parus de l'autre côté du ruisseau avec l'escadron de renfort que j'avais amené à la hâte. Je lui fis mettre pied à terre, quatre chevaux étant tenus par un seul homme; tous les autres cavaliers, armés de leurs carabines, coururent à la passerelle que gardait un escadron de Prussiens. Mais ceux-ci, restés à cheval et n'ayant que quelques pistolets pour toute arme de jet, ne purent résister au feu bien nourri des nombreuses carabines de nos chasseurs. Aussi furent-ils contraints de s'éloigner de quelques centaines de pas, en laissant sur le terrain une quarantaine de blessés et de morts.

Ceux de mes cavaliers qui étaient enfermés dans la cour voulurent profiter de ce moment de répit pour forcer la grande porte en faisant à cheval une vigoureuse sortie; mais je leur criai de n'en rien faire, parce que cet acte de vigueur ne les eût pas sauvés, car, pour me rejoindre, ils auraient été dans l'obligation d'aller avec leurs chevaux franchir le ruisseau sur la passerelle, ce qu'ils n'auraient pu exécuter qu'en marchant un par un, en prêtant le flanc et tournant le dos aux Prussiens, qui n'auraient pas manqué de les charger et de les exterminer pendant ce mouvement. Le rivage était garni d'arbres de rivière, au milieu desquels les fantassins pouvaient braver impunément une nombreuse cavalerie. Je plaçai donc en tirailleurs le long du ruisseau les hommes de l'escadron qui avaient déjà mis pied à terre, et, dès qu'ils furent en communication avec la cour du moulin, je fis dire à ceux qui s'y trouvaient de mettre également pied à terre, de prendre leurs carabines, et, pendant que cent d'entre eux tiendraient par leurs feux les ennemis à distance, les autres, se glissant derrière la ligne des tireurs, se passeraient de main en main les chevaux jusqu'au delà de la passerelle.

Pendant que ce mouvement, couvert par un cordon de 180 tirailleurs à pied, s'exécutait avec le plus grand ordre, les lanciers prussiens, furieux de voir leur proie près de l'eur échapper, essayèrent de troubler notre retraite par une vigoureuse attaque; mais leurs chevaux embarrassés par les branchages des saules, par des flaques d'eau, des trous nombreux, et pouvant à peine avancer au petit pas sur ce terrain fangeux, ne parvinrent jamais à joindre nos tirailleurs à pied, dont le feu bien ajusté, exécuté à très petite distance, leur fit éprouver une grande perte!...

Cependant, le major prussien qui commandait cette charge, poussant audacieusement sur le milieu de notre ligne, cassa d'un coup de pistolet la tête au lieutenant Bachelet, un des bons officiers de mon régiment. Je regrettai vivement M. Bachelet, qui fut promptement vengé par les chasseurs de son peloton, car le major prussien, percé de plusieurs balles, tomba mort auprès de lui !

La chute de leur chef, les nombreuses pertes qu'ils venaient d'éprouver, et surtout l'impossibilité de nous joindre, déterminèrent les ennemis à renoncer à leur entreprise ; ils se retirèrent. Je fis relever les blessés et exécutai ma retraite sans être suivi. Mon régiment perdit dans cette déplorable affaire un officier et neuf cavaliers tués ; treize avaient été faits prisonniers. Le lieutenant Maréchal était au nombre de ces derniers. La perte de ces vingt-trois hommes me déchira le cœur avec d'autant plus de raison qu'elle était inutile et qu'elle portait entièrement sur les plus intrépides guerriers du corps, dont la plupart étaient désignés pour la décoration ou l'avancement. Je ne pus jamais me consoler du chagrin que me causa ce rude échec! Il acheva de nous indisposer à l'égard d'Exelmans. Il en fut quitte pour être réprimandé par le général Sébastiani et par l'Empereur, auprès duquel le recommandait d'ailleurs l'amitié de Murat. Le vieux général Saint-Germain, ancien colonel et même créateur du 23ᵉ de chasseurs, pour lequel il avait conservé beaucoup d'affection, ayant dit hautement qu'Exelmans méritait un châtiment exemplaire, ces généraux se prirent de querelle et en seraient venus aux mains si l'Empereur ne s'y fût personnellement opposé. Le commandant Lacour, dont l'inhabileté avait si grandement contribué à cette catastrophe, perdit de ce jour ma confiance.

CHAPITRE XXV

Bataille des 26 et 27 août devant Dresde. — Vandamme à Kulm. — Fière attitude de Vandamme prisonnier.

Après les journées des 21, 22 et 23 août, dans lesquelles nous avions battu le corps prussien du feldmaréchal Blücher, qui s'était retiré derrière la Katzbach, l'Empereur venait de donner des ordres de poursuite pour le lendemain. Mais apprenant que la grande armée austro-prusso-russe, forte de 200,000 hommes, commandée par le prince de Schwartzenberg, venait de déboucher, le 22, des montagnes de Bohême en se dirigeant vers la Saxe, Napoléon prit avec lui toute sa garde, la cavalerie de Latour-Maubourg et plusieurs divisions d'infanterie. Il se porta à marches forcées sur Dresde, où le maréchal Saint-Cyr avait été s'enfermer avec les troupes qu'il avait retirées à la hâte du camp de Pirna.

L'Empereur, en s'éloignant de la Silésie, se fit suivre par le maréchal Ney et confia au maréchal Macdonald la direction de la nombreuse armée qu'il laissait sur le Bober, c'est-à-dire les 3°, 5° et 11° corps d'infanterie et le 2° de cavalerie, avec une très imposante artillerie, ce qui formait en totalité un effectif de 75,000 hommes. Le commandement d'une telle masse de combattants était une tâche trop lourde pour Macdonald, ainsi que la suite le démontra.

Vous avez dû remarquer que plus le nombre des troupes engagées est considérable, moins je décris en détail leurs mouvements : d'abord, parce que cela demanderait un travail immense que je craindrais de n'être pas capable de mener à bonne fin ; en second lieu, ce serait rendre la lecture de ces Mémoires trop fatigante. Je serai donc encore plus concis sur les événements de la guerre de 1813, auxquels 600,000 à 700,000 hommes prirent part, que je ne l'ai été dans les récits des précédentes campagnes.

Le 28 août, 200,000 alliés ayant cerné la ville de Dresde, dont les fortifications étaient à peine à l'abri d'un coup de main, la situation du maréchal Saint-Cyr devint infiniment critique, car il n'avait que 17,000 Français pour résister aux forces immenses des ennemis. Ceux-ci, bien mal servis par leurs espions, ignoraient l'arrivée prochaine de Napoléon, et, pleins de confiance en leur grand nombre, ils remirent l'attaque au lendemain. Leur assurance s'accrut en voyant venir à eux deux régiments westphaliens qui, désertant le service du roi Jérôme, se joignirent aux Autrichiens.

Le maréchal Saint-Cyr, inquiet, s'attendait à être attaqué le 26 au matin ; mais il fut rassuré sur les résultats du combat par la présence de l'Empereur, qui ce jour-là même entra de bonne heure à Dresde à la tête de la garde et de nombreuses troupes de toutes armes. Peu d'instants après, les ennemis, croyant encore n'avoir affaire qu'au seul corps de Saint-Cyr, marchèrent sur la ville avec une telle impétuosité qu'ils enlevèrent plusieurs redoutes, et déjà les Russes et les Prussiens, maîtres du faubourg de Pirna, essayaient d'enfoncer la porte de Freyberg, lorsque, par ordre de l'Empereur, cette porte s'ouvrit tout à coup et donna passage à une colonne d'infanterie de la garde impériale, dont la première brigade était commandée par le brave général Cambronne !... Ce fut comme l'apparition de la tête de

Méduse!... L'ennemi recula épouvanté, son artillerie fut enlevée au pas de course, et les canonniers tués sur leurs affûts! De toutes les portes de Dresde de pareilles sorties ayant été faites simultanément avec le même résultat, les coalisés abandonnèrent les redoutes prises par eux et s'enfuirent dans les campagnes voisines, où Napoléon les fit charger par sa cavalerie jusqu'au pied des collines. Dans cette première journée, l'ennemi perdit 5,000 hommes mis hors de combat, et on lui fit 3,000 prisonniers. Les Français eurent 2,500 hommes tués ou blessés : cinq généraux étaient au nombre de ces derniers.

Le lendemain 27, ce fut l'armée française qui, à son tour, prit l'initiative de l'attaque, bien qu'elle eût 87,000 hommes de moins que ses adversaires. L'engagement fut d'abord vif et sanglant; mais la pluie qui tombait par torrents sur un sol des plus gras eut bientôt converti le champ de bataille en larges flaques d'eau fangeuse, où nos troupes, dans leur marche vers l'ennemi, avaient grand'peine à se mouvoir. Néanmoins, on avançait toujours, et déjà la jeune garde faisait reculer la gauche des ennemis, lorsque l'Empereur, s'étant aperçu que le prince de Schwartzenberg, généralissime des coalisés, avait commis la faute de ne pas soutenir suffisamment son aile gauche, la fit écraser par l'infanterie du maréchal Victor et par la cavalerie de Latour-Maubourg.

Le roi Murat, qui commandait cette partie de la ligne française, y parut plus brillant que jamais, car, après avoir forcé le défilé de Cotta, il tourna et sépara de l'armée autrichienne le corps de Klenau, sur lequel il se précipita le sabre à la main à la tête des carabiniers et des cuirassiers. Le mouvement fut décisif : Klenau ne put résister à cette terrible charge!... Presque tous ses bataillons, enfoncés, furent forcés de mettre bas les armes, et deux autres divisions d'infanterie éprouvèrent le même sort.

Pendant que Murat battait ainsi la gauche des ennemis, leur aile droite était mise en déroute par la jeune garde, de sorte qu'à trois heures, la victoire était assurée, et les coalisés battaient en retraite vers la Bohême.

Dans cette deuxième et sanglante journée, les ennemis laissèrent sur le champ de bataille 18 drapeaux, 26 canons et 40,000 hommes, dont 20,000 prisonniers. La perte principale tomba sur l'infanterie autrichienne, qui eut deux généraux tués, trois blessés et deux faits prisonniers.

Il est à noter qu'à cette époque, les armes à percussion étant à peine connues, les fantassins de toutes les nations se servaient encore de fusils à pierre, dont le feu devenait à peu près impossible dès que la poudre de l'amorce était mouillée. Or, comme la pluie n'avait cessé de tomber pendant toute la journée, elle contribua beaucoup à la défaite de l'infanterie ennemie attaquée par nos cavaliers. Il se passa même, à ce sujet, un fait très remarquable.

Une division de cuirassiers, commandée par le général Bordesoulle, se trouvant en présence d'une forte division d'infanterie autrichienne formée en carré, la fit sommer de se rendre. Le général ennemi s'y étant refusé, Bordesoulle, s'avançant, lui fit observer que pas un des fusils de sa troupe n'était en état de tirer. L'Autrichien répondit que ses soldats se défendraient à la baïonnette avec d'autant plus d'avantage que les chevaux des Français, enfonçant dans la boue jusqu'aux jarrets, ne pourraient venir les choquer du coup de poitrail qui fait la force de la cavalerie. « Je vais foudroyer votre carré « avec mon artillerie!... — Mais vous n'en avez pas, « car elle est restée dans les boues! — Cependant, si je

« vous montre les canons placés derrière mon premier
« régiment, vous rendrez-vous? — Il le faudrait bien,
« puisqu'il ne me resterait aucun moyen de défense! »

Le général français fit alors avancer jusqu'à trente pas
des ennemis une batterie de six pièces dont les artilleurs,
la lance à feu en main, s'apprêtaient à tirer sur le carré.
A cette vue, le général autrichien et sa division mirent
bas les armes.

La pluie ayant ainsi paralysé le feu de l'infanterie des
deux armées et beaucoup ralenti la marche de la cavalerie, ce fut l'artillerie qui, malgré la grande difficulté
de se mouvoir sur un terrain détrempé par des pluies
diluviennes, joua le rôle principal, surtout l'artillerie
française, dont Napoléon avait fait doubler les attelages
avec des chevaux momentanément retirés aux fourgons
de l'administration qui étaient en sûreté dans la ville de
Dresde; aussi nos pièces de campagne firent-elles un
grand ravage, et ce fut un de leurs boulets qui frappa
Moreau.

La voix publique annonçait depuis quelque temps le
retour en Europe de cet ancien et illustre général français, qu'elle assurait avoir pris du service parmi les
ennemis de son pays; mais très peu de gens ajoutaient
foi à ce bruit, qui fut cependant confirmé le soir de la
bataille de Dresde d'une manière fort bizarre. Notre
avant-garde poursuivait les ennemis en déroute, lorsque
l'un de nos hussards apercevant à l'entrée du village de
Notnitz un magnifique chien danois qui, d'un air
inquiet, paraissait chercher son maître, l'attire, s'en
empare et lit sur son collier ces mots : « J'appartiens au
général Moreau. » On apprend alors, par le curé du
lieu, que le général Moreau vient de subir chez lui une
double amputation; un boulet français, tombé au milieu
de l'état-major de l'empereur de Russie, avait d'abord

brisé l'un des genoux du célèbre transfuge; puis, ayant traversé le corps de son cheval, il avait été frapper l'autre jambe de Moreau. Cet événement ayant eu lieu au moment de la défaite des armées alliées, l'empereur Alexandre, pour éviter que Moreau ne fût pris par les Français, l'avait fait porter à bras par des grenadiers, jusqu'au moment où la poursuite de nos troupes s'étant ralentie, on avait pu panser le blessé et lui couper les deux cuisses!... Le curé saxon, témoin de cette cruelle opération, rapportait que Moreau, à qui l'on n'avait pu cacher que sa vie était en danger, se maudissait lui-même et répétait sans cesse : « Comment, moi! moi, Moreau, mourir au milieu des ennemis de la France, frappé par un boulet français!... » Il expira le 1ᵉʳ septembre, et les Russes emportèrent son corps.

Personne dans l'armée française ne regretta Moreau, dès qu'on sut qu'il avait pris les armes contre sa patrie. Un parlementaire russe étant venu réclamer le chien de la part du colonel Rapatel, aide de camp de Moreau, dont il avait suivi la fortune, on lui remit cet animal, mais sans le collier, qui fut envoyé au roi de Saxe. Ce collier figure à présent parmi les curiosités de la galerie de Dresde.

Cependant, le prince de Schwartzenberg, généralissime des troupes ennemies battues à Dresde, ayant indiqué la ville de Tœplitz comme point de réunion aux débris de ses armées, les Autrichiens effectuèrent leur retraite par la vallée de Dippotiswald, les Russes et les Prussiens par la route de Telnitz, et les débris du corps de Klenau par celle de Freyberg. L'empereur Napoléon suivit jusqu'auprès de Pirna les mouvements des colonnes françaises qui poursuivaient les vaincus; mais, au moment d'arriver dans cette ville, il fut pris d'une indisposition subite, accompagnée d'un léger vomissement, et causée par la fatigue qu'il avait éprouvée pour être resté cinq jours constamment à cheval, exposé à une pluie incessante.

L'un des plus grands inconvénients attachés à la position des princes, c'est qu'il se trouve toujours dans leur entourage quelques personnes qui, voulant témoigner d'un excès d'attachement, feignent de s'alarmer à leur moindre indisposition et exagèrent les précautions qu'il faut prendre : c'est ce qui arriva en cette circonstance. Le grand écuyer Caulaincourt conseilla à Napoléon de retourner à Dresde, et les autres grands officiers n'osèrent donner l'avis infiniment meilleur de continuer jusqu'à Pirna, distant seulement d'une lieue. La jeune garde s'y était déjà rendue, et l'Empereur y eût trouvé, avec le repos dont il avait besoin, l'immense avantage d'être à même d'ordonner les mouvements des troupes engagées à la poursuite des ennemis, ce qu'il ne pouvait faire de Dresde, situé à une bien plus grande distance du centre des opérations. Napoléon laissa donc aux maréchaux Mortier et Saint-Cyr le soin de soutenir le général Vandamme, chef du 1ᵉʳ corps, qui, détaché de la Grande Armée depuis trois jours, avait battu un corps russe, menaçait à présent les derrières des ennemis, interceptait la route de Dresde à Prague et occupait Peterswalde, d'où il dominait le bassin de Kulm en Bohême, ainsi que la ville de Tœplitz, point des plus importants, par où les coalisés devaient nécessairement faire leur retraite. Mais la rentrée de Napoléon à Dresde annula le succès qu'il venait de remporter et amena un immense revers, dont les effets contribuèrent infiniment à la chute de l'Empire. Voici le récit très succinct de cette catastrophe célèbre.

Le général Vandamme était un très bon et fort brave officier, qui, déjà illustré dès les premières guerres de la

Révolution, avait presque constamment commandé en chef divers corps dans celles de l'Empire; aussi l'on s'étonnait qu'il n'eût pas encore reçu le bâton de maréchal, dont ses manières brusques et cassantes l'avaient privé. Ses détracteurs ont dit, après sa défaite, que le désir d'obtenir enfin cette haute récompense l'avait poussé à se jeter à l'étourdie, avec 20,000 hommes seulement, sur le chemin de 200,000 ennemis, auxquels il prétendait barrer le passage; mais la vérité est qu'ayant été prévenu par le major général qu'il serait soutenu par les deux armées des maréchaux Saint-Cyr et Mortier, et reçu l'*ordre formel* d'aller s'emparer de Tœplitz pour couper toute retraite aux ennemis, le général Vandamme dut obéir.

Se croyant certain d'être soutenu, il descendit donc bravement le 29 août vers Kulm, d'où, poussant devant lui les troupes ennemies, il chercha à gagner Tœplitz; et il est positif que si Mortier et Saint-Cyr eussent exécuté les ordres qu'ils avaient reçus, les corps prussiens, russes et autrichiens, engagés dans des chemins affreux et se trouvant coupés de la Bohême par la prise de Tœplitz, se fussent vus attaqués en tête et en queue, et contraints de mettre bas les armes. Vandamme eût alors reçu les plus grands éloges, de ceux mêmes qui l'ont blâmé depuis.

Quoi qu'il en soit, Vandamme, arrivé devant Tœplitz le 30 au matin, s'y trouva en présence de la division d'Ostermann, un des meilleurs et des plus braves généraux de l'armée russe, et il l'attaqua avec d'autant plus de vigueur que, voyant descendre des hauteurs de Peterswalde un corps d'armée qui suivait la route parcourue la veille par ses propres troupes, il dut croire que c'étaient les armées de Mortier et de Saint-Cyr, dont l'Empereur lui avait fait promettre le secours. Mais au lieu d'amis, ces nouveaux venus étaient deux fortes divisions prussiennes, conduites par le général Kleist, et qui, dirigées sur Kulm, d'après l'avis de Jomini, venaient de passer entre les corps de Saint-Cyr et de Mortier sans que ces maréchaux s'en fussent aperçus, tant était grand le mauvais vouloir de Saint-Cyr lorsqu'il devait seconder un de ses camarades, mauvais vouloir qui dans cette circonstance influa sur le général Mortier!... Ni l'un ni l'autre ne bougèrent lorsque leur coopération, jointe aux efforts courageux de Vandamme, eût infailliblement amené la défaite totale des ennemis. En effet, leurs colonnes d'infanterie, de cavalerie, d'artillerie et d'équipages, jetées dans le plus grand désordre, se trouvaient entassées pêle-mêle dans les étroits défilés des hautes montagnes qui séparent la Silésie de la Bohême.

Au lieu du secours qu'il attendait, le général Vandamme vit paraître les deux divisions du général Kleist, qui fondirent à l'instant sur lui. Vandamme, tout en continuant de combattre en tête les Russes d'Ostermann, placés devant Tœplitz, retourna son arrière-garde contre Kleist, qu'il attaqua avec furie. Déjà les ennemis faiblissaient de toutes parts, lorsque les immenses renforts qui leur survinrent, portant leurs forces à plus de 100,000 hommes, établirent une telle disproportion avec les 15,000 combattants qui restaient au général Vandamme, que celui-ci, malgré sa valeur et sa ténacité, dut penser à faire retraite sur les corps de Saint-Cyr et de Mortier, qu'il croyait être non loin de lui, d'après ce que l'Empereur lui avait fait écrire par le prince Berthier.

Arrivés au défilé de Telnitz, les Français le trouvèrent occupé par les divisions ennemies du corps du général Kleist, qui leur barraient entièrement le passage. Mais nos bataillons, précédés par la cavalerie du général Corbineau qui, malgré l'aspérité des montagnes, avait réclamé l'honneur de continuer à faire l'avant-garde, se précipitèrent sur les Prussiens avec une telle impétuosité qu'ils les culbutèrent et parvinrent à franchir le défilé, après avoir pris toute l'artillerie ennemie, dont ils ne purent emmener que les chevaux, à cause du mauvais état des chemins.

Les militaires qui ont fait la guerre comprendront qu'un tel succès ne peut être obtenu qu'au prix de bien du sang, et qu'après un aussi terrible combat, le 1ᵉʳ corps d'armée fût infiniment réduit. Cependant Vandamme, environné de tous côtés par des forces décuples des siennes, refusa de se rendre, et, se plaçant en tête de deux bataillons du 85ᵉ, les seuls dont il pût encore disposer, il fondit au milieu des ennemis, dans l'espoir d'y trouver la mort. Mais son cheval ayant été tué, un groupe nombreux de Russes se précipita sur lui et le fit prisonnier.

Les généraux, les officiers et jusqu'aux simples soldats ennemis, admirant le courage de Vandamme, eurent pour lui les plus grands égards ; mais, chose incroyable, et cependant certaine, les bons procédés cessèrent et se changèrent en outrages dès que le prisonnier eut été conduit à Prague, devant l'empereur de Russie et le grand-duc Constantin, son frère, qui, oubliant ce qu'on doit au courage malheureux, lui adressèrent la parole en termes insultants ; le grand-duc Constantin lui arracha lui-même son épée. Vandamme, indigné de ce procédé, s'écria : « Mon épée est facile à prendre ici ; il eût été
« plus noble de venir la chercher sur le champ de ba-
« taille ; mais il paraît que vous n'aimez que les trophées
« qui ne vous coûtent pas cher !... » En entendant ces paroles, l'empereur Alexandre, furieux, ordonna d'arrêter Vandamme, auquel il donna les épithètes de *pillard* et de *brigand !*

Vandamme répondit, en regardant fièrement Alexandre

en face : « Je ne suis ni *pillard* ni *brigand;* mais, dans
« tous les cas, mes contemporains et l'histoire ne me
« reprocheront pas d'avoir trempé mes mains dans le
« sang de mon père ! » Alexandre pâlit à cette allusion
faite à la catastrophe de l'assassinat de Paul I*er*, son père,
auquel la voix publique l'accusait d'avoir donné son
assentiment, de crainte d'être lui-même mis à mort par
les conjurés. Atterré par les souvenirs de la scène horrible à laquelle il devait le trône, et que Vandamme
venait de lui rappeler d'une façon presque directe devant
son nombreux état-major et un peloton de ses gardes,
Alexandre s'éloigna rapidement. Le général français,
gardé à vue, fut conduit à Wintka, aux frontières de la
Sibérie, et ne revit sa patrie qu'après la paix de 1814.

La bataille de Kulm coûta au 1*er* corps de l'armée
française 2,000 hommes tués et 8,000 faits prisonniers,
parmi lesquels se trouvait son général en chef. Le surplus des soldats de Vandamme, au nombre de 10,000,
commandés par les généraux Teste, Mouton-Duvernet,
du Monceau et Corbineau, étant parvenus à se faire jour
les armes à la main, allèrent rejoindre Saint-Cyr et Mortier. Ces deux maréchaux avaient gravement manqué à
leur devoir en ne poursuivant pas l'ennemi en déroute
et en s'arrêtant, ainsi qu'ils le firent, le premier à
Reinhards-Grimme, et Mortier à Pirna, d'où ils entendaient le bruit du combat que soutenait le brave et
malheureux Vandamme.

On doit s'étonner que de Dresde, si voisin de Reinhards
et de Pirna, Napoléon n'ait pas envoyé quelques-uns de
ses nombreux aides de camp s'assurer que Saint-Cyr et
Mortier s'étaient mis en marche pour se porter au secours
de Vandamme, ainsi qu'il le leur avait prescrit. Ces deux
maréchaux, n'ayant pas exécuté les ordres qu'ils avaient
reçus, méritaient d'être traduits devant un conseil de

guerre; mais déjà l'armée française, accablée sous le nombre immense des ennemis que Napoléon avait soulevés contre lui, en était arrivée à un tel point d'épuisement que, si l'Empereur eût voulu punir tous ceux qui manquaient de zèle, il eût dû renoncer à se servir de presque tous les maréchaux. Il se borna donc à réprimander Saint-Cyr et Mortier, parce qu'il avait plus que jamais besoin de cacher ses désastres. En effet, ce n'était pas seulement à Kulm que ses troupes avaient éprouvé des revers, mais sur tous les points de l'immense ligne qu'elles occupaient.

CHAPITRE XXVI

**Défaite d'Oudinot à Gross-Beeren et de Macdonald à la Katzbach.
— Le plateau de Jauër. — Nous repassons la Katzbach.**

On a dit avec raison que, dans les dernières campagnes de l'Empire, la guerre était rarement bien faite lorsque Napoléon ne dirigeait pas en personne le combat. Il est donc à regretter que ce grand capitaine ne fût pas bien pénétré de cette vérité et eût trop de confiance dans les talents de ses lieutenants, dont plusieurs n'étaient pas à la hauteur de leur tâche, bien qu'ils ne manquassent pas de présomption, ainsi qu'on venait d'en avoir de nouveaux exemples. Au lieu d'ordonner aux chefs des corps d'armée qu'il détachait de se tenir autant que possible sur la *défensive*, jusqu'à ce qu'il vînt avec de puissantes réserves écraser les forces placées devant eux, l'Empereur leur laissait beaucoup trop de latitude, et, comme chacun voulait faire parler de soi et avoir *sa bataille d'Austerlitz*, ils attaquaient souvent à contresens et se faisaient battre par leur faute.

C'est ce qui était advenu au maréchal Oudinot, auquel Napoléon avait donné une armée considérable, composée des corps de Bertrand et de Reynier, en le chargeant d'observer les nombreuses troupes prussiennes et suédoises réunies auprès de Berlin, sous le commandement supérieur de Bernadotte, devenu prince de Suède. Le maréchal Oudinot, étant moins fort que son adversaire, aurait dû temporiser; mais l'habitude d'aller en avant, la vue des clochers de Berlin, et la crainte de ne pas répondre à la confiance de Napoléon l'entraînant, il poussa droit devant lui le corps de Bertrand, qui fut battu, ce qui n'empêcha pas Oudinot de persister, malgré ce premier échec, à vouloir s'emparer de Berlin. Mais il perdit une grande bataille à Gross-Beeren et fut contraint de se retirer par la route de Wittemberg, après avoir essuyé de très nombreuses pertes.

Peu de jours après, le maréchal Macdonald, que Napoléon avait laissé sur la Katzbach à la tête de plusieurs corps d'armée, voulut aussi profiter du moment de liberté que lui laissait l'éloignement de l'Empereur, pour essayer de gagner une bataille et faire oublier la sanglante défaite qu'il avait éprouvée à la Trébia, dans la campagne d'Italie de 1799; mais il se fit encore battre!

Macdonald, très brave de sa personne, était constamment malheureux à la guerre, non qu'il manquât d'aptitude, mais parce que, semblable aux généraux de l'armée autrichienne et surtout au célèbre maréchal Mack, il était trop compassé et trop exclusif dans ses mouvements stratégiques. Avant le combat, il se traçait un plan de conduite qui était presque toujours bon; mais il aurait dû le modifier selon les circonstances, et c'est ce que son esprit lent ne savait pas faire. Il agissait comme certains joueurs d'échecs qui, lorsqu'ils dirigent leur partie et celle de l'adversaire absent, conduisent tout à bien dans leur intérêt tant qu'ils jouent seuls et ne savent plus que faire, lorsque, dans une partie réelle, l'adversaire place ses pièces tout autrement qu'ils ne l'avaient supposé!... Aussi le 26 août, le jour même où l'Empereur remportait une victoire éclatante devant Dresde, le maréchal Macdonald perdait une bataille que les Français ont nommée de la Kaztbach et les Allemands de Jauër[1].

L'armée française, forte de 75,000 hommes, dont mon régiment faisait partie, était placée entre Liegnitz et Goldenberg, sur la rive gauche de la petite rivière de la Katzbach, qui la séparait de plusieurs corps prussiens commandés par le feld-maréchal Blücher. Le terrain que nous occupions était entrecoupé de mamelons boisés qui, bien que praticables pour la cavalerie, rendaient cependant ses mouvements difficiles, mais offraient par cela même d'immenses avantages à l'infanterie. Or, comme les principales forces de Macdonald consistaient en troupes de cette arme, et qu'il n'avait que les 6,000 chevaux du corps de Sébastiani, tandis que les ennemis disposaient de 15 à 20,000 cavaliers, placés sur l'immense plateau de Jauër, dont le sol est presque partout uni, tout faisait un devoir à Macdonald d'attendre les Prussiens dans la position qu'il occupait. Ajoutons à cette considération que la Katzbach, peu encaissée à la rive gauche sur laquelle nous nous trouvions, l'est infiniment du côté opposé, de sorte que, pour gagner le plateau de Jauër, il faut gravir une colline élevée, couverte de rochers, et n'offrant qu'un chemin pierreux et fort rapide.

La Katzbach, qui coule au fond de cette gorge, n'a de ponts que devant les rares villages de la contrée, et n'offre que des gués fort étroits, qui deviennent impraticables à la moindre crue d'eau. Cette rivière couvrait le front de l'armée française, ce qui nous était on ne peut plus favorable ; mais le maréchal Macdonald, voulant attaquer les Prussiens, abandonna les grands avantages qu'offrait cette position et se mit la Katzbach

---

[1] Ou Janowitz.

à *dos*, en ordonnant à ses troupes de la traverser sur plusieurs points. Le corps de cavalerie de Sébastiani, dont faisait partie la division Exelmans, dans laquelle se trouvait mon régiment, devait franchir la rivière au gué de Chemochowitz.

Le temps, qui était déjà menaçant le matin, aurait dû porter le maréchal à remettre son attaque à un autre jour, ou l'engager du moins à agir sur-le-champ. Il ne prit aucun de ces deux partis et perdit des moments précieux à donner des ordres de détail, si bien que ce ne fut qu'à deux heures de l'après-midi que ses colonnes se mirent en mouvement. Mais à peine l'armée était-elle en marche qu'elle fut assaillie par un orage affreux, qui fit gonfler la Katzbach et rendit le gué tellement difficile que la division de cuirassiers du général Saint-Germain ne put le passer.

Arrivés sur la rive opposée, nous dûmes gravir par un défilé fort étroit une côte des plus raides, dont la pluie avait rendu le terrain si glissant que nos chevaux s'abattaient à chaque pas. Nous fûmes donc obligés de mettre pied à terre et ne remontâmes à cheval qu'après avoir atteint l'immense plateau qui domine la vallée de la Kaztbach. Nous y trouvâmes plusieurs divisions d'infanterie française, que les généraux avaient prudemment placées auprès des bouquets de bois dont cette plaine est garnie; car, ainsi que je l'ai déjà dit, on savait que l'ennemi nous était infiniment supérieur en cavalerie, désavantage d'autant plus grand que les armes à percussion n'étant pas connues à cette époque, la pluie mettait les fantassins hors d'état de faire feu.

En arrivant dans ces vastes plaines, nous fûmes très étonnés de ne pas voir d'ennemis! Le silence complet qui y régnait me parut cacher quelque piège, car nous avions la certitude que la nuit précédente le maréchal Blücher occupait cette position avec plus de 100,000 hommes. Il était donc nécessaire, à mon avis, de bien faire reconnaître le pays avant de s'y engager. Le général Sébastiani pensa différemment ; aussi, dès que la division Roussel d'Urbal fut formée, il la lança dans l'immensité de la plaine, non seulement avec l'artillerie qui lui appartenait, mais encore avec celle de la division Exelmans, que nous avions eu tant de peine à conduire sur le plateau.

Dès qu'Exelmans, qui s'était éloigné de ses troupes, nous rejoignit à la sortie du défilé et s'aperçut que Sébastiani avait emmené ses canons, il courut après ce général pour les réclamer et laissa sa division sans ordres. Les deux brigades qui la composaient étaient à cinq cents pas l'une de l'autre, sur le même front, et ployées en colonnes par régiment. Le mien formait la tête de la brigade Wathiez, ayant derrière lui le 24ᵉ de chasseurs. Le 11ᵉ de hussards était à la queue.

Le plateau de Jauër est tellement vaste que, bien que la division Roussel d'Urbal, partie en avant, fût composée de sept régiments de cavalerie, nous l'apercevions à peine à l'horizon. A mille pas du flanc droit de la colonne dont je faisais partie, se trouvait un des nombreux bouquets de bois dont la plaine est parsemée. Si mon régiment eût été seul sur ce point, j'aurais certainement fait fouiller ce bois par un peloton ; mais comme Exelmans, très jaloux de son autorité, avait établi comme règle que pas un homme de sa division ne devait sortir des rangs sans son ordre, je n'avais osé prendre les précautions d'usage, et, par le même motif, le général commandant la brigade avait cru devoir s'en abstenir aussi. Cette obéissance passive fut sur le point de nous être fatale.

J'étais placé devant mon régiment, qui, ainsi que je l'ai déjà dit, se trouvait en tête de la colonne, lorsque, tout à coup, j'entends derrière moi de très grands cris : ils provenaient de l'attaque imprévue de nombreux lanciers prussiens qui, sortant à l'improviste du bois, s'étaient jetés sur le 24º de chasseurs et le 11º de hussards, qu'ils avaient pris en flanc et mis dans le plus grand désordre. La charge des ennemis, étant oblique, avait d'abord porté sur la queue de notre colonne, puis sur le centre, et menaçait de venir frapper en tête. Mon régiment allait donc être attaqué par le flanc droit. La situation était d'autant plus critique que l'ennemi avançait rapidement. Mais, plein de confiance dans le courage et l'intelligence de mes cavaliers de tous grades, je commandai un *changement de front à droite* au grandissime galop.

Cette manœuvre, si dangereuse devant l'ennemi, s'exécuta avec tant de vélocité et d'ordre que, en un clin d'œil, le régiment se trouva en ligne devant les Prussiens, et comme ceux-ci, en marchant *obliquement* vers nous, présentaient le flanc, nos escadrons profitèrent de cet avantage et pénétrèrent tous dans les rangs ennemis, qu'ils enfoncèrent et où ils firent un grand carnage.

En voyant le succès obtenu par mon régiment, le 24º de chasseurs, revenu de la surprise occasionnée par l'attaque de flanc qui l'avait d'abord rompu, se rallia promptement et repoussa la partie de la ligne ennemie qui lui était opposée. Quant au 11º de hussards, entièrement composé de Hollandais, dont l'Empereur avait cru faire des Français par un simple décret, il fut impossible à son chef de le ramener à la charge. Mais nous sûmes nous passer de l'assistance de ces mauvais soldats, car le 23º et le 24º suffirent pour achever la déroute des trois régiments prussiens qui nous avaient attaqués.

Pendant que nos chasseurs les poursuivaient à outrance, un vieux colonel ennemi, déjà démonté, ayant reconnu mon grade à mes épaulettes et craignant d'être achevé par quelqu'un de mes cavaliers, vint se réfugier près de moi, où, malgré l'animation du combat, personne n'osa plus le frapper dès que je l'eus pris sous ma sauvegarde. Bien que cet officier marchât à pied dans des terres labourées changées en boue, il suivit pendant un quart d'heure les mouvements précipités de mon cheval, en s'appuyant d'une main sur mon genou, et me répétant sans cesse : « Vous êtes mon *anche* tutélaire!... » Ce vieillard me faisait vraiment pitié, car il allait tomber de fatigue et ne voulait cependant pas me quitter, lorsque, voyant un de mes chasseurs ramenant un cheval de prise, je le fis prêter au colonel prussien, que j'envoyai sur les derrières, sous la conduite d'un sous-officier de confiance. Vous verrez que cet officier ennemi ne tarda pas à me témoigner sa reconnaissance.

Cependant, le plateau de Jauër et les rives de la Katzbach étaient devenus subitement le théâtre d'une sanglante bataille, car de chaque bois il sortait des troupes prussiennes. La plaine en fut bientôt couverte. Mon régiment, dont je n'avais pu modérer l'ardente poursuite, se trouva bientôt devant une brigade d'infanterie ennemie dont les fusils, mis hors de service par la pluie, ne purent nous envoyer une seule balle. J'essayai de rompre le carré prussien; mais nos chevaux, empêtrés dans la boue jusqu'aux jarrets, ne purent avancer qu'au petit pas, et l'on sait que, sans élan, il est à peu près impossible à la cavalerie de pénétrer dans les rangs serrés des bataillons qui, bien composés et bien commandés, présentent bravement une haie de baïonnettes. En vain nous arrivions si près des ennemis que nous parlions avec eux et frappions leurs fusils avec la lame de nos sabres, nous ne pûmes jamais enfoncer leurs lignes, ce qui nous eût été facile si le général en chef Sébastiani n'eût pas envoyé l'artillerie de la brigade sur un autre point.

Notre situation et celle de l'infanterie ennemie placée devant nous étaient vraiment ridicules, car on se regardait dans le blanc des yeux sans se faire le moindre mal, nos sabres étant trop courts pour atteindre des ennemis dont les fusils ne pouvaient partir! Les choses étaient depuis quelque temps dans cet état, lorsque le général Maurin, commandant une brigade voisine de la nôtre, envoya à notre aide le 6ᵉ régiment de lanciers, dont les longues armes, dépassant les baïonnettes ennemies, tuèrent en un instant beaucoup de Prussiens, ce qui permit, non seulement à nos lanciers, mais aux chasseurs du 23ᵉ et du 24ᵉ, de pénétrer dans le carré ennemi, où nos cavaliers firent un affreux carnage. Pendant ce terrible combat, on entendait la voix sonore du brave colonel Perquit, qui criait, avec un accent alsacien des plus prononcés : « *Bointez,* lanciers! *bointez!* »

La victoire se déclarait ainsi en notre faveur sur cette partie du vaste champ de bataille, lorsqu'elle nous fut ravie par l'arrivée imprévue de plus de 20,000 cavaliers prussiens, qui, après avoir écrasé la division Roussel d'Urbal, si imprudemment envoyée seule à plus d'une lieue en avant, venaient attaquer la nôtre avec des forces infiniment supérieures!

L'approche de cette énorme masse ennemie nous fut signalée par l'arrivée du général Exelmans, qui avait, ainsi que je l'ai déjà dit, quitté momentanément sa division pour aller, presque seul, réclamer au général Sébastiani sa batterie d'artillerie, que ce général en chef avait si mal à propos envoyée joindre celle de Roussel d'Urbal. N'ayant pu rencontrer Sébastiani, il n'était arrivé auprès de la première division que pour être témoin de la prise des canons de Roussel d'Urbal ainsi que des siens propres, et se trouver entraîné dans l'affreuse déroute des escadrons de son collègue. Nous eûmes le pressentiment de quelque malheur, en voyant accourir notre général, la figure altérée, ayant perdu son chapeau et même sa ceinture! Aussi nous empressâmes-nous d'arrêter nos soldats, occupés à sabrer les fantassins ennemis que nous venions d'enfoncer. Mais, pendant que nous nous efforcions de remettre nos gens en bon ordre, nous fûmes totalement enveloppés par les nombreux escadrons prussiens qui poursuivaient jusque dans nos rangs les débris de la division d'Urbal!...

En un clin d'œil, le corps d'armée de cavalerie de Sébastiani, fort tout au plus de 5 à 6,000 combattants, fut accablé par 20,000 cavaliers ennemis, qui, outre l'immense supériorité du nombre, avaient l'avantage d'être presque tous des *uhlans,* c'est-à-dire d'être armés de lances, tandis que nous n'avions que quelques escadrons qui en portassent!... Aussi, malgré la vive résistance que nous cherchions à opposer, les groupes que nous formions étaient constamment dispersés par les Prussiens, qui, nous poussant sans cesse, nous ramenèrent enfin à l'extrémité de la plaine, au point où commence la descente de la profonde gorge au bas de laquelle coule la rivière de la Katzbach!

Nous fûmes reçus sur ce point par deux divisions d'infanterie française, auprès desquelles nous espérions nous rallier; mais les fusils de nos fantassins étaient si mouillés qu'ils ne pouvaient faire feu. Il ne leur restait d'autre moyen de défense qu'une batterie de six canons et leurs baïonnettes, qui arrêtèrent un moment les cavaliers ennemis; mais les généraux prussiens ayant fait avancer une vingtaine de bouches à feu, celles des Français furent en un instant démontées, et leurs bataillons furent enfoncés!... Alors, un hourra général lança contre nos troupes les 20,000 cavaliers ennemis, qui nous rejetèrent en désordre vers la Katzbach!...

Cette rivière, que nous avions traversée le matin avec tant de peine, bien qu'elle soit peu considérable, avait été transformée en torrent impétueux par les pluies diluviennes qui n'avaient cessé de tomber pendant toute la journée. Les eaux, refluant sur les deux rives, couvraient presque entièrement les parapets du pont de Chemochowitz et empêchaient de reconnaître si le gué de ce nom était encore praticable. Cependant, comme c'était par ces deux passages que nous étions venus le matin, on se dirigea vers ces points. Le gué était infranchissable pour les fantassins : beaucoup s'y noyèrent, mais le pont sauva la grande masse.

Je réunis autant que possible mon régiment, que je fis marcher par demi-pelotons très serrés, qui, se soutenant mutuellement, entrèrent dans l'eau avec assez d'ordre et gagnèrent la rive opposée, n'ayant perdu que deux hommes. Tous les autres régiments de cavalerie prirent la même direction, car, malgré la confusion inséparable d'une telle retraite, les cavaliers comprirent qu'il fallait laisser les ponts aux fantassins. J'avouerai que la descente de la côte fut un des moments les plus critiques de ma vie... Le terrain, très escarpé, glissait sous les pieds de nos chevaux, qui trébuchaient d'ailleurs à chaque pas sur de nombreux quartiers de roches. Enfin la mitraille que vomissait sur nous l'artillerie ennemie achevait de rendre notre situation horrible. J'en sortis néanmoins sans éprouver aucun accident personnel, grâce au courage, à l'ardeur, ainsi qu'à l'adresse de mon excellent cheval turc, qui, marchant au bord des précipices comme un chat sur un toit, me sauva la vie, non seulement dans cette affaire, mais dans plusieurs autres. Je reparlerai plus tard de cet excellent animal.

Les troupes d'infanterie et de cavalerie françaises qui venaient d'être précipitées du haut du plateau de Jauër se crurent à l'abri des ennemis dès qu'elles eurent franchi la Katzbach; mais les Prussiens avaient dirigé une forte colonne vers un pont situé au-dessus de celui de Chemochowitz, où elle avait passé la Katzbach, de sorte qu'en arrivant sur la rive que nous avions quittée le matin, nous fûmes très étonnés d'y être attaqués par de nombreux escadrons de uhlans. Cependant, malgré la surprise, quelques régiments, au nombre desquels le maréchal Macdonald cita le mien dans son rapport, se portèrent sans hésiter contre les ennemis... Je ne sais néanmoins ce qui serait advenu sans l'arrivée de la division du général Saint-Germain, qui, laissée le matin sur la rive gauche et n'ayant par conséquent pas pris part au combat, se trouva toute portée pour venir à notre aide. Cette division, composée de deux régiments de carabiniers, d'une brigade de cuirassiers et de six pièces de 12, attaquant avec fureur les ennemis, rejeta dans la rivière tous ceux qui l'avaient franchie pour venir nous couper la retraite, et comme il n'y a rien d'aussi terrible que les troupes qui, après avoir subi un échec, reprennent l'offensive, les cavaliers des divisions Exelmans et Roussel d'Urbal exterminèrent tout ce qu'ils purent atteindre.

Ce retour offensif nous fut d'une grande utilité, car il arrêta les ennemis, qui n'osèrent ce jour-là nous suivre au delà de la Katzbach. Cependant, le désastre de l'armée française fut immense, car le maréchal Macdonald lui ayant fait le matin traverser la rivière sur tous les ponts et les gués qui existaient entre Liegnitz et Goldeberg, c'est-à-dire sur une ligne de plus de cinq lieues, et presque tous les passages ayant été momentanément interceptés par l'inondation, l'armée française se trouva étendue sur un long cordon, ayant les Prussiens à dos, et en face une rivière presque infranchissable; aussi les scènes désastreuses dont j'avais été témoin sur le plateau de Jauër ainsi qu'au pont de Chemochowitz se reproduisirent-elles sur tous les points du champ de bataille! Partout la pluie paralysa le feu de notre infanterie et favorisa les attaques de la cavalerie prussienne, quatre fois plus nombreuse que la nôtre!... Partout la retraite fut rendue très périlleuse par la difficulté que nos troupes éprouvèrent à franchir la Katzbach débordée. La plupart des hommes qui essayèrent de franchir cette rivière à la nage se noyèrent. Le général de brigade Sibuet fut de ce nombre : nous ne pûmes sauver que quelques pièces d'artillerie.

CHAPITRE XXVII

Concentration sur Dresde. — Épisodes. — Les Baskirs. — Napoléon au camp de Pilnitz. — Je suis comblé de faveurs.

Après la malheureuse affaire de la Katzbach, le maréchal Macdonald, cherchant à réunir ses troupes, indiqua comme points de ralliement les villes de Bunzlau, de Lauban et de Gorlitz. Une nuit des plus obscures, des chemins défoncés, la pluie tombant toujours à torrents, rendirent la marche lente et fort pénible; aussi beaucoup de soldats, surtout des confédérés, s'égarèrent ou restèrent en arrière.

L'armée de Napoléon perdit à la bataille de la Katzbach 13,000 hommes tués ou noyés, 20,000 prisonniers et 50 pièces de canon. Ce fut une véritable calamité. Le maréchal Macdonald, dont les faux calculs stratégiques avaient amené cette catastrophe irréparable, sut, tout en perdant la confiance de l'armée, conserver son estime par la franchise et la loyauté avec lesquelles il convint de ses torts; car le lendemain du désastre, ayant réuni auprès de lui tous les généraux et colonels, il nous dit, après nous avoir engagés à contribuer tous à la conservation de l'ordre, « que, dans les troupes et parmi les
« officiers, chacun avait fait son devoir; qu'un seul était
« cause de la perte de la bataille, et que le coupable était
« *lui*, parce qu'en voyant la pluie, il n'aurait pas dû
« quitter un terrain accidenté pour aller attaquer dans
« de vastes plaines un ennemi dont les escadrons étaient

« infiniment plus nombreux que les nôtres, ni se mettre
« une rivière à dos par un temps orageux ». Ce noble
aveu désarma la critique, et chacun s'efforça de contribuer au salut de l'armée, qui battit en retraite vers l'Elbe,
par Bautzen.

Le destin semblait vouloir nous accabler ; car, peu de
jours après que le maréchal Oudinot eut perdu la bataille
de Gross-Beeren, Macdonald celle de la Katzbach et Vandamme celle de Kulm, les Français éprouvèrent un
immense revers. Le maréchal Ney, qui avait remplacé
Oudinot dans le commandement des troupes destinées à
marcher sur Berlin, n'ayant pas des forces assez considérables pour remplir cette mission difficile, fut battu à
Jutterbach par le transfuge Bernadotte, et contraint
d'abandonner la rive droite de l'Elbe.

L'Empereur revint à Dresde avec sa garde. Les divers
corps d'armée aux ordres de Macdonald prirent position
non loin de cette ville, tandis que le maréchal Ney,
après avoir refoulé les Suédois sur la rive droite, réunissait ses troupes sur la rive gauche, à Dessau et à
Wittemberg. Durant près de quinze jours, de la fin de
septembre au commencement d'octobre, l'armée française resta presque immobile autour de Dresde. Mon
régiment était bivouaqué auprès de Veissig, sur les hauteurs de Pilnitz, qu'occupait une de nos divisions d'infanterie, soutenue par la cavalerie de Sébastiani et d'Exelmans.

Bien qu'il n'eût pas été conclu d'armistice officiel, la
lassitude des deux partis établit entre eux une suspension d'armes de *fait*, dont chacun profita pour se préparer à de nouveaux et plus terribles combats.

Ce fut au camp de Pilnitz que je reçus une lettre du
colonel de cavalerie prussienne auquel j'avais prêté un
cheval, après qu'il eut été pris et blessé par des cavaliers

de mon régiment au début de la bataille de la Katzbach. Cet officier supérieur, nommé M. de Blankensée, ayant été délivré par les siens lorsque la chance tourna contre nous, n'en était pas moins reconnaissant de ce que j'avais fait pour lui, et, afin de me le prouver, il m'envoya dix chasseurs et un lieutenant de mon régiment qui, restés blessés sur le champ de bataille, avaient été à leur tour faits prisonniers. M. de Blankensée les avait fait panser, et, après les avoir comblés de soins pendant quinze jours, il avait obtenu de ses chefs l'autorisation de les faire conduire aux avant-postes français, et me les adressait avec mille remerciements, m'assurant qu'il me devait la vie. Je crois qu'il avait raison, mais je n'en fus pas moins sensible à l'expression de la reconnaissance d'un des chefs de nos ennemis.

Tandis que nous campions sur le plateau de Pilnitz, il se passa un fait curieux dont toute la division fut témoin.

Dans un moment d'ivresse, un brigadier du 4ᵉ de chasseurs avait manqué de respect à son lieutenant, et un lancier du 6ᵉ, que son cheval mordait avec fureur, ne pouvant lui faire lâcher prise, l'avait frappé au ventre avec des ciseaux. ce qui avait amené la mort de l'animal. Certainement ces deux hommes méritaient d'être punis, mais seulement par mesure disciplinaire. Le général Exelmans les *condamna à mort* de son autorité privée, et ayant fait monter la division à cheval pour assister à leur exécution, il en forma un grand carré dont trois faces seulement étaient pleines, et sur la quatrième on creusa deux trous devant lesquels on conduisit les deux patients.

Ayant été en course toute la nuit, je rentrais au camp en ce moment, et voyant ces lugubres préparatifs, je ne mis point en doute que les coupables n'eussent été jugés et condamnés. Mais j'appris bientôt qu'il n'en était rien, et, m'approchant d'un cercle formé par le général Exelmans, les deux généraux de brigade et tous les chefs des régiments, j'entendis M. Devence, colonel du 4ᵉ de chasseurs, et M. Perquit, colonel du 6ᵉ de lanciers, supplier le général de division de vouloir bien faire grâce aux deux coupables. Le général Exelmans refusait, tout en parcourant au pas le front des troupes pendant qu'on implorait sa clémence.

Je n'ai jamais pu me défendre d'exprimer mon indignation quand je vois commettre un acte qui me semble injuste. J'eus peut-être tort, mais apostrophant les colonels Devence et Perquit, je leur dis qu'ils compromettaient leur dignité en souffrant qu'on promenât dans le camp comme criminels des hommes de leurs régiments qui n'avaient pas été *jugés,* et j'ajoutai : « L'Empereur « n'a concédé à personne le droit de *vie* ou de *mort,* et « s'est personnellement réservé celui de faire grâce. »

Le général Exelmans s'émut en voyant l'effet produit par ma sortie et s'écria qu'il *pardonnait* au chasseur du 4ᵉ, mais que le lancier allait être fusillé ; c'est-à-dire qu'il graciait le soldat qui avait manqué à son lieutenant, et voulait faire exécuter celui qui avait tué un cheval.

Pour mettre à mort ce malheureux, on fit demander dans chaque régiment deux sous-officiers ; mais comme ceux-ci n'ont pas de mousqueton, ils durent prendre ceux de quelques soldats. Dès que cet ordre me fut transmis, je ne répondis pas à mon adjudant-major, qui me *comprit;* aussi aucun homme du 23ᵉ ne se présenta pour participer à l'exécution. Le général Exelmans s'en aperçut et ne dit rien !... Enfin une détonation retentit, et tous les assistants frémissent d'indignation ! Exelmans ordonne alors que, selon l'usage, on fasse défiler les troupes devant le *cadavre*. On se met en marche. Mon régiment était le second dans la colonne, et j'hésitais pour savoir si je devais le faire passer devant le corps de cette malheureuse victime de la sévérité d'Exelmans, lorsque de grands éclats de rire se firent entendre dans le 24ᵉ de chasseurs, qui, marchant devant moi, était déjà arrivé sur le lieu de l'exécution. J'envoyai un adjudant pour s'informer de ce qui causait cette joie indécente en présence d'un cadavre, et j'appris bientôt que le *mort* se portait à merveille !

En effet, tout ce qui venait de se passer n'était qu'une parodie inventée pour effrayer les soldats qui seraient tentés de manquer à la discipline ; parodie qui consistait à fusiller un homme *à blanc*, c'est-à-dire sans balles ! Et pour que le secret de ce simulacre d'exécution fût mieux gardé, notre chef en avait chargé des sous-officiers, auxquels on avait distribué des cartouches qui ne contenaient que de la poudre !... Mais comme, pour compléter l'illusion, il fallait que les troupes *vissent* le cadavre, Exelmans avait prescrit au lancier qui devait jouer ce rôle de se jeter la face contre terre dès qu'on ferait feu sur lui, de contrefaire le mort, et de s'éloigner de l'armée la nuit suivante avec des habits de paysan et un peu d'argent qu'on lui avait remis à cette intention ! Mais le soldat, qui était un Gascon des plus madrés, ayant fort bien compris que le général Exelmans outrepassait ses pouvoirs et n'avait pas plus le droit de le fusiller sans jugement que de le renvoyer sans congé, était resté *debout* après la détonation, et refusait de s'éloigner, à moins qu'on ne lui délivrât une feuille de route qui le garantît d'être arrêté par la gendarmerie !

En apprenant que c'était cette discussion entre le général et le prétendu *mort* qui avait excité les éclats de rire du 24ᵉ de chasseurs placé en tête de la colonne, je ne voulus pas que mon régiment participât à cette comédie, qui, selon moi, était bien plus contraire à la discipline que les fautes qu'on voulait punir ou prévenir. Je fis donc faire demi-tour à mes escadrons, et, prenant le trot, je les éloignai de cette scène pénible pour les faire rentrer au camp, où je leur fis mettre pied à terre. Cet exemple ayant été suivi par tous les généraux de brigade et les colonels de la division, Exelmans resta seul avec le prétendu mort, qui reprit tranquillement le chemin du bivouac, où dès son arrivée il se mit à manger la soupe avec ses camarades, dont les éclats de rire recommencèrent de plus belle!...

Pendant notre séjour sur le plateau de Pilnitz, les ennemis, surtout les Russes, reçurent de nombreux renforts, dont le principal, conduit par le général Benningsen, ne comptait pas moins de 60,000 hommes et se composait des corps de Doctoroff, de celui de Tolstoï et de la réserve du prince Labanoff. Cette réserve venait d'au delà de Moscou et comptait dans ses rangs une très grande quantité de Tartares et de Baskirs, armés seulement d'arcs et de flèches.

Je n'ai jamais compris dans quel but le gouvernement russe amenait d'aussi loin et à grands frais de telles masses de cavaliers irréguliers qui, n'ayant ni sabres, ni lances, ni aucune espèce d'armes à feu, ne pouvaient résister à des troupes réglées et ne servaient qu'à épuiser le pays et à affamer les corps réguliers, les seuls capables de résister à des ennemis européens. Nos soldats ne furent nullement étonnés à la vue de ces Asiatiques à demi sauvages qu'ils surnommaient les *Amours,* à cause de leurs arcs et de leurs flèches!

Néanmoins, ces nouveaux venus, qui ne connaissaient pas encore les Français, avaient été si exaltés par leurs chefs presque aussi ignorants qu'eux, qu'ils s'attendaient à nous voir fuir à leur approche : il leur tardait donc de nous joindre. Aussi, dès le jour même de leur arrivée devant nos troupes, ils se lancèrent en bandes innombrables sur elles ; mais ayant été reçus partout à coups de fusil et de mousqueton, les Baskirs laissèrent un grand nombre de morts sur le terrain.

Ces pertes, loin de calmer leur frénésie, semblèrent les animer encore davantage, car, marchant sans ordre, et tous les passages leur étant bons, ils voltigeaient sans cesse autour de nous comme des essaims de guêpes, se glissaient partout, et il devenait fort difficile de les joindre. Mais aussi, quand nos cavaliers y parvenaient, ils en faisaient d'affreux massacres, nos lances et nos sabres ayant une immense supériorité sur leurs flèches ! Toutefois, comme les attaques de ces barbares étaient incessantes et que les Russes les faisaient soutenir par des détachements de hussards afin de profiter du désordre que les Baskirs pourraient jeter sur quelques points de notre ligne, l'Empereur ordonna à ses généraux de redoubler de surveillance et de visiter souvent nos avant-postes.

Cependant, on se préparait des deux côtés à reprendre les hostilités, qui, ainsi que je l'ai déjà dit, n'avaient été suspendues par aucune convention, mais seulement *de fait*. Le plus grand calme régnait dans notre camp, lorsqu'un matin où, selon mon habitude, j'avais mis habit bas et me préparais à me raser en plein air devant un petit miroir cloué à un arbre, je me sens frappé sur l'épaule !... Comme je me trouvais au milieu de mon régiment, je me retournai vivement pour savoir quelle était la personne qui se permettait cette familiarité à l'égard de son colonel... J'aperçus l'Empereur, qui, voulant examiner les positions voisines sans donner l'éveil aux ennemis, était venu en poste avec un seul aide de

camp. N'ayant aucun détachement de sa garde, il s'était fait suivre d'escadrons choisis par portions égales dans tous les régiments de la division. Ayant pris, sur son ordre, le commandement de l'escorte, je marchai toute la journée auprès de lui et n'eus qu'à me louer de sa bienveillance.

Comme on se disposait à retourner à Pilnitz, nous aperçûmes un millier de Baskirs qui accouraient vers nous de toute la vitesse de leurs petits chevaux tartares. L'Empereur, qui n'avait pas encore vu des troupes de ce genre, s'arrêta sur un monticule, en demandant qu'on tâchât de faire quelques prisonniers. J'ordonnai à cet effet à deux escadrons de mon régiment de se cacher derrière un bouquet de bois, tandis que le surplus continuait à marcher dans une autre direction. Cette ruse bien connue n'aurait pas trompé des Cosaques, mais elle réussit parfaitement avec les Baskirs, qui n'ont pas la moindre notion de la guerre. Ils passèrent donc auprès du bois, sans le faire visiter par quelques-uns des leurs, et continuaient à suivre la colonne, lorsque tout à coup nos escadrons, les attaquant à l'improviste, en tuent un grand nombre et en prennent une trentaine.

Je les fis conduire auprès de l'Empereur, qui, après les avoir examinés, manifesta l'étonnement que lui faisait éprouver la vue de ces piteux cavaliers, qu'on envoyait, sans d'autres armes qu'un arc et des flèches, combattre des guerriers européens munis de sabres, de lances, de fusils et de pistolets!... Ces Tartares Baskirs avaient des figures chinoises et portaient des costumes fort bizarres. Dès que nous fûmes rentrés au camp, mes chasseurs s'amusèrent à faire boire du vin aux Baskirs, qui, charmés de cette bonne réception, si nouvelle pour eux, se grisèrent tous et exprimèrent leur joie par des grimaces et des gambades si extraordinaires qu'un rire homérique, auquel Napoléon prit part, s'empara de tous les assistants!...

Le 28 septembre, l'Empereur, ayant passé la revue de notre corps d'armée, me donna les témoignages d'une bienveillance véritablement exceptionnelle, car lui, qui n'accordait que très rarement plusieurs récompenses à la fois, me nomma en même temps *officier de la Légion d'honneur, baron,* et m'accorda une *dotation!...* Il combla aussi mon régiment de faveurs, en disant que c'était le seul du corps de Sébastiani qui se fût maintenu en bon ordre à la Katzbach, eût enlevé des canons à l'ennemi, et repoussé les Prussiens partout où il les avait joints.

Le 23ᵉ de chasseurs fut redevable de cette distinction aux éloges qu'avait faits de lui le maréchal Macdonald, qui, lors de la déroute de la Katzbach, avait cherché un refuge dans les rangs de mon régiment et assisté aux belles charges qu'il fit pour rejeter les ennemis au delà de la rivière.

La revue terminée, et les troupes ayant repris le chemin de leur camp, le général Exelmans passa sur le front de mon régiment et le complimenta à haute voix de la justice que l'Empereur venait de rendre à sa valeur, et, s'adressant particulièrement à ma personne, il s'attacha à faire un éloge véritablement exagéré des qualités du colonel.

Cependant l'armée française se concentrait aux environs de Leipzig, tandis que toutes les forces des ennemis se dirigeaient aussi sur cette ville, autour de laquelle leur grand nombre leur permettait de former un cercle immense, qui se resserra chaque jour davantage, et qui avait évidemment pour but d'enfermer les troupes françaises et de leur couper toute retraite.

Il y eut le 14 octobre un vif combat de cavalerie à Wachau, entre l'avant-garde austro-russe et la nôtre; mais, après des succès balancés, on se replia de part et d'autre dans ses positions respectives, et l'action se termina par ce qu'il y a de plus ridicule à la guerre, une canonnade qui dura jusqu'à la nuit, sans autre résultat qu'une grande perte d'hommes.

L'Empereur, après avoir laissé à Dresde une garnison de 25,000 hommes, commandés par le maréchal Saint-Cyr, se rendit à Leipzig, où il arriva le 15 au matin.

CHAPITRE XXVIII

Napoléon, sourd aux avis du roi de Wurtemberg, se décide à combattre à Leipzig. — Combat de Wachau. — Topographie de Leipzig. — Position de nos troupes. — Surprise avortée des souverains alliés au Kelmberg. — Alternatives de la journée du 16 octobre.

On ne connaîtra jamais bien l'exacte vérité sur la bataille de Leipzig, tant à cause de l'étendue et de la complication du terrain sur lequel on combattit plusieurs jours, qu'en raison du nombre immense des troupes de différentes nations qui prirent part à cette mémorable affaire. Ce sont principalement les documents relatifs à l'armée française qui manquent, parce que plusieurs commandants de corps d'armée, de division, et une partie des chefs d'état-major, ayant trouvé la mort sur le champ de bataille, ou étant restés au pouvoir de l'ennemi, la plupart des rapports n'ont jamais pu être terminés, et ceux qui l'ont été se ressentent de la précipitation et du désordre inévitables qui présidèrent à leur rédaction. D'ailleurs, comme à Leipzig j'étais colonel d'un régiment encadré dans une division dont je dus suivre tous les mouvements, il ne me fut pas possible d'aussi bien connaître ceux des autres corps que je l'avais fait dans les campagnes précédentes, lorsque, étant aide de camp de divers maréchaux, j'avais dû, par position, avoir connaissance de l'ensemble général des opérations de l'armée en portant des ordres sur les diverses parties du champ de bataille. Je dois donc plus que jamais circonscrire mon récit et le borner à ce qui est absolument nécessaire pour vous donner un aperçu des faits les plus importants de la bataille de Leipzig, dont le résultat eut une si grande influence sur les destinées de l'Empereur, de la France et de l'Europe.

Le cercle de fer dans lequel les ennemis se préparaient à enfermer l'armée française n'était point encore complet autour de Leipzig, lorsque le roi de Wurtemberg, homme d'un caractère violent, mais plein d'honneur, crut de son devoir de prévenir Napoléon que l'Allemagne entière allait, à l'instigation des Anglais, se soulever contre lui, et qu'il ne lui restait plus que le temps nécessaire pour se retirer avec les troupes françaises derrière le Mein, car toutes celles de la Confédération germanique l'abandonneraient sous peu pour se joindre à ses ennemis. Il ajouta que lui-même, roi de Wurtemberg, ne pourrait s'empêcher de les imiter, car il devait enfin céder à ses sujets qui le poussaient à suivre le torrent de l'esprit public allemand, en rompant avec lui pour se ranger du côté des ennemis de la France.

L'Empereur, ébranlé par l'avis du plus capable comme du plus fidèle de ses alliés, eut, dit-on, la pensée de faire retraite vers les montagnes de la Thuringe et de la Hesse, de s'y couvrir de la rivière de la Saale et d'attendre que les alliés vinssent l'attaquer à leur désavantage dans ces contrées difficiles, boisées et remplies de défilés.

L'exécution de ce plan pouvait sauver Napoléon; mais pour cela, il fallait agir promptement, lorsque les armées ennemies n'étaient pas encore entièrement réunies ni assez rapprochées pour nous attaquer pendant la retraite; mais au moment de se déterminer à abandonner une partie de ses conquêtes, l'Empereur ne put s'y résoudre, tant il lui paraissait pénible de laisser croire qu'il se considérait comme *vaincu*, puisqu'il cherchait un refuge derrière des montagnes si difficiles à traverser. Le trop de courage de ce grand capitaine nous perdit; il ne considéra pas que son armée, très affaiblie par de nombreuses pertes, comptait dans ses rangs beaucoup d'étrangers qui n'attendaient qu'une occasion favorable pour le trahir, et qu'elle se trouvait exposée à être accablée par des forces supérieures dans les immenses plaines de Leipzig. Il aurait donc bien fait de la conduire dans les montagnes de la Thuringe et de la Hesse, si favorables à la défense, et d'annuler ainsi une partie des forces des rois coalisés. D'ailleurs, l'approche de l'hiver et la nécessité de nourrir leurs nombreuses troupes devaient bientôt forcer les ennemis à se séparer, tandis que l'armée française, garantie sur son front et ses flancs par l'extrême difficulté de venir l'attaquer dans un pays hérissé d'obstacles naturels, aurait eu derrière elle les fertiles vallées du Mein, du Rhin et du Necker.

Cette proposition nous aurait du moins permis de gagner du temps et peut-être de fatiguer les alliés au point de leur faire désirer la paix. Mais la confiance que Napoléon avait en lui, comme dans la valeur de ses troupes, l'ayant emporté sur ces considérations, il prit le parti d'attendre les ennemis dans les plaines de Leipzig.

Cette fatale décision était à peine prise, qu'une seconde lettre du roi de Wurtemberg vint informer l'Empereur que le roi de Bavière, ayant subitement changé de parti, venait de pactiser avec les coalisés, et que les deux armées bavaroise et autrichienne, cantonnées sur les bords de l'Inn, s'étant réunies en un seul camp sous les ordres du général de Wrède, marchaient sur le Rhin; enfin que le Wurtemberg, bien qu'à regret, mais contraint par la force de cette armée, était obligé d'y joindre la sienne; en conséquence, l'Empereur devait s'attendre à ce que bientôt 100,000 hommes cerneraient Mayence et menaceraient les frontières de France.

A cette nouvelle inattendue, Napoléon crut devoir revenir au projet de se retirer derrière la Saale et les montagnes de la Thuringe; mais il était trop tard, puisque déjà les forces principales des alliés étaient en présence de l'armée française et trop rapprochées d'elle pour qu'il fût possible de la mettre en retraite sans qu'elle fût attaquée pendant ce mouvement difficile. L'Empereur se détermina donc à combattre!... Ce fut un grand malheur, car l'effectif des troupes françaises ou alliées de la France que Napoléon avait réunies autour de Leipzig ne s'élevait qu'à 157,000 hommes, dont seulement 29,000 de cavalerie, tandis que le prince de Schwartzenberg, généralissime des ennemis, disposait de 350,000 combattants, dont 54,000 de cavalerie!...

Cette armée immense se composait de Russes, Autrichiens, Prussiens et Suédois, que l'ex-maréchal français Bernadotte conduisait contre ses compatriotes, contre ses anciens frères d'armes! Le nombre total des combattants des deux partis s'élevait à 507,000 hommes, sans compter les troupes laissées dans les places fortes.

La ville de Leipzig, l'une des plus commerçantes et des plus riches de l'Allemagne, est placée vers le milieu de la vaste plaine qui s'étend depuis l'Elbe jusqu'aux montagnes du Harz, de la Thuringe et de la Bohême. La situation de cette contrée l'a presque toujours rendue le théâtre principal des guerres qui ont ensanglanté la Germanie. La petite rivière de l'Elster, qu'on pourrait nommer un ruisseau, tant elle est peu large et peu profonde, coule du sud au nord jusqu'à Leipzig, dans une vallée peu encaissée, au milieu de prairies humides. Ce cours d'eau se divise en un grand nombre de bras, qui opposent un véritable obstacle aux opérations ordinaires de la guerre et nécessitent une infinité de ponts pour mettre en communication les villages qui bordent la vallée.

La Pleisse, autre ruisseau de la même nature, mais encore plus faible que l'Elster, coule à une lieue et demie de celui-ci, auquel elle se joint sous les murs de Leipzig.

Au nord de la ville vient se jeter la Partha, faible ruisseau qui serpente dans un vallon étroit et présente à chaque pas des gués ou de petits ponts à traverser.

Leipzig, se trouvant au confluent de ces trois ruisseaux et presque entourée vers le nord et l'ouest par leurs bras multipliés, est ainsi la clef du terrain occupé par leurs rives. La ville, peu considérable, était à cette époque environnée par une vieille muraille, percée par quatre grandes portes et trois petites. La route de Lutzen par Lindenau et Markranstadt était la seule par laquelle l'armée française pût encore communiquer librement avec ses derrières.

C'est dans la partie du terrain situé entre la Pleisse et la Partha que se livra le plus fort de la bataille. On y remarque le Kelmberg, qui est un mamelon isolé, surnommé la *redoute suédoise,* parce que, dans la guerre de Trente ans, Gustave-Adolphe avait établi quelques fortifications sur ce point, qui domine au loin toute la contrée.

La bataille de Leipzig, commencée le 16 octobre 1813, dura trois jours; mais l'engagement du 17 fut infiniment moins vif que ceux du 16 et du 18.

Sans vouloir entrer dans les détails de cette mémorable affaire, je crois devoir néanmoins indiquer les principales positions occupées par l'armée française, ce qui donnera une idée générale de celles des ennemis, puisque chacun de nos corps d'armée avait en face de lui au moins un corps étranger et souvent deux.

Le roi Murat dirigeait notre aile droite, dont l'extrémité s'appuyait à la petite rivière de la Pleisse, auprès des villages de Connewitz, Dölitz et Mark-Kleeberg que le prince Poniatowski occupait avec ses Polonais. Après ceux-ci et derrière le bourg de Wachau, se trouvait le corps du maréchal Victor. Les troupes du maréchal Augereau occupaient Dösen.

Ces divers corps d'infanterie étaient flanqués et appuyés par plusieurs masses de la cavalerie des généraux Kellermann et Michaud.

Le centre, aux ordres directs de l'Empereur, se trouvait à Liebert-Wolkwitz. Il était composé des corps d'infanterie du général Lauriston, ainsi que de celui du maréchal Macdonald, ayant avec eux la cavalerie de Latour-Maubourg et de Sébastiani. (Mon régiment, qui faisait partie du corps de ce dernier général, était placé en face du monticule du Kelmberg ou redoute suédoise.)

L'aile gauche, commandée par le maréchal Ney, se formait du corps d'infanterie du maréchal Marmont, ainsi que de ceux des généraux Reynier et Souham, soutenus par la cavalerie du duc de Padoue. Elle occupait Taucha, Plaussig et les rives de la Partha. Un corps d'observation, fort de 15,000 hommes, aux ordres du général Bertrand, était détaché au delà de Leipzig pour garder Lindenau, Lindenthal, Gohlis, les passages de l'Elster et la route de Lutzen.

A Probstheyda, derrière le centre, se trouvait, aux ordres du maréchal Oudinot, la réserve composée de la jeune, de la vieille garde, et de la cavalerie de Nansouty.

Le vénérable roi de Saxe, qui n'avait pas voulu s'éloigner de son ami l'empereur des Français, était resté dans la ville de Leipzig avec sa garde et plusieurs régiments français qu'on y avait laissés pour y maintenir l'ordre.

Pendant la nuit du 15 au 16, les troupes du maréchal Macdonald avaient fait un mouvement pour se concentrer sur Liebert-Wolkwitz en s'éloignant du Kelmberg, ou redoute suédoise; mais comme on ne voulait cependant pas abandonner ce poste aux ennemis avant la fin de la nuit, je reçus l'ordre de le surveiller jusqu'au petit point du jour. La mission était fort délicate, car, pour la remplir, je devais me porter en avant avec mon régiment jusqu'au pied du monticule, pendant que l'armée française se retirerait d'une demi-lieue dans la direction opposée. J'allais courir le risque de me voir cerné et même enlevé avec toute ma troupe par l'avant-garde ennemie, dont les éclaireurs ne manqueraient pas de gravir le sommet du monticule, dès que les premières heures de l'aurore leur permettraient d'apercevoir ce qui se passait dans de vastes plaines situées à leurs pieds et occupées par l'armée française.

Le temps était superbe, et, malgré la nuit, on y voyait passablement à la clarté des étoiles; mais, comme en pareil cas on aperçoit infiniment mieux de bas en haut les hommes qui arrivent sur une hauteur, tandis qu'ils ne peuvent eux-mêmes apercevoir ceux qui sont en bas, je portai mes escadrons le plus près possible du monticule, afin que l'ombre projetée par le sommet cachât mes cavaliers, et après avoir prescrit le plus profond silence et une parfaite immobilité, j'attendis les événements.

Le hasard fut sur le point d'en produire un qui eût été bien heureux pour la France, pour l'Empereur, et eût rendu mon nom à tout jamais célèbre!... Voici le fait.

Une demi-heure avant les premières lueurs de l'aurore, trois cavaliers, venant du côté des ennemis, grimpent à petits pas sur le monticule du Kelmberg, d'où ils ne pouvaient nous apercevoir, tandis que nous distinguions parfaitement leur silhouette et entendions leur conversation. Ils parlaient français : l'un était Russe, les deux autres Prussiens. Le premier, qui paraissait avoir autorité sur ses compagnons, ordonna à l'un d'eux d'aller prévenir *Leurs Majestés* qu'il n'y avait aucun Français sur ce point-là et qu'elles pouvaient monter, car dans quelques minutes on apercevrait toute la plaine; mais qu'il fallait profiter de ce moment pour que les Français n'envoyassent pas des tirailleurs de ce côté...

L'officier auquel s'adressaient ces paroles fit observer que les escortes, marchant au pas, étaient encore bien éloignées. « Qu'importe, lui fut-il répondu, puisqu'il n'y a ici personne que nous ! » A ces mots, ma troupe et moi redoublâmes d'attention et aperçûmes bientôt, sur le haut du monticule, une vingtaine d'officiers ennemis, dont l'un mit pied à terre.

Quoique, en établissant une embuscade, je n'eusse certainement pas la prévision de faire une bonne capture, j'avais cependant prévenu mes officiers que, si l'on voyait quelques ennemis sur la redoute suédoise, il faudrait, au signal que je ferais avec mon mouchoir, que deux escadrons contournassent ce monticule, l'un par la droite, l'autre par la gauche, afin de cerner les ennemis qui se seraient ainsi hasardés à venir si près de notre armée. J'étais donc plein d'espoir, lorsque l'ardeur immodérée d'un de mes cavaliers fit échouer mon projet. Cet homme, ayant par hasard laissé tomber la lame de son sabre, prit à l'instant sa carabine en main, et, de crainte d'être en retard lorsque je donnerais le signal de l'attaque, il tira au beau milieu du groupe étranger et tua un major prussien.

Vous pensez bien qu'en un clin d'œil tous les officiers ennemis, qui n'avaient d'autre garde que quelques ordonnances et se voyaient sur le point d'être environnés par nous, s'éloignèrent au grand galop. Nos gens ne purent les suivre bien loin, de crainte de tomber eux-mêmes dans les mains des escortes qu'on entendait accourir. Mes chasseurs prirent néanmoins deux officiers, dont on ne put tirer aucun renseignement. Mais j'appris depuis, par mon ami le baron de Stoch, colonel des gardes du grand-duc de Darmstadt, que l'empereur Alexandre de Russie et le roi de Prusse se trouvaient au nombre des officiers qui avaient été sur le point de tomber aux mains des Français auprès de la redoute suédoise. Cet événement aurait alors changé les destinées de l'Europe. Le hasard en ayant décidé autrement, il ne me restait plus qu'à me retirer lestement, avec tout mon monde, vers l'armée française.

Le 16 octobre, à huit heures du matin, les batteries des alliés donnèrent le signal de l'attaque. Une vive canonnade s'engagea sur toute la ligne, et l'armée alliée marcha sur nous de tous les points. Le combat commença à notre droite, où les Polonais, repoussés par les Prussiens, abandonnèrent le village de Mark-Kleeberg. A notre centre, les Russes et les Autrichiens attaquèrent *six fois* Wachau et Liebert-Wolkwitz, et furent constamment battus avec de très grandes pertes. L'Empereur, regrettant sans doute d'avoir abandonné le matin la redoute suédoise que les ennemis avaient occupée et d'où leurs artilleurs faisaient pleuvoir sur nous une grêle de mitraille, ordonna de se réemparer de ce monticule, ce qui fut promptement exécuté par le 22ᵉ d'infanterie légère, soutenu par mon régiment.

Ce premier succès obtenu, l'Empereur, ne pouvant agir sur les ailes des ennemis qui, par leur supériorité numérique, présentaient un front trop étendu, résolut de les occuper à leurs extrémités, pendant qu'il essayerait de percer leur centre. En conséquence, il dirigea sur Wachau le maréchal Mortier avec deux divisions d'infanterie, et le maréchal Oudinot avec la jeune garde. Le général Drouot, avec soixante bouches à feu, soutenait l'attaque, qui réussit.

De son côté, le maréchal Victor enfonça et mit en déroute le corps russe, commandé par le prince Eugène de Wurtemberg; mais, après des pertes considérables, celui-ci rallia son corps à Gossa. En ce moment, le général Lauriston et le maréchal Macdonald débouchant de Liebert-Wolkwitz, l'ennemi fut culbuté, et les Français s'emparèrent du bois de Grosspossnau. Le général Maison reçut une blessure en s'emparant de ce point important.

En vain la nombreuse cavalerie autrichienne du général Klenau, soutenue par un pulk de Cosaques, essaya de rétablir le combat; elle fut culbutée et mise en désordre par le corps de cavalerie du général Sébastiani. Le combat fut des plus acharnés; mon régiment y prit part; je perdis quelques hommes, et mon premier chef d'escadrons, M. Pozac, fut blessé d'un coup de lance à la poitrine, pour avoir négligé de la garantir, selon l'usage, avec son manteau roulé en fourrageur.

Cependant, le prince de Schwartzenberg, voyant sa ligne fortement ébranlée, fit avancer ses réserves pour la soutenir, ce qui détermina l'Empereur à ordonner une grande charge de cavalerie, à laquelle prirent part les deux corps de Kellermann, de Latour-Maubourg et les dragons de la garde. Kellermann renversa une division de cuirassiers russes; mais, pris en flanc par une autre division, il dut se replier sur les hauteurs de Wachau, après avoir enlevé plusieurs drapeaux à l'ennemi.

Le roi Murat fit alors avancer de l'infanterie française, et le combat se renouvela. Le corps russe du prince de Wurtemberg, enfoncé derechef, perdit vingt-six pièces de canon. Ainsi maltraité, le centre de l'armée ennemie pliait et allait être enfoncé, lorsque l'empereur de Russie, témoin de ce désastre, fit avancer rapidement la nombreuse cavalerie de sa garde, qui, rencontrant les escadrons de Latour-Maubourg dans le désordre qui suit toujours une charge à fond, les ramena à leur tour et reprit aux Français vingt-quatre des canons qu'ils venaient d'enlever. Ce fut dans cette charge que le général Latour-Maubourg eut la cuisse emportée par un boulet.

Cependant, comme aucun des deux partis n'avait obtenu d'avantages marquants, Napoléon, pour décider la victoire, venait de lancer sur le centre ennemi la réserve composée de la vieille garde à pied et à cheval et d'un corps de troupes fraîches arrivant de Leipzig, lorsqu'un régiment de cavalerie ennemie, qui s'était glissé ou égaré sur les derrières des Français, jeta quelque inquiétude parmi nos troupes en mouvement, qui s'arrêtèrent, se formèrent en carré pour ne pas être surprises, et, avant qu'on ait pu connaître la cause de cette alerte, la nuit vint suspendre sur ce point les opérations militaires.

D'autres événements s'étaient passés sur l'extrême droite des Français. Pendant toute la journée, le général Merfeld avait inutilement tenté de s'emparer du passage de la Pleisse, défendu par le corps de Poniatowski et ses Polonais; cependant, vers la fin du jour, il parvint à se rendre maître du village de Dölitz, ce qui compromettait notre aile droite; mais les chasseurs à pied de la vieille garde, conduits par le général Curial, étant accourus de la réserve au pas de charge, culbutèrent les Autrichiens au delà de la rivière et leur firent quelques centaines de prisonniers, parmi lesquels se trouvait le général Merfeld, qui tombait pour la troisième fois au pouvoir des Français.

Quoique les Polonais se fussent laissé enlever Dölitz, l'Empereur, pour relever leur moral, crut devoir donner le bâton de maréchal de France à leur chef, le prince Poniatowski, qui ne jouit pas longtemps de l'honneur de le porter.

De l'autre côté de la rivière de l'Elster, le général autrichien Giulay s'était emparé du village de Lindenau, après sept heures d'un combat acharné. L'Empereur, informé de ce grave événement, qui compromettait la retraite de la majeure partie de ses troupes, fit attaquer si vigoureusement Lindenau par le général Bertrand que ce poste fut repris à la baïonnette.

A notre gauche, l'impatience de Ney faillit amener une grande catastrophe. Ce maréchal, qui commandait l'aile gauche, placée par l'ordre de l'Empereur, voyant qu'à dix heures du matin aucune troupe ne paraissait devant lui, envoya de son autorité privée, sous la conduite du général Souham, un de ses corps d'armée à Wachau, où le combat paraissait fortement engagé; mais, pendant ce mouvement irréfléchi, le maréchal prussien Blücher, dont la marche avait été retardée, parut avec l'armée de Silésie et s'empara du village de Möckern. Alors Ney, qui, diminué d'une partie de ses troupes, n'avait plus à sa disposition que le corps de Marmont, fut obligé, sur le soir, de se replier jusque dans les murs de Leipzig et de se borner à défendre le faubourg de Halle.

Les Français perdirent beaucoup de monde dans cet engagement, qui produisit d'ailleurs un fort mauvais effet sur ceux de nos soldats qui, placés en avant ou sur les flancs de Leipzig, entendaient le canon et la fusillade derrière eux. Cependant, vers les huit heures du soir, le combat cessa totalement de part et d'autre, et la nuit fut tranquille.

CHAPITRE XXIX

Vaine tentative d'armistice. — Bataille du 18 octobre. — Bernadotte combat contre nous. — Défection des Saxons. — Loyauté du roi de Wurtemberg. — Résultat indécis du combat.

Cette première journée avait laissé la victoire indécise; cependant elle était à l'avantage des Français, puisque, avec des forces infiniment moins considérables, ils avaient non seulement tenu tête aux coalisés, mais les avaient chassés d'une partie du terrain qu'ils occupaient la veille.

Les troupes des deux partis se préparaient à renouveler le combat le lendemain matin; mais, contrairement à leur attente, la journée du 17 s'écoula sans qu'aucun mouvement hostile eût lieu de part ni d'autre. Les coalisés attendaient l'arrivée de l'armée russe de Pologne, ainsi que des troupes qu'amenait le prince royal de Suède, Bernadotte, ce qui devait accroître infiniment leurs forces.

De son côté, Napoléon, regrettant d'avoir rejeté les propositions de paix qui lui avaient été faites deux mois auparavant, pendant l'armistice, espérait quelque résultat d'une mission pacifique qu'il avait envoyée la nuit précédente aux souverains alliés par le général autrichien comte de Merfeld, qui venait d'être fait prisonnier.

Il se produit quelquefois des séries de faits bien étranges. Le comte de Merfeld était le même qui, seize ans auparavant, était venu demander au général Bonaparte, alors chef de l'armée d'Italie, le célèbre armistice de Léoben. C'était lui qui avait rapporté à Vienne le traité de paix conclu entre le gouvernement autrichien et le Directoire, représenté par le général Bonaparte. C'était lui qui, dans la nuit de la bataille d'Austerlitz, avait transmis à l'empereur des Français les propositions d'armistice faites par l'empereur d'Autriche, et comme la singulière destinée du général Merfeld le conduisait de nouveau vers Napoléon au moment où celui-ci avait à son tour besoin d'armistice et de paix, l'Empereur sourit à l'espoir que cet intermédiaire amènerait encore le résultat qu'il désirait. Mais les choses étaient trop avancées pour que les souverains alliés consentissent à traiter avec Napoléon, dont la proposition seule dénotait un grand embarras. Aussi, quoiqu'ils n'eussent pu nous vaincre dans la bataille du 16, ils ne perdirent pas l'espoir de nous accabler par un nouvel effort de leurs troupes, supérieures en nombre, et comptaient beaucoup sur la défection des corps allemands qui se trouvaient encore parmi nous, et dont les chefs, tous membres de la société secrète du *Tugenbund*, profitèrent du repos que donna l'espèce d'armistice du 17, pour se concerter sur la manière dont ils devaient exécuter leur insigne trahison. La mission du comte de Merfeld n'obtint même pas de réponse.

Le 18 octobre, dès le matin, l'armée des coalisés commença l'attaque contre nous. Le 2ᵉ corps d'armée de cavalerie, dont mon régiment faisait partie, se trouva placé, comme il l'avait été le 16, entre Liebert-Wolkwitz et le Kelmberg, ou redoute suédoise. Le combat, engagé sur tous les points, fut surtout terrible vers notre centre, au village de Probstheyda, qu'attaquèrent à la fois un corps russe et un corps prussien; tous deux furent repoussés avec des pertes immenses. On se battait sur tous les points. Les Russes attaquèrent très vivement Holzhausen, que Macdonald défendit avec succès.

Vers onze heures, on entendit une canonnade en arrière de Leipzig, du côté de Lindenau, et l'on apprit que, sur ce point, nos troupes venaient de rompre le cercle dans lequel l'ennemi se flattait d'enfermer l'armée française, et que le corps du général Bertrand marchait sur Weissenfeld, dans la direction du Rhin, sans que l'ennemi eût pu l'en empêcher. L'Empereur prescrivit alors d'évacuer les équipages vers Lutzen.

Cependant, le plateau de Leipzig était, vers Connewitz et Lössnig, le théâtre d'un épouvantable engagement; la terre répétait au loin le bruit des feux précipités d'un millier de canons. Les ennemis tentaient de forcer le passage de la Pleisse. Ils furent repoussés, bien que les Polonais eussent fait manquer quelques-unes des charges à la baïonnette de notre infanterie.

Alors, le 1ᵉʳ corps de cavalerie française, voyant les escadrons autrichiens et prussiens venir au secours de leurs alliés, sortit de derrière le village de Probstheyda, et, se précipitant au milieu des ennemis, il les enfonça et les poursuivit jusque sur leurs réserves, qu'amenait le prince Constantin de Russie. Les alliés, encore enfoncés sur ce point, réunirent des forces immenses pour enlever Probstheyda; mais ces formidables masses y furent si bien reçues par quelques-unes de nos divisions d'infanterie et par les chasseurs à pied de la vieille garde, qu'elles reculèrent promptement. Nous perdîmes là les généraux Vial et Rochambeau. Celui-ci venait d'être nommé maréchal de France par l'Empereur.

Bernadotte, prince de Suède, n'avait point encore combattu contre les Français, et paraissait, dit-on, indécis; mais enfin, stimulé et même menacé par le maréchal prussien Blücher, il se détermina à passer la Partha au-dessus du village de Mockau, à la tête des troupes suédoises et d'un corps russe placé sous ses ordres[1]. Lorsqu'une brigade de hussards et de lanciers saxons, postés sur ce point, vit arriver les Cosaques qui précédaient Bernadotte, elle marcha vers eux comme pour les charger ; mais faisant tout à coup volte-face et oubliant à quoi ils exposaient leur vieux roi, notre allié, qui se trouvait au milieu des troupes de Napoléon, les infâmes Saxons dirigèrent leurs fusils et leurs canons contre les Français !

La tête d'armée conduite par Bernadotte, suivant la rive gauche de la Partha, se dirigea vers Sellerhausen, défendu par Reynier. Ce général, dont le corps d'armée était presque entièrement composé de troupes provenant des contingents allemands, ayant été témoin de la désertion de la cavalerie saxonne, se défiait de l'infanterie de cette nation, qu'il avait placée près de la cavalerie de Durutte, afin de la contenir ; mais le maréchal Ney, trop confiant, lui prescrivit de déployer les Saxons et de les envoyer soutenir un régiment français qui défendait le village de Paunsdorf. Mais à peine les Saxons furent-ils à quelque distance des troupes françaises, que, apercevant dans la plaine de Paunsdorf les enseignes prussiennes, ils se précipitèrent vers elles au pas de course, ayant à leur tête l'indigne général Russel, leur chef. Quelques officiers français, ne pouvant comprendre une pareille trahison, pensaient que les Saxons allaient attaquer les Prussiens ;

---

[1] Le comte de Rochechouart nous raconte d'une façon très pittoresque la mission qu'il eut à remplir auprès de Bernadotte, qui hésitait encore à passer l'Elbe au mois de septembre ; il nous décrit également sa rencontre avec le prince royal de Suède, « superbe au milieu de la mitraille, entouré de morts et de blessés... », sur le champ de bataille de Leipzig. (*Note de l'éditeur.*)

aussi le général Gressot, chef d'état-major de Reynier, courut-il vers eux pour modérer ce qu'il croyait être un excès d'ardeur; mais il ne trouva plus devant lui que des ennemis! Cette défection d'un corps d'armée tout entier, qui produisit un vide effrayant dans le centre de l'armée française, eut, de plus, le grave inconvénient de ranimer l'ardeur des alliés, et, sur-le-champ, la cavalerie wurtembergeoise suivit l'exemple des Saxons.

Non seulement le prince de Suède Bernadotte accueillit dans ses rangs les perfides Saxons, mais il réclama le secours de leur artillerie pour augmenter l'effet de la sienne, et supplia même l'ambassadeur anglais de lui prêter la batterie de fusées à la Congrève qu'il avait amenée avec lui, et que l'ancien maréchal de France fit diriger sur les Français.

A peine le corps saxon fut-il dans les rangs des ennemis, qu'il signala sa trahison en faisant contre nous une décharge générale de toute son artillerie, dont le commandant s'écria, en arrivant parmi les Russes, « qu'après « avoir brûlé la moitié de ses munitions pour les Fran- « çais, il allait tirer le reste contre eux! » En effet, il lança sur nous une grêle de projectiles, dont mon régiment reçut une très large part, car je perdis là une trentaine d'hommes, au nombre desquels était le capitaine Bertin, officier du plus grand mérite : ce brave eut la tête emportée par un boulet.

C'était cependant Bernadotte, un Français, un homme auquel le sang français avait procuré une couronne, qui nous portait ainsi le coup de grâce!

Au milieu de cette déloyauté générale, le roi de Wurtemberg présenta une honorable exception, car, ainsi que je l'ai déjà dit, il avait prévenu Napoléon que les circonstances allaient le forcer à abandonner son parti; mais, même après qu'il eut pris cette suprême décision, il mit dans son exécution les procédés les plus loyaux, en prescrivant à celles de ses troupes placées dans son voisinage de n'agir contre les Français qu'après leur avoir dénoncé les hostilités dix jours d'avance, et, bien que devenu ennemi de la France, il chassa de son armée le général, ainsi que plusieurs officiers wurtembergeois, qui avaient entraîné ses troupes dans les rangs des Russes pendant la bataille de Leipzig, et retira toutes les décorations aux régiments transfuges.

Cependant Probstheyda continuait à être le théâtre de la lutte la plus meurtrière. La vieille garde, déployée derrière le village, se tenait prête à voler au secours de ses défenseurs. Le corps prussien de Bulow, ayant essayé de faire un mouvement en avant, fut écrasé; mais nous perdîmes dans ce combat le brave général Delmas, militaire distingué et homme des plus honorables, qui, brouillé avec Napoléon depuis la création de l'Empire, avait passé dix ans dans la retraite, mais avait sollicité du service dès qu'il avait vu sa patrie en danger.

Au milieu d'une affreuse canonnade et de vives attaques partielles, les Français se maintenaient sur toute la ligne dans leurs positions. Ainsi, vers la gauche, le maréchal Macdonald et le général Sébastiani avaient conservé le terrain situé entre Probstheyda et Stötteritz, malgré les nombreuses attaques des Autrichiens de Klenau et des Russes de Doctoroff, lorsque tout à coup celles de nos troupes qui étaient placées sur ce point furent assaillies par une charge de plus de 20,000 Cosaques et Baskirs. Les efforts de ces derniers portèrent principalement sur le corps de cavalerie du général Sébastiani.

En un clin d'œil, les barbares entourèrent à grands cris nos escadrons, contre lesquels ils lancèrent des milliers de flèches, qui ne nous causèrent que très peu de pertes, parce que les Baskirs, étant totalement irréguliers, ne savent pas se former en rangs et marchent tumultueusement comme un troupeau de moutons. Il résulte de ce désordre que ces cavaliers ne peuvent tirer horizontalement devant eux sans tuer ou blesser ceux de leurs camarades qui les précèdent. Les Baskirs lancent donc leurs flèches paraboliquement, c'est-à-dire en l'air, en leur faisant décrire une courbe plus ou moins grande, selon qu'ils jugent que l'ennemi est plus ou moins éloigné ; mais cette manière de lancer les projectiles ne permettant pas de viser exactement pendant le combat, les neuf dixièmes des flèches s'égarent, et le petit nombre de celles qui atteignent les ennemis ayant usé pour s'élever en l'air presque toute la force d'impulsion que la détente de l'arc leur avait communiquée, il ne leur reste plus en tombant que celle de leur propre poids, qui est bien faible ; aussi ne font-elles ordinairement que de fort légères blessures. Enfin, les Baskirs n'ayant aucune autre arme, c'est incontestablement la troupe la moins dangereuse qui existe au monde.

Cependant, comme ils arrivaient sur nous par myriades, et que plus on tuait de ces guêpes, plus il en survenait, l'immense quantité de flèches dont ils couvraient l'air devait nécessairement, dans le nombre, faire quelques blessures graves ; ainsi, un de mes plus braves sous-officiers légionnaires, nommé Meslin, eut le corps traversé par une flèche qui, entrée par la poitrine, lui sortait dans le dos ! L'intrépide Meslin, prenant la flèche à deux mains, la cassa et arracha lui-même les deux tronçons de son corps, ce qui ne put le sauver : il succomba peu d'instants après. C'est, je crois, le seul exemple de mort que l'on puisse citer à la suite d'un coup de flèche tiré par un Baskir. Mais j'eus plusieurs hommes et chevaux atteints, et fus moi-même blessé par cette arme ridicule.

J'avais le sabre à la main; je donnais des ordres à un officier et j'étendais le bras pour lui indiquer le point vers lequel il devait se diriger, lorsque je sentis mon sabre arrêté par une résistance étrange, et éprouvai une légère douleur à la cuisse droite, dans laquelle était implantée d'un pouce dans les chairs une flèche de quatre pieds de long dont l'ardeur du combat m'avait empêché de sentir le coup. Je la fis extraire par le docteur Parot et placer dans une des caisses de l'ambulance régimentaire, car je voulais la conserver comme monument curieux; je regrette qu'elle se soit égarée.

Vous comprenez bien que pour une blessure aussi légère, je ne m'éloignai pas de mon régiment, d'autant plus que le moment était fort critique... En effet, les renforts amenés par Bernadotte et Blücher attaquaient vivement le bourg de Schönfeld, situé non loin du lieu où la Partha entre dans la ville de Leipzig. Les généraux Lagrange et Friederichs, qui défendaient ce point important, repoussèrent *sept assauts* et chassèrent sept fois les alliés des maisons qu'ils avaient enlevées. Le général Friederichs fut tué dans ce combat; c'était un excellent et très brave officier, qui joignait à ces qualités morales l'avantage d'être le plus bel homme de toutes les armées françaises.

Cependant, les ennemis allaient peut-être se rendre maîtres de Schönfeld, lorsque le maréchal Ney vola au secours de ce village, qui resta au pouvoir des Français. Le maréchal Ney reçut à l'épaule une contusion qui le força de quitter le champ de bataille.

Quand la nuit vint, les troupes des deux armées étaient sur une grande partie de la ligne dans la même position qu'au commencement de la bataille; ce soir-là, les cavaliers de mon régiment, ainsi que ceux de toutes les divisions du corps de Sébastiani, attachèrent leurs chevaux aux mêmes piquets qui leur avaient servi à la fin des trois journées précédentes, et presque tous les bataillons occupèrent les mêmes bivouacs. Ainsi cette bataille, dont les ennemis ont tant célébré le succès, fut indécise, puisque, bien inférieurs en nombre, ayant contre nous presque toutes les nations de l'Europe et comptant une foule de traîtres dans nos rangs, nous ne perdîmes pas *un pouce de terrain!*... Aussi le général anglais sir Robert Wilson, qui se trouvait à Leipzig en qualité de commissaire britannique, et dont le témoignage ne peut être suspecté de partialité, dit-il au sujet de cette bataille : « Malgré la défection de l'armée saxonne au milieu du « combat, malgré le courage ardent et persévérant des « troupes alliées, on ne put enlever aux Français *un seul* « des villages qu'ils se proposaient de garder comme « essentiels à leur position. La nuit termina l'action, lais- « sant aux Français, surtout aux défenseurs de Probs- « theyda, la gloire d'avoir inspiré à leurs ennemis une « généreuse envie!... »

Après le coucher du soleil, au moment où commençait l'obscurité, je reçus l'ordre de faire cesser sur le front de mon régiment ce tiraillement inutile qui suit ordinairement les engagements sérieux. Ce n'est pas sans peine que l'on parvient à séparer alors les hommes des deux partis qui viennent de combattre les uns contre les autres, d'autant plus que, pour ne pas faire connaître cette disposition aux ennemis, qui pourraient en profiter pour fondre à l'improviste sur nos avant-postes, on ne se sert ni de tambours ni de trompettes pour prescrire aux tirailleurs de cesser le feu et de se réunir pour rejoindre leurs régiments; mais on fait prévenir à voix basse les chefs des pelotons, qui envoient des sous-officiers chercher en silence les petits postes. Les ennemis, de leur côté, agissant de même, le feu diminue insensiblement et finit bientôt entièrement.

Afin de m'assurer qu'on n'oubliait aucune vedette sur le terrain et que cette petite retraite vers le bivouac était exécutée en bon ordre, je la faisais habituellement diriger par un adjudant-major. Celui qui était de service ce soir-là se nommait le capitaine Joly, militaire instruit, fort capable et d'un grand courage, mais un peu obstiné. Il en avait donné des preuves quelques mois avant la bataille, lorsque, chargé de distribuer aux officiers des chevaux de remonte, dont l'Empereur faisait présent à ceux d'entre eux qui avaient fait la campagne de Russie, M. Joly, malgré mes observations et celles de ses amis, avait choisi pour lui un superbe cheval blanc, dont ni moi ni aucun de mes camarades n'avions voulu à cause de sa robe trop éclatante, et que j'avais d'abord mis au rang des trompettes. Aussi, le soir de la bataille de Leipzig, au moment où M. Joly, en remplissant ses fonctions, marchait au pas derrière la ligne des tirailleurs, la blancheur de sa monture fut si bien remarquée par les ennemis, malgré l'obscurité, que le cheval et le maître furent tous deux grièvement blessés. Le capitaine avait reçu une balle au travers du corps et mourut pendant la nuit, dans une maison du faubourg de Halle, où j'avais fait transporter la veille le commandant Pozac.

Bien que la blessure de celui-ci ne fût pas dangereuse, il se désolait en pensant que probablement l'armée française s'éloignerait et qu'il resterait prisonnier des ennemis, qui s'empareraient alors du sabre d'honneur qui lui avait été donné par le premier Consul après la bataille de Marengo, lorsqu'il n'était encore que sous-officier; mais je calmai ses justes regrets en me chargeant du glorieux sabre, qui, transporté par un des chirurgiens du régiment, fut remis à Pozac à son retour en France.

CHAPITRE XXX

Situation critique. — Défaut de prévoyance dans l'organisation de la retraite. — Adieux du roi de Saxe. — Magnanimité exagérée de Napoléon. — Les alliés pénètrent dans Leipzig. — Rupture prématurée du pont de l'Elster. — Quel fut le sort de mon régiment.

Le calme de la nuit ayant enfin succédé dans les champs de Leipzig à la terrible bataille dont ils venaient d'être témoins, les chefs des deux partis purent examiner leur position.

Celle de l'empereur Napoléon était la plus défavorable : en effet, si l'on a blâmé ce grand homme de ne s'être pas retiré derrière la Saale huit jours avant la bataille, lorsqu'il pouvait encore éviter de compromettre le salut de son armée, autour de laquelle des forces infiniment plus nombreuses que les siennes allaient former un grand cercle de fer, à plus forte raison beaucoup de militaires ont-ils désapprouvé les opérations de l'Empereur, lorsqu'à Leipzig il se laissa complètement cerner sur le champ de bataille par les ennemis. Je dis *complètement*, car le 18, à onze heures du matin, le corps autrichien de Lichtenstein s'étant emparé du village de Kleinzschocher, sur la rive gauche de l'Elster, il fut un moment où la route de Leipzig à Weissenfels, seule retraite qui restât aux Français, se trouva interceptée, et l'armée de Napoléon complètement environnée.

Cette situation critique ne dura, il est vrai, qu'une

demi-heure; mais fut-il prudent de s'exposer aux fâcheux événements qui auraient pu en résulter, et n'aurait-il pas mieux valu, avant que toutes les forces ennemies se fussent réunies pour entourer l'armée française, que le chef de celle-ci l'eût abritée derrière les montagnes de la Thuringe et la rivière de la Saale?...

Nous approchons d'un moment bien critique!... Les Français avaient conservé leurs positions pendant les trois jours qu'avait duré la bataille; mais ce succès moral n'avait été obtenu qu'au prix de bien du sang, car, tant en tués qu'en blessés, ils avaient près de 40,000 hommes hors de combat!... Il est vrai que les ennemis en avaient perdu 60,000; différence énorme à leur désavantage, qu'il faut attribuer à l'obstination qu'ils mirent à attaquer les villages retranchés par nous. Mais comme le nombre des troupes alliées était infiniment plus considérable que celui des Français, notre armée, après avoir perdu 40,000 combattants, se trouvait proportionnellement bien plus affaiblie que la leur.

Ajoutons à cela que l'artillerie française ayant tiré depuis trois jours 220,000 coups de canon, dont 95,000 dans le seul engagement du 18, les réserves étaient épuisées, et il n'y restait pas plus de 16,000 coups, c'est-à-dire de quoi entretenir le feu du combat pendant deux heures seulement. Ce défaut de munitions, qu'on aurait dû prévoir avant de s'engager loin de nos frontières contre des forces infiniment supérieures, mettant Napoléon hors d'état de livrer une nouvelle bataille, qu'il eût peut-être gagnée, il fut contraint de se résoudre à ordonner la retraite.

L'exécution en était infiniment difficile, à cause de la nature du terrain que nous occupions, et qui, parsemé de prairies humides, de ruisseaux, et traversé par trois rivières, présentait une quantité de petits défilés qu'il fallait passer sous les yeux et à petite portée des ennemis, qui pouvaient facilement jeter le désordre dans nos rangs pendant cette marche périlleuse.

Un seul moyen pouvait assurer notre retraite ; c'était l'établissement d'une infinité de *ponceaux* sur les prairies, les fossés, les petits cours d'eau, et celui de ponts plus grands sur les rivières de la Partha et de la Pleisse, et principalement de l'Elster, qui reçoit ces divers affluents aux portes et même dans la ville de Leipzig. Or, rien n'était plus facile que la création de ces passages indispensables, puisque la ville et les faubourgs de Leipzig, placés à une petite portée de fusil, offraient une immense provision de poutres, de planches, de madriers, de clous, de cordes, etc.

Toute l'armée avait donc la persuasion que de nombreux passages avaient été établis dès son arrivée devant Leipzig; qu'on les avait augmentés le 16 et surtout le 17, dont la journée entière s'était écoulée sans combat. Eh bien!... par un concours de circonstances déplorables et d'une négligence incroyable, aucune mesure n'avait été prise!... et parmi les documents qui nous sont restés sur cette célèbre bataille, on ne trouve rien, *absolument rien d'officiel*, qui démontre qu'il eût été pris des mesures pour faciliter, en cas de retraite, l'écoulement des nombreuses colonnes engagées au delà des défilés que forment les rivières ainsi que les rues de la ville et des faubourgs de Leipzig. Aucun des officiers échappés à la catastrophe, pas plus que les auteurs qui l'ont décrite, n'ont pu prouver que les chefs de l'armée aient rien fait pour l'établissement de passages nouveaux et la libre circulation sur ceux déjà existants. Seulement, le général Pelet, qui est, avec raison, très grand admirateur de Napoléon et pousse quelquefois cette admiration jusqu'à l'exagération, le général Pelet écrivit, quinze ans après la bataille, « que M. Odier, sous-« inspecteur aux revues, c'est-à-dire sous-intendant de « la garde impériale, lui a dit plusieurs fois qu'il était « présent lorsque dans la matinée (il ne spécifie point « de quel jour) l'Empereur donna l'ordre à *un* général « de l'état-major de suivre la construction des ponts et « le chargea spécialement de ce travail ». Le général Pelet ne fait pas connaître le nom de l'officier général auquel l'Empereur aurait donné cet ordre; cependant, il eût été fort important de le savoir.

M. Fain, secrétaire de Napoléon, dit, dans ses *Mémoires*, « que l'Empereur ordonna d'établir dans les marais voi-« sins quelques nouveaux passages qui pussent faciliter « la traversée de ce long défilé ».

Je ne sais jusqu'à quel point l'histoire admettra la vérité de ces assertions posthumes; mais en les supposant véridiques, plusieurs auteurs pensent que le chef de l'armée française n'aurait pas dû se borner à *donner un ordre* à un général d'état-major qui n'avait peut-être à sa disposition ni sapeurs ni le matériel nécessaire, et qu'il aurait fallu charger de l'établissement de nouveaux passages plusieurs officiers, et au moins un par régiment dans chaque corps d'armée, car il est *constant* que personne ne s'en occupa. Et en voici le véritable motif, qui ne fut alors connu que de bien peu de personnes.

L'Empereur avait pour chef d'état-major général le maréchal prince Berthier, qui ne l'avait pas quitté depuis la célèbre campagne d'Italie en 1796. C'était un homme capable, exact, dévoué, mais qui, ayant souvent éprouvé les effets de la colère impériale, avait conçu une telle crainte des boutades de Napoléon qu'il s'était promis de ne jamais prendre l'initiative sur *rien*, de ne faire aucune *question*, et de se borner à faire exécuter les ordres qu'il recevait *par écrit*. Ce système, qui maintenait les bons rapports du major général avec son chef, était nuisible aux intérêts de l'armée ; car, quelles que fussent l'activité et les vastes capacités de l'Empereur, il était physiquement impossible qu'il vît *tout* et s'occupât de *tout ;* et cependant, s'il oubliait quelque chose d'important, rien n'était fait.

Il paraît qu'il en fut ainsi à Leipzig, où, presque tous les maréchaux et généraux chefs de corps d'armée ayant à plusieurs reprises, et notamment les deux derniers jours, fait observer à Berthier combien il était nécessaire d'établir de nombreux passages pour assurer la retraite en cas de revers, le major général leur avait constamment répondu : « L'Empereur ne l'a pas ordonné ! » On ne put rien en obtenir ; aussi, pas une poutrelle, pas une planche n'avaient été placées sur un ruisseau lorsque, dans la nuit du 18 au 19, l'Empereur prescrivit de battre en retraite sur Weissenfels et la rivière de la Saale.

Les alliés avaient éprouvé de si grandes pertes que, sentant l'impossibilité de recommencer la lutte, ils n'osaient nous attaquer de nouveau et étaient sur le point de se retirer eux-mêmes, lorsque, apercevant les gros bagages de l'armée se diriger vers Weissenfels par Lindenau, ils comprirent que Napoléon se préparait à la retraite, et firent leurs préparatifs pour être à même de profiter des chances que ce mouvement pouvait amener en leur faveur.

Le moment le plus affreux d'une retraite, surtout pour un chef de corps, est celui où il faut se séparer des blessés qu'on est forcé d'abandonner à la pitié des ennemis, qui souvent n'en ont aucune et pillent ou achèvent les malheureux trop fortement atteints pour suivre leurs camarades. Cependant, comme le pire de toutes choses est d'être laissé gisant sur la terre, je profitai de la nuit pour faire relever par les soldats valides tous les blessés de mon régiment, que je réunis dans deux maisons contiguës, d'abord pour les soustraire au premier moment de fureur des ennemis pris de vin qui occuperaient le faubourg, et en second lieu pour les mettre à même de s'aider les uns les autres et de soutenir mutuellement leur moral. Un chirurgien sous-aide, M. Bordenave, m'ayant offert de rester avec eux, j'acceptai, et à la paix je fis avoir la décoration de la Légion d'honneur à cet estimable docteur, dont les bons soins avaient sauvé la vie à beaucoup d'hommes.

Cependant, les troupes se mirent en marche pour s'éloigner de ce champ de bataille témoin de leur gloire et inondé de tant de sang! L'empereur Napoléon quitta son bivouac à huit heures du soir, se rendit en ville et s'établit dans l'auberge des *Armes de Prusse,* sur le boulevard du Marché aux chevaux. Après avoir donné quelques ordres, Napoléon alla visiter le vénérable roi de Saxe, qu'il trouva faisant des préparatifs pour le suivre.

Ce roi, modèle des amis, s'attendait à ce que, pour le punir de la fidélité inaltérable qu'il avait eue pour l'empereur des Français, les souverains alliés lui arracheraient son royaume, et cependant, ce qui l'affligeait le plus, c'était la pensée que son armée s'était *déshonorée* en passant à l'ennemi. Napoléon ne pouvait consoler ce digne vieillard, et ce ne fut qu'avec peine qu'il obtint de lui qu'il resterait à Leipzig dans ses États et enverrait un de ses ministres vers les confédérés pour demander un accommodement.

Cet émissaire parti, l'Empereur fit ses adieux au vieux roi de Saxe, à la Reine, à la princesse leur fille, modèle de toutes les vertus, qui avait suivi son père jusque sous les canons ennemis. La séparation fut d'autant plus touchante que l'on apprit que les alliés refusaient de prendre aucun engagement sur le sort qu'ils réservaient au monarque saxon... Ce prince allait donc se trouver à leur merci... Il avait de belles provinces... Que de motifs pour que ses ennemis fussent impitoyables!

Vers huit heures du soir, la retraite commença par les corps des maréchaux Victor et Augereau, les ambulances, une partie de l'artillerie, la cavalerie et la garde impériale.

Pendant que ces troupes défilaient à travers le faubourg de Lindenau, les maréchaux Ney, Marmont et le général Reynier gardaient les faubourgs de Halle et de Rosenthal. Les corps de Lauriston, de Macdonald et de Poniatowski entrèrent successivement dans la ville et s'établirent derrière les barrières, dont les murs étaient crénelés. Tout était ainsi disposé pour qu'une résistance opiniâtre faite par notre arrière-garde mît l'armée à même d'opérer régulièrement sa retraite. Néanmoins, Napoléon, voulant éviter à la ville de Leipzig les horreurs qui suivent toujours un combat dans les rues, avait permis aux magistrats d'adresser une demande aux souverains alliés pour régler, par un armistice de quelques heures, l'évacuation de la ville. Cette proposition philanthropique fut rejetée, et les alliés, dans l'espoir que le désordre se mettrait dans l'arrière-garde française et qu'ils en profiteraient, n'hésitèrent pas à exposer à une destruction totale l'une des plus grandes villes de l'Allemagne!

Ce fut alors que, dans leur indignation, plusieurs généraux français proposèrent à l'Empereur d'assurer la retraite de son armée en la massant dans l'intérieur de la ville et incendiant les faubourgs, excepté celui de Lindenau, par lequel nos troupes s'écouleraient, pendant que le feu arrêterait les ennemis.

Je pense que le refus de consentir à ce que la retraite

eût lieu sans combat nous donnait le droit d'employer tous les moyens de défense possibles, et le feu étant le plus certain en pareil cas, nous aurions dû nous en servir; mais Napoléon ne put s'y résoudre, et cette magnanimité exagérée lui coûta sa couronne, car le combat dont je vais parler lui fit perdre presque autant d'hommes que la bataille de trois jours qu'il venait de livrer. Elle nous fut même bien plus funeste, car elle porta la désorganisation dans l'armée, qui, sans cela, pouvait arriver en France encore très puissante. Or, la belle résistance que ces faibles débris opposèrent aux alliés pendant trois mois démontra assez ce que nous aurions pu faire si tous les guerriers français qui avaient survécu à la grande bataille eussent repassé le Rhin en conservant leurs armes et leur organisation!... La France eût probablement repoussé l'invasion!...

Mais il en fut autrement, car pendant que Napoléon, par une générosité trop chevaleresque et blâmable selon moi, refusait de faire incendier une ville ennemie, ce qui devait assurer sans coup férir la retraite d'une partie de son armée, le prince royal de Suède, l'indigne Bernadotte, blâmant le peu d'ardeur que les alliés mettaient à exterminer les Français ses compatriotes, lança toutes les troupes placées sous ses ordres contre le faubourg de Taucha, s'en rendit maître et pénétra ainsi jusque sur les boulevards et dans la ville.

Entraînés par cet exemple, le maréchal Blücher et ses Prussiens, ainsi que les Russes et les Autrichiens, font de même, et attaquent de toutes parts les derrières des colonnes françaises, qui se retiraient vers le pont de Lindenau. Enfin, pour combler la mesure, une vive fusillade éclata auprès de ce pont de l'Elster, seule retraite qui restât à nos troupes!... Cette fusillade provenait des bataillons des gardes saxonnes qui, laissées en ville auprès de leur roi, et regrettant de n'avoir pu déserter avec les autres régiments de leur armée, voulaient donner des preuves de leur *patriotisme allemand*, en attaquant *par derrière* les Français qui passaient sur la place du château où résidait leur souverain!... En vain ce malheureux et vénérable prince, paraissant au balcon du palais au milieu des balles, criait à ses officiers et soldats : « Tuez-moi, lâches!... « Tuez votre roi, afin qu'il ne soit pas témoin de votre « déshonneur!... » Les misérables continuèrent d'assassiner les Français!... Alors, dans son indignation, le roi saxon, rentrant dans ses appartements, saisit le drapeau de sa garde et le jeta dans le feu!...

Le coup de pied de l'âne fut donné à nos troupes, en cette fatale circonstance, par un bataillon badois qui, signalé pour sa *lâcheté*, avait été laissé en ville pendant la bataille, afin de fendre les bûches nécessaires pour chauffer les fours à pain!... Ces infâmes Badois, abrités derrière les fenêtres et les murs de la grande boulangerie, tirèrent aussi sur nos soldats, dont ils tuèrent un grand nombre!...

Cependant, les Français résistèrent courageusement et se défendirent dans les maisons, et bien que toutes les armées alliées eussent pénétré en masse dans la ville, dont elles occupaient les boulevards et les rues principales, nos troupes, malgré les pertes immenses qu'elles éprouvaient, disputaient le terrain pied à pied, en se retirant en bon ordre vers le grand pont de l'Elster à Lindenau.

L'Empereur était difficilement parvenu à sortir de la ville et à gagner le faubourg par lequel l'armée s'écoulait. Il s'arrêta et mit pied à terre au dernier pont, celui dit *du Moulin*, et ce fut alors seulement qu'il fit charger la mine du grand pont. Il adressa de là aux maréchaux

Ney, Macdonald et Poniatowski l'ordre de conserver la ville encore pendant vingt-quatre heures, ou du moins jusqu'à la nuit, afin de laisser au parc d'artillerie, ainsi qu'aux équipages et à l'arrière-garde, le temps nécessaire pour traverser le faubourg et les ponts. Mais à peine l'Empereur, remonté à cheval, se fut-il éloigné de mille pas sur la route de Lützen, que tout à coup on entendit une terrible explosion !...

Le grand pont de l'Elster venait de sauter !... Cependant, les troupes de Macdonald, de Lauriston, de Reynier et de Poniatowski, ainsi que plus de deux cents pièces d'artillerie, se trouvaient encore sur le boulevard de Leipzig, et tout moyen de retraite leur était enlevé ! Le désastre était à son comble !...

Pour expliquer la cause de cette catastrophe, on a dit plus tard que des tirailleurs prussiens et suédois, auxquels les Badois avaient ouvert les portes de Halle, s'étant glissés de proche en proche jusqu'aux environs du pont où, réunis à des gardes saxons, ils s'étaient emparés de plusieurs maisons et tiraient sur les colonnes françaises, le sapeur chargé de mettre le feu à la mine, trompé par cette fusillade, pensa que l'ennemi arrivait, et que le moment d'exécuter sa consigne et de faire sauter le pont était venu ; il avait donc mis le feu aux poudres. D'autres attribuèrent cette déplorable erreur au colonel du génie Montfort, qui, en apercevant quelques tirailleurs ennemis, aurait, de son autorité privée, ordonné de mettre le feu à la mine. Cette dernière version fut adoptée par l'Empereur, qui ordonna de mettre en jugement M. de Montfort, dont on fit le *bouc émissaire* de ce fatal événement ; mais il fut démontré plus tard qu'il n'y avait pris aucune part.

Quoi qu'il en soit, l'opinion de l'armée accusa encore le major général de négligence, et l'on disait avec raison qu'il aurait dû confier la garde du pont à une brigade entière, dont le général aurait été chargé, sous sa *responsabilité personnelle,* d'ordonner lui-même de mettre le feu aux poudres lorsqu'il reconnaîtrait que le moment était favorable. Mais le prince Berthier se défendait avec sa réponse habituelle : « L'Empereur ne l'avait pas ordonné!... »

Après la rupture du pont, quelques-uns des Français auxquels cet événement coupait la retraite se jetèrent dans l'Elster, qu'ils espéraient traverser à la nage. Plusieurs y parvinrent : le maréchal Macdonald fut de ceux-là; mais le plus grand nombre, entre autres le prince Poniatowski, se noyèrent, parce que, après avoir traversé la rivière, ils ne purent gravir ses bords fangeux, qui étaient d'ailleurs bordés de tirailleurs ennemis.

Ceux de nos soldats qui étaient restés en ville et dans les faubourgs après la rupture du pont, ne songeant plus qu'à vendre chèrement leur vie, se barricadèrent derrière les maisons et combattirent vaillamment toute la journée et une partie de la nuit suivante; mais les cartouches leur ayant manqué, ils furent forcés dans leurs retranchements improvisés et presque tous égorgés! Le carnage ne cessa qu'à deux heures du matin!...

Pendant cela, les souverains alliés, réunis sur la grande place et ayant Bernadotte parmi eux, savouraient leur victoire et délibéraient sur ce qu'ils auraient à faire pour en assurer le résultat.

On porte à 13,000 le nombre des Français massacrés dans les maisons, et à 25,000 celui des prisonniers. Les ennemis ramassèrent 250 pièces de canon.

Après le récit des événements généraux qui terminèrent la bataille de Leipzig, je crois devoir vous faire connaître ceux qui ont particulièrement trait à mon régiment et au corps de cavalerie de Sébastiani, dont il faisait partie. Comme nous avions repoussé pendant trois jours consécutifs les attaques des ennemis et conservé notre champ de bataille, l'étonnement et la douleur furent grands parmi les troupes, lorsqu'on apprit le 18 au soir que, faute de munitions de guerre, nous allions battre en retraite!... Nous espérions du moins, et il paraît que c'était le projet de l'Empereur, qu'elle se bornerait à aller derrière la rivière de la Saale, auprès de la place forte d'Erfurt, où nous pourrions renouveler nos provisions de poudre et recommencer les hostilités. Nous montâmes donc à cheval le 18 octobre à huit heures du soir, et abandonnâmes ce champ de bataille sur lequel nous avions combattu pendant trois jours et où nous laissions les corps de tant de nos infortunés et glorieux camarades.

A peine fûmes-nous hors du bivouac, que nous éprouvâmes les inconvénients résultant de la négligence de l'état-major impérial, qui n'avait absolument rien préparé pour faciliter la retraite d'une armée aussi nombreuse!... De minute en minute, les colonnes, surtout celles d'artillerie et de cavalerie, se trouvaient arrêtées au passage de larges fossés, de marais et de ruisseaux sur lesquels il eût été cependant si facile de jeter de petits ponts!... Les roues et les chevaux enfonçaient dans la boue, et la nuit étant des plus obscures, il y avait encombrement partout; notre marche fut donc des plus lentes, tant que nous fûmes dans la plaine et les prairies, et souvent complètement arrêtée dans la traversée des faubourgs et de la ville. Mon régiment qui faisait la tête de colonne de la division d'Exelmans, qui ouvrait cette pénible marche, n'arriva au pont de Lindenau qu'à quatre heures du matin de la journée du 19 octobre. Lorsque nous franchîmes ce passage, nous étions bien loin de prévoir l'épouvantable catastrophe dont il serait témoin dans quelques heures !

Le jour parut : la route, large et belle, était couverte de nombreuses troupes de toutes armes, ce qui annonçait que l'armée serait encore considérable en arrivant sur la Saale. L'Empereur passa... Mais en longeant au galop les flancs de la colonne, il n'entendit pas les acclamations accoutumées qui signalaient toujours sa présence !... L'armée était mécontente du peu de soin qu'on avait mis à assurer sa retraite dès son départ du champ de bataille. Qu'auraient dit les troupes si elles avaient été informées de l'imprévoyance avec laquelle avait été dirigé le passage de l'Elster, qu'elles venaient de traverser, mais où tant de leurs camarades allaient bientôt trouver la mort !...

Ce fut pendant la halte de Markranstadt, petite ville située à trois lieues de Leipzig, que nous entendîmes la détonation de la mine qui détruisait le pont de l'Elster ; mais, au lieu d'en être peiné, chacun s'en réjouit, car on ne mettait pas en doute que le feu n'eût été mis aux poudres qu'après le passage de toutes nos colonnes et pour empêcher celui des ennemis.

Pendant les quelques heures de repos que nous prîmes à Markranstadt, sans nous douter de la catastrophe qui venait d'avoir lieu sur la rivière, je pus voir nos escadrons en détail et connaître les pertes éprouvées par le régiment durant la bataille des trois jours. J'en fus effrayé !... Car elles s'élevaient à 149 hommes, dont 60 tués, parmi lesquels se trouvaient deux capitaines, trois lieutenants et onze sous-officiers, ce qui était énorme sur un chiffre de 700 hommes avec lequel le régiment était arrivé sur le champ de bataille le 16 octobre au matin. Presque tous les blessés l'avaient été par les boulets ou la mitraille, ce qui donnait malheureusement peu d'espoir pour leur guérison !... Mes pertes se fussent peut-être élevées au double si, pendant la bataille, je n'eusse pris la précaution de soustraire autant que possible mon régiment au feu du canon. Ceci mérite explication.

Il est des circonstances et des positions où le général le plus humain se trouve dans la pénible obligation de placer ses troupes en évidence sous les boulets de l'ennemi; mais il arrive aussi très souvent que certains chefs étalent inutilement leurs lignes sous les batteries ennemies et ne prennent aucune mesure pour éviter les pertes d'hommes, ce qui cependant est quelquefois bien facile, principalement pour la cavalerie, qui, par la vélocité de ses mouvements, peut en un instant se porter sur le point où elle est nécessaire, et prendre la formation qu'on désire. C'est surtout dans les grandes masses de cavalerie et sur les grands champs de bataille que ces précautions conservatrices sont les plus nécessaires, et où cependant on s'en occupe le moins.

Ainsi, à Leipzig, le 16 octobre, Sébastiani, général en chef du 2ᵉ corps de cavalerie, ayant placé les nombreux escadrons de ses trois divisions entre le village de Wachau et celui de Liebert-Wolkwitz, en assignant approximativement à chaque général de division l'emplacement que la sienne devait occuper, celle d'Exelmans se trouva établie sur un terrain ondulé, entrecoupé par conséquent de petites buttes et de bas-fonds. Le corps d'armée formait une ligne considérable. Les ennemis avaient leur cavalerie à grande portée de nous et ne pouvaient donc pas nous surprendre. Je profitai des bas-fonds qui existaient sur le terrain où notre brigade était formée, pour y masquer mon régiment, qui, ainsi garanti du canon et cependant se trouvant à son rang et prêt à agir, eut le bonheur de voir s'écouler une grande partie de la journée sans perdre un seul homme, car les boulets passaient au-dessus des cavaliers, tandis que les corps voisins éprouvaient des pertes notables.

Je me félicitais d'avoir si bien placé mes escadrons, lorsque le général Exelmans, sous prétexte que chacun devait avoir sa part de danger, m'ordonna, malgré les représentations du général de brigade, de porter le régiment à cent pas en avant de la ligne. J'obéis, mais en très peu de temps j'eus un capitaine tué, M. Bertin, et une vingtaine d'hommes hors de combat. J'eus alors recours à une nouvelle méthode : ce fut d'envoyer de braves cavaliers, bien espacés, tirer des coups de carabine sur l'artillerie des ennemis, qui, à leur tour, firent aussi avancer des tirailleurs, de sorte que ces groupes des deux partis s'étant mis ainsi à tirailler entre les lignes, les canonniers ennemis ne pouvaient faire feu sur mon régiment, de crainte de tuer leurs propres gens. Il est vrai que les nôtres éprouvaient le même embarras ; mais ce silence de l'artillerie des deux partis sur un point minime de la bataille était tout à notre avantage, les alliés ayant infiniment plus de canons que les Français. D'ailleurs, notre infanterie et celle des ennemis étant en ce moment aux prises dans le village de Liebert-Wolkwitz, la cavalerie française et la leur n'avaient qu'à attendre l'issue de ce terrible combat ; il était inutile qu'elles se démolissent mutuellement à coups de boulets, et mieux valait s'en tenir à un engagement entre des tirailleurs qui, la plupart du temps, brûlent leur poudre aux moineaux. Aussi mon exemple fut-il suivi par tous les colonels des autres brigades, et les ennemis placés devant elles ayant aussi fait taire leurs canons, la vie de bien des hommes fut épargnée. Un plus grand nombre l'eût été si le général Exelmans ne fût venu ordonner de faire rentrer les tirailleurs, ce qui devint le signal d'une grêle de boulets que les ennemis lancèrent sur nos escadrons. Heureusement, la journée touchait à sa fin.

C'était le 16 au soir. Tous les colonels de cavalerie du 2⁰ corps s'étaient si bien trouvés de cette manière d'épargner leurs hommes que, d'un commun accord, nous l'employâmes tous dans la bataille du 18. Quand les corps ennemis tiraient le canon, nous lancions nos tirailleurs, et, comme ils auraient enlevé les pièces si on ne les eût défendues, nos adversaires étaient contraints d'envoyer des tirailleurs contre les nôtres, ce qui, des deux côtés, paralysait l'artillerie. Les chefs de la cavalerie ennemie placés en face de nous, ayant probablement deviné et approuvé le motif qui nous faisait agir, firent de même, de sorte que dans la troisième journée les canons attachés à la cavalerie des deux partis furent beaucoup moins employés. Cela n'empêchait pas de s'aborder mutuellement dans des charges vigoureuses, mais au moins elles avaient pour but d'attaquer ou de défendre une position, et alors on ne doit pas s'épargner, tandis que les canonnades sur place, qui ont trop souvent lieu de cavalerie à cavalerie, ne servent qu'à faire périr inutilement beaucoup de braves gens. Voilà ce qu'Exelmans ne voulait pas comprendre ; mais comme il courait sans cesse d'une aile à l'autre, dès qu'il s'éloignait d'un régiment, le colonel lançait ses tirailleurs en avant, et le canon se taisait.

Tous les généraux de cavalerie, ainsi que Sébastiani, furent tellement persuadés des avantages de cette méthode, qu'Exelmans reçut enfin l'ordre de ne plus *agacer* les canonniers ennemis en faisant tirer les nôtres sur eux, lorsque nos escadrons, étant en observation, n'avaient ni attaque à faire ni à repousser.

Deux ans plus tard, j'employai ce même système à Waterloo devant l'artillerie anglaise, et je perdis beaucoup moins de monde que si j'eusse agi autrement. Mais revenons à Markranstadt.

CHAPITRE XXXI

Je recueille sur l'Elster les débris de notre armée. — Massacre de cinq cents brigands alliés. — Retraite sur la Saale. — Erfurt. — Murat quitte l'armée. — Les Austro-Bavarois à Hanau. — Je force le défilé de Gelnhausen, sur la Kinsig. — L'armée devant Hanau.

Pendant la halte que l'Empereur et les divisions sorties de Leipzig faisaient en ce lieu, on apprit le funeste événement de la rupture du pont de Lindenau, qui privait l'armée de presque toute son artillerie, de la moitié de ses troupes restées prisonnières, et livrait des milliers de nos camarades blessés aux outrages et au fer de la soldatesque ennemie, enivrée et poussée au massacre par ses infâmes officiers! La douleur fut générale!... Chacun regrettait un parent, un ami, des camarades aimés!... L'Empereur parut consterné!... Cependant, il ordonna de faire rebrousser chemin jusqu'au pont de Lindenau à la cavalerie de Sébastiani, afin de recevoir et de protéger les hommes isolés qui auraient pu franchir la rivière sur quelques points, après la catastrophe causée par l'explosion de la mine.

Afin de hâter le secours, mon régiment et le 24ᵉ de chasseurs, qui étaient les mieux montés du corps d'armée, reçurent l'ordre de précéder cette colonne et de partir au *grand trot*. Le général Wathiez étant indisposé, je dus, comme étant le plus ancien colonel, le remplacer dans le commandement de la brigade.

Dès que nous eûmes parcouru la moitié de la distance

qui nous séparait de Leipzig, nous entendîmes de nombreux coups de fusil, et, en approchant des faubourgs, nous distinguâmes les cris de désespoir jetés par les malheureux Français qui, n'ayant plus aucun moyen de retraite, manquant de cartouches pour se défendre, traqués de rue en rue, de maison en maison, et accablés par le nombre, étaient lâchement égorgés par les ennemis, surtout par les Prussiens, les Badois et les gardes saxonnes.

Il me serait impossible d'exprimer la fureur qu'éprouvèrent alors les deux régiments que je commandais!... Chacun respirait la vengeance et pensait à regret qu'elle était à peu près impossible, puisque l'Elster, dont le pont était brisé, nous séparait des assassins et des victimes! Notre exaspération s'accrut encore lorsque nous rencontrâmes environ 2,000 Français, la plupart sans vêtements et presque tous blessés, qui n'avaient échappé à la mort qu'en se jetant dans la rivière et l'avaient traversée à la nage au milieu des coups de fusil qu'on leur tirait de la rive opposée!... Le maréchal Macdonald se trouvait parmi eux; il n'avait dû la vie qu'à sa force corporelle et à son habitude de la natation. Il était complètement nu, et son cheval s'était noyé. Je lui fis donner à la hâte quelques vêtements et lui prêtai le cheval de main qui me suivait constamment, ce qui lui permit d'aller au plus tôt rejoindre l'Empereur à Markranstadt et de lui rendre compte du désastre dont il venait d'être témoin et dont un des principaux épisodes était la mort du maréchal Poniatowski, qui avait péri dans les eaux de l'Elster.

Le surplus des Français qui étaient parvenus à franchir la rivière s'étaient vus obligés de se débarrasser de leurs armes pour pouvoir nager et n'avaient plus aucun moyen de défense; ils couraient à travers champs pour éviter de tomber dans les mains de 4 à 500 Prussiens, Saxons et Badois, qui, non contents de s'être baignés dans le sang français pendant les massacres exécutés dans la ville et les faubourgs, avaient, au moyen de poutres et de planches, établi une passerelle au-dessus des arches du pont que la mine avait détruit et s'en étaient servis pour traverser l'Elster et venir tuer ceux de nos malheureux soldats qu'ils pouvaient atteindre sur la route de Markranstadt !...

Dès que j'aperçus ce groupe d'assassins, je prescrivis à M. Schneit, colonel du 24°, un mouvement qui, concordant avec ceux de mon régiment, enferma tous les brigands dans un vaste demi-cercle, et je fis à l'instant sonner la charge !... Elle fut terrible, effroyable !... Les bandits, surpris, n'opposèrent qu'une très faible résistance, et il en fut fait un très grand massacre, car on ne donna quartier à *aucun !*...

J'étais si outré contre ces misérables que, avant la charge, je m'étais bien promis de passer mon sabre au travers du corps de tous ceux qui me tomberaient sous la main. Cependant, me trouvant au milieu d'eux et les voyant *ivres, sans ordre* et sans autres chefs que deux officiers saxons qui tremblaient à l'approche de notre vengeance, je compris qu'il ne s'agissait plus d'un combat, mais d'une *exécution*, et qu'il ne serait pas bien à moi d'y participer. Je craignis de trouver du *plaisir* à tuer de ma main quelques-uns de ces scélérats ! Je remis donc mon sabre au fourreau et laissai à nos cavaliers le soin d'exterminer ces assassins, dont les deux tiers furent couchés morts sur place !...

Les autres, parmi lesquels se trouvaient deux officiers et plusieurs gardes saxons, s'enfuirent vers les débris du pont, dans l'espoir de traverser de nouveau la rivière sur la passerelle; mais, comme on ne pouvait y marcher qu'*un* à la fois, et que nos chasseurs les serraient de près, ils gagnèrent une grande auberge voisine, d'où ils se mirent à tirer sur mes gens, aidés en cela par quelques pelotons badois et prussiens postés sur la rive opposée.

Comme il était probable que le bruit de ce combat attirerait vers le pont des forces considérables, qui, sans franchir la rivière, pourraient détruire mes deux régiments par une vive fusillade et quelques coups de canon, je résolus de hâter la conclusion, et fis mettre pied à terre à la grande majorité des chasseurs, qui, prenant leurs carabines et bien munis de cartouches, attaquèrent l'auberge par ses derrières et mirent le feu aux écuries et aux greniers à foin !... Les assassins que renfermait ce bâtiment, se voyant alors sur le point d'être atteints par les flammes, essayèrent de faire une sortie; mais à mesure qu'ils se présentaient aux portes, nos chasseurs les tuaient à coups de carabine !

En vain ils députèrent vers moi un des officiers saxons; je fus impitoyable et ne voulus pas consentir à traiter en *soldats* qui se rendent après s'être honorablement défendus, des *monstres* qui avaient égorgé nos camarades prisonniers de guerre ! Ainsi les 4 à 500 assassins prussiens, saxons et badois qui avaient franchi la passerelle furent *tous* exterminés !... J'en fis prévenir le général Sébastiani, qui arrêta à mi-chemin les autres brigades de cavalerie légère.

Le feu que nous avions allumé dans les greniers à fourrages de l'auberge gagna bientôt les habitations voisines. Une grande partie du village de Lindenau, qui borde les deux côtés de la grande route, fut brûlée, ce qui dut arrêter le rétablissement du pont et le passage des troupes ennemies chargées de poursuivre et d'inquiéter l'armée française dans sa retraite.

Cette prompte expédition terminée, je ramenai la

brigade à Markranstadt, ainsi que les 2,000 Français échappés à la catastrophe du pont. Il y avait parmi eux plusieurs officiers de tous grades ; l'Empereur les questionna et voulut connaître ce qu'ils savaient relativement à l'explosion de la mine et aux massacres commis par les alliés sur les Français prisonniers de guerre. Il est probable que ce triste récit fit regretter à Napoléon de n'avoir pas suivi le conseil qui lui avait été donné, le matin, d'assurer la retraite de son armée et d'empêcher les ennemis de nous attaquer pendant ce mouvement, en leur barrant le passage par le feu mis aux faubourgs et même, au besoin, à la ville de Leipzig, dont presque tous les habitants s'étaient enfuis pendant la bataille des trois jours.

Dans le retour offensif que je venais de faire jusqu'au pont de Lindenau, la brigade que je commandais avait eu seulement trois blessés, dont un de mon régiment; mais c'était un des plus intrépides et des plus intelligents sous-officiers. Il avait la décoration de la Légion d'honneur et se nommait Foucher. Une balle, reçue à l'attaque de l'auberge qu'il fallait incendier, lui avait fait *quatre* trous, en traversant ses deux cuisses de part en part!... Malgré cette grave blessure, le courageux Foucher fit toute la retraite à cheval, ne voulut point entrer à l'hôpital d'Erfurt, auprès duquel nous passâmes peu de jours après, et suivit le régiment jusqu'en France. Il est vrai que ses camarades et tous les cavaliers de son peloton prenaient un soin tout particulier de lui : il le méritait à tous égards.

En m'éloignant de Leipzig, où les alliés avaient égorgé des milliers de prisonniers français, je craignais pour les malheureux blessés de mon régiment que j'y avais laissés, et au nombre desquels se trouvait le chef d'escadrons Pozac; mais, heureusement, le faubourg éloigné dans lequel je les avais logés ne fut pas visité par les Prussiens.

Vous avez vu que, pendant le dernier jour de la grande bataille, un corps autrichien ayant voulu nous couper la retraite en s'emparant de Lindenau, où passe la grande route qui conduit à Weissenfels et de là à Erfurt, l'Empereur l'avait fait repousser par les troupes du général Bertrand. Celui-ci, après avoir rouvert les communications, avait gagné Weissenfels, où nous le rejoignîmes.

Après les pertes que nous avait occasionnées la rupture du pont de Lindenau, il n'était plus possible de songer à arrêter sur la Saale ce qui restait de l'armée française; aussi Napoléon passa-t-il cette rivière. Quinze jours avant la bataille, ce cours d'eau lui offrait une position inexpugnable qu'il avait alors dédaignée pour courir les chances d'un engagement général en pays découvert, en se mettant à dos trois rivières et une grande ville qui présentaient des défilés à chaque pas!... Le grand capitaine avait trop compté sur son *étoile* et sur l'incapacité des généraux ennemis.

Dans le fait, ceux-ci commirent des fautes tellement grossières que non seulement, malgré l'immense supériorité du nombre de leurs troupes, ils ne purent, pendant une bataille de trois jours, nous enlever *un seul* des villages que nous défendions; mais j'ai entendu le roi des Belges, qui servait alors dans l'armée russe, avouer devant le duc d'Orléans que, par deux fois, les alliés furent jetés dans une telle confusion que l'ordre de la retraite fut donné à leurs armées! Mais les événements ayant changé, ce fut la nôtre qui dut céder à la mauvaise fortune!

Après avoir passé la Saale, Napoléon remercia et congédia les officiers et quelques troupes de la Confédération du Rhin qui, soit par honneur, ou faute d'occasion d'abandonner notre armée, se trouvaient encore dans ses rangs. L'Empereur poussa même la magnanimité jusqu'à laisser les armes à tous ces militaires, qu'il avait le droit de retenir comme prisonniers, puisque leurs souverains s'étaient rangés parmi ses ennemis. L'armée française continua sa retraite jusqu'à Erfurt, sans autre événement que le combat de Kosen, où une seule division française battit un corps d'armée autrichien et fit prisonnier le comte de Giulay, son général en chef.

Toujours séduit par les espérances d'un grand retour offensif vers l'Allemagne et par les ressources que lui offriraient, en pareil cas, les places fortes dont il était contraint de s'éloigner, Napoléon établit une nombreuse garnison à Erfurt. Il avait laissé à Dresde 25,000 hommes et le maréchal Saint-Cyr; à Hambourg, 30,000, sous le maréchal Davout, et les nombreuses places de l'Oder et de l'Elbe étaient aussi gardées en proportion de leur importance : ce furent de nouvelles pertes à ajouter à celles que nous coûtaient déjà les forteresses de Danzig et de la Vistule.

Je ne répéterai point, à cette occasion, ce que j'ai dit sur l'inconvénient de disséminer une trop grande partie de ses forces pour conserver des places dont on était forcé de s'éloigner.

Je me bornerai à dire que Napoléon laissa dans les forteresses de l'Allemagne 80,000 soldats, dont *pas un seul* ne revit la France avant la chute de l'Empire, qu'ils eussent peut-être prévenue si on les avait réunis sur nos frontières!

L'arsenal d'Erfurt répara les pertes de notre artillerie. L'Empereur, qui jusque-là avait supporté les revers avec une fermeté stoïque, fut cependant ému par l'abandon du roi Murat, *son beau-frère*, qui, sous prétexte d'aller défendre son royaume de Naples, s'éloigna de Napoléon auquel il devait tout!... Murat, jadis si brillant à la guerre, n'avait rien fait de remarquable pendant cette campagne de 1813. Il est certain que ce prince, bien qu'il fût encore dans nos rangs, entretenait une correspondance avec M. de Metternich, premier ministre d'Autriche, qui, en mettant sous ses yeux l'exemple de Bernadotte, lui garantissait au nom des souverains alliés la conservation de son royaume, s'il venait se ranger parmi les adversaires de Napoléon. Ce fut à Erfurt que Murat quitta l'armée française, et, à peine arrivé à Naples, il se prépara à nous faire la guerre!

Ce fut aussi à Erfurt que l'Empereur apprit la manœuvre audacieuse des Bavarois, ses anciens alliés, qui, après avoir trahi sa cause et s'être réunis à un corps autrichien et à plusieurs pulks de Cosaques, s'étaient mis en marche sous le commandement du général comte de Wrède, qui non seulement avait la prétention de s'opposer au passage de l'armée française, mais encore de la faire prisonnière, ainsi que son empereur!

Le général de Wrède côtoyait notre armée à deux journées de marche et se trouvait déjà à Wurtzbourg avec 60,000 hommes. Il en détacha 10,000 sur Francfort, et avec les 50,000 autres il se dirigea vers la petite place forte de Hanau, afin de barrer le passage aux Français. Le général de Wrède, qui avait fait la campagne de Russie avec nous, croyait trouver l'armée française dans le déplorable état auquel le froid et la faim avaient réduit les débris de celle de Moscou, lorsqu'elle parvint sur la Bérésina. Mais nous lui prouvâmes bientôt que, malgré nos malheurs, nous avions encore des troupes en bon état, et suffisantes pour battre des Austro-Bavarois!

Le général de Wrède, ignorant que depuis Erfurt les

troupes de ligne des alliés, que nous avions combattues à Leipzig, ne nous suivaient plus que de fort loin, était devenu très entreprenant et croyait nous mettre entre deux feux. Cela ne lui était pas possible; cependant, comme plusieurs corps ennemis cherchaient à déborder notre droite par les montagnes de la Franconie, pendant que les Bavarois se présentaient en tête, notre situation pouvait devenir critique.

Napoléon, s'élevant alors à la hauteur du danger, marcha vivement sur Hanau, dont les avenues sont couvertes par d'épaisses forêts et surtout par le célèbre défilé de Gelnhausen, que traverse la Kinzig. Ce cours d'eau, dont les rives sont très escarpées, coule entre deux montagnes qui ne laissent entre elles qu'un étroit passage pour la rivière, le long de laquelle on a établi une très belle grande route, taillée dans le roc, et allant de Fulde à Francfort-sur-le-Mein, par Hanau.

Le corps de cavalerie de Sébastiani, qui avait fait l'avant-garde depuis Weissenfels jusqu'à Fulde, où l'on entre dans les montagnes, devait être remplacé par l'infanterie, en arrivant sur ce point. Je n'ai jamais connu les motifs qui s'opposèrent à ce que ce grand principe de guerre fût suivi dans cette grave circonstance; mais, à notre étonnement, la division de cavalerie légère d'Exelmans continua de marcher en avant de l'armée. Mon régiment et le 24ᵉ de chasseurs étaient en tête. Je commandais la brigade. Nous apprîmes par les paysans que l'armée austro-bavaroise occupait déjà Hanau, et qu'une forte division venait au-devant des Français, pour leur disputer le passage du défilé.

Ma situation, comme chef d'avant-garde, devint alors fort critique; car comment pouvais-je, *sans un seul fantassin* et avec de la cavalerie resserrée entre de hautes montagnes et un torrent infranchissable, combattre des

LE DÉFILÉ DE GELNHAUSEN.

troupes à pied, dont les éclaireurs, grimpant sur les rochers, allaient nous fusiller à bout portant? J'envoyai sur-le-champ à la queue de la colonne prévenir le général de division; mais Exelmans fut introuvable. Cependant, comme j'avais ordre d'*avancer* et ne pouvais arrêter les divisions qui me suivaient, je continuai ma marche, lorsqu'à un coude que fait la vallée, mes éclaireurs me firent prévenir qu'ils étaient en face d'un détachement de hussards ennemis.

Les Austro-Bavarois avaient commis la même faute que nos chefs; car si ceux-ci faisaient attaquer avec de la cavalerie un long et étroit défilé dans lequel dix à douze chevaux seulement pouvaient passer de front, nos ennemis envoyaient de la cavalerie pour *défendre* un passage où cent voltigeurs auraient arrêté dix régiments de cavalerie! Ma joie fut donc extrême en voyant que l'ennemi n'avait pas d'infanterie, et comme je savais par expérience que lorsque deux colonnes de partis divers se rencontrent sur un terrain étroit, la victoire est à celle qui, fondant sur la tête de l'autre, la pousse toujours sur les fractions qui sont derrière elle, je lançai au triple galop ma compagnie d'élite, dont le premier peloton put seul aborder l'ennemi; mais il le fit si franchement que la tête de la colonne autrichienne fut enfoncée et tout le reste mis dans une si grande confusion que mes cavaliers n'avaient qu'à pointer.

Nous continuâmes cette poursuite pendant plus d'une heure. Le régiment ennemi que nous avions devant nous était celui de Ott. Jamais je ne vis de hussards aussi beaux. Ils arrivaient de Vienne, où on les avait complètement habillés de neuf. Leur costume, bien qu'un peu théâtral, faisait un très bel effet : pelisse, dolman blancs, pantalon et shako amarante; tout cela propre et luisant à plaisir. On aurait dit qu'ils venaient du bal ou de jouer la comédie !... Cette brillante tenue contrastait d'une étrange façon avec la toilette plus que modeste de nos chasseurs, dont beaucoup portaient encore les vêtements usés avec lesquels ils avaient bivouaqué pendant dix-huit mois, tant en Russie qu'en Pologne et en Allemagne, et dont les couleurs distinctives s'étaient effacées au contact de la fumée du canon et de la poussière des champs de bataille; mais sous ces habits râpés se trouvaient des cœurs intrépides et des membres vigoureux ! Aussi les blanches pelisses des hussards de Ott furent-elles horriblement ensanglantées, et ce régiment coquet perdit, tant en tués qu'en blessés, plus de 200 hommes, sans qu'aucun des nôtres ne reçût le plus petit coup de sabre, les ennemis ayant toujours fui sans avoir une seule occasion de se retourner. Nos chasseurs prirent un grand nombre d'excellents chevaux et de pelisses dorées.

Tout allait bien pour nous jusque-là; cependant, en suivant au grand galop le torrent des vainqueurs qui poursuivaient les vaincus, je n'étais pas sans inquiétude sur la conclusion de cet étrange combat, car l'affaissement des montagnes qui bordaient des deux côtés la Kinzig annonçait que nous approchions du point où se termine la vallée, et il était probable que nous trouverions là une petite plaine garnie d'infanterie, dont la fusillade et le canon devraient nous faire payer bien cher notre succès. Mais heureusement il n'en fut rien, et, en sortant du défilé, nous n'aperçûmes pas un fantassin, mais seulement de la cavalerie, dont faisait partie le gros du régiment des hussards de Ott que nous venions de si malmener et qui, dans sa frayeur, continua sa fuite précipitée et entraîna une quinzaine d'escadrons, qui se retirèrent sur Hanau.

Le général Sébastiani fit alors déboucher ses trois divisions de cavalerie, que vinrent bientôt appuyer l'infanterie des maréchaux Macdonald et Victor, et plusieurs batteries. Enfin, l'Empereur et une partie de sa garde parurent, et le surplus de l'armée française suivait.

C'était le 29 octobre au soir; on établit les bivouacs dans un bois voisin; nous n'étions qu'à une lieue de Hanau et de l'armée austro-bavaroise.

CHAPITRE XXXII

Épisode. — Bataille de Hanau. — Retraite sur le Rhin. — Derniers efforts des ennemis. — *Azolan*. — Fuite de Czernicheff. — Reconstitution des corps de troupes.

Voici maintenant quels motifs avaient retenu Exelmans en arrière lors de notre passage dans le défilé. Avant l'entrée de la vallée, les éclaireurs lui avaient présenté deux soldats autrichiens faits prisonniers au moment où, éloignés de leur armée, ils maraudaient et buvaient dans un village isolé. Exelmans, les ayant fait questionner en allemand par un de ses aides de camp, fut très étonné qu'ils répondissent en bon français et leur demanda où ils avaient si bien appris notre langue. Un de ces malheureux, à moitié ivre, croyant alors se donner de l'importance, s'écria qu'ils étaient *Parisiens!* A peine ces mots étaient-ils prononcés que le général, furieux de voir des Français porter les armes contre leurs compatriotes, ordonna qu'on les fusillât sur-le-champ. On les saisit, et le pauvre garçon qui, pour faire le gentil, s'était vanté d'être Français, venait d'être mis à mort, lorsque son camarade, dégrisé par ce terrible spectacle, protesta que ni l'un ni l'autre n'avaient jamais mis les pieds en France, mais qu'étant nés à Vienne, de parents parisiens naturalisés Autrichiens, ils avaient été considérés comme regnicoles et forcés, comme tels, d'obéir à la loi du recrutement et d'entrer dans le régiment qu'on leur avait désigné. Pour prouver ce qu'il avançait, il montra son livret et celui de son infortuné compagnon, qui constataient le fait. Cédant enfin aux instances de ses aides de camp, Exelmans consentit à épargner cet innocent.

Entendant alors le bruit du combat qui commençait, le général voulut gagner la tête de la colonne que je commandais; mais, arrivé à l'entrée du défilé, il lui devint impossible d'y pénétrer et de trouver place dans les rangs, tant était rapide le galop des deux régiments qui l'occupaient en poursuivant les ennemis. Après l'avoir tenté à maintes reprises, le général fut bousculé avec son cheval et roula dans la Kinzig, où il fut sur le point de se noyer.

L'Empereur, se préparant à combattre, profita de la nuit pour diminuer la file des voitures. Tous les bagages furent dirigés vers la droite, sur Coblentz, sous l'escorte de quelques bataillons et de la cavalerie des généraux Lefebvre-Desnouettes et Milhau. Ce fut un grand allégement pour l'armée.

Le 30 au matin, l'Empereur n'avait encore à sa disposition que les corps d'infanterie de Macdonald et de Victor, qui ne présentaient qu'un effectif de 5,000 baïonnettes, soutenu par les divisions de cavalerie de Sébastiani.

Du côté par lequel nous arrivions, une grande forêt que la route traverse couvre les approches de Hanau. Les gros arbres de cette forêt permettent d'y circuler sans trop d'embarras. La ville de Hanau est bâtie sur la rive opposée de la Kinzig.

Le général de Wrède, qui ne manquait pourtant pas de moyens militaires, avait commis la faute énorme de placer son armée de telle sorte qu'elle avait la rivière à dos, ce qui la privait de l'appui qu'auraient pu lui donner les fortifications de Hanau, avec lesquelles le général

bavarois ne pouvait communiquer que par le pont de
Lamboy, qui restait son seul moyen de retraite. Il est
vrai que la position occupée par lui barrait la route de
Francfort et de France, et qu'il se croyait certain de nous
empêcher de forcer le passage.

Le 30 octobre, au point du jour, la bataille s'engagea
comme une grande partie de chasse. Quelques coups de
mitraille, le feu de nos tirailleurs d'infanterie et une
charge en fourrageurs exécutée par la cavalerie de
Sébastiani, dispersèrent la première ligne ennemie, assez
maladroitement postée à l'extrême lisière du bois; mais
dès qu'on eut pénétré plus avant, nos escadrons ne pouvant
agir que dans les rares clairières qu'ils rencontraient,
les voltigeurs s'engagèrent seuls sur les pas des
Bavarois, qu'ils poussèrent d'arbre en arbre jusqu'au
débouché de la forêt. Alors ils durent s'arrêter en face
d'une ligne ennemie forte de 40,000 hommes, dont le
front était couvert de 80 bouches à feu!

Si l'Empereur eût eu alors auprès de lui toutes les
troupes qu'il ramenait de Leipzig, une attaque vigoureuse
l'aurait rendu maître du pont de Lamboy, et le
général de Wrède aurait payé cher sa témérité; mais les
corps des maréchaux Mortier, Marmont, et le général
Bertrand, ainsi que le grand parc d'artillerie, retardés
par le passage de plusieurs défilés, principalement par
celui de Gelnhausen, n'étant pas encore arrivés, Napoléon
ne pouvait disposer que de 10,000 combattants!...
Les ennemis auraient dû profiter de ce moment pour
fondre vivement sur nous. Ils ne l'osèrent point, et leur
hésitation donna à l'artillerie de la garde impériale le
temps d'arriver.

Dès que le brave général Drouot, qui la commandait,
eut quinze pièces sur le champ de bataille, il commença
à canonner, et sa ligne, s'accroissant successivement,

finit par présenter cinquante bouches à feu, qu'il fit avancer en tirant, bien que fort peu de troupes fussent encore derrière lui pour la soutenir. Mais, à travers l'épaisse fumée que vomissait cette formidable batterie, il n'était pas possible que les ennemis s'aperçussent que les pièces n'étaient pas appuyées. Enfin, les chasseurs à pied de la vieille garde impériale parurent, au moment où un coup de vent dissipait la fumée !...

A la vue des bonnets à poil, les fantassins bavarois, saisis de terreur, reculèrent épouvantés. Le général de Wrède, voulant à tout prix arrêter ce désordre, fit charger sur notre artillerie toute la cavalerie autrichienne, bavaroise et russe dont il pouvait disposer, et en un instant notre immense batterie fut entourée par une nuée de cavaliers ennemis !... Mais à la voix de l'intrépide général Drouot, leur chef, qui, l'épée à la main, leur donnait l'exemple d'une courageuse résistance, les canonniers français, saisissant leurs fusils, restèrent inébranlables derrière les affûts, d'où ils tiraient à brûle-pourpoint sur les ennemis. Cependant, le grand nombre de ceux-ci aurait fini par les faire triompher, lorsque, sur l'ordre de l'Empereur, toute la cavalerie de Sébastiani ainsi que toute celle de la garde impériale, grenadiers à cheval, dragons, chasseurs, mameluks, lanciers et gardes d'honneur, fondant sur les cavaliers ennemis avec furie, en tuèrent un très grand nombre, dissipèrent le surplus, et s'élançant ensuite sur les carrés de l'infanterie bavaroise, ils les enfoncèrent, leur firent éprouver des pertes immenses, et l'armée bavaroise, mise en déroute, s'enfuit vers le pont de la Kinzig et la ville de Hanau.

Le général de Wrède était fort brave; aussi, avant de s'avouer vaincu par des forces moitié moins considérables que les siennes, il résolut de tenter un nouvel effort, et, réunissant tout ce qui lui restait de troupes disponibles, il nous attaqua à l'improviste. Tout à coup la fusillade se rapprocha de nous, et la forêt retentissait de nouveau du bruit du canon; les boulets sifflaient dans les arbres, dont les grosses branches tombaient avec fracas... L'œil cherchait en vain à percer la profondeur de ce bois; à peine pouvait-on entrevoir la lueur des décharges d'artillerie, qui brillaient par intervalles dans l'ombre projetée par le feuillage épais des hêtres immenses sous lesquels nous combattions.

En entendant le bruit occasionné par cette attaque des Austro-Bavarois, l'Empereur dirigea de ce côté les grenadiers à pied de sa vieille garde, conduits par le général Friant; et bientôt ils eurent triomphé de ce dernier effort des ennemis, qui se hâtèrent de s'éloigner du champ de bataille pour se rallier sous la protection de la place de Hanau, qu'ils abandonnèrent aussi pendant la nuit en y laissant une énorme quantité de blessés. Les Français occupèrent cette place.

Nous n'étions plus qu'à deux petites lieues de Francfort, ville considérable, ayant un pont en pierre sur le Mein. Or, comme l'armée française devait longer cette rivière pour gagner, à Mayence, la frontière de France qui était à une marche de Francfort, Napoléon détacha en avant le corps du général Sébastiani et une division d'infanterie pour aller occuper Francfort, s'emparer de son pont et le détruire. L'Empereur et le gros de l'armée bivouaquèrent dans la forêt.

La grande route de Hanau à Francfort longe de très près la rive droite du Mein. Le général Albert, mon ami, qui commandait l'infanterie dont nous étions accompagnés, était marié depuis quelques années à Offenbach, charmante petite ville bâtie sur la rive gauche, précisément en face du lieu où, après avoir laissé derrière nous les bois de Hanau, nous fîmes reposer nos chevaux dans l'immense et belle plaine de Francfort.

En se voyant si près de sa femme et de ses enfants, le général Albert ne put résister à l'envie d'avoir de leurs nouvelles et surtout de les rassurer sur son compte, après les dangers qu'il venait de courir aux batailles de Leipzig et de Hanau, et pour cela il s'exposa peut-être plus qu'il ne l'avait été dans ces sanglantes affaires, car, s'avançant en uniforme et à cheval jusqu'à l'extrême rivage du Mein, il héla, malgré nos observations, un batelier dont il était connu; mais pendant qu'il causait avec cet homme, un officier bavarois, accourant à la tête d'un piquet de fantassins, fit apprêter les armes et allait tirer sur le général français, lorsqu'un groupe nombreux d'habitants et de bateliers, se plaçant devant les fusils, empêcha les soldats de faire feu, car Albert était très aimé à Offenbach.

En voyant cette ville où je venais de combattre pour mon pays, j'étais bien loin de penser qu'elle deviendrait un jour mon asile contre la *proscription* du gouvernement de la France, et que j'y passerais *trois ans* dans l'exil!...

L'Empereur, après avoir quitté la forêt de Hanau pour se rendre à Francfort, avait à peine fait deux lieues, lorsqu'il apprit que la bataille recommençait derrière lui. En effet, le général bavarois, qui avait craint, après sa déconfiture de la veille, d'être talonné à outrance par l'Empereur, s'était rassuré en voyant l'armée française plus empressée de gagner le Rhin que de le poursuivre, et, revenant sur ses pas, il attaquait vivement notre arrière-garde. Mais les corps de Macdonald, Marmont et celui de Bertrand, qui avaient occupé Hanau pendant la nuit, ayant laissé les Austro-Bavarois s'engager encore une fois au delà de la Kinzig, les reçurent à coups de baïonnette, les culbutèrent et en firent un très grand massacre!... Le général en chef de Wrède fut grièvement blessé, et son gendre, le prince d'OEttingen, fut tué.

Le commandement de l'armée ennemie échut alors au général autrichien Fresnel, qui ordonna la retraite, et les Français continuèrent tranquillement leur marche vers le Rhin. Nous le repassâmes le 2 et le 3 novembre 1813, après une campagne entremêlée de victoires éclatantes et de revers désespérants qui, ainsi que je l'ai déjà dit, eurent pour principale cause l'erreur dans laquelle tomba Napoléon, lorsqu'au lieu de faire la paix au mois de juin, après les victoires de Lutzen et de Bautzen, il se brouilla avec l'Autriche, ce qui entraîna la Confédération du Rhin, c'est-à-dire toute l'Allemagne; de sorte que Napoléon eut bientôt toute l'Europe contre lui!...

Après notre rentrée en France, l'Empereur ne s'arrêta que six jours à Mayence, et se rendit à Paris, où il s'était fait précéder de vingt-six drapeaux pris à l'ennemi. L'armée blâma le prompt départ de Napoléon. On convenait que de grands intérêts politiques l'appelaient à Paris, mais on pensait qu'il aurait dû se partager entre sa capitale et le soin de réorganiser son armée, et aller de l'une à l'autre pour exciter le zèle de chacun, car l'expérience avait dû lui apprendre qu'en son absence rien ou très peu de chose se faisait.

Les derniers coups de canon que j'entendis en 1813 furent tirés à la bataille de Hanau, comme aussi ce jour-là faillit être le dernier de ma vie! Mon régiment chargea *cinq fois*, dont deux sur les carrés d'infanterie, une sur l'artillerie et deux sur les escadrons bavarois. Mais le plus grand danger que je courus provint de l'explosion d'un caisson chargé d'obus qui prit feu tout auprès de moi. J'ai dit que, par ordre de l'Empereur, toute la cavalerie française fit une charge générale dans un moment très difficile. Or, il ne suffit pas, en pareil cas, qu'un chef de corps, surtout lorsqu'il est engagé dans une forêt, lance son régiment droit devant lui, comme je l'ai vu faire à plusieurs; mais il doit, d'un coup d'œil rapide, examiner le terrain sur lequel vont arriver ses escadrons, afin d'éviter de les conduire dans des fondrières marécageuses.

Je marchai donc quelques pas en avant, suivi de mon état-major régimentaire, ayant à côté de moi un trompette qui, d'après mon ordre, signalait aux divers escadrons les obstacles qu'ils allaient trouver devant leur ligne. Bien que les arbres fussent largement espacés entre eux, le passage de la forêt était difficile pour la cavalerie, parce que le terrain se trouvait jonché de morts, de blessés, de chevaux tués ou mourants, d'armes, de canons et de caissons abandonnés par les Bavarois; et l'on comprend qu'il est très difficile, en pareil cas, qu'un colonel allant au grand galop sur les ennemis au milieu des balles et des boulets, tout en examinant le terrain que ses escadrons vont traverser, puisse s'occuper de sa personne!... Je m'en rapportais donc pour cela à l'intelligence et à la souplesse de mon excellent et brave cheval turc *Azolan!* Mais le petit groupe qui me suivait de plus près ayant été infiniment diminué par un coup de mitraille qui avait blessé plusieurs de mes ordonnances, je n'avais à mes côtés que le trompette de service, charmant et bon jeune homme, lorsque sur toute la ligne du régiment j'entends ces cris : « Colonel! colonel! Prenez garde!... » Et j'aperçois à dix pas de moi un caisson de l'artillerie bavaroise qu'un de nos obus venait d'enflammer!

Un arbre énorme, abattu par quelques boulets, me barrait le chemin en avant; passer de ce côté m'eût pris trop de temps. Je crie au trompette de se baisser, et, me couchant sur l'encolure de mon cheval, je le présente devant l'arbre pour le sauter. *Azolan* s'élance très loin, mais pas assez pour franchir toutes les branches touffues, au milieu desquelles ses jambes sont empêtrées. Cependant le caisson flambait déjà, et la poudre allait prendre feu! Je me considérais comme perdu... quand mon cheval, comme s'il eût compris notre danger commun, se mit à faire des bonds de quatre à cinq pieds de haut, toujours en s'éloignant du caisson, et dès qu'il fut en dehors des branchages, il prit un galop tellement rapide en allongeant et baissant son corps, qu'il s'en fallait de bien peu qu'il ne fût réellement *ventre à terre*.

Je frissonnai lorsque la détonation se produisit. Il paraît que je me trouvais hors de la portée des éclats d'obus, car ni moi ni mon cheval ne fûmes atteints. Mais il n'en avait pas été de même pour mon jeune trompette; car, le régiment ayant repris sa marche après l'explosion, on aperçut ce malheureux jeune homme mort et horriblement mutilé par les éclats de projectiles. Son cheval était aussi broyé en morceaux.

Mon brave *Azolan* m'avait déjà sauvé à la Katzbach. Je lui devais donc la vie pour la seconde fois. Je le caressai, et la pauvre bête, comme pour exprimer sa joie, se mit à hennir de sa voix la plus claire. Il est des moments où l'on est porté à croire que certains animaux ont infiniment plus d'intelligence qu'on ne le pense généralement.

Je regrettai vivement mon trompette, qui, tant par son courage que par ses manières, s'était fait aimer de tout le régiment. Il était fils d'un professeur du collège de Toulouse, avait fait ses classes, et trouvait un grand plaisir à débiter des tirades de latin. Une heure avant sa mort, ce pauvre garçon ayant remarqué que presque tous les arbres de la forêt de Hanau étaient des hêtres, dont les branches, se projetant au loin, formaient une espèce de toit, l'occasion lui parut favorable pour réciter l'églogue de Virgile qui commence par ce vers :

Tityre, tu patulæ recubans sub tegmine fagi...

ce qui fit beaucoup rire le maréchal Macdonald, qui, passant en ce moment devant nous, s'écria : « Voilà un « petit gaillard dont la mémoire n'est pas troublée par « ce qui l'entoure ! C'est bien certainement la première « fois qu'on récite des vers de Virgile sous le feu du « canon ennemi ! »

« Celui qui se sert de l'épée périra par l'épée », disent les Livres saints. Si cette parabole n'est point applicable à tous les militaires, elle l'était sous l'Empire à beaucoup d'entre eux. Ainsi M. Guindet, qui, en octobre 1806, avait tué au combat de Saalfeld le prince Louis de Prusse, fut tué lui-même à la bataille de Hanau. Ce fut sans doute la crainte d'avoir un pareil sort qui engagea le général russe Czernicheff à fuir devant le danger.

Vous devez vous rappeler que, dans les premiers mois de 1812, cet officier, alors colonel aide de camp et favori de l'empereur Alexandre, se trouvant à Paris, avait abusé de sa haute position pour séduire deux pauvres employés du ministère de la guerre, qui furent exécutés pour avoir vendu l'état de situation des armées françaises, et que le colonel russe n'évita la juste punition que lui auraient infligée les tribunaux qu'en s'échappant furtivement de France. Rentré dans son pays, M. de Czernicheff, bien qu'il fût plus courtisan que militaire, y devint officier général et commandait à ce titre une division de 3,000 Cosaques, la seule troupe russe qui parût à la bataille de Hanau, où son chef joua un rôle qui le rendit la fable des Autrichiens et des Bavarois présents à cet engagement.

En effet, Czernicheff, qui, en marchant contre nous, chantait hautement victoire tant qu'il crut n'avoir à combattre que des soldats malades et sans ordre, changea de ton dès qu'il se vit en présence de braves et vigoureux guerriers revenant de Leipzig. Le général de Wrède eut d'abord toute sorte de peine à le faire entrer en ligne, et dès que Czernicheff entendit la terrible canonnade de notre artillerie, il mit ses 3,000 cavaliers au trot et s'éloigna bravement du champ de bataille, au milieu des huées des troupes austro-bavaroises, indignées de cette honteuse conduite. Le général de Wrède étant accouru en personne lui faire de sanglants reproches, M. de Czernicheff répondit que les chevaux de ses régiments avaient besoin de manger, et qu'il allait les faire rafraîchir dans les villages voisins. Cette excuse fut trouvée si ridicule que, quelque temps après, les murs de presque toutes les villes d'Allemagne furent couverts de caricatures représentant M. de Czernicheff faisant manger à ses chevaux des bottes de lauriers cueillis dans la forêt de Hanau. Les Allemands, malgré leur flegme habituel, sont quelquefois très caustiques.

En repassant le Rhin, les troupes dont se composaient les débris de l'armée française s'attendaient à voir finir leurs misères dès qu'elles toucheraient le sol de la patrie; mais elles éprouvèrent une bien grande déception, car l'administration et l'Empereur lui-même avaient tellement compté sur des succès, et si peu prévu notre sortie de l'Allemagne, que rien n'était préparé sur notre frontière pour y recevoir des troupes et les réorganiser. Aussi, dès le jour même de notre entrée à Mayence, les soldats et les chevaux auraient manqué de vivres si l'on ne les eût dispersés et logés chez les habitants des bourgs et villages voisins. Mais ceux-ci, qui, depuis les premières guerres de la Révolution, avaient perdu l'habitude de nourrir des soldats, se plaignirent hautement, et il est de fait que cette charge était trop lourde pour les communes.

Comme il fallait garder, ou du moins surveiller les divers points de l'immense ligne que forme le Rhin depuis Bâle jusqu'à la Hollande, on établit comme on le put les nombreux malades et blessés dans les hôpitaux de Mayence. Tous les hommes valides rejoignirent les noyaux de leurs régiments; puis les divisions et corps d'armée, dont la plupart ne se composaient que de très faibles cadres, furent répartis le long du fleuve. Mon régiment, ainsi que tout ce qui restait du corps de cavalerie de Sébastiani, descendit le Rhin à petites journées; mais, bien que le temps fût superbe et le paysage charmant, chacun était navré de douleur, car on prévoyait que la France allait perdre ces belles contrées, et que ses malheurs ne se borneraient pas là.

Mon régiment passa quelque temps à Clèves, puis quinze jours dans la petite ville d'Urdingen, et descendit ensuite jusqu'à Nimègue. Pendant ce triste voyage, nous étions péniblement affectés en voyant à la rive opposée les populations allemandes et hollandaises arracher de leurs clochers le drapeau français pour y replacer celui de leurs anciens souverains!... Malgré ces tristes préoccupations, tous les colonels tâchaient de réorganiser le peu de troupes qui leur restaient; mais que pouvions-nous faire sans effets, équipements ni armes de rechange?...

La nécessité de faire vivre l'armée forçait l'Empereur à la tenir disséminée, tandis que pour la réorganiser il aurait fallu créer de grands centres de réunion. Nous étions donc dans un cercle vicieux. Cependant les ennemis, qui auraient dû passer le Rhin peu de jours après nous pour empêcher notre réorganisation, se sentaient encore si affaiblis par les rudes coups que nous leur avions portés dans la dernière campagne, qu'il leur fallait du temps pour se remettre. Ils nous laissèrent donc tranquilles tout le mois de novembre et de décembre, que je passai en grande partie sur les bords du Rhin, dans un fantôme de corps d'armée, commandé par le maréchal Macdonald.

Je reçus enfin, ainsi que les autres colonels de cavalerie, l'ordre de conduire tous mes hommes démontés au dépôt de mon régiment, pour tâcher d'y reconstituer de nouveaux escadrons. Le dépôt du 23ᵉ de chasseurs étant encore à Mons, en Belgique, je m'y rendis. Ce fut là que je vis la fin de l'année 1813, si fertile en grands événements, et pendant laquelle j'avais couru bien des dangers et supporté bien des fatigues.

Avant de terminer ce que j'ai à dire sur cette année, je crois devoir indiquer sommairement les derniers événements de la campagne de 1813.

CHAPITRE XXXIII

Derniers événements de 1813. — Reddition des places. — Violation déloyale de la capitulation de Dresde. — Désastres en Espagne. — Affaire de Vitoria. — Joseph regagne la frontière. — Retraite de Soult sur Bayonne. — Suchet en Catalogne. — Situation en Tyrol et en Italie.

Les places fortes d'Allemagne dans lesquelles, en se retirant, l'armée française avait laissé des garnisons, furent bientôt cernées et plusieurs même assiégées. Presque toutes succombèrent. Quatre seulement tenaient encore à la fin de 1813.

C'était d'abord Hambourg, où commandait l'intrépide maréchal Davout, qui sut conserver cette place importante jusqu'au moment où, l'Empereur ayant abdiqué, le nouveau gouvernement rappela la garnison en France; secondement, Magdebourg, que le général Le Marois, aide de camp de l'Empereur, sut aussi conserver jusqu'à la fin de la guerre; troisièmement, Wittemberg, que défendait avec courage le vieux général Lapoype, et qui fut enlevé d'*assaut* le 12 janvier suivant; enfin Erfurt, qui fut obligé de capituler faute de vivres.

Toutes les autres forteresses que l'Empereur avait voulu conserver au delà du Rhin, et dont les plus importantes étaient Dresde, Danzig, Stettin, Zamosk, Torgau et Modlin, se trouvaient déjà au pouvoir de l'ennemi. L'occupation des deux premières fut un *déshonneur* pour les armées alliées! En effet, lorsque, après la bataille de Leipzig, Napoléon se retira vers la France avec les débris de son armée, en laissant à Dresde un corps de 25,000 hommes, commandé par le maréchal Saint-Cyr, celui-ci essaya de s'ouvrir, les armes à la main, un passage au travers des troupes ennemies qui le bloquaient. Il les repoussa plusieurs fois, mais enfin, accablé par des forces supérieures et manquant de vivres, il fut contraint d'accepter la capitulation honorable qui lui était offerte. Elle portait que la garnison conserverait ses armes, qu'elle ne serait pas prisonnière de guerre et retournerait en France par journées d'étape.

Le maréchal aurait voulu que ses troupes réunies marchassent en corps d'armée et bivouaquassent tous les soirs sur le même point, ce qui leur eût permis de se défendre en cas de trahison; mais les généraux ennemis ayant fait observer que, par suite de l'épuisement du pays, il ne serait pas possible de trouver tous les jours vingt-cinq mille rations dans la même localité, le maréchal français dut céder devant cette nécessité. Il consentit donc à ce que son armée fût divisée en plusieurs petites colonnes de 2 à 3,000 hommes, qui voyageraient à une et même deux étapes de distance.

Pendant les premiers jours, tout se passa convenablement; mais dès que la dernière colonne française fut sortie de Dresde, après avoir fait la remise des forts et des munitions de guerre, les généraux étrangers déclarèrent qu'ils n'avaient pas eu le droit de signer la capitulation sans l'agrément de leur généralissime prince de Schvartzenberg, et que celui-ci la désapprouvant, elle était nulle! Mais on offrait de ramener nos troupes à Dresde, et de les replacer exactement dans la situation où elles se trouvaient le jour de la capitulation, c'est-à-dire avec des vivres pour quelques jours seulement, pénurie que les Français avaient cachée aux étrangers tant que nous occupions la place, et qui, désormais connue par ceux-ci, rendait leur nouvelle proposition illusoire !...

Nos troupes furent indignées de cet odieux manque de foi ; mais que pouvaient entreprendre des détachements isolés de 2 à 3,000 hommes, que les ennemis avaient pris la précaution de faire entourer par des bataillons placés d'avance sur les lieux où chaque petite colonne française devait apprendre la rupture de la capitulation de Dresde ? Toute résistance devenait impossible ; nos gens furent donc dans la triste nécessité de mettre bas les armes !...

Après la trahison commise sur le champ de bataille de Leipzig, venait la transgression des capitulations, engagements jusque-là sacrés parmi toutes les nations civilisées. Les Allemands n'en ont pas moins chanté *victoire*, car tout, même l'infamie, leur paraissait permis pour abattre l'empereur Napoléon. Tous les souverains alliés ayant adopté ce nouvel et inique droit des gens, inconnu de nos pères, ils le mirent en pratique à l'égard de la garnison de Danzig.

Le brave général Rapp, après avoir longtemps défendu cette place avec la plus grande vigueur, mais n'ayant enfin plus de vivres, consentit à se rendre, à condition que la garnison rentrerait en France. Cependant, malgré le traité signé par le prince de Wurtemberg, commandant le corps d'armée qui faisait le siège, cette condition fut indignement violée, et les courageux défenseurs de Danzig, encore au nombre de 16,000, furent envoyés comme prisonniers en Russie, où la plupart périrent de misère.

Un des traits les plus saillants de ce siège mémorable fut la conduite d'un capitaine d'infanterie de la garnison, nommé M. de Chambure. Cet officier, rempli de courage et d'intelligence, avait demandé et obtenu l'autorisation de faire une *compagnie franche*, choisie parmi les plus intrépides volontaires. Cette troupe s'était vouée aux entreprises les plus téméraires. Elle allait pendant la nuit surprendre les postes des assiégeants, pénétrait dans leurs tranchées, dans leurs camps, détruisait leurs ouvrages sous le feu même de leurs batteries, enclouait leurs pièces et allait au loin dans la campagne enlever ou piller leurs convois. Chambure, s'étant embarqué pendant la nuit avec ses hommes, surprit un cantonnement russe, mit le feu à un parc de munitions, détruisit plusieurs magasins, tua ou blessa plus de cent cinquante hommes, n'en perdit que trois et rentra dans la place, triomphant.

Peu de temps après, M. de Chambure se porte une nuit sur la batterie de brèche, s'en empare, encloue toutes les bouches à feu, et, joignant la raillerie au courage, il dépose dans la gueule d'un mortier une lettre adressée au prince de Wurtemberg et ainsi conçue :
« Prince, vos bombes m'empêchant de dormir, je suis
« venu enclouer vos mortiers; ne m'éveillez donc plus,
« ou je serai forcé de vous faire de nouvelles visites. »
En effet, Chambure revint plusieurs fois, réussit constamment et répandit la terreur parmi les travailleurs et les canonniers ennemis. Horace Vernet a popularisé son nom en le représentant au moment où il dépose dans un mortier la lettre adressée au prince de Wurtemberg.

Les nombreuses défections qui se produisirent à cette époque me rappellent l'anecdote suivante (1). Parmi les

(1) Dans les garnisons de la plupart des places fortes, et notamment dans celle de Danzig, composées de troupes de diverses nationalités, on eut à regretter quelques désertions même parmi les officiers; ceux-ci trouvèrent dans le camp russe l'accueil le plus empressé et nous combattirent dans la campagne de France.

généraux qui secondèrent le célèbre Washington, combattant pour l'indépendance américaine, le plus brave, le plus capable, le plus estimé de l'armée était le général Arnold. Il perdit une jambe dans une bataille, et son patriotisme était si grand qu'il n'en continua pas moins à combattre les ennemis de son pays; mais enfin, s'étant brouillé avec Washington au sujet d'un passe-droit dont il croyait avoir à se plaindre, le général Arnold déserta, alla prendre du service dans l'armée anglaise et devint un des plus grands ennemis de ses compatriotes. Quelque temps après, un armistice ayant été signé et quelques officiers américains s'étant avancés entre les deux camps, plusieurs officiers anglais, au nombre desquels se trouvait le général Arnold, s'approchèrent d'eux, et l'on causa paisiblement.

Cependant le général Arnold, s'apercevant que sa présence déplaisait à ses anciens amis, leur dit qu'il s'en étonnait, car s'il était actuellement leur adversaire, ils ne devaient pas oublier les éminents services qu'il avait rendus jadis à l'Amérique, pour laquelle il avait perdu une jambe. Alors un Américain lui répondit : « Nous
« nous en souvenons si bien que, si jamais nous te fai-
« sons prisonnier, ta jambe de bois sera déposée dans le
« temple de la Patrie, comme un monument destiné à
« rappeler à nos derniers neveux l'héroïque valeur dont
« tu fis preuve lorsque tu combattais pour l'indépen-
« dance de ta patrie; mais après avoir rendu cet honneur
« à ta jambe, nous ordonnerions d'accrocher le surplus
« de ton corps à la potence, pour servir d'exemple à tous
« les traîtres qui combattent contre leur patrie! »

Mais reprenons l'examen de la situation des armées françaises en décembre 1813.

L'Espagne, cause première de toutes les catastrophes qui signalèrent la fin du règne de Napoléon, avait été dégarnie, dans le cours de cette année, d'une grande partie de ses meilleures troupes, que l'Empereur envoya renforcer l'armée d'Allemagne. Cependant, l'effectif de celles qui restèrent dans la péninsule Ibérique s'élevait encore à plus de 100,000 hommes. Ce nombre, bien qu'insuffisant, aurait cependant contenu les ennemis, si Napoléon en avait laissé le commandement au maréchal Soult. Mais comme il voulait absolument faire de son frère Joseph un *général* qui sût défendre le royaume qu'il lui avait donné, ce fut à ce prince, homme fort estimable, mais antimilitaire, que l'Empereur confia la direction des armées d'Espagne. Il lui donna, il est vrai, pour major général et conseil, le maréchal Jourdan ; mais celui-ci, vieilli avant l'âge, et qui n'avait pas fait la guerre depuis les premières campagnes de la Révolution, était aussi usé au moral qu'au physique et n'inspirait aucune confiance aux troupes. Aussi, malgré les talents dont firent preuve Suchet, Reille, Bonnet, Gazan, Foy, Harispe, Decaen, Clausel et autres généraux qui servaient sous les ordres du roi Joseph, les armées anglo-portugaises, commandées par lord Wellington et aidées par les guérillas espagnoles, nous firent éprouver d'irréparables pertes.

Les Français, resserrés sur tous les points, avaient déjà été contraints d'abandonner Madrid, les deux Castilles, et de repasser l'Èbre, pour concentrer leurs principales forces autour de la ville de Vitoria, lorsque, attaqués dans cette position par des masses trois fois supérieures en nombre, ils perdirent une bataille dont les suites furent d'autant plus désastreuses que le roi Joseph et le maréchal Jourdan n'avaient pris aucune précaution pour assurer la retraite; aussi fut-elle des plus désordonnées. Les équipages du Roi, les parcs d'artillerie, les nombreuses voitures d'une foule d'Espagnols qui, ayant pris parti pour Joseph, cherchaient à fuir la vengeance de leurs compatriotes, les fourgons du trésor, ceux de l'administration militaire, etc., etc., tout cela se trouva bientôt pêle-mêle, au point que les routes en furent encombrées et que les régiments avaient grand'peine à se mouvoir au milieu de cette confusion. Cependant, ils ne se débandèrent pas, et, malgré les vigoureuses attaques des ennemis, le gros de l'armée parvint à gagner Salvatierra et la route de Pampelune, par laquelle la retraite fut exécutée.

La bataille de Vitoria fit honneur aux talents et à la valeur du général Clausel, qui rallia l'armée et lui donna une direction. Dans cette malheureuse journée, les Français perdirent 6,000 hommes tués, blessés ou faits prisonniers, et laissèrent au pouvoir des ennemis une grande partie de leur artillerie et presque tous leurs bagages.

Malgré cet échec, nos troupes, dont le moral était excellent, auraient pu se maintenir dans la Navarre, en s'appuyant à la place forte de Pampelune et aux montagnes des Pyrénées; mais le roi Joseph ordonna de continuer la retraite et de franchir la Bidassoa, dont notre arrière-garde, commandée par le général Foy, eut ordre de détruire le pont. Ainsi, dès la fin de juin, nous avions abandonné l'Espagne sur cette partie de la frontière; néanmoins, le maréchal Suchet tenait encore en Aragon, en Catalogne et dans le royaume de Valence; mais les résultats de la bataille de Vitoria furent si malheureux pour nous que, Wellington ayant pu envoyer des renforts dans le midi de l'Espagne, Suchet dut évacuer le royaume et la ville de Valence.

Ceci avait lieu au moment où l'Empereur était encore triomphant en Allemagne. Dès qu'il fut informé de la situation des affaires au delà des Pyrénées, il s'empressa de révoquer les pouvoirs donnés par lui au roi Joseph ainsi qu'au maréchal Jourdan, et nomma le maréchal Soult son lieutenant général auprès de toutes les armées d'Espagne.

Celui-ci, après avoir réorganisé les divisions, fit de grands efforts pour secourir la garnison française laissée dans Pampelune; mais ce fut en vain; cette place fut obligée de capituler, et le maréchal Soult dut ramener ses troupes sur la Bidassoa. La forteresse de Saint-Sébastien, gouvernée par le brave général Rey, se défendit très longtemps; mais enfin elle fut prise d'assaut par les Anglo-Portugais, qui, oubliant les droits de l'humanité, pillèrent, violèrent et massacrèrent les malheureux habitants de cette ville espagnole, bien qu'ils fussent leurs alliés! Les officiers anglais ne prirent aucune mesure pour mettre un terme à ces atrocités, qui durèrent trois fois vingt-quatre heures, à la honte de Wellington, des généraux de son armée et de la nation anglaise!...

Le maréchal Soult défendit pied à pied la chaîne des Pyrénées, et battit plusieurs fois Wellington; mais les forces supérieures dont celui-ci disposait lui permettant de reprendre sans cesse l'offensive, il parvint enfin à s'établir en deçà de nos frontières et porta son quartier général à Saint-Jean de Luz, première ville de France, que n'avaient pu lui faire perdre ni les défaites éprouvées par le roi François I*r*, ni les guerres désastreuses de la fin du règne de Louis XIV.

On ne conçoit pas qu'après la défection des troupes allemandes à Leipzig, le maréchal Soult ait cru pouvoir conserver dans l'armée française des Pyrénées plusieurs milliers de soldats d'outre-Rhin!... Ils passèrent tous à l'ennemi dans une même nuit, et augmentèrent les forces de Wellington.

Cependant, le maréchal Soult, après avoir réuni plusieurs divisions sous les remparts de Bayonne, se reporta contre les Anglo-Portugais. Il y eut le 9 décembre, à Saint-Pierre de Rube, une bataille qui dura cinq jours consécutifs, et qui fut une des plus sanglantes de cette guerre, car elle coûta 16,000 hommes aux ennemis et 10,000 aux Français, qui revinrent néanmoins prendre leur position autour de Bayonne.

Avant que ces événements se produisissent vers les Basses-Pyrénées, le maréchal Suchet, ayant appris en octobre les revers que Napoléon venait d'éprouver en Allemagne, et comprenant qu'il lui serait impossible de se maintenir dans le midi de l'Espagne, se prépara à se rapprocher de la France. A cet effet, il se replia sur Tarragone, dont il fit sauter les remparts après avoir retiré la garnison, qui vint augmenter son armée, dont la retraite, bien qu'inquiétée par les Espagnols, s'opéra dans le plus grand ordre, et à la fin de décembre 1813, Suchet et les troupes sous ses ordres se trouvèrent établis à Girone.

Pour compléter cet examen de la situation des armées françaises à la fin de 1813, il est nécessaire de rappeler qu'au printemps de cette année, l'Empereur, comptant fort peu sur l'Autriche, avait réuni dans le Tyrol et dans son royaume d'Italie une nombreuse armée, dont il avait confié le commandement à son beau-fils Eugène de Beauharnais, vice-roi de ce pays. Ce prince était bon, fort doux, très dévoué à l'Empereur; mais quoique infiniment plus militaire que Joseph, roi d'Espagne, il s'en fallait cependant de beaucoup qu'il fût capable de conduire une armée. La tendresse que l'Empereur avait pour Eugène l'abusait sur ce point.

Ce fut le 24 août, jour où devait finir en Allemagne l'armistice conclu entre Napoléon et les alliés, que les Autrichiens, jusque-là restés neutres, se déclarèrent nos ennemis au delà des Alpes. Les troupes italiennes combattaient dans nos rangs, mais les Dalmates avaient abandonné notre parti pour prendre celui de l'Autriche. Le prince Eugène avait sous ses ordres d'excellents lieutenants, parmi lesquels on distinguait : Verdier, Grenier, Gardanne, Gratien, Quesnel, Campo et l'Italien Pino. Les hostilités ne furent jamais bien vives, car les chefs des deux armées avaient compris que ce serait des événements qui surviendraient en Allemagne que dépendrait le succès de la campagne. Il y eut néanmoins de nombreux combats avec des résultats divers ; mais enfin les forces supérieures des Autrichiens, auxquelles vint bientôt se joindre un corps anglais débarqué en Toscane, contraignirent le vice-roi à ramener l'armée franco-italienne en deçà de l'Adige.

On apprit au mois de novembre la défection de Murat, roi de Naples. L'Empereur, auquel il devait tout, ne put d'abord y croire. Elle n'était cependant que trop réelle ! Murat venait de joindre ses drapeaux à ceux de l'Autriche, qu'il avait si longtemps combattue, et ses troupes occupaient déjà Bologne. Telle est la versatilité des Italiens, qu'ils accueillirent partout avec acclamations les Austro-Napolitains, qu'ils détestaient auparavant et haïrent encore davantage peu de temps après. Au mois de décembre, l'armée du vice-roi, forte seulement de 43,000 hommes, occupait Vérone et ses environs.

L'empereur Napoléon, voyant toute l'Europe coalisée contre lui, ne put se dissimuler que la première condition de paix qu'on lui imposerait serait le rétablissement des Bourbons sur le trône d'Espagne. Il résolut donc de faire de son propre mouvement ce qu'il prévoyait devoir être forcé de faire plus tard. Il rendit la liberté au roi Ferdinand VII, retenu à Valençay, et ordonna à l'armée de Suchet de se retirer sur les Pyrénées.

Ainsi, à la fin de 1813, nous avions perdu toute l'Allemagne, toute l'Espagne, la plus grande partie de l'Italie, et l'armée de Wellington, qui venait de franchir la Bidassoa et les Pyrénées occidentales, campait sur le territoire *français,* en menaçant Bayonne, la Navarre et le Bordelais.

CHAPITRE XXXIV

1814. Je suis nommé au commandement du département de Jemmapes. — Situation difficile. — Soulèvement conjuré. — Extermination d'un parti de Cosaques dans Mons. — Rappel de nos troupes vers Paris. — Mon dépôt est transféré à Nogent-le-Roi.

Je commençai à Mons l'année 1814, pendant laquelle je ne courus pas d'aussi grands dangers physiques que dans les précédentes, mais où j'éprouvai de bien plus grandes peines morales.

Comme j'avais laissé à Nimègue tous les cavaliers de mon régiment qui avaient encore leurs chevaux, je ne trouvai à Mons, où était le dépôt, que des hommes démontés, auxquels je cherchais à donner des chevaux tirés des Ardennes, lorsque les événements s'y opposèrent.

Le 1er janvier, les ennemis, après avoir hésité près de trois mois avant d'oser envahir la France, passèrent le Rhin sur plusieurs points, dont l'un des deux plus importants fut d'abord Caub, bourgade située entre Bingen et Coblentz, au pied des rochers de Lurlai, qui, en resserrant infiniment le fleuve, rendent sa traversée très facile. L'autre passage eut lieu à Bâle, dont les Suisses livrèrent le pont de pierre, en violant la neutralité de leur territoire, neutralité qu'ils réclament ou abandonnent tour à tour, selon leurs intérêts du moment.

On évalue de 5 à 600,000 hommes le nombre des

troupes que les alliés, nos ennemis, firent alors entrer dans la France, épuisée par vingt-cinq ans de guerre, qui avait plus de la moitié de ses soldats prisonniers en pays étrangers, et dont plusieurs provinces étaient prêtes à se séparer à la première occasion. De ce nombre était la province dont Mons, chef-lieu du département de Jemmapes, faisait partie.

Cette vaste et riche contrée, annexée à la France d'abord en *fait* par la guerre en 1792, et puis en *droit* par le traité d'Amiens, s'était si bien habituée à cette union, qu'après les désastres de la campagne de Russie, elle avait montré le plus grand zèle et fait d'énormes sacrifices pour aider l'Empereur à remettre ses troupes sur un bon pied. Hommes, chevaux, équipement, habillement..., elle avait obtempéré à toutes les demandes sans murmurer!... Mais les pertes que nous venions d'éprouver en Allemagne ayant découragé les Belges, je trouvai l'esprit de cette population totalement changé. Elle regrettait hautement le gouvernement paternel de la maison d'Autriche, sous lequel elle avait longtemps vécu, et désirait vivement se séparer de la France, dont les guerres continuelles ruinaient son commerce et son industrie. En un mot, la Belgique n'attendait que l'occasion de se révolter, ce qui eût été d'autant plus dangereux pour nous que, par sa position topographique, cette province se trouvait sur les derrières du faible corps d'armée que nous avions encore sur le Rhin. L'Empereur envoya donc quelques troupes à Bruxelles, dont il donna le commandement au général Maison, homme capable et des plus fermes.

Celui-ci, ayant parcouru plusieurs départements, reconnut que celui de Jemmapes, surtout la ville de Mons, était animé du plus mauvais esprit. On y parlait publiquement d'une prise d'armes contre les faibles garnisons françaises qui l'occupaient, ce que ne pouvait empêcher le général O..., qui en avait le commandement ; car ce général, vieux, goutteux, sans énergie, étant né en Belgique, paraissait craindre de se compromettre vis-à-vis de ses compatriotes. Le comte Maison le suspendit de ses fonctions et me donna le commandement du département de Jemmapes.

La mission était d'autant plus difficile que, après les Liégeois, les habitants du Borinage, ou pays montois, sont les plus hardis et les plus turbulents de toute la Belgique, et que, pour les contenir, je n'avais qu'un petit bataillon de 400 conscrits, quelques gendarmes, et 200 cavaliers démontés de mon régiment, parmi lesquels se trouvaient une cinquantaine d'hommes nés dans le pays, et qui, en cas de collision, auraient été se joindre aux insurgés. Je ne pouvais donc vraiment compter que sur les 150 autres chasseurs, qui, provenant de l'ancienne France, et ayant tous fait la guerre avec moi, m'auraient suivi partout. Ils avaient de bons officiers. Ceux de l'infanterie, et surtout le chef de bataillon, étaient on ne peut mieux disposés à me seconder.

Je ne pouvais cependant me dissimuler que, si l'on en venait aux mains, la partie ne serait pas égale. En effet, de l'hôtel où j'étais logé, je voyais tous les jours 3 à 4,000 paysans et ouvriers de la ville, armés de gros bâtons, se réunir sur la grande place et prêter l'oreille aux discours de plusieurs anciens officiers autrichiens, tous nobles et riches, et qui, ayant quitté le service lors de la réunion de la Belgique à la France, prêchaient actuellement contre l'Empire, qui les avait accablés d'impôts, leur avait enlevé leurs enfants pour les envoyer à la guerre, etc., etc. Ces propos étaient écoutés avec d'autant plus d'avidité, qu'ils sortaient de la bouche de seigneurs grands propriétaires, et s'adressaient à leurs fermiers et aux gens qu'ils occupaient, et sur lesquels ils avaient une très grande influence!...

Ajoutez à cela que chaque jour apportait des nouvelles de la marche des ennemis, qui approchaient de Bruxelles, en poussant devant eux les débris du corps d'armée du maréchal Macdonald. Tous les employés français quittaient le département pour se réfugier à Valenciennes et à Cambrai. Enfin, le maire de Mons, M. Duval de Beaulieu, homme des plus honorables, crut devoir me prévenir que ma faible garnison et moi n'étions plus en sûreté au milieu d'une nombreuse population exaltée, et que je ferais bien d'évacuer la ville, ce à quoi personne ne mettrait obstacle, mon régiment et moi y ayant toujours parfaitement bien vécu avec les habitants.

Je compris que cette proposition partait d'un comité composé d'anciens officiers autrichiens, et qu'on avait chargé le maire de venir me la transmettre dans l'espoir de m'intimider!... Je résolus donc de *montrer les dents,* et dis à M. Duval que je le priais d'assembler le conseil municipal ainsi que les notables, et qu'alors je répondrais à la proposition qu'il venait de me faire.

Une demi-heure après, toute ma garnison était sous les armes, et dès que le conseil municipal, accompagné des plus riches habitants, se présenta sur la place, je montai à cheval pour être entendu de tous, et après avoir prévenu le maire qu'avant de causer avec lui et son conseil j'avais un ordre très important à donner aux troupes, je fis connaître à mes soldats la proposition qu'on venait de m'adresser d'abandonner sans combat la ville confiée à notre garde. Ils en furent indignés et l'exprimèrent hautement!... J'ajoutai que je ne devais pas leur dissimuler que les remparts étant démolis sur plusieurs points et manquant d'artillerie, il serait fort difficile de les défendre contre des troupes de ligne ; que cependant, le cas échéant, nous combattrions vigoureusement ; mais que si, contre le droit des gens, c'étaient les habitants de la ville et de la campagne qui se portaient contre nous, nous ne devrions pas nous borner à la *défensive*, mais que nous les attaquerions en employant tous les moyens, car tous sont permis contre des *révoltés !*... qu'en conséquence, j'ordonnais à mes soldats de s'emparer du clocher, d'où, après une demi-heure d'attente et trois roulements de tambour, ils feraient feu sur les attroupements qui occuperaient la place, tandis que des patrouilles dissiperaient ceux qui obstrueraient les rues, en fusillant principalement les gens de la campagne qui avaient quitté leur travail pour venir nous chercher noise. J'ajoutai que, si le combat s'engageait, j'ordonnais, comme le meilleur moyen de défense, de *mettre le feu à la ville* pour occuper les habitants, et de tirer constamment sur l'incendie pour les empêcher de l'éteindre !...

Cette allocution vous paraîtra sans doute bien acerbe ; mais songez à la position critique dans laquelle je me trouvais, n'ayant que 700 hommes, dont très peu avaient fait la guerre, n'attendant aucun renfort et me voyant entouré d'une multitude qui augmentait à chaque instant ; car l'officier qui commandait le poste envoyé sur le clocher m'informa que toutes les routes aboutissant à la ville étaient couvertes de masses de charbonniers, sortant des mines de Jemmapes et se dirigeant sur Mons. Ma faible troupe et moi courions le risque d'être écrasés, si je n'eusse montré une grande énergie !... Mon discours avait produit beaucoup d'effet sur les riches nobles, promoteurs de l'émeute, ainsi que sur les habitants de la ville, qui commencèrent à se retirer ; mais comme les paysans ne bougeaient pas, je fis avancer deux caissons de munitions, distribuer cent cartouches à chaque soldat, charger les armes, et ordonnai aux tambours de faire les trois roulements précurseurs de la fusillade!

A ce terrible signal, la foule immense qui encombrait la place se mit à courir tumultueusement vers les rues voisines, où chacun se pressait à l'envi pour chercher un refuge, et peu d'instants après, les chefs du parti autrichien, ayant le maire à leur tête, vinrent me serrer les mains et me conjurer d'épargner la ville! J'y consentis, à condition qu'ils enverraient *à la minute* porter l'ordre aux charbonniers et ouvriers de retourner chez eux. Ils s'exécutèrent avec empressement, et les jeunes élégants les mieux montés s'élancèrent sur leurs beaux chevaux et sortirent par toutes les portes de la cité, pour aller au-devant des masses, qu'ils renvoyèrent dans leurs villages sans que personne y mît d'opposition.

Cette obéissance passive me confirma dans la pensée que l'émeute avait des chefs puissants, et que ma garnison et moi eussions été arrêtés si je n'eusse intimidé les meneurs, en les menaçant d'employer tous les moyens, même le feu, plutôt que de rendre à des émeutiers la ville confiée à ma garde!...

Les Belges sont grands musiciens. Il devait y avoir ce soir-là un concert d'amateurs, auquel mes officiers et moi étions invités, ainsi que M. de Laussat, préfet du département, homme ferme et courageux. Nous convînmes de nous y rendre comme à l'ordinaire, et nous fîmes bien, car on nous reçut parfaitement, du moins en apparence. Tout en causant avec les nobles qui avaient dirigé le mouvement, nous leur fîmes comprendre que ce n'était pas aux populations à décider par la rébellion du sort de la Belgique, mais bien aux armées belligérantes; qu'il y aurait donc folie à eux d'exciter au combat des ouvriers et des paysans et de faire verser le sang pour hâter de quelques jours une solution qu'il fallait attendre.

Un vieux général autrichien retiré à Mons, où il était né, dit alors à ses compatriotes qu'ils avaient eu grand tort de comploter l'arrestation de la garnison, car c'eût été attirer de nombreuses calamités sur la ville, puisque des militaires ne doivent jamais rendre les armes *sans combattre!* Chacun convint de la justesse de l'observation, et à compter de ce jour, la garnison et les habitants vécurent en très bon accord, comme par le passé. Les Montois nous donnèrent même peu de jours après une preuve éclatante de leur loyauté; voici à quelle occasion.

A mesure que l'armée des alliés avançait, une foule de vagabonds, surtout des Prussiens, s'équipaient en *Cosaques,* et, poussés par le désir du pillage, ces maraudeurs se ruaient sur tout ce qui avait appartenu à l'administration pendant l'occupation des Français et s'emparaient même sans répugnance des effets des individus non militaires de cette nation.

Une forte bande de ces prétendus Cosaques, après avoir traversé le Rhin et s'être répandue dans les départements de la rive gauche, avait poussé jusqu'aux portes de Bruxelles et pillé le château impérial de Tervueren, où elle avait enlevé tous les chevaux du haras que l'Empereur y avait formé; puis, se fractionnant en divers détachements, ces maraudeurs parcouraient la Belgique. Il en vint dans le département de Jemmapes, où ils essayèrent de soulever les populations; mais n'ayant pas réussi, ils pensèrent que cela provenait de ce que Mons, le chef-lieu, ne se prononçait pas pour eux, tant était grande la terreur que le colonel qui y commandait avait inspirée aux Montois!... Ils résolurent donc de m'enlever ou de me tuer; mais pour ne point me donner l'éveil en employant un trop grand nombre d'hommes à cette expédition, ils se bornèrent à envoyer 300 Cosaques.

Il paraît que le chef de ces partisans avait été assez bien renseigné, car, sachant que j'avais trop peu de monde pour faire bien garder les vieilles portes et les anciens remparts, alors à moitié démolis, il fit pendant une nuit obscure approcher de la ville ses cavaliers, dont la majeure partie, après avoir mis pied à terre, pénétra en silence dans les rues et se dirigea vers la grande place et l'hôtel de la Poste, où j'avais d'abord logé. Mais depuis que j'étais informé du passage du Rhin par les ennemis, je me retirais tous les soirs à la caserne, où je passais la nuit au milieu de mes troupes. Bien m'en prit, car les Cosaques allemands entourèrent l'hôtel dont ils fouillèrent tous les appartements, et furieux de ne pas trouver d'officiers français, ils s'en prirent à l'aubergiste, qu'ils maltraitèrent, pillèrent, et dont ils burent le meilleur vin au point de se griser, officiers comme soldats.

Un Belge, ancien brigadier de mon régiment, nommé Courtois, auquel j'avais fait obtenir la décoration comme étant l'un de mes plus braves guerriers, entrait en ce moment à l'hôtel. Cet homme, né à Saint-Ghislain près de Mons, avait perdu une jambe en Russie l'année précédente. J'avais été assez heureux pour le sauver en lui procurant les moyens de regagner la France. Il en avait conservé une telle reconnaissance que, pendant le séjour que je fis à Mons dans le cours de l'hiver de 1814, il venait très souvent chez moi et se parait, dans ces occasions, de l'uniforme du 23ᵉ de chasseurs qu'il avait si honorablement porté. Or, il advint que pendant la nuit dont il est question, Courtois, regagnant le logis d'un de ses parents chez lequel il recevait l'hospitalité, aperçut le détachement ennemi qui se dirigeait vers l'hôtel de la Poste. Bien que le brave brigadier sût que je n'y passais plus les nuits, il voulut néanmoins s'assurer que *son colonel* ne courait aucun danger, et pénétra bravement dans l'hôtel, où il entraîna son parent.

A la vue de l'uniforme français et de la décoration de la Légion d'honneur, les Prussiens eurent l'infamie de se jeter sur le malheureux estropié et voulurent lui arracher la croix qui brillait sur sa poitrine!... Le vieux soldat ayant cherché à défendre sa décoration, les Cosaques prussiens le tuèrent, traînèrent son cadavre dans la rue, puis continuèrent leur orgie!

Mons était si grand relativement à ma faible garnison, que je m'étais retranché dans la caserne, et concentrant ma défense de nuit sur ce point, j'avais interdit à ma troupe d'aller du côté de la grande place, bien que je fusse instruit que les ennemis s'y trouvaient, car je ne connaissais pas leur nombre et craignais que les habitants ne se réunissent à eux!... Mais dès que ceux-ci furent informés de l'*assassinat* de Courtois, leur compatriote, homme estimé de toute la contrée, ils résolurent de le venger, et, oubliant momentanément leurs griefs contre les Français, ils députèrent vers moi le frère de Courtois ainsi que les plus notables et les plus braves d'entre eux, pour m'engager à me mettre à leur tête, afin de chasser les Cosaques!

Je crois bien que les excès et le pillage que ceux-ci avaient commis à l'hôtel de la Poste, inspirant à chaque bourgeois des craintes pour sa famille et sa maison, les portaient, au moins autant que la mort de Courtois, à repousser les Cosaques, et qu'ils eussent agi tout différemment si, au lieu d'assassins et de pillards, des troupes réglées eussent pénétré dans la ville! Néanmoins, je crus devoir profiter de la bonne volonté de ceux des habitants qui venaient de s'armer en notre faveur. Je pris donc une partie de ma troupe, et me portai vers la place, tandis qu'avec le surplus, le chef de bataillon, qui connaissait parfaitement la ville, allait, par mon ordre, s'embusquer auprès de la brèche par laquelle les Cosaques prussiens avaient pénétré dans la place.

Dès les premiers coups de fusil que nos gens tirèrent sur ces drôles, le plus grand tumulte régna dans l'hôtel et sur la place!... Ceux des ennemis qui ne furent pas tués à l'instant s'enfuirent à toutes jambes; mais beaucoup s'égarèrent dans les rues, où ils furent assommés en détail. Quant à ceux qui parvinrent jusqu'au lieu où ils avaient laissé leurs chevaux attachés aux arbres de la promenade, ils y trouvèrent le chef de bataillon qui les accueillit par une fusillade à brûle-pourpoint! Le jour venu, on compta dans la ville ou sur la vieille brèche plus de 200 ennemis morts, et nous n'avions pas perdu un seul homme, nos adversaires ne s'étant point défendus, tant ils étaient abrutis par le vin et les liqueurs fortes!... Ceux d'entre eux qui survécurent à cette surprise, en se laissant glisser le long des débris des vieux remparts, se jetèrent dans la campagne, où ils furent tous pris ou tués par les paysans devenus furieux en apprenant la mort du malheureux Courtois, considéré comme la gloire de la contrée, et qui, surnommé par eux *la jambe de bois*, leur était devenu aussi cher que le général Daumesnil, autre *jambe de bois*, l'était aux faubouriens de Paris.

Je ne cite pas le combat de Mons comme une affaire dont je puisse tirer vanité, car, avec les gardes nationaux, j'avais douze à treize cents hommes, tandis que les Cosaques prussiens n'en comptaient guère que 300; mais j'ai cru devoir rapporter cet engagement bizarre, pour démontrer combien l'esprit des masses est versatile. En effet, tous les paysans et charbonniers du Borinage qui, un mois avant, se portaient en masse pour exterminer ou du moins désarmer le petit nombre de Français laissés dans Mons, venaient de prendre parti pour eux contre les Prussiens, parce que ceux-ci avaient tué l'un de leurs compatriotes! Je regrettai aussi beaucoup le brave Courtois, tombé victime de l'attachement qu'il avait pour moi.

Le trophée le plus important de notre victoire fut les 300 et quelques chevaux que les ennemis abandonnèrent entre nos mains. Ils provenaient presque tous du pays de Berg, et étaient fort bons; aussi je les incorporai dans mon régiment, pour lequel cette remonte inattendue arriva fort à propos.

Je passai encore un mois à Mons, dont les habitants étaient redevenus parfaits pour nous, malgré l'approche des armées ennemies. Mais les progrès de celles-ci devinrent enfin si considérables que les Français durent non seulement abandonner Bruxelles, mais toute la Belgique, et repasser les frontières de l'ancienne France. Je reçus ordre de conduire le dépôt de mon régiment à Cambrai, où, avec les chevaux pris naguère aux Cosaques prussiens, je pus remettre dans les rangs 300 bons cavaliers revenus de Leipzig, et former deux beaux escadrons, qui, sous la conduite du commandant Sigaldi, furent bientôt dirigés sur l'armée que l'Empereur avait réunie en Champagne. Ils s'y firent remarquer, et soutinrent la gloire du 23ᵉ de chasseurs, surtout à la bataille de Champaubert, où fut tué le brave capitaine Duplessis, officier des plus remarquables.

J'ai toujours eu une grande prédilection pour la lance, arme terrible entre les mains d'un bon cavalier. J'avais donc demandé et obtenu l'autorisation de distribuer à mes escadrons des lances que les officiers d'artillerie ne pouvaient emporter en évacuant les places du Rhin. Elles furent si bien appréciées que plusieurs autres corps de cavalerie en demandèrent aussi, et se félicitèrent d'en avoir.

Les dépôts des régiments étant obligés de passer sur la rive gauche de la Seine afin de ne pas tomber entre les mains des ennemis, le mien se rendit à Nogent-le-Roi, arrondissement de Dreux. Nous avions un assez bon nombre de cavaliers, mais presque plus de chevaux. Le gouvernement faisait les plus grands efforts pour en réunir à Versailles, où il avait créé un dépôt central de cavalerie, sous les ordres du général Préval.

Celui-ci, de même que son prédécesseur le général Bourcier, entendait beaucoup mieux les détails de remonte et d'organisation que la guerre, qu'il avait très peu faite. Il s'acquittait fort bien de la mission difficile dont l'Empereur l'avait chargé; mais comme il ne pouvait cependant improviser des chevaux ni des équipements, et qu'il tenait d'ailleurs à ne mettre en route que des détachements bien organisés, les départs étaient peu fréquents. J'en gémissais, mais aucun colonel ne pouvait se rendre à l'armée sans un ordre de l'Empereur, qui, pour ménager ses ressources, avait défendu d'envoyer à la guerre plus d'officiers que n'en comportait le nombre d'hommes qu'ils avaient à commander. Ce fut donc vainement que je priai le général Préval de me laisser aller en Champagne. Il fixa mon départ pour la fin de mars, époque à laquelle je devais conduire à l'armée un régiment dit *de marche,* composé des hommes montés de mon dépôt et de plusieurs autres.

Je fus autorisé à résider jusqu'à ce moment-là à Paris, au sein de ma famille, car M. Caseneuve, mon lieutenant-colonel, suffisait pour commander et réorganiser les

200 hommes qui se trouvaient encore à Nogent-le-Roi, et je pouvais, du reste, les inspecter en quelques heures. Je me rendis donc à Paris, où je passai une grande partie du mois de mars, un des plus pénibles de ma vie, bien que je fusse auprès de ce que j'avais de plus cher. Mais le gouvernement impérial, auquel j'étais attaché et que j'avais si longtemps défendu au prix de mon sang, croulait de toutes parts. Les armées ennemies occupaient, de Lyon, une grande partie de la France, et il était facile de prévoir qu'elles arriveraient bientôt dans la capitale.

CHAPITRE XXXV

Belle campagne de Napoléon. — La résistance devient impossible. — Insuffisance des mesures prises pour préserver Paris. — Arrivée des alliés. — Retour tardif de l'Empereur sur la capitale. — Paris aurait dû tenir. — Intrigues ourdies contre Napoléon.

Les plus grands antagonistes de l'Empereur sont forcés de convenir qu'il se surpassa lui-même dans la campagne d'hiver qu'il fit dans les trois premiers mois de 1814. Jamais général n'avait fait preuve de tant de talents, ni réalisé d'aussi grandes choses avec d'aussi faibles ressources. On le vit, avec quelques milliers d'hommes, dont une grande partie étaient des conscrits inexpérimentés, tenir tête à toutes les armées de l'Europe, faire face partout avec les mêmes troupes, qu'il portait d'un point à un autre avec une rapidité merveilleuse, et, profitant habilement de toutes les ressources du pays pour le défendre, il courait des Autrichiens aux Russes, des Russes aux Prussiens, pour revenir de Blücher à Schwarzenberg et de celui-ci à Sacken, quelquefois repoussé par eux, mais beaucoup plus souvent vainqueur. Il eut un moment l'espoir de chasser du territoire français les étrangers qui, découragés par leurs nombreuses défaites, songeaient à repasser le Rhin. Il n'eût fallu pour cela qu'un nouvel effort de la nation; mais la lassitude de la guerre était générale, et de toutes parts, surtout à Paris, on conspirait contre l'Empire.

Plusieurs écrivains militaires ont exprimé leur étonnement de ce que la France ne s'était pas levée en masse, comme en 1792, pour repousser les étrangers, ou bien qu'elle n'ait pas imité les Espagnols en formant dans chaque province un centre de défense nationale.

On répond à cela que l'enthousiasme qui avait improvisé les armées de 1792 était usé par vingt-cinq ans de guerres et les trop fréquentes conscriptions anticipées faites par l'Empereur, car il ne restait dans la plupart de nos départements que des vieillards et des enfants. Quant à l'exemple tiré de l'Espagne, il n'est nullement applicable à la France, qui, ayant laissé prendre trop d'influence à la ville de Paris, ne peut rien quand celle-ci ne se met pas à la tête du mouvement, tandis qu'en Espagne, chaque province, formant un petit gouvernement, avait pu agir et se créer une armée, lors même que Madrid se trouvait occupé par les Français. Ce fut la *centralisation* qui perdit la France.

Il n'entre point dans le plan que je me suis donné de raconter les hauts faits de l'armée française dans la célèbre campagne de 1814; car il faudrait pour cela écrire des volumes, commenter tout ce qui a été publié à ce sujet, et je ne me sens pas le courage de m'appesantir sur les malheurs de mon pays; je me bornerai donc à dire qu'après avoir disputé pied à pied le terrain compris entre la Marne, l'Aube, la Saône et la Seine, l'Empereur conçut un vaste projet qui, s'il réussissait, devait sauver la France. C'était de se porter avec le gros de ses troupes, par Saint-Dizier et Vitry, vers la Lorraine et l'Alsace, ce qui, en menaçant fortement les derrières de l'ennemi, devait lui faire craindre d'être séparé de ses dépôts, de n'avoir plus aucun moyen de retraite, et le déterminer à se retirer vers la frontière, tandis qu'il en avait encore les moyens.

Mais pour que le superbe mouvement stratégique projeté par l'Empereur pût avoir un bon résultat, il fallait le concours de deux conditions qui lui manquaient, savoir : la fidélité des hauts fonctionnaires de l'État, et les moyens d'empêcher les ennemis de s'emparer de Paris, dans le cas où, sans se préoccuper de la marche que l'Empereur faisait sur leurs derrières, ils se porteraient vers la capitale. Malheureusement, la fidélité à l'Empereur était tellement affaiblie dans le Sénat et le Corps législatif, que ce furent les principaux membres de ces assemblées, tels que Talleyrand, le duc de Dalberg, Laisné et autres, qui, par des émissaires secrets, informaient les souverains alliés de la désaffection de la haute classe parisienne à l'égard de Napoléon, et les engageaient à venir attaquer la capitale.

Quant aux moyens de défense, je dois avouer que Napoléon n'y avait pas suffisamment pourvu, car on s'était borné à couvrir de quelques palissades les barrières de la rive droite, sans faire aucun ouvrage pour y placer du canon. Et comme le très petit nombre de troupes de ligne, d'invalides, de vétérans et d'élèves de l'École polytechnique qui formaient la garnison était insuffisant pour qu'on pût même essayer de résister, l'Empereur, en s'éloignant de la capitale au mois de janvier, pour aller se mettre à la tête des troupes réunies en Champagne, avait confié à la garde nationale la défense de Paris, où il laissait son fils et l'Impératrice. Il avait réuni aux Tuileries les officiers de la milice bourgeoise, qui, selon l'habitude, avaient répondu par de nombreux *serments* et les plus belliqueuses protestations au discours chaleureux qu'il leur adressa. L'Empereur avait nommé l'Impératrice *régente,* et désigné pour lieutenant général commandant supérieur son frère Joseph, ex-roi d'Espagne, le meilleur, mais le plus *antimilitaire* de tous les hommes.

Napoléon, se faisant illusion au point de croire qu'il avait ainsi pourvu à la sûreté de la capitale, pensa qu'il pouvait la livrer pour quelques jours à ses propres forces, pour aller avec le peu de troupes qui lui restaient exécuter le projet de se jeter sur les derrières des ennemis. Il partit donc pour la Lorraine vers la fin de mars. Mais à peine était-il à quelques jours de marche, qu'il apprit que les alliés, au lieu de le suivre, ainsi qu'il l'avait espéré, s'étaient dirigés sur Paris, en poussant devant eux les faibles débris des corps des maréchaux Marmont et Mortier, qui, postés sur les hauteurs de Montmartre, essayaient de les défendre, sans que la garde nationale les secondât autrement que par l'envoi de quelques rares tirailleurs.

Ces fâcheuses nouvelles ayant dessillé les yeux de Napoléon, il fit rétrograder ses colonnes vers Paris, dont il prit lui-même la route sur-le-champ.

Le 30 mars, l'Empereur, voyageant rapidement en poste et sans escorte, venait de dépasser Moret, lorsqu'une vive canonnade se faisant entendre, il conçut l'espoir d'arriver avant l'entrée des alliés dans la capitale, où sa présence aurait certainement produit une très vive sensation sur le peuple, qui demandait des armes. (Il y avait cent mille fusils et plusieurs millions de cartouches dans les casernes du Champ de Mars, mais le général Clarke, ministre de la guerre, ne voulut pas en permettre la distribution.)

Arrivé au relais de Fromenteau, à cinq lieues seulement de Paris, l'Empereur, n'entendant plus le canon, comprit que cette ville était au pouvoir des ennemis, ce qui lui fut confirmé à Villejuif. En effet, Marmont avait signé une capitulation qui livrait la capitale aux ennemis !...

Cependant, à l'approche du danger, on avait éloigné

de Paris l'Impératrice et son fils le roi de Rome, qui s'étaient rendus à Blois, où le roi Joseph, abandonnant le commandement dont l'Empereur l'avait revêtu, les suivit bientôt. Les troupes de ligne évacuèrent Paris par la barrière de Fontainebleau, route par laquelle on attendait l'Empereur.

Il est impossible de donner une idée de l'agitation dans laquelle se trouvait alors la capitale, dont les habitants, divisés par tant d'intérêts différents, venaient d'être surpris par une invasion que peu d'entre eux avaient prévue... Quant à moi, qui m'y attendais, et qui avais vu de si près les horreurs de la guerre, j'étais bien tourmenté de savoir où je mettrais en sûreté ma femme et mon jeune enfant, lorsque le bon vieux maréchal Sérurier ayant offert un asile à toute ma famille à l'hôtel des Invalides, dont il était gouverneur, je fus tranquillisé par la pensée que, les lieux habités par les vieux soldats ayant été partout respectés par les Français, les ennemis agiraient de même envers nos anciens militaires. Je conduisis donc ma famille aux Invalides et m'éloignai de Paris avant l'entrée des alliés, pour me rendre à Versailles aux ordres du général Préval, qui me donna le commandement d'une petite colonne composée de cavaliers disponibles de mon régiment, ainsi que de ceux des 9e et 12e de chasseurs.

Lors même que les alliés n'eussent pas marché sur Paris, cette colonne devant être réunie ce jour-là même à Rambouillet, je m'y rendis. J'y trouvai mes chevaux et équipages de guerre, et pris le commandement des escadrons qui m'étaient destinés.

La route était couverte par les voitures des personnes qui s'éloignaient de la capitale. Je ne m'en étonnai pas; mais je ne pouvais comprendre d'où provenait le grand nombre de troupes de diverses armes qu'on voyait arriver de toutes les directions par détachements qui, si on les eût réunis, auraient formé un corps assez considérable pour arrêter les ennemis devant Montmartre et donner le temps à l'armée, qui accourait de la Champagne et de la Brie, de sauver Paris. Mais l'Empereur, trompé par son ministre de la guerre, n'avait donné aucun ordre à ce sujet, et ignorait probablement qu'il lui restât encore de si grands moyens de défense, dont voici l'énumération, d'après les documents pris au ministère de la guerre, savoir :

Quatre cents canons, suffisamment approvisionnés, soit à Vincennes, soit à l'École militaire du Champ de Mars, ou au dépôt central d'artillerie. Plus de 50,000 fusils neufs dans ces mêmes lieux. Quant aux hommes, le roi Joseph et Clarke, le ministre de la guerre, pouvaient disposer de troupes amenées à Paris par les maréchaux Marmont et Mortier, et dont l'effectif s'élevait à 19,000 hommes; de 7 à 8,000 soldats de la ligne casernés à Paris; de 3,000 hommes appartenant aux dépôts de la garde impériale; de 15 à 18,000 cavaliers démontés, casernés à Versailles ou dans les environs; de 18 à 20,000 conscrits ou soldats de dépôts destinés aux régiments de la ligne, et des gardes nationales actives casernées à Saint-Denis, Courbevoie, Rueil et autres villages des environs de Paris; de plus de 2,000 officiers en congé, blessés, sans emploi ou en retraite, qui étaient venus offrir leurs services; enfin de 20,000 ouvriers, presque tous anciens soldats, qui demandaient à contribuer à la défense de Paris.

Ces forces réunies présentaient un effectif de plus de 80,000 hommes, qu'il était facile de rassembler en quelques heures et d'utiliser à la défense de la capitale jusqu'à l'arrivée de Napoléon et de l'armée qui le suivait.

Joseph et Clarke, prévenus dès le 28 mars au matin

de l'approche des ennemis, qui n'attaquèrent que le 30, eurent donc quarante-huit heures pour employer ces ressources, mais aucune ne fut mise en usage. Enfin, pour comble d'impéritie, au moment où les troupes ennemies attaquaient Romainville, Joseph et Clarke faisaient sortir de Paris, par la barrière de Passy, 4,000 des meilleurs fantassins ou cavaliers de la garde impériale, pour aller renforcer à Blois l'escorte de l'Impératrice qui était déjà plus nombreuse qu'il n'était nécessaire pour le moment.

Dès que Napoléon apprit que Paris avait capitulé et que les deux petits corps de Marmont et de Mortier avaient évacué la place en se retirant vers lui, il leur envoya l'ordre de venir prendre position à Essonnes, à sept lieues et à mi-chemin de Paris à Fontainebleau, et se rendit lui-même dans cette dernière ville, où arrivaient les têtes de colonnes de l'armée revenant de Saint-Dizier, ce qui indiquait l'intention dans laquelle était l'Empereur de marcher sur Paris, dès que ses troupes seraient réunies.

Les généraux ennemis ont avoué plus tard que s'ils eussent été attaqués par l'Empereur, ils n'auraient osé recevoir la bataille, en ayant derrière eux la Seine et l'immense ville de Paris avec son million d'habitants, qui pouvaient se révolter pendant la bataille, barricader les rues ainsi que les ponts, et leur couper la retraite; aussi étaient-ils résolus à se retirer pour aller camper sur les hauteurs de Belleville, Charonne, Montmartre et les buttes Chaumont, qui dominent la rive droite de la Seine et la route d'Allemagne, lorsque survinrent dans Paris de nouveaux événements qui les retinrent dans cette ville.

M. de Talleyrand, ancien évêque marié, avait été, en apparence, l'un des hommes les plus dévoués à l'Empereur, qui l'avait comblé de richesses, fait prince de Bénévent, grand chambellan, etc., etc. M. de Talleyrand, dont l'amour-propre était blessé de n'être plus le confident de Napoléon et le ministre dirigeant de sa politique, s'était mis, surtout depuis les désastres de la campagne de Russie, à la tête de la sourde opposition que faisaient les mécontents de tous les partis, et principalement le *faubourg Saint-Germain,* c'est-à-dire la haute aristocratie, qui, après s'être soumise en apparence et avoir même servi Napoléon aux jours de sa prospérité, s'était posée en ennemie et, sans se compromettre ouvertement, attaquait par tous les moyens le chef du gouvernement. Les principaux chefs de ce parti étaient : l'abbé de Pradt, que l'Empereur avait nommé archevêque de Malines; le baron Louis, l'abbé de Montesquiou, M. de Chateaubriand, le député Laisné, etc., etc.

Presque tous ces hommes de talent, dirigés par Talleyrand, le plus habile et le plus intrigant de tous, attendaient depuis quelque temps l'occasion de renverser Napoléon. Ils comprirent qu'ils n'en trouveraient jamais une aussi favorable que celle que leur offrait l'occupation de la France par un million et demi d'ennemis, et la présence à Paris de tous les souverains de l'Europe, dont la plupart avaient été grandement humiliés par Napoléon. Mais, bien que celui-ci fût en ce moment très affaibli, il n'était point encore totalement abattu, car, outre l'armée qu'il ramenait avec lui et qui venait de faire des prodiges, il lui restait celle de Suchet entre les Pyrénées et la Haute-Garonne, des troupes nombreuses commandées par le maréchal Soult, et il y avait deux belles divisions à Lyon; enfin, l'armée d'Italie était encore formidable, de sorte que, malgré l'occupation de Bordeaux par les Anglais, Napoléon pouvait encore réunir des forces considérables et prolonger indéfiniment la guerre, en soulevant les populations exaspérées par les exactions des ennemis.

M. de Talleyrand et son parti comprirent que s'ils donnaient à l'Empereur le temps de faire arriver sous Paris les troupes qui le suivaient, il pourrait battre les alliés dans les rues de la capitale ou se retirer dans quelques provinces dévouées, où il continuerait la guerre jusqu'à ce que les alliés, fatigués, consentissent à faire la paix. Il fallait donc, selon Talleyrand et ses amis, changer la face du gouvernement. Mais là se trouvait la grande difficulté, car ils voulaient rétablir en la personne de Louis XVIII la famille des Bourbons sur le trône, tandis qu'une partie de la nation désirait y laisser Napoléon, ou tout au moins y appeler son fils.

La même divergence d'opinion existait parmi les souverains alliés, car les rois d'Angleterre et de Prusse se rangeaient du côté des Bourbons, tandis que l'empereur de Russie, qui ne les avait jamais aimés et qui craignait que l'antipathie de la nation française pour ces princes et les émigrés n'amenât quelque nouvelle révolution, n'était pas éloigné de prendre les intérêts du fils de Napoléon.

Pour couper court à ces discussions et décider la question en prenant les devants, l'astucieux Talleyrand, voulant en quelque sorte *forcer la main* aux souverains étrangers, fit paraître à cheval sur la place Louis XV une vingtaine de jeunes gens du faubourg Saint-Germain, parés de cocardes blanches et conduits par le vicomte Talon, mon ancien compagnon d'armes, de qui je tiens ces détails. Ils se dirigèrent vers l'hôtel de la rue Saint-Florentin, habité par l'empereur Alexandre, en criant à tue-tête : « Vive le roi Louis XVIII ! Vivent les Bourbons ! A bas le tyran !... »

Ces cris ne produisirent d'abord sur les curieux rassemblés qu'un sentiment de stupéfaction, à laquelle succédèrent les menaces de la foule, ce qui ébranla les membres les plus résolus de la cavalcade. Ce premier élan de royalisme ayant manqué son effet, ils recommencèrent la scène sur différents points des boulevards. Sur quelques-uns on les hua, sur d'autres on les applaudit. Comme l'entrée des souverains alliés approchait et qu'il fallait aux Parisiens un *cri* pour les animer, celui jeté par le vicomte Talon et ses amis retentit toute la journée aux oreilles de l'empereur Alexandre, ce qui permit à Talleyrand de dire le soir à ce monarque : « Votre Majesté a pu juger par elle-même avec quelle unanimité la nation désire le rétablissement des Bourbons ! »

A compter de ce moment, la cause de Napoléon fut perdue, bien que ses adhérents fussent infiniment plus nombreux que ceux de Louis XVIII, ainsi que les événements le prouvèrent l'année suivante.

LETTRES

ECRITES PAR LE COLONEL DE MARBOT EN 1815[1]

(Après le licenciement du 23e de chasseurs et son incorporation au 3e de la même arme, le colonel de Marbot est nommé au commandement du 7e de hussards (d'Orléans). Ce régiment fait partie du 1er corps d'observation, aux ordres du comte d'Erlon.)

Cysoing, 10 avril 1815.

...Je suis en face de Tournay et je garde la ligne depuis Mouchin jusqu'à Chéreng. Quand je dis que je garde la ligne, je n'ai pas grand'peine, car les Anglais ne font aucun mouvement et sont aussi tranquilles à Tournay que s'ils étaient à Londres. Je crois que tout se passera à l'amiable. J'ai été hier à Lille, où j'ai été on ne peut mieux reçu par le général en chef comte d'Erlon.

Saint-Amand, 5 mai.

...Je viens de recevoir l'ordre de former une députation de cinq officiers et dix sous-officiers ou soldats pour aller à Paris, au Champ de Mai. L'ordre porte que le

---

[1] Ces lettres sont les seuls documents que nous possédions sur la campagne de Waterloo.

colonel sera lui-même à la tête de la députation. Celles de tous les régiments de la division doivent se mettre en route pour être rendues le 17 à Arras et partir le lendemain pour Paris. Tout est ici fort tranquille, et l'on n'y parle pas de guerre. Il y a beaucoup de désertions dans les troupes étrangères. Les hommes qui en arrivent assurent que tout ce qui est belge, saxon ou hollandais, désertera à nous. Mon régiment devient de jour en jour plus considérable. J'ai 700 hommes. Dans mon dépôt, il en est arrivé 52 hier; le costume les flatte tant qu'ils arrivent *drus comme mouches;* on ne sait où les fourrer...

Saint-Amand, 8 mai.

..Depuis huit jours, la désertion est au dernier degré dans les troupes étrangères. Les soldats belges, saxons, hanovriens, arrivent par bandes de 15 à 20. Ils affirment que les Russes ne viennent pas et qu'on croit qu'il n'y aura pas de guerre. Cela paraît ici presque certain. S'il en arrive ainsi, que de paroles perdues! Que de projets qui se trouveront manqués!...

Pont-sur-Sambre, 13 juin.

...Je suis arrivé ce matin de Paris à Valenciennes. J'ai trouvé mon régiment sur la place. Il traversait la ville pour aller vers Maubeuge. Je n'ai eu que le temps de mettre mes effets sur mes chevaux, de confier ma voiture à un ami et de partir. Je tombais de sommeil, mais il a fallu marcher toute la journée au milieu d'une armée immense. Nous venons de prendre position pour cette nuit... Nous marchons!... Il paraît que le gant est jeté définitivement... Je ne crois pas qu'on se batte avant cinq jours...

Merbes-le-Château, 14 juin.

...Nous avons encore marché aujourd'hui, et j'ai été à cheval ce matin à trois heures... Nous voilà sur l'extrême frontière. L'ennemi se retire, et je ne crois pas qu'il y ait un grand engagement. Tant pis, car nos troupes sont bien animées...

(Après une brillante affaire, le 17 juin, à Jenappe, le colonel de Marbot est nommé général de brigade; la chute de l'Empire empêche que cette nomination soit confirmée. Après Waterloo, le colonel se retire avec son régiment sur Valenciennes, puis vers Paris et derrière la Loire.)

Laon, 26 juin 1815.

Je ne reviens pas de notre défaite!... On nous a fait manœuvrer comme des citrouilles. J'ai été, avec mon régiment, flanqueur de droite de l'armée pendant presque toute la bataille. On m'assurait que le maréchal Grouchy allait arriver sur ce point, qui n'était gardé que par mon régiment, trois pièces de canon et un bataillon d'infanterie légère, ce qui était trop faible. Au lieu du maréchal Grouchy, c'est le corps de Blücher qui a débouché!... Jugez de la manière dont nous avons été arrangés!... Nous avons été enfoncés, et l'ennemi a été sur-le-champ sur nos derrières!... On aurait pu remédier au mal, mais personne n'a donné d'ordres. Les gros généraux ont été à Paris faire de mauvais discours. Les petits perdent la tête, et cela va mal... J'ai reçu un coup de lance dans le côté; ma blessure est assez forte, mais j'ai voulu rester pour donner le *bon exemple*. Si chacun eût fait de même, cela irait encore, mais les soldats désertent à l'intérieur; personne ne les arrête, et il y a dans ce pays-ci, quoi qu'on dise, 50,000 hommes qu'on pourrait réunir; mais alors il faudrait *peine de mort* contre tout homme qui quitte son poste et contre ceux qui donnent permission de le quitter. Tout le monde donne des congés, et les diligences sont pleines d'officiers qui s'en vont. Jugez si les soldats sont en reste! Il n'y en aura pas un dans huit jours, si la *peine de mort* ne les retient... Si les Chambres veulent, elles peuvent nous sauver; mais il faut des moyens *prompts* et des lois *sévères*... On n'envoie pas un bœuf, pas de vivres, rien...; de sorte que les soldats pillent la pauvre France comme ils faisaient en Russie... Je suis aux avant-postes, sous Laon; on nous a fait promettre de ne pas tirer, et tout est tranquille...

(Lettre écrite en 1830 par le colonel de Marbot au général E. de Grouchy.)

Mon général,

J'ai reçu la lettre par laquelle vous exprimez le désir de connaître la marche des reconnaissances dirigées par moi sur la Dyle, le jour de la bataille de Waterloo. Je m'empresse de répondre aux questions que vous m'adressez à ce sujet.

Le 7ᵉ de hussards, dont j'étais colonel, faisait partie de la division de cavalerie légère attachée au 1ᵉʳ corps, formant, le 18 juin, la droite de la portion de l'armée que l'Empereur commandait en personne. Au commencement de l'action, vers onze heures du matin, je fus détaché de la division avec mon régiment et un bataillon d'infanterie placé sous mon commandement. Ces troupes furent mises en potence à l'extrême droite, derrière Frichemont, faisant face à la Dyle.

Des instructions particulières me furent données, de la part de l'Empereur, par son aide de camp Labédoyère et un officier d'ordonnance dont je n'ai pas retenu le nom. Elles prescrivaient de laisser le gros de ma troupe toujours en vue du champ de bataille, de porter 200 fantassins dans le bois de Frichemont, un escadron à Lasne, poussant des postes jusqu'à Saint-Lambert ; un autre escadron moitié à Couture, moitié à Beaumont, envoyant des reconnaissances jusque sur la Dyle, aux ponts de Moustier et d'Ottignies. Les commandants de ces divers détachements devaient laisser de quart de lieue en quart de lieue des petits postes à cheval, formant une chaîne continue jusque sur le champ de bataille, afin que, par le moyen de hussards allant au galop d'un poste à l'autre, les officiers en reconnaissance pussent me prévenir rapidement de leur jonction avec l'avant-garde des troupes du maréchal Grouchy, qui devaient arriver du côté de la Dyle. Il m'était enfin ordonné d'envoyer directement à l'Empereur les avis que me transmettraient ces reconnaissances. Je fis exécuter l'ordre qui m'était donné.

Il me serait impossible, après un laps de temps de quinze années, de fixer au juste l'heure à laquelle le détachement dirigé vers Moustier parvint sur ce point, d'autant plus que le capitaine Éloy, qui le commandait, avait reçu de moi l'injonction de s'éclairer au loin et de marcher avec la plus grande circonspection. Mais en remarquant qu'il partit à onze heures du champ de bataille, et n'avait pas plus de deux lieues à parcourir, on doit présumer qu'il les fit en deux heures, ce qui fixerait son arrivée à Moustier à une heure de l'après-midi. Un billet du capitaine Éloy, que me transmirent promptement les postes intermédiaires, m'apprit qu'il n'avait trouvé aucune troupe à Moustier, non plus qu'à Ottignies, et que les habitants assuraient que les Français laissés sur la rive droite de la Dyle passaient la rivière à Limal, Limelette et Wavre.

J'envoyai ce billet à l'Empereur par le capitaine Kouhn, faisant fonction d'adjudant-major. Il revint accompagné d'un officier d'ordonnance, lequel me dit de la part de l'Empereur de laisser la ligne des postes établie sur Moustier, et de prescrire à l'officier qui éclairait le défilé de Saint-Lambert de le passer, en poussant le plus loin possible dans les directions de Limal, Limelette et Wavre. Je transmis cet ordre, et envoyai même ma carte au chef du détachement de Lasne et Saint-Lambert.

Un de mes pelotons, s'étant avancé à un quart de lieue au delà de Saint-Lambert, rencontra un peloton de hussards prussiens, auquel il prit plusieurs hommes, dont un officier. Je prévins l'Empereur de cette étrange capture, et lui envoyai les prisonniers.

Informé par ceux-ci qu'ils étaient suivis par une grande partie de l'armée prussienne, je me portai avec un escadron de renfort sur Saint-Lambert. J'aperçus au delà une forte colonne, se dirigeant vers Saint-Lambert. J'envoyai un officier à toute bride en prévenir l'Empereur, qui me fit répondre d'avancer hardiment, que cette troupe ne pouvait être que le corps du maréchal Grouchy venant de Limal et poussant devant lui quelques Prussiens égarés, dont faisaient partie les prisonniers que j'avais faits.

J'eus bientôt la certitude du contraire. La tête de la colonne prussienne approchait, quoique très lentement. Je rejetai deux fois dans le défilé les hussards et lanciers qui la précédaient. Je cherchais à gagner du temps en maintenant le plus possible les ennemis, qui ne pouvaient déboucher que très difficilement des chemins creux et bourbeux dans lesquels ils étaient engagés; et lorsque enfin, contraint par des forces supérieures, je battais en retraite, l'adjudant-major, auquel j'avais ordonné d'aller informer l'Empereur de l'arrivée *positive* des Prussiens devant Saint-Lambert, revint en me disant que l'Empereur prescrivait de prévenir de cet événement la tête de colonne du maréchal Grouchy, qui devait déboucher en ce moment par les ponts de Moustier et d'Ottignies, puisqu'elle ne venait pas par Limal et Limelette.

J'écrivis à cet effet au capitaine Éloy; mais celui-ci, ayant vainement attendu sans voir paraître aucune troupe, et entendant le canon vers Saint-Lambert, craignit d'être coupé. Il se replia donc successivement sur ses petits postes, et rejoignit le gros du régiment resté en vue du champ de bataille, à peu près au même instant que les escadrons qui revenaient de Saint-Lambert et Lasne, poussés par l'ennemi.

Le combat terrible que soutinrent alors derrière les bois de Frichemont les troupes que je commandais et celles qui vinrent les appuyer, absorba trop mon esprit pour que je puisse spécifier exactement l'heure; mais je pense qu'il pouvait être à peu près sept heures du soir; et comme le capitaine Éloy se replia au trot et ne dut pas mettre plus d'une heure à revenir, j'estime que ce sera vers six heures qu'il aura quitté le pont de Moustier, sur lequel il sera, par conséquent, resté cinq heures. Il est donc bien surprenant qu'il n'ait pas vu votre aide de camp, à moins que celui-ci ne se soit trompé sur le nom du lieu où il aura abordé la Dyle.

Tel est le précis du mouvement que fit le régiment que je commandais pour éclairer pendant la bataille de Waterloo le flanc droit de l'armée française. La marche, la direction de mes reconnaissances furent d'une si haute importance dans cette mémorable journée, que le maréchal Davout, ministre de la guerre, m'ordonna à la fin de 1815 d'en relater les circonstances dans un rapport que j'eus l'honneur de lui adresser et qui doit se trouver encore dans les archives de la guerre[1].

Des faits que je viens de raconter est résulté pour moi la conviction que l'Empereur attendait sur le champ de bataille de Waterloo le corps du maréchal Grouchy. Mais sur quoi cet espoir était-il fondé? C'est ce que j'ignore, et je ne me permettrai pas de juger, me bornant à la narration de ce que j'ai vu.

J'ai l'honneur d'être, etc.

---

[1] Les démarches faites au ministère de la guerre pour trouver ce rapport sont malheureusement restées infructueuses. (*Note des éditeurs.*)

Extrait d'une Lettre du général de Marbot, datée de Tirlemont, 18 août 1831.
(Communiqué par M. Élie Massénat.)

Les récits du général de Marbot se terminant à la bataille de Waterloo, nous avons pensé que le lecteur désirerait connaître la suite de la carrière du vaillant soldat. Nous la trouvons retracée dans un article biographique publié au *Journal des Débats*, par M. Cuvillier-Fleury, le lendemain de la mort du général : il y parle précisément des *Mémoires* dont il avait eu connaissance et qu'il engage vivement la famille à publier. Nous avons donc cru ne pouvoir mieux faire que de terminer cette publication en reproduisant ici *in extenso* l'article de M. Cuvillier-Fleury, l'un des morceaux les plus éloquents du célèbre académicien.

LE GÉNÉRAL DE MARBOT

(Article du *Journal des Débats* du 22 novembre 1854.)

Une nombreuse assistance, composée de parents et d'amis, de généraux, de magistrats, de membres de l'ancienne pairie, et de personnes distinguées, au milieu desquelles on remarquait le maréchal ministre de la guerre, accompagnait, samedi dernier, à l'église de la Madeleine, et conduisait ensuite au champ du repos les restes mortels de M. le général baron de Marbot, enlevé le 16 novembre, et après une courte maladie, à l'affection et aux regrets de sa famille.

Le nom de Marbot avait été doublement inscrit dans l'histoire de la Révolution et de l'Empire. Le père du général qui vient de mourir, ancien aide de camp de

M. de Schomberg, député de la Corrèze à l'Assemblée constituante, avait commandé la 1re division militaire, présidé le Conseil des Anciens, et il était mort des suites d'une blessure qu'il avait reçue au siège de Gênes. Ce fut pendant cette campagne, si fatale à son père, que Jean-Baptiste-Marcellin de Marbot fit le premier apprentissage de la guerre, comme simple soldat au 1er régiment de hussards. Il était né le 18 août 1782, au château de la Rivière (Corrèze), et il n'avait que dix-sept ans quand il entra au service. Un mois plus tard, à la suite d'un brillant fait d'armes, il fut nommé sous-lieutenant; et c'est ainsi que s'ouvrit pour lui, entre cette perte irréparable qui lui enlevait son plus sûr appui et cette promotion rapide qui le désignait à l'estime de ses chefs, la rude carrière où il devait s'illustrer.

Marbot appartenait à cette génération qui n'avait que très peu d'années d'avance sur le grand mouvement de 89, et pour laquelle la Révolution précipitait pour ainsi dire la marche du temps; car il faut bien le remarquer ici : parmi ceux qui, voués au métier des armes, devaient porter si haut et si loin la gloire du nom français, tous n'avaient pas eu le même bonheur que le jeune Marbot. L'ancien régime faisait payer cher aux plus braves le tort d'une origine obscure et d'une parenté sans blason. On attendait quelquefois quinze et vingt ans une première épaulette. Plusieurs quittaient l'armée faute d'obtenir un avancement mérité. Ce fut ainsi que Masséna prit son congé le 10 août 1789, après quatorze ans de service comme soldat et sous-officier. Moncey mit treize ans à gagner une sous-lieutenance. Soult porta six ans le fusil. Bernadotte ne fut sous-lieutenant qu'après avoir passé dix ans dans le régiment de Royale-Marine. Il mit à peine le double de ce temps-là, une fois la Révolution commencée, pour devenir de sous-lieutenant roi de Suède[1]. Marbot, soldat en 1799, était déjà capitaine en 1807. On lui avait tenu compte des canons qu'il avait enlevés aux Autrichiens, dans une brillante charge de cavalerie, pendant la seconde campagne d'Italie; on lui avait su gré de l'énergique activité de ses services comme aide de camp du maréchal Augereau pendant la bataille d'Austerlitz. Ce fut donc comme capitaine qu'il fit la campagne d'Eylau. Pendant la bataille de ce nom, et au moment le plus critique de cette sanglante journée, Augereau lui donna l'ordre de se rendre en toute hâte sur l'emplacement qu'occupait encore le 14ᵉ de ligne, cerné de tous côtés par un détachement formidable de l'armée russe, et d'en ramener, s'il le pouvait, les débris. Mais il était trop tard. Pourtant Marbot, grâce à la vitesse de son cheval, et quoique plusieurs officiers du maréchal, porteurs du même ordre, eussent rencontré la mort dans cette périlleuse mission, Marbot pénètre jusqu'au monticule où, pressés de toutes parts par un ennemi acharné, les restes de l'infortuné régiment tentaient leur dernier effort et rendaient leur dernier combat. Marbot accourt; il demande le colonel; tous les officiers supérieurs avaient péri. Il communique à celui qui commandait à leur place, en attendant de mourir, l'ordre qu'il avait reçu. Cependant les colonnes russes, débouchant sur tous les points et bloquant toutes les issues, avaient rendu toute retraite impossible... « Portez notre aigle à l'Empereur, dit à Marbot, avec d'héroïques larmes, le chef du 14ᵉ de ligne, et faites-lui les adieux de notre régiment en lui remettant ce glorieux insigne que nous ne pouvons plus défendre... » Ce qui se passa ensuite, Marbot ne le vit

---

[1] Voir les *Portraits militaires* de M. de La Barre-Duparcq, p. 23 Paris, 1853.

pas : atteint par un boulet qui le renversa sur le cou de son cheval, puis emporté par l'animal en furie hors du carré où le 14ᵉ achevait de mourir jusqu'au dernier homme, l'aide de camp d'Augereau fut renversé quelques moments après, puis laissé pour mort sur la neige, et il eût été confondu dans le même fossé avec les cadavres qui l'entouraient, si un de ses camarades ne l'eût miraculeusement reconnu et ramené à l'état-major.

Le général Marbot racontait parfois, et avec une émotion communicative, ce dramatique épisode de nos grandes guerres ; et c'est bien le lieu de faire remarquer ici tout ce qu'il mettait d'esprit, de verve, d'originalité et de couleur dans le récit des événements militaires auxquels il avait pris part ; il n'aimait guère à raconter que ceux-là. Précision du langage, vigueur du trait, abondance des souvenirs, netteté lumineuse et véridique, don de marquer aux yeux par quelques touches d'un relief ineffaçable les tableaux qu'il voulait peindre, rien ne manquait au général Marbot pour intéresser aux scènes de la guerre les auditeurs les plus indifférents ou les plus sceptiques. Son accent, son geste, son style coloré, sa vive parole, cette chaleur sincère du souvenir fidèle, tout faisait de lui un de ces conteurs si attachants et si rares qui savent mêler au charme des réminiscences personnelles tout l'intérêt et toute la gravité de l'histoire.

Le général Marbot a laissé plusieurs volumes de mémoires manuscrits, qui ne sont entièrement connus que de sa famille. Pour nous, à qui sa confiante amitié avait pourtant donné plus d'une fois un avant-goût de ce rare et curieux travail, œuvre de sa vigoureuse vieillesse, nous n'anticiperons pas sur une publication qui ne saurait être, nous l'espérons, ni éloignée, ni incomplète. Depuis Eylau jusqu'à Waterloo, les services de Marbot ont d'ailleurs assez d'éclat pour qu'il ne soit pas nécessaire de les rappeler longuement, et mieux vaut attendre qu'il nous les raconte. De l'état-major d'Augereau, Marbot passe en 1808 à celui du maréchal Lannes, en 1809 à celui du maréchal Masséna. Il fait sous ces deux chefs illustres les deux premières campagnes d'Espagne, blessé le 1ᵉʳ novembre 1808 d'un coup de sabre à Agreda, puis d'un coup de feu qui lui traverse le corps au siège de Saragosse. La même année, il reçoit un biscaïen à la cuisse et un coup de feu au poignet à Znaïm, au moment même où une trêve vient d'être signée, et où il est envoyé entre les deux armées ennemies avec mission de faire cesser le feu. Marbot, comme on a pu le remarquer, est blessé partout, et partout on le retrouve. L'ambulance ne le retient jamais si longtemps que le champ de bataille. Sa vigoureuse constitution le sauve des suites de ses blessures. Sa convalescence même est héroïque. Son courage et sa vocation tirent parti même des mauvaises chances. Blessé ou non, les maréchaux, commandant en chef des corps d'armée dans des positions difficiles, veulent tous avoir Marbot dans leur état-major, et on comprend que ce n'est pas seulement l'intrépide sabreur que les maréchaux recherchent, c'est aussi l'officier sérieux, instruit, d'excellent conseil, l'homme de bon sens, l'esprit avisé et plein de ressources, l'intelligence au service du courage, et le calme dans la décision[1]; c'est tout cela qui désigne sans cesse le jeune Marbot à la confiance et au choix des généraux; et c'est ainsi qu'il passe les dix premières années de sa vie militaire, faisant la guerre sous

---

[1] « ...Plurimum audaciæ ad pericula capessenda, plurimum consilii intra ipsa pericula erat... » (Tite-Live, lib. XXI, *De Annibale*.)

les yeux des plus illustres lieutenants de Napoléon, à la grande école, celle du commandement supérieur, ayant vu de près, dans plusieurs campagnes mémorables, le fort et le faible de ce grand art si plein de prodiges et de misères, de concert et d'imprévu, de hautes conceptions et de méprisable hasard, ayant saisi son secret, et capable pour sa part de nous le donner dans cette confidence posthume dont il a laissé à de dignes fils la primeur et l'héritage.

En 1812, le capitaine Marbot quitte définitivement l'état-major des maréchaux. Nous le retrouvons à la tête d'un régiment de cavalerie (le 23e de chasseurs), qu'il commande avec supériorité pendant toute la campagne de Russie ; et à la Bérézina c'est lui qui protège, autant que la mauvaise fortune de la France le permet alors, le passage de nos troupes, et qui contribue à refouler les forces ennemies qui écrasaient leurs héroïques débris. Blessé tout à la fois d'un coup de feu et d'un coup de lance à Jacobowo pendant la retraite, il revient peu de mois après, et à peine guéri, recevoir en pleine poitrine la flèche d'un Baskir sur le champ de bataille de Leipzig. Au combat de Hanau, le dernier que nos troupes livrèrent sur le sol de l'Allemagne, le colonel Marbot retrouve sa chance, il est blessé par l'explosion d'un caisson ; et enfin à Waterloo, dans une charge de son régiment, il reçoit d'une lance anglaise, et après des prodiges de valeur, une nouvelle blessure, mais non pas encore la dernière.

L'aveugle et fanatique réaction qui emporta un moment le gouvernement restauré après les Cent-jours fit inscrire le nom de Marbot sur la liste de proscription du 24 juillet 1815. La réaction lui devait cela. Marbot se réfugia en Allemagne ; et c'est là, sur ce théâtre de nos longues victoires, qu'il composa ce remarquable ouvrage[1] qui lui valut quelques années après, de la part de l'empereur Napoléon mourant sur le rocher de Sainte-Hélène, cet immortel suffrage de son patriotisme et de son génie : « ...Au colonel Marbot : je l'engage à continuer à écrire pour la défense de la gloire des armées françaises, et à en confondre les calomniateurs et les apostats[2]!... »

La Restauration était trop intelligente pour garder longtemps rancune à la gloire de l'Empire. Elle pouvait la craindre, mais elle l'admirait. La lettre de Vérone, dans laquelle le sage roi Louis XVIII avait rendu un si grand témoignage au héros d'Arcole et des Pyramides, était toujours le fond de sa politique à l'égard des serviteurs du régime impérial. Le général Rapp était un aide de camp du Roi. Les maréchaux de Napoléon commandaient ses armées. Marbot fut rappelé de l'exil et nommé au commandement du 8ᵉ régiment de chasseurs à cheval. Déjà, en 1814, et très peu de temps après le rétablissement de la monarchie des Bourbons, le colonel Marbot avait été appelé à commander le 7ᵉ de hussards, dont M. le duc d'Orléans était alors le colonel titulaire. Cette circonstance avait décidé en lui le penchant qui le rapprocha depuis de la famille d'Orléans, et qui, plus tard, l'engagea irrévocablement dans sa destinée. Homme de cœur et d'esprit comme il l'était, attaché plus encore peut-être par sa raison que par sa passion à ces principes de 89 et à ces conquêtes de la France démocratique que la Charte de 1814 avait consacrés,

---

[1] *Remarques critiques* sur l'ouvrage de M. le lieutenant général Rogniat, intitulé : *Considérations sur l'art de la guerre*, par le colonel Marbot (Marcellin), Paris, 1820. Marbot écrivit aussi en 1825 un autre ouvrage, qui eut alors un certain retentissement et qui le méritait ; il est intitulé : *De la nécessité d'augmenter les forces militaires de la France*.

[2] Paragraphe II, nº 31, du testament de Napoléon. Le legs de l'Empereur à Marbot était de *cent mille francs*.

esprit libéral, cœur patriote, Marbot s'était senti tout naturellement entraîné vers un prince qui avait pris une part si glorieuse en 1792 aux premières victoires de l'indépendance nationale et qui, le premier aussi, en 1815, avait protesté du haut de la tribune de la pairie contre la réaction et les proscripteurs. Aussi quand le duc de Chartres fut en âge de compléter par des études militaires la brillante et solide éducation qu'il avait reçue à l'Université, sous la direction d'un professeur éminent, ce fut au colonel Marbot que fut confiée la mission de diriger le jeune prince dans cette voie nouvelle ouverte à son intelligence et à son activité ; et tout le monde sait que le disciple fit honneur au maître. Dès lors le général Marbot (le Roi l'avait nommé maréchal de camp après la révolution de Juillet) ne quitta plus le duc d'Orléans jusqu'à sa mort ; et il le servit encore après, en restant attaché comme aide de camp à son jeune fils. Devant le canon d'Anvers, en 1831 ; plus tard, en 1835, pendant la courte et pénible campagne de Mascara où il commanda l'avant-garde ; en 1839, pendant l'expédition des Portes de Fer ; en 1840, à l'attaque du col de Mouzaïa, partout Marbot garda sa place d'honneur et sa part de danger auprès du prince, et il reçut sa dernière blessure à ses côtés. « ...C'est votre faute si je suis blessé », dit-il en souriant au jeune duc, comme on le rapportait à l'ambulance. — « Comment cela ? dit le prince. — Oui, monseigneur ; n'avez-vous pas dit au commencement de l'action : Je parie que si un de mes officiers est blessé, ce sera encore Marbot ? Vous avez gagné !... »

Je montre là, sans y insister autrement, un des côtés de la physionomie militaire de Marbot : il avait, dans un esprit très sérieux, une pointe d'humeur caustique très agréable. Il était volontiers railleur sans cesser d'être bienveillant. Une singulière finesse se cachait dans ce qu'on pouvait appeler quelquefois chez lui son gros bon sens. J'ajoute que les dons les plus rares de l'intelligence, la puissance du calcul, la science des faits et le goût des combinaisons abstraites s'alliaient en lui à une imagination très inventive, à une curiosité très littéraire et à un génie d'expression spontanée et de description pittoresque qui n'était pas seulement le mérite du conteur, comme je l'ai dit, mais qui lui assurait partout, dans les délibérations des comités, dans les conseils du prince, et jusque dans la Chambre des pairs, sur les questions les plus générales, un légitime et sérieux ascendant. D'un commerce très sûr, d'une loyauté à toute épreuve, sincère et vrai en toute chose, Marbot avait, dans la discussion, une allure, non pas de guerrier ni de conquérant, — personne ne supportait mieux la contradiction, — mais de raisonneur convaincu et déterminé, qui pouvait se taire, mais qui ne se rendait pas. Il avait, si on peut le dire, la discussion intrépide comme le cœur; il marchait droit à la vérité, comme autrefois à la bataille. Il affirmait quand d'autres auraient eu peut-être intérêt à douter; il tranchait des questions qu'une habileté plus souple eût réservées, et il n'y avait à cela, je le sais, aucun risque sous le dernier règne. L'époque, le lieu, l'habitude des controverses publiques, l'esprit libéral et curieux du prince qu'il servait, tout autorisait et encourageait chez Marbot cette franchise civique du vieux soldat. D'ailleurs, comment l'arrêter? Elle lui était naturelle comme sa bravoure et elle découlait de la même source.

Le livre que l'Empereur avait si magnifiquement récompensé par deux lignes de sa main, plus précieuses que le riche legs qu'il y avait joint, ce livre aujourd'hui épuisé, sinon oublié, est pourtant ce qui donnerait à ceux qui n'ont pas connu le général Marbot l'idée la plus complète de son caractère, de son esprit et de cet entrain qui n'appartenait pas moins à sa raison qu'à son courage. Le livre est presque tout entier technique, et il traite de l'art de la guerre dans ses plus vastes et dans ses plus minutieuses applications; malgré tout et en dépit de cette spécialité où il se renferme, c'est là une des plus attachantes lectures qu'on puisse faire. Je ne parle pas de cette verve de l'auteur qui anime et relève les moindres détails; c'est là l'intérêt qui s'adresse à tout le monde, c'est le plaisir; l'ouvrage a d'autres mérites, je veux dire cette vigueur du ton, cette ardeur du raisonnement, ce choix éclairé et cette mesure décisive de l'érudition mise au service des théories militaires, — mais surtout cet accent de l'expérience personnelle et ce reflet de la vie pratique, lumineux commentaire de la science. Tel est ce livre du général Marbot. Il l'écrivit à trente-quatre ans. Le livre est l'homme; et je comprends qu'il ait plu à l'Empereur et qu'il ait agréablement rempli quelques-unes de ces longues veillées de Sainte-Hélène; il lui rappelait un de ses officiers les plus énergiques et les plus fidèles; il ralliait dans leur gloire et ranimait dans leur audace tous ces vieux bataillons détruits ou dispersés; il flattait, dans le vainqueur d'Austerlitz, l'habitude et le goût de ces grandes opérations de guerre offensive[1] dont la théorie intrépide et la pratique longtemps irrésistible avaient été l'instrument de sa grandeur et la gloire de son règne. Marbot flattait ces souvenirs dans l'Empereur déchu plus qu'il ne l'aurait voulu faire peut-être dans l'Empereur tout-puissant; mais il écrivait en homme convaincu. Il défendait la guerre d'invasion comme quelqu'un qui n'avait jamais fait autre chose, avec conviction, avec vérité,

---

[1] Voir le chapitre intitulé : *Des grandes opérations offensives*, p. 597 et suiv. de l'ouvrage précité.

Annotation du général de Marbot,
en marge des Considérations sur l'art de la guerre,
du général Rogniat.

Mais, pour qu'ils soient braves, il faut les rendre tels; car le courage n'est pas inné en nous, c'est une qualité artificielle et non pas naturelle. Nous naissons tous timides; ainsi le veut la nature, qui inspire à tous les êtres animés, pour l'intérêt de leur conservation, un sentiment de crainte qui les porte à fuir tout ce qui peut leur nuire : le courage consiste à surmonter et à vaincre ce sentiment. L'on ne peut y parvenir que par le jeu des passions, et non

[Annotation manuscrite en marge : « Cela n'est pas vrai. Courage n'est [pas] inné et la peur [n'est pas] artificielle. Elle est le résultat forcé de nos mauvais gouvernements. Sans doute l'homme veut détruire tout ce qui peut lui nuire, c'est la véritable loi de la nature. »]

par entraînement d'habitude et sans parti pris de plaire à personne. Il était l'homme du monde qui songeait le moins à plaire, quoiqu'il y eût souvent bien de l'art dans sa bonhomie, bien du cœur et bien de l'élan dans sa rudesse. Le général Rogniat avait écrit [1] que les passions les plus propres à inspirer du courage aux troupes étaient, selon lui, « le fanatisme religieux, l'amour de la patrie, l'honneur, l'ambition, l'amour, enfin le désir des richesses... *Je passe sous silence la gloire,* ajoute l'auteur ; *les soldats entendent trop rarement son langage pour qu'elle ait de l'influence sur leur courage...* » C'était là, il faut bien l'avouer, une opinion un peu métaphysique pour l'époque où le général Rogniat écrivait, et qui, fût-elle fondée (ce que je ne crois pas), n'était ni utile à répandre ni bonne à dire. « ...Mais quoi ! s'écrie le colonel Marbot dans sa réponse, quoi ! ils n'entendaient pas le langage de la gloire, ces soldats qui jurèrent au général Rampon de mourir avec lui dans la redoute de Montélésimo ! Ceux qui, saisissant leurs armes à la voix de Kléber, préférèrent une bataille *sanglante* à une capitulation *honteuse!* Ils n'entendaient pas le langage de la gloire, ces soldats d'Arcole, de Rivoli, de Castiglione et de Marengo, ceux d'Austerlitz, d'Iéna et de Wagram ! Ces milliers de braves qui couraient à une mort presque certaine dans le seul espoir d'obtenir la croix de la Légion, n'entendaient pas le langage de la gloire !... Que veulent donc ces braves soldats qui s'élancent les premiers sur la brèche ou s'enfoncent dans les rangs des escadrons ennemis ? Ils veulent se distinguer, se faire une réputation d'hommes intrépides, qui attirera sur eux l'estime de leurs chefs, les louanges de leurs compagnons et l'admiration de leurs concitoyens. Si ce

---

[1] *Considérations sur l'art de la guerre,* p. 410.

n'est pas là l'amour de la gloire, qu'est-ce donc [1]?... »

J'ai cité cette héroïque tirade, non pas pour donner une idée du style du général Marbot : il a d'ordinaire plus de tempérance, plus de mesure, plus d'originalité, même dans sa force; mais *ce style à la baïonnette*, qu'on aurait pu taxer de déclamation dans un temps différent du nôtre, a aujourd'hui un incontestable à-propos.

Une fois en guerre, qui ne reconnaît que cette façon de juger le soldat français est à la fois la plus équitable, la plus politique et la plus vraie? Marbot était le moins pindarique et le moins déclamateur des hommes, quoiqu'il y eût parfois bien de l'imagination dans son langage. Mais un sûr instinct lui avait montré ce qui fait battre la fibre populaire sous l'uniforme du soldat et sous le drapeau de la France; et aujourd'hui, après quarante ans, en rapprochant de ces lignes épiques, détachées d'un vieux livre, la liste récemment présentée au général Canrobert des 8,000 braves qui se sont fait inscrire pour l'assaut de Sébastopol, n'est-ce pas le cas de répéter avec le général Marbot : Si l'amour de la gloire n'est pas là, où est-il donc?...

Cette solidarité traditionnelle de la bravoure dans les rangs de l'armée française, aussi loin que remontent dans le passé ses glorieuses annales, est très nettement marquée dans l'ouvrage que le colonel Marbot écrivait en 1816 et qu'il publiait quelques années après. S'il l'eût écrit vingt ou trente ans plus tard, il n'eût pas seulement nommé les conquérants de l'Égypte, de l'Allemagne et de l'Italie; il eût signalé, dans les héritiers de ces belliqueux instincts, la même flamme d'héroïsme qui animait les pères; il les eût suivis sous les murs de Cadix, dans les champs de la Morée et à l'attaque du

---

[1] *Remarques critiques*, etc., p. 191-192.

fort l'Empereur. Plus tard, il eût cité ces infatigables
soldats qui nous ont donné l'Afrique : il les avait vus à
l'œuvre. Il est mort en faisant comme nous tous de
patriotiques vœux pour le succès de nos armes, engagées si glorieusement et si loin! Les drapeaux changent,
les révolutions s'accumulent, les années s'écoulent : la
bravoure française ne varie pas. Elle est dans la race et
dans le sang. Marbot était plus que personne un type éminent de ce *courage de nature*, comme il l'appelle, qui n'a
pas seulement la solidité, mais l'élan, qui n'attend pas
l'ennemi, qui court à lui et le surprend, comme les
zouaves à l'Alma, par ces apparitions soudaines qui font
de la vitesse elle-même un des éléments de la victoire.
Ce courage de l'invasion, de l'offensive, cet art ou plutôt
ce don de marcher en avant, « de tirer avantage des
lenteurs de l'ennemi, de l'étonner par sa présence, et
de frapper les grands coups avant qu'il ait pu se reconnaître », cette sorte de courage était bien celle qui
convenait à une nation prédestinée, plus qu'aucune
autre, par la franchise de son génie, par l'expansion
contagieuse de son caractère, par la facilité de sa langue
acceptée de tous, à la diffusion de ses sentiments et de
ses idées; et il n'est pas inutile de le rappeler, au
moment où un si grand nombre de Français sont en
ligne devant un redoutable ennemi. Marbot avait, avec
toutes les qualités sérieuses du métier, ce courage
d'avant-garde, et il était cité dans l'armée pour l'audace
de ses entreprises ou de ses aventures. Un jour (c'était,
je crois, au début de la campagne de Russie, et il venait
d'être nommé colonel), il arrive à la tête de son régiment devant un gué qu'il avait mission de franchir. Le
passage était défendu par un nombreux détachement de
Cosaques, appuyés sur une artillerie imposante. Marbot
fait reconnaître la position, qui est jugée imprenable.

« Marchons, dit-il, mes épaulettes sont d'hier, il leur faut un baptême; en avant!... » En disant cela, il pique des deux. Il y eut là, pendant quelques instants, une lutte corps à corps, sabre contre sabre, et des provocations d'homme à homme, comme dans un chant d'Homère. Enfin l'ennemi céda, les canons furent pris. Marbot reçut sa huitième blessure, mais il passa.

Le général Marbot avait été fidèle à l'Empire jusqu'à souffrir, en mémoire de cette glorieuse époque, la proscription et l'exil. Nous avons vu comment la Restauration lui rendit à la fin justice, et comment la dynastie de Juillet lui donna sa confiance. La révolution de Février le mit à la retraite. Le général Marbot se résigna. Il accepta sans se plaindre une disgrâce qui le rattachait encore à la royauté déchue. Il avait la qualité des nobles cœurs, il était fidèle. Le souci très éclairé et très intelligent du père de famille n'avait jamais affaibli chez lui le citoyen ni le soldat. Après avoir été un des héros de l'épopée impériale, il fut un des personnages les plus considérables et les plus favorisés de la monarchie de Juillet, et il s'en est souvenu jusqu'à son dernier jour, non sans un mélange de douloureuse amertume quand il songeait à cette jeune branche d'un tronc royal, brisée fatalement sous ses yeux, mais avec une imperturbable sérénité de conscience en songeant aussi qu'il n'avait jamais cessé, depuis soixante ans, de servir son pays sur tous les champs de bataille, dans toutes les rencontres sérieuses, dans l'armée, dans le Parlement, dans les affaires publiques, dans l'éducation d'un prince, et jusque dans ces derniers et trop courts loisirs de sa verte vieillesse, consacrés au récit de nos grandes guerres et au souvenir de nos victoires immortelles.

Cuvillier-Fleury.

ÉTATS DE SERVICE

DE

JEAN-BAPTISTE-ANTOINE-MARCELLIN BARON DE MARBOT

NÉ A ALTILLAC (CORRÈZE) LE 18 AOUT 1782

Entré au 1er régiment de hussards.	28 septembre 1799.
Maréchal des logis.	1er décembre 1799.
Sous-lieutenant.	31 décembre 1799.
Passé au 25e régiment de chasseurs à cheval.	11 juin 1801.
Envoyé à l'école d'équitation de Versailles.	12 septembre 1802.
Nommé aide de camp du général Augereau.	31 août 1803.
Lieutenant.	11 juillet 1804.
Capitaine.	3 janvier 1807.
Passé aide de camp du maréchal Lannes.	2 novembre 1808.
Chef d'escadrons.	3 juin 1809.
Passé aide de camp du maréchal Masséna.	18 juin 1809.
Passé au 1er régiment de chasseurs.	23 novembre 1811.
Passé au 23e —	28 janvier 1812.
Colonel — —	15 novembre 1812.
Passé au 7e de hussards.	8 octobre 1814.
Porté sur la 2e liste de l'ordonnance royale du.	24 juillet 1815.

Sorti de France d'après la loi du.	12 janvier 1816.
Rappelé par l'ordonnance du.	15 octobre 1818.
Admis au traitement de réforme.	1er avril 1820.
Rétabli en demi-solde avec rappel du	1er avril 1820.
Colonel du 8e régiment de chasseurs.	22 mars 1829.
Aide de camp de S. A. R. le duc d'Orléans.	12 août 1830.
Maréchal de camp.	22 octobre 1830.
Compris dans le cadre d'activité de l'état-major général.	22 mars 1831.
Commandant la 1re brigade de cavalerie au camp de Compiègne.	18 juin 1834.
Commandant une brigade de grosse cavalerie au camp de Compiègne.	10 juillet 1836.
Lieutenant général maintenu dans ses fonctions d'aide de camp de S. A. R. le duc d'Orléans.	21 octobre 1838
Mis à la disposition du gouverneur de l'Algérie.	3 avril 1840.
Rentré en France.	11 avril 1840.
Membre du comité d'état-major.	20 septembre 1841.
Nommé inspecteur général pour 1842 du 14e arrondissement de cavalerie.	22 mai 1842.
Commandant les troupes destinées à figurer la ligne ennemie dans le corps d'opérations sur la Marne.	29 mai 1842.
Aide de camp de S. A. R. Monseigneur le comte de Paris.	20 juillet 1842.
Inspecteur général pour 1843 du 8e arrondissement de cavalerie.	11 juin 1843.
Inspecteur général pour 1844 du 6e arrondissement de cavalerie.	25 mai 1844.
Membre du comité de cavalerie.	13 avril 1845.
Inspecteur général pour 1845 du 2e arrondissement de cavalerie.	24 mai 1845.
Inspecteur général pour 1846 du 2e arrondissement de cavalerie.	27 mai 1846.

Inspecteur général pour 1847 du 13ᵉ arrondissement de cavalerie. . . .   11 juin 1847.
Maintenu dans la 1ʳᵉ section du cadre de l'état-major général. . . . .   1ᵉʳ août 1847.
Admis à faire valoir ses droits à la retraite par décret du. . . . .   17 avril 1848.
Retraité par arrêté du. . . . . . .   8 juin 1848.
Décédé à Paris. . . . .   16 novembre 1854.

CAMPAGNES

An VIII, Italie. — An IX, Ouest. — An X, Gironde. — An XII, au camp de Bayonne. — An XIII, au camp de Brest. — An XIV, 1805, 1806 et 1807, Grande Armée. — 1808 et 1809, Espagne et Autriche. — 1810 et 1811, Portugal. — 1812, Russie. — 1813 et 1814, Grande Armée. — 1815, Belgique. — 1831, 1832, à l'armée du Nord. — 1835, 1839 et 1840, en Algérie.

BLESSURES

Un coup de baïonnette au bras gauche. Affecté d'étourdissements considérables par le passage d'un boulet, qui a enlevé la corne de son chapeau à la bataille d'Eylau. . . . .   8 février 1807.
Un coup de sabre au front à Agréda.   1ᵉʳ novembre 1808.
Un coup de feu au travers du corps au siège de Saragosse. . . . .   9 février 1809.
Un coup de biscaïen dans la cuisse droite à la bataille d'Essling. . . .   22 mai 1809.
Un coup de feu au poignet gauche au combat de Znaïm. . . . .   12 juillet 1809.
Un coup d'épée dans le visage et un coup de sabre dans le ventre au combat de Miranda de Corvo. . . . . . .   14 mars 1811.

Un coup de feu à l'épaule gauche au combat de Jakoubowo. . . . . 31 juillet 1812.
Un coup de lance au genou droit au combat de Plechtchénitsoui. . . . . 4 décembre 1812.
Un coup de flèche dans la cuisse droite à la bataille de Leipzig. . . . . 18 octobre 1813.
Un coup de lance dans la poitrine à la bataille de Waterloo. . . . . 18 juin 1815.
Une balle au genou gauche dans l'expédition de Médéah. . . . . 12 mai 1840.

DÉCORATIONS

Ordre de la Légion d'honneur. Chevalier. . . . . 16 octobre 1808.
— Officier. . . . . 28 septembre 1813
— Commandeur. . . . . 21 mars 1831.
— Grand officier. . . . . 30 avril 1836.
Chevalier de Saint-Louis. . . . . . 10 septembre 1814.
Grand-croix de la Couronne de chêne de Hollande. . . . . décembre 1832.
Grand officier de Léopold de Belgique. . . . . août 1842.

Pair de France en. . . . . 1845.

TABLE DES NOMS

A

ABAL (dom), I, 22, 23.
ADAM, I, 208.
AGUESSEAU (D'), II, 341, 427.
AISTER (D'), I, 342.
ALBERT (général), I, 178, 324 à 326, 331; III, 10, 77, 89, 92, 96 à 100, 358, 359.
ALBUQUERQUE (D'), II, 58, 97, 109, 136, 180, 183, 186, 192.
ALEXANDRE Ier, I, 246, 253, 254, 260, 262, 271, 373, 374, 375; III, 31, 33, 37 à 39, 48, 50, 51, 54, 64, 133, 137, 138, 142, 144, 147, 231, 250, 262, 275, 279, 280, 312, 363, 399, 400.
ALORNA (marquis D'), II, 382, 405.
AMY (colonel), II, 394.
ANDRÉOSSI, III, 34, 35.
ANGOULÊME (duc D'), II, 59; III, 22, 23.
ANTONIO (don), II, 29, 31, 37.
ARGENTON, II, 375.
ARNOLD, III, 371.
ARRIGHI (duc DE PADOUE), III, 259, 309.
ASPRE (comte D'), II, 297, 298, 300, 301.
ASPRE (général D'), II, 261.
ASSALAGNY (docteur), II, 102, 103 à 106.

AUERSPERG (prince D'), I, 238 à 241.
AUGEREAU (maréchal), I, 18, 19, 44, 77 à 179; biogr. 180 à 191, 194, 201, 204, 206, 209, 212, 214, 215, 217, 220, 223, 224, 226, 230, 231, 234, 245, 272 à 277, 283, 284, 288, 290, 292, 293, 297, 299, 301, 303, 306, 308, 309, 315, 321, 322, 324, 325, 327, 328, 330, 331, 333, 334 à 340, 344, 352, 358, 360, 377, 383; II, 12, 13, 28, 46, 47, 55 à 57, 60, 61, 70, 186, 187, 220, 221, 376; III, 11, 57, 225, 236, 259, 309, 333.
AUGEREAU (général), I, 179.
AUGUSTE (prince DE PRUSSE), I, 308.

B

BACHELET, III, 268.
BAGRATION, I, 243; III, 48, 64, 65, 128, 134, 135.
BALACHOFF (comte DE), III, 65, 66
BAOUR-LORMIAN, I, 24.
BARAGUEY D'HILLIERS, III, 152 153.
BARAIN, II, 340; III, 4, 26.
BARAIRON, I, 40, 41.
BARCLAY DE TOLLY, III, 48, 64, 131, 132, 134.
BAREIROS (José), II, 353, 354.

BARRAL (DE), II, 340.
BARRAS, I, 37.
BASSANO (duc DE), III, 40, 75, 216, 219.
BASTIDE, I, 100, 104, 105, 122.
BAVASTRO, III, 8.
BAYARD, II, 223.
BEAUFORT D'HAUTPOUL, II, 342.
BEAUHARNAIS (prince Eugène DE), I, 272; II, 59, 206, 227, 228, 248, 251; III, 43, 48, 134, 149, 151, 154, 157, 238, 375, 376.
BEAUHARNAIS (comte DE), II, 8, 15, 19, 25.
BEAUMONT, I, 86.
BECKER (général), II, 235, 241, 339.
BELAIR, I, 181.
BELLAVÈNE (général), I, 212.
BELLIARD (général), II, 32, 45, 46; III, 135, 139.
BENNINGSEN, I, 324, 338 à 340, 362, 365, 372; III, 38, 48, 299.
BERCKHEIM (général), III, 77, 120.
BERESFORD (général), II, 367, 368.
BERLIER (colonel), II, 394.
BERNADOTTE, I, 31, 32, 34, 125, 126, 128, 131, 149, 154 à 157, 160 à 163, 178, 190, 201, 204, 206 à 209, 214, 252, 260, 301, 304, 313 à 315, 332; II, 53, 55, 206, 244, 248, 249, 251, 255, 270 à 275, 301; III, 13, 17, 18, 50, 51, 245, 258, 282, 295, 307, 316, 318 à 320, 323, 333, 336, 349.
BERNARD, I, 25.
BERTHIER (maréchal), I, 45, 201, 253; II, 56, 62, 84, 96, 163, 210, 212, 216, 226, 237, 445, 446, 471; III, 12, 21, 103, 149, 205, 234, 278, 329, 330, 336.
BERTIN, III, 320.
BERTRAND (général), I, 266; II, 152, 283, 366; III, 38, 259, 260, 282, 283, 309, 315, 318, 347, 356, 359.
BESSIÈRES (maréchal), I, 61, 204, 260, 373; II, 53, 181, 182, 184 à 193, 199, 222, 227, 449, 453 à 457, 463, 465 à 467, 480; III, 48, 135, 250.
BLANCHETON (docteur), II, 352.
BLANCHEVILLE, I, 147, 152.
BLANKENSÉE (DE), III, 296.
BLÜCHER, I, 313; III, 270, 284, 285, 315, 319, 322, 323, 333, 391, 403.
BOIVIN, III, 255, 264.
BONAPARTE (Jérôme), I, 375, 376; II, 173; III, 48, 64, 65, 132, 254, 271.
BONAPARTE (Joseph), I, 260, 264, 303; II, 43 à 45, 54, 60, 85, 98, 99, 108, 271, 324, 326, 327, 366, 374 à 376, 478, 479, 481, 482, 484; III, 16, 372 à 375, 393, 395 à 397.
BONAPARTE (Louis), I, 45, 140, 376; II, 283.
BONAPARTE (Lucien), I, 32, 140; II, 9, 19.
BONAPARTE (Caroline), II, 186, 222.
BONAPARTE (Pauline), I, 152.
BONNET (général), II, 376; III, 372.
BONNIER, II, 168.
BORDENAVE, I, 146, 193; III, 331.
BORDESOULLE (général DE), III, 65, 273.
BOUDET (général), II, 179, 181, 184, 193, 195, 197, 198, 257, 270, 277, 278, 280, 281.
BOURCIER (général), I, 149, 150, 152; III, 30, 389.
BOURGOING (DE), III, 180, 181.
BOUTOURLIN, III, 49.
BRAME, I, 178.
BRÉNIER (général), II, 450, 469, 470, 471, 472, 474.
BRIQUEVILLE (DE), II, 342.
BRISSET (docteur), II, 242, 439.
BRO, I, 328, 331, 357.
BRONILOWSKI, III, 183.

TABLE DES NOMS.

BRUNE, I, 201.
BRUNSWICK (prince DE), I, 253, 301, 303.
BRUNSWICK - OELS (prince DE), II, 173.
BRUYÈRE (général), II, 285 à 287; III, 251.
BUGET, I, 69.
BULOW, III, 321.

C

CADOUDAL, I, 195 à 200; III, 257.
CAMBACÉRÈS, I, 32; II, 301.
CAMBRONNE (général), III, 271.
CAMPBELL (général), II, 471, 473.
CAMPO (général), III, 376.
CANISY (comte DE), II, 170.
CANON, I, 73 à 80.
CANOUVILLE (DE), II, 445 à 448, 471.
CANROBERT (CERTAIN DE), I, 3, 123, 163, 169, 172, 173.
CAPUCINO (LE), II, 375.
CARLOS (don), II, 25, 30, 40.
CARRA SAINT-CYR (général), II, 179, 295.
CASABIANCA, II, 338, 339, 423, 427; III, 3, 26, 106.
CASENEUVE, III, 389.
CASTANOS (général), II, 48, 50, 51, 62, 99.
CASTEX (général), III, 45, 46, 70, 72, 77, 78, 80 à 82, 88, 101, 103, 120 à 123, 126, 158, 162, 164, 178, 180, 182, 184 à 188, 207, 209, 222, 246, 253.
CATHERINE II, I, 273; II, 6, 343; III, 13.
CATINAT, III, 13.
CAULAINCOURT (duc DE VICENCE), III, 39, 147, 276.
CAULAINCOURT (général), III, 136, 137.
CAVALIER, II, 340.
CERTAIN (DE), I, 3, 4.
CERVONI (général), II, 120.

CHABOT, III, 131.
CHABOT (représentant), I, 29.
CHALOPIN, I, 127.
CHAMBURE (DE), III, 369, 370.
CHAMOT, I, 277.
CHAMPIONNET (général), I, 72, 83, 86, 89; III, 14.
CHARLES IV, II, 6 à 9, 10, 12, 15, 17, 19, 24, 25, 27, 28, 30, 31, 38, 40, 42, 108, 320, 478.
CHARLES XII, III, 76.
CHARLES LE TÉMÉRAIRE, II, 319
CHARLES-QUINT, II, 319.
CHARLES (archiduc), I, 219, 225, 234; II, 115, 116, 124, 128, 129, 139, 147, 148, 161, 163, 167, 175, 178, 181 à 183, 193, 194, 196 à 200, 204 à 206, 208, 209, 242, 244 à 246, 248, 249, 251, 253 à 262, 268 à 273, 284, 285, 288, 291, 293 à 296, 297, 298; III, 13, 16, 33, 34, 35.
CHASTELER (marquis DE), II, 29.
CHATEAUBRIANT (vicomte DE), III, 398.
CHATEAUVILLE (DE), I, 171.
Chaudron (maréchal), II, 418.
CHAUVET D'ARLON, III, 8.
CHÉRIN (général), I, 34, 35.
CHÉVETEL, I, 178.
CHRISTINE (archiduchesse), II, 174, 275.
CHRISTOPHE (général), III, 137.
CLAPARÈDE (général), II, 192, 194, 423.
CLARKE (duc DE FELTRE), II, 58; III, 2, 25, 244, 294, 396, 397.
CLARY, I, 303.
CLAUSEL (général), II, 377, 408; III, 140, 372, 373.
COBOURG (prince DE), I, 289.
CŒLI (don Raphaël), I, 133 à 137; II, 22, 23.
COLBERT, II, 95.
COMNÈNE, II, 333.
CONDORCET (madame), I, 32.
CONDRAS (général), III, 204.

TABLE DES NOMS.

Conroux (général), II, 423.
Constantin (grand-duc), I, 260 à 262, 264; III, 34, 279, 318.
Corbineau (général), I, 338; II, 262; III, 77, 121, 123, 126, 176, 191, 192, 194, 195, 209, 246, 278, 280.
Cortés (Fernand), II, 344.
Cosnac (de), I, 1.
Costa (Bernardo), II, 353, 354.
Cotton (général), II, 472.
Coupé, I, 170.
Courteau, III, 95, 97.
Courtois, III, 285 à 287.
Coutard (colonel), II, 128.
Cox (général), II, 353, 354.
Crawfurd (général), II, 346, 463, 464.
Curély (général), III, 171, 172.
Curial (général), III, 314.
Czartoryski (prince), I, 282.
Czernicheff (comte de), II, 237; III, 31, 32, 33, 363, 364.

D

Dagusan, II, 59, 62, 96, 97.
Dahlmann (général), I, 270, 339.
Dalberg (duc de), III, 393.
Dannel, I, 353.
Daru (comte), III, 231.
Daumesnil (général), II, 34, 262; III, 387.
David, I, 345.
Davout (maréchal), I, 153, 201, 214, 260, 262, 301, 302, 303, 306, 313, 322, 324, 332, 333, 335, 337 à 340, 362, 368; II, 128, 193, 195, 196, 200, 206, 244, 248, 249, 251, 252, 254, 256 à 258, 271, 284, 288; III, 42, 43, 64, 65, 129, 130, 131, 134, 135, 151, 154, 240, 259, 348, 367, 407.
Debry, II, 168.
Decaen (général), I, 168, 312; III, 372.

Defermon (comte), I, 32, 149, 164, 165; II, 43.
Delaborde (général), II, 360, 365.
Delmas (général), III, 321.
Delzons (général), III, 149.
Demont (général), I, 148; II, 192, 194.
Denniée, I, 358, 359, 360.
Derneberg (colonel), II, 173.
Desaix (général), I, 124; II, 237; III, 107.
Desbrières, I, 258; II, 308; III, 1, 247.
Desjardins (général), I, 322, 323, 325, 338.
Despaulx (dom), I, 23.
Despenoux, II, 340.
Devence (colonel), III, 297.
Doctoroff, III, 299, 321.
Domanget (général), III, 130.
Dombrowski (général), III, 183.
Donnadieu (général), I, 183; II, 375.
Donzelot (général), I, 178.
Dorignac, I, 31, 147.
Dorsenne (général), II, 152, 330.
Doumerc (général), III, 77.
Drouet (comte d'Erlon), II, 376, 420, 423, 424 à 427, 430, 450, 455, 462, 464; III, 401.
Drouot (général), III, 313, 356, 357.
Dubois (colonel), III, 205.
Ducos (général), I, 133, 134.
Dugommier (général), I, 20.
Duhesme (général), II, 15.
Dulauloy (général), III, 91, 111.
Dulimberg, II, 465.
Dulong (général), II, 373.
Dumouriez (général), II, 250.
Duphot (général), III, 12.
Duplessis (capitaine), III, 57, 388.
Dupont (général), I, 234, 236; II, 9, 48 à 53, 62, 478.
Dupont (Jean), III, 197.
Durbach, III, 27, 28.

Duroc (général), I, 208, 212, 245, 255, 256, 279, 317, 318, 320, 379; II, 40, 57, 88, 265, 309, 312 à 318; III, 251.
Durosnel (général), I, 304; II, 146.
Durutte (général), III, 183, 189, 319.
Duval de Beaulieu, III, 381.

E

Éblé (général), II, 377, 421, 428, 430, 467; III, 130, 131, 207, 224.
Éloy, III, 405, 407.
Enghien (duc d'), I, 195 à 201; II, 343.
Espagne (général), II, 189.
Estresse (colonel, marquis d'), I, 1, 2, 123.
Étrurie (reine d'), II, 7, 27, 36, 37, 42, 43.
Exelmans (général), III, 234, 246, 265, 266, 268, 269, 285, 286, 289, 292, 295 à 298, 303, 337, 339 à 341, 350, 351, 354, 355.

F

Fabius, III, 13.
Fabvier (général), III, 140.
Fain, III, 329.
Fénérol (général), I, 327.
Ferdinand VII (prince des Asturies), II, 7 à 10, 12 à 19, 23 à 31, 38, 40, 42, 45, 48, 52, 97, 98, 108, 328, 478; III, 376.
Ferdinand (archiduc), I, 218, 235.
Ferdinand (prince de Prusse), I, 308, 309.
Ferey (général), II, 393, 442, 459, 461, 469.
Ferlus (dom), I, 23, 24, 25, 28.
Ferlus (Raymond), I, 24, 25.
Finguerlin, I, 342, 343.
Fontaine, III, 88, 124, 125, 127.
Fouché (duc d'Otrante), I, 162; III, 23.
Foucher, III, 346.
Fourcart, I, 155, 159, 160, 164, 166.
Fournier (capitaine), I, 248, 249, 264.
Fournier (général), II, 463, 465.
Fousse, III, 121, 124.
Foy (général), II, 360, 363, 365, 371, 393, 394, 419, 420, 423, 430, 474; III, 372, 373.
Franceschi, I, 116, 121; II, 358, 359, 360, 375.
Francisco (don), II, 31, 37.
Franck (docteur), II, 213.
François de Nantes, III, 4.
François Ier (empereur d'Autriche), I, 246, 271, 272; II, 320, 321; III, 41, 169, 256, 262.
François Ier, III, 374.
Frayssinous (l'abbé de), I, 25.
Frédéric II, I, 185, 282, 288.
Frédéric II (Guillaume-Charles, roi de Wurtemberg), II, 118, 119; III, 305, 306, 320.
Frédéric-Auguste (roi de Saxe), I, 376; III, 250, 275, 309, 319, 331, 333, 334.
Frédéric-Guillaume III (roi de Prusse), I, 253, 254, 280 à 287, 289, 301, 303, 306 à 308, 317, 319, 320, 374, 375; III, 41, 42, 225, 230, 236, 250, 312, 399.
Frederichs (général), III, 323.
Freira (général), II, 358.
Frère (général), II, 82.
Fresnel (général), III, 360.
Friant (général), I, 249, 303; III, 358.
Fririon (général), II, 241, 298, 337, 350, 380, 387, 389, 390, 428.
Froissard, I, 345.
Furstemberg (prince de), I, 219.

G

Gardanne (général), II, 420, 421; III, 376.
Garran, I, 32.

GAULT, I, 15, 17, 34, 43, 46, 55, 59, 69, 92, 123.
GAUTHIER (général), II, 262.
GAUTRIN (colonel), II, 161.
GAVOILLE, I, 148.
GAZAN (général), I, 92, 234, 236; III, 372.
GÉRARD (maréchal), I, 127, 166; III, 132, 149, 223.
GÉRARD (baron), I, 264.
GIULAY (comte DE), I, 238; III, 345, 348.
GODARD, I, 159, 160.
GODOY (prince DE LA PAIX), I, 139, 140; II, 6, 7, 9, 10, 15 à 24, 28 à 30, 42, 43, 58.
GOHIER, I, 35, 37.
GORTSCHAKOFF, I, 367, 372.
GOUACHE, II, 346, 347.
GOURGAUD (général), III, 50, 53; 131, 230, 233.
GOUVION SAINT-CYR (maréchal), I, 224, 376; II, 480; III, 91, 107, 108, 110 à 120, 123, 125 à 127, 129, 157, 158, 160, 163, 166, 170, 171, 173, 174 à 180, 258, 259, 270, 271, 276 à 281, 303, 368.
GRAFT, III, 74.
GRAINDORGE (général), II, 393, 394.
GRATIEN (général), II, 173; III, 217, 376.
GRAVINA (amiral), I, 130.
GRAZIANI, I, 120, 121.
GRENIER (général), III, 376.
GRESSOT (général), III, 320.
GRIFFON, III, 105.
GROUCHY (maréchal), I, 371; II, 254; III, 152, 403 à 408.
GRUNDLER (général), III, 154.
GUDIN (général), I, 250, 303; II, 117 à 119; III, 131.
GUÉHÉNEUC (général), I, 190; II, 58, 81, 85, 97, 126, 145, 167, 168, 222, 225, 228.
GUINDET, I, 291; III, 363.
GUIRAUD, I, 27.

GUITON (général), II, 294, 295.
GUSTAVE-ADOLPHE, III, 249.
GUSTAVE IV, I, 314.

H

HARISPE (général), III, 372.
HARPIN, I, 318 à 320.
HATZFELD (princesse), I, 311.
HAUGWITZ (comte), I, 253 à 256.
HAUTPOUL (général D'), I, 333, 334, 339.
HAXO (général), III, 52.
HERNANDÈS, II, 32, 33, 86.
HERNOUX, III, 220.
HERRASTI (Andréas), II, 345, 346.
HERSENT, II, 116.
HESSE-CASSEL (grand électeur DE), I, 309, 310, 311.
HESSE-DARMSTADT (landgrave DE), I, 273, 274, 305.
HESSE-HOMBOURG (prince DE), II, 257.
HEUDELET (général), I, 322, 323, 325, 326, 338; II, 359, 368, 377, 472, 473, 477.
HIJAR (duc DE), II, 34, 35, 36.
HILL (général), II, 410, 465.
HILLER (général), II, 147, 148, 151, 161 à 163.
HOCHE (général), I, 188; III, 107.
HOFER (Andréas), II, 172.
HOGENDORF (général), III, 75, 182, 216, 219.
HOHENLOHE (prince DE), I, 198, 203, 213, 301, 313.
HOLSTEIN-AUGUSTENBOURG (prince DE), I, 314.
HOUDETOT (général D'), I, 224.
HOUSTON (général), II, 463.
HULOT D'HOZERY, II, 217.
HUMIÈRES (D'), I, 1.

I

INFANTADO (duc DE L'), II, 8.
ISEMBOURG (prince D'), II, 234.

TABLE DES NOMS.

J

JACQUEMINOT (général), I, 211.
JACQUES II, II, 58.
JARDIN, I, 170.
JARDON, II, 359.
JEAN (archiduc), I, 234; II, 207, 246, 249, 254, 259, 260, 264, 269.
JEAN VI (roi de Portugal), II, 1, 5, 364.
JELLACHICH, I, 218, 220, 222 à 228, 230 à 233, 255.
JOINVILLE (prince DE), II, 340.
JOLY, III, 124, 325.
JOMINI (général), III, 261, 262, 278.
JOSÉPHINE (impératrice), I, 379, 380, 383; II, 40, 232, 309.
JOUBERT (général), I, 32, 33, 36; III, 13.
JOURDAN (maréchal), I, 204; III, 13, 372, 374.
JULIAN (don), II, 347, 461.
JUNOT (duc D'ABRANTÈS), II, 2 à 8, 14, 54, 55, 97, 108, 237, 332 à 334, 336, 345, 358, 377, 379, 381, 382, 385, 402, 406, 410, 429, 431, 441, 443, 458, 479, 486; III, 65, 131, 132.
JUNOT (duchesse D'ABRANTÈS), II, 332 à 334.

K

KALKREUTH (maréchal), I, 301.
KATT, II, 173.
KEITH (amiral), I, 111, 112, 118, 119.
KELLERMANN (maréchal), I, 204, 384; II, 334; III, 259, 309, 313.
KIENMAYER (général), I, 233.
KINGLIN (général), I, 195.
KIRGENER (général), III, 254.
KLÉBER, III, 107.
KLEIST (général), III, 278.
KLENAU (général), III, 272, 275, 313, 321.
KOCH (général), II, 425.

KOSCIUSKO, I, 316.
KORSAKOW (général), III, 13, 14.
KOUHN, III, 406.
KOULNIEFF (général), III, 90 à 92, 95 à 97, 103, 105.
KOUTOUSOFF (maréchal), I, 233, 235, 236, 242, 243; III, 133, 134, 137, 138, 140, 143, 144, 147, 148, 150, 189, 203, 217, 219, 220.

L

LABANOFF (prince), III, 299.
LABAUME, III, 48, 49.
LABÉDOYÈRE (DE), II, 59, 63, 64, 97, 107, 136 à 138, 144, 187, 198, 228.
LABORDE, II, 309; III, 145.
LA BOURDONNAYE (DE), II, 145, 146, 183, 184, 186, 226.
LACHÈZE, I, 43, 44, 102, 103.
LA COSTE (CERTAIN DE), I, 4, 5, 173, 174.
LACOSTE (général), II, 100.
LACOUR (commandant), III, 253, 265, 266, 269.
LACOUR (général), II, 262.
LACUÉE (comte DE CESSAC), III, 237.
LAFITTE (colonel), II, 375.
LAFOREST, I, 280, 281.
LAGARDE, I, 27.
LAGRANGE (DE), II, 168, 172.
LAGRANGE (général), III, 323.
LAISNÉ, III, 393, 398.
LAJOLAIS, I, 197.
LALOUETTE, III, 95.
LA MAJORIE, I, 1.
LAMARQUE (général), II, 250; III, 19.
LAMARRE, III, 8.
LAMBERT (général), I, 368; III, 184.
LAMBESC (prince DE), I, 169.
LAMI, II, 469, 470.
LAMOTHE, II, 46.
LAMOTTE (général), II, 441, 442, 443.

Lamour (colonel), II, 442.
Languenau (général), III, 261.
Lanneau, I, 41.
Lannes (maréchal), I, 18, 20, 45, 48, 49, 189, 190, 201, 214, 237, 239, 242, 243, 259, 262, 290 à 293, 297, 299, 300, 313, 322, 327, 358, 360, 361 à 373, 377; II, 57, 58, 60 à 66, 76, 80 à 82, 85 à 88, 92, 96, 100 à 102, 104, 105 à 117, 119, 123, 126, 129, 130, 132, 133, 135, 136, 138 à 146, 149 à 151, 159, 160, 162, 165 à 168, 170, 171, 176 à 204, 206, 209 à 213, 215, 217; biogr. : 219 à 226, 227, 228, 237, 262, 396, 454; III, 33, 45, 149, 251.
La Nougarède (colonel de), III, 27, 28, 46, 47, 105, 106.
Lapanonie (de), I, 10.
Lapisse (général), II, 374.
Lapoype (général), III, 367.
La Riboissière (général de), III, 224.
La Romana (général marquis de), II, 9, 53, 358, 422.
Larrey (docteur), I, 268, 269; II, 113, 130, 202 à 204, 212.
Lasalle (général), I, 139; II, 179, 237, 262 à 266, 285.
Lasalle (de), II, 52.
Lasowski (général), II, 298, 377.
Latour, II, 269, 270.
Latour d'Auvergne (de), II, 231, 232, 234.
Latour-Maubourg (général de), II, 95; III, 152, 251, 259, 270, 272, 309, 313, 314.
Launay (de), I, 357, 377.
Laurencez (général de), III, 56, 58, 68, 80, 104, 111, 125.
Lauriston (général de), II, 258; III, 143, 144, 198, 259, 260, 309, 313, 332, 335.
Lauriston (comtesse de), I, 343.
Laussat (de), III, 383.

Leclerc (général), I, 130 à 132, 137, 139, 153.
Le Couteulx de Canteleu, II, 59, 111, 198, 200, 202, 205; III, 149, 150.
Lefebvre (maréchal), I, 38 à 40, 93, 126, 163, 165, 201, 312; II, 172; III, 48.
Lefebvre-Desnouettes (général), II, 90, 91; III, 355.
Lefrançois, II, 349, 350.
Legendre, III, 96, 97, 105.
Legrand (général), II, 179, 286, 292 à 295; III, 77, 88, 89, 91 à 94, 173, 174, 177, 204, 208.
Leistenschneider, I, 61, 72.
Le Marois, III, 367.
Léopold Ier, III, 2, 347.
Lepic (général), II, 458, 465.
Letermillier, II, 416.
Lichtenstein (prince de), I, 264, 288, 296.
Liégeard, III, 263.
Ligne (prince de), II, 268.
Ligniville (comte de), II, 304 à 306, 339, 340, 387 à 389, 397, 408, 439, 451, 452.
Lima (général), II, 359, 360, 362.
L'Isle (Certain de), I, 4, 172 à 175.
Loison (général), II, 360, 365, 368, 371, 372, 375, 377, 393, 445, 458, 459, 462 à 464; III, 183.
Lorentz (Schilkowski), III, 27, 28, 73, 178, 179, 185.
Lorge (général), II, 372.
Louis (baron), III, 398.
Louis XIV, II, 319; III, 260, 374.
Louis XVIII, III, 22, 23, 49, 399, 400.
Louis-Philippe, II, 52, 222; III, 2
Louis (prince de Prusse), I, 255, 281, 282, 290 à 292, 308; III, 363.
Louise (reine des Belges), III, 2.
Louise-Amélie (reine de Prusse), I, 280 à 282, 289, 317, 319, 374.
Louverture (Toussaint), I, 153.
Lubenski (comte), III, 163 à 167.

TABLE DES NOMS.

M

MACARD, I, 84, 85.
MACDONALD, II, 250, 255, 256, 262, 284; III, 42, 48, 84, 101, 170, 225, 259, 270, 283, 284, 292, 294, 295, 302, 309, 310, 313, 318, 321, 332, 335, 336, 343, 353, 355, 359, 363, 366, 381.
MACK (feld-maréchal), I, 218, 232, 233, 235, 241; III, 283.
MAGON (amiral), I, 221.
MAILAND, III, 2.
MAINVIELLE, I, 178, 193, 194, 328, 331.
MAISON (général), I, 127; III, 77, 81, 85, 127, 173, 175, 208, 209, 219, 220, 223, 313, 379, 380.
MALET (général), III, 144.
MALSEIGNE (général comte DE), I, 184, 186.
MANUEL, III, 24.
MARCHAND (général), II, 377, 393.
MARBOT (général Antoine), I, 10, 12, 14 à 21, 31 à 34, 38 à 60, 63, 65, 67 à 70, 72, 81, 83, 90 à 96, 100 à 104; II, 200, 220.
MARBOT (Adolphe DE), I, 2, 125, 126, 157, 166, 168, 169, 312, 357; II, 56, 62, 96, 113, 344, 355, 435, 439; III, 76.
MARBOT (baron Alfred DE), III, 109, 247.
MARBOT (Félix DE), I, 5, 211.
MARBOT (Théodore DE), I, 5, 163, 164.
MARÉCHAL, III, 268.
MARESCALCHI (comte), II, 309, 311, 312, 317, 318.
MARIA (reine de Portugal), II, 1, 5.
MARIE-CHARLOTTE (reine d'Espagne), II, 6, 8, 15, 17, 19, 27, 30, 31, 40, 42.
MARIE-LOUISE (impératrice), II, 169, 225, 309; III, 393, 395.
MARLBOROUGH, II, 476.

MARMONT (maréchal), I, 203, 214, 234; II, 248, 250, 262, 284, 288, 291, 295, 299, 473, 474, 484, 486; III, 139, 140, 259, 260, 309, 315, 332, 356, 359, 394, 396, 397.
MARULAZ (général), II, 179.
MASCAREGUAS (DE), II, 405.
MASSÉNA, I, 33, 34, 92, 93, 99, 102 à 121, 126, 131, 167, 188, 201, 215, 216, 224, 230, 234, 357; II, 144, 146, 147, 176, 178, 179, 181, 189 à 193, 195, 198, 205, 206, 209, 227, 228, 230, 234 à 237, 239 à 242, 246, 248, 249, 255, 257, 258, 260, 265, 272, 274, 277 à 289, 291 à 298, 300 à 306, 308, 322, 323, 332 à 342, 345 à 351, 354, 355, 377 à 394, 396 à 404, 406 à 408, 410, 411, 414, 416, 419 à 421, 423 à 439, 441 à 477, 480, 485, 486; III, 1, 4 à 6; biogr. : 7 à 25, 26, 48, 106, 139, 155.
MASSÉNA (Augustin), III, 7.
MASSÉNA (Jules), III, 7.
MASSÉNA (Marcel), III, 7, 8.
MASSÉNA (Prosper), II, 278 à 283, 341; III, 23.
MASSÉNA (Victor), II, 342.
MASSY, I, 178, 231, 237, 243 à 245, 255, 257, 268, 272, 340.
MATHIS, I, 57.
MAUCUNE (général), II, 394, 462.
MAURICE (colonel), I, 169.
MAURIN, I, 127, 128; III, 246, 289.
MAXIMILIEN-JOSEPH (roi de Bavière), III, 307.
MAXIMILIEN (archiduc), II, 167, 169, 171.
MÉLAS, I, 116 à 119.
MÉNARD (colonel), I, 33, 44, 50, 51, 69, 91, 93.
MÉNEVAL (DE), I, 378.
MERFELD (général), III, 314, 316, 317.
MERGEY, I, 127.
MÉRIC, II, 220 à 222.

MERLE (général), II, 359, 360, 365, 377, 394; III, 77.
MERLHES (docteur), I, 147.
MERMET, II, 359, 365, 377, 393, 442.
MESLIN, III, 322.
METTERNICH, III, 257, 349.
MICHAUD (général), III, 309.
MICHAUX, III, 18.
MILHAU (général), III, 259, 355.
MINA, II, 111, 325, 327, 328.
MOERNER (général comte DE), I, 314, 315.
MOLITOR, II, 179; III, 14.
MOLLENDORF, I, 301.
MONCEAU (général DU), III, 280.
MONCEY, I, 201; II, 9, 19, 48, 62, 63, 82, 97.
MONCK, I, 195.
MONGALVI, I, 11 à 14, 20, 28.
MONGINOT, III, 83, 222.
MONNIER (colonel), II, 394.
MONTBRUN (général), II, 83 à 85, 285, 377 à 379, 381, 382, 385, 397, 410, 458, 461 à 466; III, 66, 71, 76, 136, 147.
MONTESQUIOU (colonel DE), II, 355.
MONTESQUIOU (l'abbé DE), III, 398.
MONTEZUMA, II, 344.
MONTFORT (général DE), III, 335.
MONTLUC, II, 151
MONTMORENCY, I, 21.
MOORE, II, 86, 91, 95, 96, 410, 479.
MORAND (général), I, 303; II, 129, 132, 133, 136, 138; III, 149.
MOREAU (général), I, 34, 154, 155, 162, 195 à 200, 202; III, 107, 257, 258, 274, 275.
MOREAU (colonel), I, 138, 150.
MORLAND (général), I, 247 à 250, 264, 270.
MORTIER (maréchal), I, 165, 201, 234, 236, 237, 362, 364, 365; II, 97, 165; III, 27, 148, 150, 157, 276 à 278, 280, 281, 313, 356, 394, 396, 397.
MOULINS, I, 35, 37.

MOUNIER, I, 158 à 161; II, 226, 228.
MOUSTACHE, I, 319.
MOUTON (comte DE LOBAU), I, 114, 115; II, 116, 199, 200; III, 3, 4, 26, 28.
MOUTON-DUVERNET (général), III, 280.
MULLER (général), I, 290.
MULLER, I, 57, 58.
MURAT, I, 45, 48, 49, 165, 201, 237, 239, 242, 243, 260, 262, 279, 298, 299, 301, 313, 327, 328, 332 à 336, 339, 345, 351, 362, 368, 373; II, 12, 13, 14, 18 à 35, 37, 38, 40 à 46, 84, 86, 87, 98, 171, 185, 186, 222; III, 44, 48, 63, 66, 71, 76, 129, 134 à 136, 141 à 143, 147 à 149, 196, 215, 217, 220, 223, 238, 261, 268, 272, 273, 309, 313, 348, 349, 376.
MUSTAPHA, I, 261; II, 34.

N

NANSOUTY (général), II, 124, 192, 209; III, 66, 259, 309.
NAPIER, II, 346, 405, 434, 464.
NAPPER-TANDY, I, 32.
NARBONNE (DE), I, 202, 203.
NELSON (amiral), I, 130, 220, 221.
NEY (maréchal), I, 201, 214, 233, 234, 298, 301, 332, 335, 337, 339, 340, 365, 366, 370 à 372; II, 66 à 70, 72, 73, 95, 334, 336 à 338, 345 à 349, 356, 373, 376 à 382, 385, 387, 389, 390, 393, 396, 399, 411, 423 à 425, 430 à 445, 474; III, 23, 24, 42, 43, 48, 61, 66, 71, 76, 129 à 135, 151, 154 à 157, 189, 204, 206, 208, 209, 215, 220 à 224, 251, 258, 259, 261, 262, 270, 295, 309, 315, 319, 323, 332, 335.
NIOCEL, I, 173.
NOAILLES (Alfred DE), III, 205, 206.
NORDMANN (général), II, 177, 247, 250, 261.

O

ODIER, III, 329.
OETTINGEN (prince D'), III, 360.
O'MEARA (colonel), II, 58, 205.
ORDENER (général), I, 199.
O'REILLY (général), II, 171.
ORLÉANS (duc D'), I, 166, 178; II, 300, 306; III, 347.
ORLÉANS (Gaston D'), I, 21.
OTT (général), I, 110, 116, 118, 119.
OUDINET (DE BEAULIEU), I, 1.
OUDINOT (maréchal), I, 92, 104, 239, 362; II, 192, 248, 249, 251, 252, 255, 258, 262, 269, 270, 284; III, 42, 43, 45, 47, 48, 53, 55, 56, 57 à 60, 66, 67 à 71, 75 à 77, 79 à 81, 84, 85, 87, 89 à 94, 97, 100 à 104, 107, 109 à 114, 157, 180, 181, 182, 184, 186 à 189, 191, 192, 194, 197, 200, 204, 208, 252, 259, 282, 283, 295, 309, 313.
OUDINOT (Victor), II, 342.

P

PACK (général), II, 472.
PAGET (général), II, 371.
PALAFOX, II, 98, 108 à 110.
PAMPLONA (général comte), II, 382.
PAPON, I, 185.
PAROT (docteur), III, 85, 323.
PARQUE (duc DEL), II, 18.
PARTOUNEAUX (général), III, 202, 203, 229.
PASQUAL, II, 109.
PASQUIER (duc), I, 194.
PAUL Ier, III, 33, 38.
PELET (général), II, 144 à 146, 169, 336 à 338, 340, 378, 380, 387, 389, 390, 399, 428, 429, 436, 437, 452; III, 3, 26, 155, 328, 329.
PERCY, II, 414 à 416.
PEREIRAS (général), II, 359.
PÉRIGNON (maréchal), I, 201.
PERQUIT (colonel), III, 289, 297.

PERRON, II, 342.
PERTELAY, I, 56, 58, 59, 65 à 68, 74, 79, 80, 86, 87, 89, 90; II, 106.
PHILIPPE LE BON, II, 319.
PICART (colonel), I, 56, 58, 59.
PICHEGRU (général), I, 195 à 201; III, 257.
PIERRE LE GRAND, III, 76.
PIERRE III (roi de Portugal), II, 1.
PIGNATELLI (prince), II, 98, 107, 108.
PINO (général), III, 376.
PINOTEAU (colonel), I, 158, 159, 160, 162, 166, 167.
PLATOW (hetman), III, 134, 156, 223.
POITEVIN, III, 162.
POLIGNAC (prince DE), I, 197, 200.
POMBAL (marquis DE), II, 405, 406.
POMMEREUL (comte DE), I, 187.
PONIATOWSKI (prince), III, 130, 137, 259, 309, 314, 315, 332, 335, 336, 343.
PONTHON (colonel DE), III, 39, 40.
PORCHER DE RICHEBOURG, II, 340.
POTEMKIN, II, 6.
POUZET (général), II, 82, 200, 201, 202.
POZAC, III, 253, 313, 325, 346.
PRADT (l'abbé DE), III, 398.
PRÉVAL (général), III, 389, 395.
PRUD'HOMME, III, 74, 104, 105, 121.
PUY (CERTAIN DU), I, 4, 5.

Q

QUESNEL (général), III, 376.

R

RADETZKY, II, 300.
RAMBUTEAU (comte DE), I, 203.
RAPATEL, III, 275.
RAPP (général), I, 260, 261; II, 237, 305; III, 137, 149, 259, 369.
RAYMOND (docteur), I, 179, 355 à 357.

Razout (général), II, 102, 103; III, 130.
Reding (général), II, 50.
Régnier (général), II, 284.
Reille (général), III, 25, 372.
Renique, II, 344; III, 48.
Repnin (prince), I, 261.
Rességuier (de), I, 18.
Rey (général), III, 374.
Reynier (général), II, 334, 336, 344, 377, 379, 381, 382, 385, 387, 390, 393, 396, 398, 399, 406, 411, 430, 431, 441, 443, 448, 458, 462, 464, 467, 470, 476; III, 259, 282, 309, 319, 320, 332, 335.
Richard Ier, roi d'Angleterre, II, 166.
Rivière (de), I, 197, 198, 200.
Roberjot, II, 168.
Rochambeau (général de), III, 318.
Roger-Ducos, I, 37.
Rogniat (général), II, 208, 210.
Roguet (général), III, 10.
Rohan (prince de), I, 223, 224, 226, 227, 230.
Rome (roi de), III, 395.
Romestan, I, 27.
Ronsin (général), I, 188.
Rosily (amiral), I, 221.
Rostopschine, III, 140, 141, 231.
Rothschild, I, 310, 311.
Roumestain, I, 267, 269.
Roussel d'Urbal (général), III, 286, 289, 290, 292.
Roustan, I, 48, 268.
Ruchel (général), I, 299, 301, 303.
Russel (général), III, 319.

S

Sacken (général), III, 391.
Sacleux (colonel), I, 95, 103, 107.
Sahuguet d'Espagnac (général), II, 310, 311, 317.
Sainte-Croix (général d'Escorches de), II, 230 à 238, 240, 246, 247, 248, 255, 262, 301, 303 à 305, 335, 337, 386, 397 à 399, 401, 408, 411.
Sainte-Croix (Robert d'Escorches de), II, 262.
Sainte-Église, II, 51.
Saint-Geniés (général de), III, 71, 72, 74.
Saint-Georges (chevalier de), I, 19, 181.
Saint-Germain (général de), III, 268, 269, 285, 292.
Saint-Hilaire (général), II, 176, 192, 194, 196, 197.
Saint-Marc (général), II, 110.
Saint-Mars (général de), II, 58, 67, 81, 97, 111, 112, 168, 172, 205, 228; III, 76.
Saint-Sulpice, II, 119, 120 à 122, 124.
Salicetti, I, 32.
Salme (général), II, 251.
Samson (général), I, 209.
San Carlos (duc de), II, 8.
Sanchez (Julian), II, 347.
Sanguinet (de), I, 272.
Sans-gêne (Mlle), I, 207.
Sarrut (général), II, 393.
Savary (duc de Rovigo), I, 199, 379; II, 25 à 27, 45, 48, 365; III, 244.
Savary (colonel), I, 323, 347.
Saxe (maréchal de), II, 244; III, 218.
Saxe-Teschen (prince Albert de), II, 172, 205, 213, 227, 275.
Schérer (général), I, 32.
Schérer, I, 342.
Schill, II, 173.
Schmettau, I, 303.
Schneit (colonel), III, 263, 344.
Schomberg (général comte de), I, 3.
Schwartzenberg (prince de), III, 42, 48, 169, 170, 182, 270, 272, 275, 307, 313, 368, 391.
Sébastiani (général), III, 71, 147,

TABLE DES NOMS.

148, 152, 234, 246, 257, 259, 268, 284 à 286, 289, 290, 295, 302, 309, 313, 321, 324, 336, 339, 341, 342, 345, 350, 352, 355 à 358, 365.
Ségur (général comte de), III, 49, 50, 55, 62, 97, 150, 151, 169, 215, 221.
Ségur (Octave de), II, 343; III, 55, 76.
Sénarmont (général), I, 366, 367.
Septeuil (de), II, 471.
Séras (général), I, 72, 73, 79, 83, 90; II, 327.
Sérurier (maréchal), I, 20, 201; III, 395.
Sibille, I, 40, 41.
Sibuet (général), III, 293.
Sicard (colonel), I, 178, 360, 361.
Sieyès, I, 35 à 39.
Sigaldi, III, 388.
Simon (général), I, 155, 156, 160, 163, 166, 167; II, 393 à 395.
Solignac, II, 377; III, 18, 19.
Souham (général), III, 309, 315.
Soulès (général), III, 10.
Soult (maréchal), I, 92, 94, 108, 109, 201, 214, 260, 262, 297, 299, 301, 313, 332 à 337, 362, 368; II, 95, 96, 356 à 361, 363, 365 à 369, 371 à 377, 382, 427, 429, 430, 455, 479, 480; III, 372, 373, 375, 398.
Soult (Pierre), II, 365.
Souwaroff (général), I, 33; III, 13, 24.
Spencer (général), II, 456, 460.
Spire, I, 16, 17, 44, 69, 70.
Stabenrath (général), II, 298.
Stabs, II, 305, 306.
Stael (Mme de), I, 32.
Stein (baron de), III, 241, 245.
Steinghel (général), III, 173 à 175.
Stibar (comtesse de), II, 301.
Stoch (baron de), I, 275, 305, 328; III, 312.
Suchet (maréchal), I, 68, 89, 91; II, 376, 480; III, 372, 373, 375, 398.
Sudernanie (duc de), I, 314.
Sylveira (général), II, 358, 359, 368.

T

Talbot (colonel), II, 346.
Talleyrand (prince de), I, 256, 279, 280; II, 43, 230, 232; III, 393, 397 à 400.
Talleyrand-Périgord (de), II, 299, 300.
Talon (vicomte), 399, 400.
Tantz, III, 255.
Tassin, II, 71, 76, 79, 81.
Tchitchakoff (amiral), III, 144, 169, 182, 184, 186, 188, 189, 192 à 194, 204, 206, 207, 229.
Teste (général), III, 280.
Tharreau (général), II, 168, 192, 194.
Thielmann (général), III, 257.
Thomières (général), II, 365.
Tillet, II, 469, 470, 474.
Tolstoï (prince), III, 299.
Trent, II, 378 à 400, 404, 405, 433, 461.
Trepano (Colindo), I, 93, 100, 104, 105, 121.
Trivulce (maréchal de), II, 151.
Truguet (amiral), I, 194.
Tzcinski, III, 54.

U

Urquigo (d'), II, 27, 28.

V

Valois, I, 170.
Van Berchem, III, 209, 211, 212.
Vandamme, II, 284; III, 259, 276 à 280, 295.
Vauban (maréchal de), III, 260.
Vaux (général de), I, 172.

VEDEL (général), II, 48 à 53.
VERDAL (DE), I, 3, 11, 132.
VERDIER, III, 201.
VERDIER (général), II, 98; III, 77, 87 à 89, 376.
VERNET (Horace), III, 370.
VIAL (général), III, 318.
VIANA, II, 367.
VICTOR (maréchal), II, 357, 374, 375, 430, 480; III, 157, 176 à 180, 189, 194, 202 à 204, 215, 259, 272, 309, 313, 332, 333, 353, 355.
VILLENEUVE (amiral), I, 209, 210, 220, 222.
VINCENT, II, 269, 270.
VIRION (général), I, 159, 160, 161.
VIRY (DE), II, 59, 64, 97, 100, 111, 134 à 136, 187, 197, 213.

W

WASHINGTON, III, 371.
WATERS (colonel), II, 450.
WATHIER (général), II, 463, 465.
WATHIEZ (général), III, 246, 247, 254, 263, 265, 266, 286, 342.
WATTEVILLE (DE), II, 58, 97, 198, 227.
WEBER (général), II, 193.
WEIMAR (prince DE), I, 300.
WELLINGTON, I, 167; II, 54, 335, 336, 337, 345, 353, 368 à 370, 380, 383, 392, 396 à 400, 402, 407, 412, 415 à 421, 422, 425, 427 à 432, 435 à 444, 448, 450, 451, 456, 458, 460 à 464, 466 à 468, 471, 473, 476, 483 à 485; III, 139, 241, 372, 373, 374, 377.
WILLATTE (général), I, 127.
WILLIAMS (colonel), II, 460.
WILSON, III, 39, 66, 324.
WITTGENSTEIN, III, 48, 55, 71, 72, 77, 79 à 81, 83, 84, 87, 89, 91, 93, 97, 100 à 102, 107, 110 à 112, 116, 118, 123, 158, 170 à 177, 181, 189, 192, 203, 206, 207, 229, 249, 250.
WOIRLAND, I, 288, 343, 344; II, 114, 115, 118, 119, 124, 322, 323, 331; III, 27.
WRÈDE (général DE), III, 107, 125, 159, 160, 171, 176, 191, 306, 349, 355, 356, 357, 359, 360, 364.
WUKASSOWITZ (général), II, 261.
WURTEMBERG (prince Eugène DE), III, 313, 369, 370.

Y

YORK (général), III, 224, 225, 230, 236.
YVAN (docteur), II, 202, 211, 212.
YZQUIERDO, II, 10.

Z

ZACH (général), I, 121.
ZANIBONI, II, 469.

FIN DE LA TABLE DES NOMS.

Nota — Dans tout le tome III, et à la Table des noms, au lieu de LAURENCEZ (général), lire LORENCEZ.

TABLE DES MATIÈRES

CHAPITRE PREMIER

Mon mariage. — Adieux à Masséna..................... 1

CHAPITRE II

Biographie de Masséna. — Existence aventureuse et campagne d'Italie. — Zurich. — Gênes. — 1805. — Abus des licences. — Ses dernières campagnes. — Sa fin.................. 7

CHAPITRE III

1812. — L'Empereur m'adjoint au colonel du 23ᵉ de chasseurs à cheval. — Je rejoins mon régiment à Stralsund. — Superbe état de ce corps. — Intrigues du comte de Czernicheff..... 26

CHAPITRE IV

La guerre devient inévitable. — Avertissements donnés à Napoléon. — La Cour impériale à Dresde. — Vice de composition de l'armée et des divers corps.................. 37

CHAPITRE V

Revue de l'Empereur. — L'armée sur le Niémen. — Un mot sur les historiens de la campagne de 1812. — Efforts des Anglais pour nous isoler. — Attitude de Bernadotte. — Dispositions de la Pologne................................. 45

Pages.

CHAPITRE VI

Passage du Niémen. — Entrée dans Wilna. — Je joins l'ennemi. — Le 23ᵉ de chasseurs à Wilkomir. — Difficultés en Lithuanie. — Marche en avant.................................. 53

CHAPITRE VII

Division de l'armée russe. — Bagration échappe à Jérôme. — Marche sur la Düna. — Attaque infructueuse de Dünabourg. — Je culbute deux régiments de Wittgenstein sur la Düna. — Nous nous séparons de la Grande Armée. — Composition du 2ᵉ corps... 64

CHAPITRE VIII

Affaire de Jakoubowo ou Kliastitsoui. — Je suis blessé...... 79

CHAPITRE IX

Défilé des marais de Sebej. — Retraite. — Brillante affaire du gué de Sivotschina. — Mort de Koulnieff. — Retour offensif. — Derniers adieux.................................. 87

CHAPITRE X

Nouvelle retraite d'Oudinot. — Marches et contremarches. — Le 23ᵉ de chasseurs est comblé de récompenses. — Retraite sur Polotsk. — Le général Saint-Cyr. — Oudinot, blessé, cède le commandement à Saint-Cyr...................... 100

CHAPITRE XI

Nouvelles dispositions prises par Saint-Cyr. — Attaque et surprise de l'ennemi. — Incidents divers. — Combat de cavalerie. — Retraite de l'ennemi. — Établissement dans Polotsk. — Saint-Cyr est nommé maréchal............... 114

CHAPITRE XII

Marche de la Grande Armée. — Prise de Smolensk. — Ney au défilé de Valoutina. — Bataille de la Moskova. — Épisodes divers 128

CHAPITRE XIII

Mauvaises nouvelles d'Espagne. — Rostopschine. — Incendie de Moscou. — Réveil de l'armée russe. — Fourberie de Koutousoff... 139

CHAPITRE XIV

La retraite est décidée. — Surprise du corps de Sébastiani. — Combat de Malo-Iaroslawetz. — Retour sur Mojaïsk et la Moskova. — Baraguey d'Hilliers met bas les armes. — Je suis nommé colonel. — Retraite héroïque du maréchal Ney... 146

CHAPITRE XV

Situation du 2ᵉ corps. — Démoralisation des Bavarois. — Mission auprès du comte Lubenski......................... 158

CHAPITRE XVI

Défection des Autrichiens. — Défense de Polotsk. — Wittgenstein prisonnier nous échappe. — Nouveaux combats. — Évacuation de la ville. — Les Bavarois nous abandonnent. — Jonction avec le corps de Victor. — Le marais de Ghorodié... 169

CHAPITRE XVII

Oudinot nous rejoint et se sépare de Victor. — Grave situation de l'armée. — Abandon et reprise de Borisoff. — Incendie du pont de la Bérésina. — Nous faisons un immense butin à Borisoff... 180

CHAPITRE XVIII

La brigade Corbineau rejoint le 2ᵉ corps. — Fausse démonstration en aval de Borisoff et passage de la Bérésina..... 191

CHAPITRE XIX

Perte de la division Partouneaux. — Combat de Zawniski près Brillowa. — M. de Noailles. — Passage des ponts et catastrophe de la Bérésina. — Le 2ᵉ corps protège la retraite. — Je suis blessé à Plechtchénitsoui............... 202

CHAPITRE XX

Intensité du froid. — Brigandage armé. — Arrivée à Wilna. — Le défilé de Ponari. — Retraite en traîneaux. — Arrivée à Kowno. — Passage de la Vistule............................ 215

CHAPITRE XXI

Causes de nos désastres. — Manque d'interprètes. — Confiance aveugle dans la fidélité de nos alliés. — Considérations sur l'incendie de Moscou. — Chiffre de nos pertes. — Témoignage flatteur accordé par l'Empereur au 23° de chasseurs.. 227

CHAPITRE XXII

1813. — Fâcheuse situation générale. — Incurie de l'administration. — Observations sur la conservation des places fortes. — État de la France. — Levées forcées et illégales. — Je rejoins mon dépôt à Mons................................ 236

CHAPITRE XXIII

Reprise des hostilités sur l'Elbe. — Batailles de Lutzen et de Bautzen. — Armistice. — Je rejoins mon régiment. — État de l'armée. — Malaise général. — Napoléon devait traiter. — Force des armées en présence............................. 249

CHAPITRE XXIV

Du choix des chefs de corps. — Rupture de l'armistice. — Trahison de Jomini. — Combats en Silésie sur le Bober. — Épisodes divers. — Douloureux échec 259

CHAPITRE XXV

Bataille des 26 et 27 août devant Dresde. — Vandamme à Kulm. — Fière attitude de Vandamme prisonnier......... 270

CHAPITRE XXVI

Défaite d'Oudinot à Gross-Beeren et de Macdonald à la Katzbach. — Le plateau de Jauër. — Nous repassons la Katzbach.. 282

CHAPITRE XXVII

Concentration sur Dresde. — Épisodes. — Les Baskirs. — Napoléon au camp de Pilnitz. — Je suis comblé de faveurs 294

CHAPITRE XXVIII

Napoléon, sourd aux avis du roi de Wurtemberg, se décide à combattre à Leipzig. — Combat de Wachau. — Topographie de Leipzig. — Position de nos troupes. — Surprise avortée des souverains alliés au Kelmberg. — Alternatives de la journée du 16 octobre........................ 304

CHAPITRE XXIX

Vaine tentative d'armistice. — Bataille du 18 octobre. — Bernadotte combat contre nous. — Défection des Saxons. — Loyauté du roi de Wurtemberg. — Résultat indécis du combat 316

CHAPITRE XXX

Situation critique. — Défaut de prévoyance dans l'organisation de la retraite. — Adieux du roi de Saxe. — Magnanimité exagérée de Napoléon. — Les alliés pénètrent dans Leipzig. — Rupture prématurée du pont de l'Elster. — Quel fut le sort de mon régiment........................ 326

CHAPITRE XXXI

Je recueille sur l'Elster les débris de notre armée. — Massacre de cinq cents brigands alliés. — Retraite sur la Saale. — Erfurt. — Murat quitte l'armée. — Les Austro-Bavarois à Hanau. — Je force le défilé de Gelnhausen sur la Kinsig. — L'armée devant Hanau............................ 342

CHAPITRE XXXII

Épisode. — Bataille de Hanau. — Retraite sur le Rhin. — Derniers efforts des ennemis. — *Azolan*. — Fuite de Czernicheff. — Reconstitution des corps de troupes............. 354

CHAPITRE XXXIII

Derniers événements de 1813. — Reddition des places. — Violation déloyale de la capitulation de Dresde. — Désastres en Espagne. — Affaire de Vitoria. — Joseph regagne la frontière. — Retraite de Soult sur Bayonne. — Suchet en Catalogne. — Situation en Tyrol et en Italie.............. 367

CHAPITRE XXXIV

1814. — Je suis nommé au commandement du département de Jemmapes. — Situation difficile. — Soulèvement conjuré. — Extermination d'un parti de Cosaques dans Mons. — Rappel de nos troupes vers Paris. — Mon dépôt est transféré à Nogent-le-Roi................................... 378

CHAPITRE XXXV

Belle campagne de Napoléon. — La résistance devient impossible. — Insuffisance des mesures prises pour préserver Paris. — Arrivée des alliés. — Retour tardif de l'Empereur sur la capitale. — Paris aurait dû tenir. — Intrigues ourdies contre Napoléon............................... 391

Lettres sur les événements de 1815...................... 404

Le général de Marbot (article du *Journal des Débats* du 22 novembre 1854).. 409

États de service du général baron de Marbot................ 423

Table des noms... 427

FIN DE LA TABLE DES MATIÈRES.

PARIS

TYPOGRAPHIE DE E. PLON, NOURRIT ET Cie
Rue Garancière, 8.

www.ingramcontent.com/pod-product-compliance
Lightning Source LLC
Chambersburg PA
CBHW051824230426
43671CB00008B/829